Entre a vanguarda e a tradição

Os artistas brasileiros na Europa (1912-1930)

Marcia Camargos

Entre a vanguarda e a tradição

Os artitstas brasileiros na Europa (1912-1930)

Copyright © 2011 Marcia Camargos

Publishers: Joana Monteleone/ Haroldo Ceravolo Sereza/ Roberto Cosso
Edição: Joana Monteleone
Editor Assistente: Vitor Rodrigo Donofrio Arruda
Revisão: Íris Morais Araújo
Projeto gráfico, capa e diagramação: Patrícia Jatobá U. de Oliveira
Impressão e acabamento: Nova Letra Gráfica & Editora, outono/2011

Imagens

da capa: Bolsista em seu ateliê. (Coleção Diva Mugnaini)
Gastão Worms, c. 1922. (Arquivo da família)
Anita Malfatti em Veneza, 1924 (IEB/USP)
Gastão Worms, c. 1940. (Arquivo da família)
Domingo de Carnaval na Villa Kyrial, 1915.
(Arquivo Freitas Valle)
Oficinas do Liceu na Rua da Cantareira, 1910.
(Arquivo Liceu de Artes e Ofícios)

Bolsistas no ateliê do Prof. Simi em Florença, 1914.
(Arquivo Freitas Valle)
Modelo posa para Lopes em Leão em Paris, c. 1920.
(Coleção particular)
Mário Barbosa (à direita), no ateliê de Fitz Geraldo, 1916.
(Coleção particular)
O artista no seu ateliê em Paris, c. 1920. (Coleção particular)
Terraço da Villa Kyrial após a Semana de 22.
(Arquivo Freitas Valle)
José de Freitas Valle, c. 1910. (Arquivo Freitas Valle)

CIP-BRASIL. CATALOGAÇÃO-NA-FONTE
SINDICATO NACIONAL DOS EDITORES DE LIVROS, RJ

C183e

Camargos, Marcia
ENTRE A VANGUARDA E A TRADIÇÃO: OS ARTISTAS BRASILEIROS NA EUROPA (1912-1930)
Marcia Camargos.
São Paulo: Alameda, 2011.
464p.

Inclui bibliografia
ISBN 978-85-7939-073-9

1. Valle, Freitas, 1870-1957. 2. Villa Kyrial (São Paulo, SP). 3. São Paulo (SP) – Usos e costumes –
Séc. XX. 4. São Paulo (SP) – Vida intelectual – Séc. XX.

11-0317.

CDD: 981.61
CDU: 94(815.61)

023984

Alameda Casa Editorial
Rua Conselheiro Ramalho, 694, Bela Vista
CEP: 01325-000 – São Paulo – SP
Tel. (11) 3012-2400
www.alamedaeditorial.com.br

Às queridas Lygia Freitas Valle e Marta Rossetti Batista,
in memoriam.

São Paulo é um palco de bailados russos.
Sarabandam a tísica,
a ambição, as invejas, os crimes
e também as apoteoses da ilusão...
Mas o Nijinsky sou eu!
E vem a morte, minha Karsavina!
Quá, quá, quá! Vamos dançar o foxtrote da desesperança,
A rir, a rir dos nossos desiguais!

Mário de Andrade, "Paisagem n. 2", 1920/1921, *Pauliceia desvairada*.

Este livro é resultado de pós-doutorado junto ao Instituto de Estudos Brasileiros (IEB/USP), com bolsa da Fapesp.

Sumário

Os caminhos da pesquisa 11

A construção da modernidade 23

O circuito artístico 31

Sons da Pauliceia 39

O Pensionato Artístico no contexto paulistano 53

Nos moldes acadêmicos 69

Imaginário e representações 79

O impacto da Primeira Guerra 107

Universalismo e retorno à ordem 119

Cotidiano e aprendizado na Europa 133

Entre a vanguarda e a tradição 431

Bibliografia 453

Os caminhos da pesquisa

Em pleno verão de 1958, uma coluna de fumaça pairava sobre o bairro de Vila Mariana, tornando-se mais espessa nas imediações do número 300. Ali ficava a Villa Kyrial, célebre salão artístico e literário do então advogado José de Freitas Valle, cujas excentricidades não eram estranhas à vizinhança. Os moradores que escutavam de longe o som das óperas a cortar o silêncio da noite estavam familiarizados com as quatro musas desnudas de mais de dois metros de altura pintadas por Agostino Salinas nos desvãos da parede externa, à guisa de janelas. Antes protegidas pelo extenso jardim, as figuras de curvas voluptuosas que decoravam as laterais da Galeria agora se expunham aos olhos gulosos dos pedestres, depois que o proprietário abriu uma rua cortando o terreno ao meio. O que poucos desconfiavam é que na fogueira da antiga chácara queimava-se um legado da história cultural paulistana.

Com a morte do proprietário, em 14 de fevereiro daquele ano, os herdeiros apressaram-se em esvaziar as gavetas de cada móvel do palacete que seria colocado à venda e posteriormente demolido. Dividiram entre si os quadros, esculturas, tapeçarias, louças e uma infinidade de objetos que decoravam a luxuosa mansão do senador poeta. Homem culto e ligado às artes, Valle exerceu cargos legislativos consecutivos pelo Partido Republicano Paulista de 1903 até a Revolução de 1930. Esteve à frente do Pensionato Artístico de São Paulo que, sancionado em 1912, concedia bolsas no exterior a estudantes de artes plásticas e música na tentativa de amenizar a inexistência de estabelecimentos de ensino superior nessas áreas. Com normas inspiradas nos regulamentos dos prêmios-viagem da Escola Imperial de Belas Artes do Rio de Janeiro e das *écoles de beaux-arts*, por quase duas décadas manteve, em centros europeus, dezesste bolsistas de artes plásticas e dezesseis de música, entre canto, instrumental e composição. Além de aperfeiçoar talentos já formados, pretendia moldar o jovem dentro dos preceitos acadêmicos vigentes, controlando a produção artística do período. O programa contemplou nomes que se consagrariam no panorama da cultura brasileira, sendo responsável ainda pela ampliação do acervo da Pinacoteca do Estado graças às doações dos bolsistas no regresso ao Brasil como estipulado em seu regulamento.

A dança, por Agostino Salinas, numa das laterais da galeria da Villa Kyrial. (Arquivo Freitas Valle)

Presidindo o Pensionato, cabia a Freitas Valle fiscalizar os bolsistas, que mandavam da Europa cartas acompanhadas de relatórios sobre os cursos, avaliações dos professores, catálogos, fotografias e programas das apresentações, além de relatos minuciosos sobre os estudos, cursos, menções da crítica na imprensa e eventuais contratempos do cotidiano. Isso porque, à ausência de um órgão centralizador do Pensionato, onde teoricamente tais papéis deveriam estar depositados, o Pensionato, embora subordinado à Secretaria do Interior, tinha no então deputado e senador estadual Freitas Valle seu principal articulador. Em uma imbricação entre público e privado típica da época, todo o material concernente ao Pensionato era enviado ou reencaminhado direto para a Villa Kyrial, que se transformaria em uma espécie de órgão controlador das políticas e das práticas culturais em São Paulo na Primeira República.

A galeria da Villa Kyrial, em imagem de Quaas. (Arquivo Freitas Valle)

José de Freitas Valle, c. 1910. (Arquivo Freitas Valle)

Essa documentação rica e inédita era armazenada em um dos torreões do solar. Espaço separado do corpo da casa, abrigava partituras de músicos como Francisco Mignone e João de Souza Lima, além de esquetes, esboços, desenhos e pinturas de Anita Malfatti e Victor Brecheret, entre outros trabalhos dos demais pensionistas, que ciosos dos seus deveres, remetiam ao endereço de Valle os resultados do desempenho no exterior. Foi esse material de valor histórico inestimável que alimentou o fogo aceso no quintal pelo filho mais novo do mecenas. Ali, metodicamente, por três dias seguidos despejaram-se os papéis encontrados em cada armário ou escrivaninha da espaçosa residência.

A parcela de documentos que, por motivos ignorados, literalmente escapou do incêndio, acabou embasando o doutorado em história na Universidade de São Paulo que resultaria no livro *Villa Kyrial, crônica da* Belle Époque *paulistana*. Como uma extensão daquele trabalho, a presente pesquisa, que pretende determinar o papel do Pensionato Artístico no gosto estético de um período decisivo na constituição do campo intelectual paulistano, demandou um amplo levantamento em arquivos públicos e privados. De São Paulo e Rio de Janeiro, a pesquisa estendeu-se aos arquivos de Paris, Roma e Florença, destinos preferidos da maioria dos estudantes contemplados com bolsas.

Neste contexto de fontes dispersas e heterogêneas, o principal desafio foi encontrar dados confiáveis, já que a parca bibliografia disponível não pode ser tomada ao pé da letra por carecer de rigor científico. Elas trazem informações confusas e muitas vezes contraditórias como as autobiografias de João de Souza Lima e Francisco Mignone, listadas ao final desse livro. Construídas a partir de reminiscências, narram os fatos sem a preocupação de estabelecer datas e locais, demandando contínuas rechecagens. Obedecendo a critérios particulares ao emprestar diferentes graus de relevância aos acontecimentos, tal memória implica na obliteração de certos episódios, constituindo uma fonte subjetiva, e como tal deve ser tratada. O próprio Mignone, aliás, afirmou em carta de 21 de março de 1981 a Bruno Kiefer, que no trecho de Liddy Chiaffarelli, "há muitas incorreções e dúvidas que devem ser corrigidas".[1] O mesmo se dá com Souza Lima. Ao decidir ingressar em uma disputada instituição, por exemplo, escreve ao mecenas da francesa Pentrez, em 3 de setembro de 1920.

> "Resolvi, pois, dar os passos necessários para obter uma licença especial (por não ter mais a idade exigida, 18 anos) de poder concorrer e cursar (em caso de êxito no concurso) o Conservatório. Essa exceção me foi concedida mediante uma petição feita em requerimento que enviei ao Ministro de Beaux-Arts, no qual juntei também uma carta de recomendação que pedi ao Dr. Gastão da Cunha, atual embaixador do Brasil. Estou como o Sr. verá procurando tirar os maiores proveitos da viagem e quero ver se levo algum diploma para o Brasil como prova do meu trabalho".

---

1 "Traços biográficos" in Bruno Kiefer, *Francisco Mignone: vida e obra*. Porto: Movimento, 1983, p. 9.

16   Marcia Camargos

Por outro lado, no seu livro relata que o problema da idade estava automaticamente resolvido. Segundo Souza Lima, sua própria senhoria, madame Laurens, informou-o de que, devido à perda de uma geração inteira de jovens na guerra recém-terminada, informação essa confirmada nos livros consultados nos Archives Nationales de Paris, o limite máximo havia sido expandido, podendo ele inscrever-se sem empecilho. Ainda de acordo com seu texto, a intervenção do embaixador dera-se no sentido de conseguir, junto ao Diretor de Belas Artes, a abertura de uma vaga extra na classe do seu professor Isidore Philipp, caso passasse nos exames de admissão. O pedido teria sido recusado por Paul Léon, sob a alegação de que, além de ferir o regulamento interno, a exceção abriria um perigoso precedente na casa.[2]

Até mesmo um texto do próprio mentor do Pensionato traz informações imprecisas. Escrito por José de Freitas Valle para o livro *São Paulo e seus homens no centenário*, o livro pretendia, de acordo com seus organizadores, reunir opiniões de quem mais havia feito em prol do "surto civilizador" no Estado. À época deputado pelo PRP (Partido Republicano Paulista) e membro da Comissão Executiva do Centenário da Independência, Freitas Valle foi convocado a dar sua contribuição, redigindo um texto sobre as artes plásticas e a música em São Paulo.

> "Para darmos uma ideia do que tem sido em frutos o pensionamento do Estado, basta que rememoremos aqui os nomes de: Guiomar Novais, a extraordinária virtuose do piano; Francisco Leopoldo e Silva, o belo escultor de *Nostalgia* e *Sapho*; o grande compositor Romeu Pereira, o talentoso pintor Mário Barbosa e o vibrante cantor Mário Mendes, entre os mortos; e mais, entre os que concluíram os seus cursos: Leonor Aguiar (canto), Monteiro França, Dario Barbosa, Wasth Rodrigues, Paulo do Valle, Campos Ayres (pintura) etc."[3] Ora, sabemos que Guiomar Novais recebeu

---

2 João de Souza Lima, *Moto perpétuo: a visão poética da vida através da música*. São Paulo: Ibrasa, 1982, p. 66-7

3 Antonio Carlos Fonseca *et alli* (orgs.), *São Paulo e seus homens no Centenário*. São Paulo: Piratininga, 1922, p. 7.

uma bolsa antes da regulamentação, o que, portanto, não a inclui no Pensionato Artístico em si, mas está na lista de Freitas Valle decerto para valorizar o programa de subvenções por ele comandado, visto que, à época, a pianista já era célebre dentro e fora do país. Mário Mendes, por sua vez, nunca esteve entre os bolsistas e seu nome jamais foi mencionado em documentos ligados ao Pensionato"

Como agravante, até os documentos oficiais são incompletos. Os relatórios da Secretaria do Interior, mantidos no Arquivo do Estado, ora trazem uns dados, ora os suprimem, oscilando de acordo com os critérios do ocupante da pasta. No relatório de 1918 simplesmente não há qualquer menção ao Pensionato. Das suas 354 páginas, um total de 119 é dedicado à Saúde Pública, com estatísticas sobre a gripe espanhola para cada cidade do Estado, além de recomendações à população, medidas tomadas pelo governo, listas de prontos-socorros e hospitais provisórios. Para contornar a falta de alguns números, procedemos à leitura do *Diário Oficial* ano a ano, onde afinal encontra-se a verba destinada ao programa a partir de 1913, quando a rubrica "Pensionato" passou a constar do orçamento oficial do governo.

No Arquivo Histórico da Assembleia Legislativa, que guarda mais relatórios da Secretaria do Interior, localizamos em alguns deles a relação dos gastos com o Pensionato ano a ano, bem como uma lista que revela quantos estudantes de música ou de artes plásticas estavam sendo beneficiados. Chega a especificar os países em que se encontram, mas nem sempre dá o nome dos pensionistas, que precisam ser descobertos em outras fontes. Não raro foi preciso recorrer a cálculos matemáticos, cruzando pistas e detalhes de diferentes documentos para datar a época em que este ou aquele bolsista, sobretudo de música, permaneceu no exterior. Para dar uma noção de como os números eram tabelados, o Relatório de 1916 traz os seguintes dados: "Dos atuais pensionistas, 2 estão em Paris, 3 em Nápoles, 1 em Florença, 1 em Roma, estudando música (2); pintura (2); escultura (1) e canto (2).[4]

---

4 *Relatório da Secretaria do Interior*. Estado de São Paulo, 1916, p. 134. (AHAL)

18   Marcia Camargos

Já no Arquivo Histórico do Itamaraty no Rio de Janeiro foram localizados ofícios, despachos e telegramas enviados e recebidos das Missões diplomáticas e das Repartições consulares brasileiras, assim como toda a documentação das Representações. Na Pinacoteca do Estado, no Liceu de Artes e Ofícios de São Paulo, bem como no Arquivo da Escola de Belas Artes (Fundão), no Rio de Janeiro, localizamos o ato de regulamentação do Prêmio Viagem firmado em 1855 por Couto Ferraz, ministro do Império, bem como o regimento do mesmo, examinado para efeito de comparação com o do Pensionato Artístico de São Paulo. No Instituto de Estudos Brasileiros (IEB/USP), nos Fundos Anita Malfatti, Camargo Guarnieri, Francisco Mignone e Mário de Andrade, localizamos correspondências, impressos, recortes de jornais e revistas, programas de concertos e de exposições, além de fotografias e documentos pessoais de alguns bolsistas. Dentre os periódicos consultados, destacamos *A Cigarra* na sua fase paulista (1914-1933), ao lado de *Ariel* (1923-1924) e *Correio Musical Brasileiro* (1921).

A pulverização das fontes primárias torna-se tanto mais grave na medida em que, se os estudantes de artes plásticas tinham a obrigação de depositar obras na Pinacoteca do Estado[5] quando regressavam do exterior, o mesmo não ocorria com os da área musical. Se o acervo do Museu e os livros de tombo conservam informações e constituem fontes confiáveis, isso não acontece no caso dos músicos – exceção feita a Francisco Mignone e João de Souza Lima, cujas trajetórias de êxito legaram um razoável material de pesquisa. E, embora o regulamento estipulasse que o pensionista de música deveria enviar ao Conservatório Dramático e Musical de São Paulo, "se os tiver, trabalhos de composição, para que, examinados e aprovados,

---

5   Construído de 1897 a 1900, projeto do arquiteto Francisco de Paula Ramos de Azevedo, o edifício de estilo neorrenascentista da Avenida Tiradentes foi erguido para sediar o Liceu de Artes e Ofícios. Em 1901 passaria a abrigar também a Pinacoteca do Estado, inaugurada em 1905 como o primeiro museu de arte da cidade. Após uma reforma, reabriu em dezembro de 1911, com uma exposição e sessão solene para marcar sua efetivação jurídica. Por isso o item do Regulamento relativo à obrigatoriedade de doação de quadros e esculturas realizadas pelos bolsistas do Pensionato teve fundamental importância no sentido de ampliar o acervo do museu, composto inicialmente por apenas 59 obras.

sejam entregues ao domínio publico",⁶ esses perderam-se com o passar do tempo ou estão inacessíveis ao público. A poucos metros do Teatro Municipal, com seu magnífico salão de audições em ruínas, estão guardadas em duas salas no subsolo umedecido dezenas de caixas sem indexação e centenas, talvez milhares de partituras que jamais conheceram o som dos instrumentos para os quais foram compostas. Graças à precária classificação mantida pelos administradores, ali conseguimos o prontuário de Mário Camerini e de Francisco Mignone, mas não os de Pureza Marcondes que, entre outros bolsistas, não se tornaram notórios e por isso, salvo a correspondência com Freitas Valle, não deixaram vestígios em catálogos, compêndios ou enciclopédias musicais. Com o tombamento da instituição, quando tivemos acesso ao acervo, descobrimos que as antigas fichas bibliográficas e listas de referências foram levadas pelos gestores, tornando a nova tentativa de busca infrutífera.

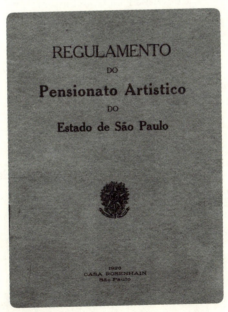

Capa do Regulamento. (Arquivo Freitas Valle)

---

6   *Regulamento do Pensionato Artístico do Estado de São Paulo*. Secretaria do Estado dos Negócios do Interior. São Paulo, 22/04/1912, artigo 16, item C.

Por estas razões, a parte relativa aos musicistas acabou menos completa do que a dos pintores e escultores, cujas obras, tangíveis, propiciaram sua inserção nos dicionários especializados. A imaterialidade da música e a fragilidade do suporte, em papéis que em geral não carregam um valor em si, aliada à ausência de uma política de preservação da memória histórica, colaboraram para a depreciação desses documentos, descartados ou armazenados em condições precárias. Os intérpretes que não se projetaram e cujas trajetórias não alcançaram maior envergadura são as maiores vítimas desta falta de dados – sobretudo numa época em que a gravação de discos não era prática corrente. Assim, de muitos deles só obtivemos referências em notas esparsas nos jornais ou em programas de concertos e audições. A internet ajudou na localização de certos nomes "desaparecidos". Aldovrando Casabona, o único dentre os dezessete pintores a não deixar pistas nos verbetes dos dicionários nem uma obra como legado na Pinacoteca, foi encontrado dessa maneira. Após buscas infrutíferas em outras fontes de pesquisa, localizamos no auxílio à lista uma neta, Rita de Cássia e Cláudio, um dos filhos, que gentilmente nos forneceram dados a respeito do pintor.

Além disso, em que pesem os cursos no exterior pelo Pensionato, alguns virtuoses não se profissionalizaram, restringindo a atuação às esferas familiares ou, no máximo, ao magistério. Estes formam um corpo obscuro e quase abstrato, excluídos da historiografia. Tal foi o caso de Bellah de Andrada, pensionista em Paris antes da Primeira Guerra, que preferiu encerrar a carreira para dedicar-se às aulas particulares e ao Conservatório Dramático e Musical. Por ocasião do seu falecimento em 24 de fevereiro de 1971 na capital paulista, o próprio necrológio sublinhava a dissolução dos testemunhos da sua trajetória. Afirma em artigo o jornalista Caldeira Filho que a artista exibiu-se algumas vezes no Brasil e no exterior, com críticas "colecionadas num livro zelosamente guardado, mas que não foi encontrado após a sua morte".[7]

Neste universo caótico, com documentos dispersos, de fundamental importância foram os arquivos particulares de parentes de alguns bolsistas. Dentre os familiares agradeço a Diva Mugnaini, que franqueou acesso irrestrito ao acervo do seu pai. A grande pianista Emma de Souza Lima, guardiã dos álbuns de recortes do maestro, desdobrou-se em leitora carinhosa e atenta do texto referente aos músicos, contribuindo com sugestões, ajustes e material iconográfico. Heloisa Kliass

---

7 Caldeira Filho, "Bellah de Andrada", *O Estado de S. Paulo*. São Paulo, 7/03/1971.

cedeu cartas e fotografias de sua tia e professora, a pianista Estela Epstein, incluindo trecho manuscrito em russo, gentilmente traduzido por Noé Silva, professor de Letras da USP. Fui ainda muito bem recebida por dona Jacinta, viúva de Vicente, sobrinho de Leônidas Autuori, e cujo filho, Dante, disponibilizou um valioso acervo sobre o violinista conhecido como o "poeta do arco".

Quando todas as demais buscas falharam, teve início o périplo dos cartórios e a ronda dos cemitérios com a ajuda profissional de Carlito de Campos, para descobrir data de nascimento e morte dos pensionistas. Partindo-se do pressuposto, nem sempre comprovado, de que eles não faleceram em outro estado nem no exterior, por dez dias percorremos os 22 Cemitérios Municipais de São Paulo já que o mesmo trabalho, se encomendado ao Serviço Funerário, na Rua da Consolação, 247, cobraria uma taxa de R$ 116,30 para cada cinco anos de busca por nome, com um prazo de entrega de dez meses. A ronda incluiu os dezesseis cemitérios particulares, assim como o Crematório Municipal de Vila Alpina. É importante notar que em muitos casos os livros encontram-se em péssimo estado de conservação e alguns não foram transcritos. Além disso, incêndios de 1961, 1963 e 1986 destruíram respectivamente os arquivos dos cemitérios da Penha, de Vila Mariana e do Lajeado, em Guaianases. Por fim, junto à Corregedoria Geral da Justiça, na Praça Pedro Lessa, demos entrada a seis solicitações de busca aos novecentos cartórios de todos os municípios do Estado, bem como nos 58 cartórios da capital, pois a visitação individual seria inviável. Ao final de quase dois anos, uma carta enviada em 22 de outubro de 2009 pela Corregedoria Geral da Justiça, informava que, decorrido o prazo do comunicado 1669/2008, não havia entrado naquele órgão qualquer resposta acerca das certidões pleiteadas.

O Arquivo da Ordem dos Músicos também foi consultado, mas se encontra falho e desorganizado, tendo sido infrutífera a pesquisa de vários dias. O Arquivo Histórico, na Praça Cel. Fernando Prestes, 152, que abrange os anos 1921 até 1940 também entrou na lista, bem como o RH da Rádio Gazeta, onde o pianista Bráulio Martins de Souza trabalhou até o fim da vida. Em nenhum dos dois locais logramos sucesso. Portanto, tornou-se inevitável o desequilíbrio entre os percursos dos músicos e dos artistas plásticos aqui abordados – o que não compromete, acreditamos, o balanço geral das práticas e das representações como desdobramentos do Pensionato e seu impacto na carreira dos bolsistas e no imaginário das décadas iniciais da República.

Por fim, a longa lista de agradecimentos abre com o Instituto de Estudos Brasileiros, que acolheu meu pós-doutorado só possível graças à bolsa concedida pela Fapesp. No IEB contei com o apoio do então diretor, István Jancsó e a colaboração dos funcionários e de alguns pesquisadores, a quem agradeço com especial deferência. Devo a Orlando Maretti a leitura crítica dos originais e as sugestões sempre pertinentes e enriquecedoras. À minha filha, Paula, as imagens fotográficas de vários acervos pessoais aqui reproduzidas. No Rio de Janeiro, Ricardo Pereira levantou preciosidades no Arquivo do Itamaraty, ao passo que Flavio Silva, pesquisador apaixonado, conseguiu notícias publicadas em jornais estrangeiros a respeito de Lúcia Branco e de Mário Camerini. Tive o privilégio de contar com o acompanhamento atencioso da amiga Marta Rossetti Batista, minha supervisora acadêmica, que infelizmente veio a falecer antes de ver o resultado do seu emprenho publicado em forma de livro. A ela, deixo meu agradecimento e esta homenagem póstuma.

A construção da modernidade

O momento era de otimismo. Com a estabilidade da economia cafeeira, solidamente assentada no modelo agroexportador, São Paulo despia-se dos resquícios coloniais tidos como antagônicos às suas aspirações cosmopolitas. A metrópole do café, que já ostentava a Estação da Luz, de 1900, réplica da Central de Sidney, na Austrália, além do Museu do Estado, de 1893, entre outros edifícios, concebe um conjunto de melhoramentos no espaço urbano que vai muito além das reformas tímidas da virada para o século XX. Agora, sob o signo da modernidade, personificava o orgulho urbano dos governantes na imbricação entre a cidade real e aquela imaginada por seus habitantes.[1]

Remodelação de tal monta ensejou o lançamento de uma revista de engenharia em 1911 e debates entre os principais urbanistas, como Alexandre de Albuquerque e Vítor Freire. Este último, diretor de Obras de 1899 a 1925, professor da Escola Politécnica e um dos pioneiros do pensamento urbanístico paulistano, tinha diante de si a gigantesca tarefa de enfrentar o inchaço caótico, consequência do acelerado crescimento demográfico que provocava alterações sistemáticas na paisagem do antigo burgo estudantil. Sem o intervencionismo compulsório de Pereira Passos, o prefeito do "bota-abaixo" do Rio de Janeiro, em São Paulo buscava-se solucionar

---

1 Jacques Le Goff, *Por amor às cidades: conversações com Jean Lebrun.* São Paulo: Ed. Unesp, 1998, p. 119.

cientificamente, ou ao menos manter sob um mínimo de controle, a formação de regiões desordenadas que espelhavam as contradições de uma sociedade excludente, vincada por tensões e conflitos.

Em termos de arquitetura, predominava o estilo difundido por Ramos de Azevedo, que dotou o Liceu de Artes e Ofícios de sede própria, implantando ali cursos para atender às exigências dos recentes métodos construtivos. Fundado em 1883 por iniciativa da classe dirigente, a exemplo do que vinha ocorrendo nos diversos Estados da Federação,[2] o Liceu, fruto da Sociedade Propagadora da Instrução Popular, criada por Leôncio de Carvalho em 1873, adquiriu impulso renovado sob Ramos de Azevedo, que o dirigiu de 1895 a 1924. Diplomado em Gant, na Bélgica, este engenheiro reuniu confrades da maçonaria dispostos a apostar em suas ideias e arregimentou um verdadeiro exército de obreiros e mestres, irmanados na obsessão de renovar a cidade, destruindo os vestígios da taipa colonial para substituí-la pelo tijolo do ecletismo, símbolo da modernidade propiciada pela Revolução Industrial.[3]

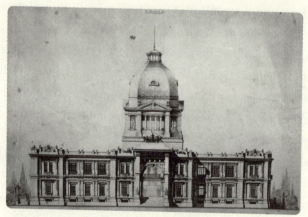

Desenho de Domiciano Rossi, com a cúpula jamais incorporada.
(Cedoc/Pinacoteca do Estado de São Paulo)

---

2 O Liceu pioneiro surge de uma reformulação da Academia de Belas-Artes, em 1857, no Rio de Janeiro, seguido pelo de Salvador (1872), Recife (1880), São Paulo (1883), Maceió (1884) e Ouro Preto, em Minas Gerais (1886). Ruy Gama, *A Tecnologia e o trabalho na história*. São Paulo: Edusp, 1987, p. 165.

3 Ver Carlos Alberto Cerqueira Lemos, "Ramos de Azevedo e a Pinacoteca", *in A Pinacoteca do Estado*. São Paulo: Banco Safra, 1994, p. 9-13.

A fim de capacitar trabalhadores para a nascente indústria paulista e instrumentar artífices para executar com eficiência as encomendas de construção civil do seu escritório, eliminaram-se algumas disciplinas como línguas estrangeiras, caligrafia e gramática, fortalecendo os cursos profissionalizantes. Estes eram ministrados por artesãos, quase sempre italianos, e por artistas como o escultor Amadeu Zani, o arquiteto Domiciano Rossi, os pintores Enrico Vio, Pedro Alexandrino e Oscar Pereira da Silva. Eram os dois últimos, uma raridade na escola modelada segundo cânones europeus e que, estimulando ao máximo a participação de estrangeiros para reforçar seu caráter "civilizador", em geral não tinha lugar para os nativos no corpo docente.

Oficinas do Liceu na Rua da Cantareira em 1910. (Arquivo Liceu de Artes e Ofícios)

Ponto de confluência de milhares de imigrantes que, da monocultura do café, iam convertendo-se em contingente proletário do processo de industrialização, a capital paulista transbordava. Com o custo de vida aumentando dia a dia, e sem condições de absorver em atividades produtivas os ex-escravos expulsos do campo e a vasta massa empobrecida, o centro urbano virou cenário de ambulantes e prestadores de biscates. Verdureiros, peixeiros, tripeiros, carvoeiros e lenheiros percorriam, com seus pregões peculiares, o labirinto de becos estreitos do centro, anunciando de vassouras, espanadores e cestas, a pastéis, frutas, sorvetes, frango,

26   Marcia Camargos

rapadura, quitutes e doces caseiros. O mosaico étnico e cultural[4] reproduzia-se no burburinho que ecoava pelas ruas mal-alinhadas. Entre os cortiços e as casas de cômodo, os italianos, que popularizaram o uso de tomates, pepinos, aspargos e melões, abriam botequins nos quais, ao som de música típica, saboreavam-se pratos regados aos vinhos fabricados no fundo do quintal. Incorporando o acento caipira, os vários idiomas e dialetos europeus resultavam num insólito linguajar "macarrônico"[5] captado por Juó Bananére em crônicas, esquetes e livros. Muitos desses imigrantes tinham emprego fixo no parque fabril; mas, sem um salário mínimo estipulado legalmente, os operários organizados em associações promoviam greves que proliferaram entre 1901 e 1914, quando se registraram 91 paralisações. Pouco depois, durante a Guerra, São Paulo se converteria em um centro de serviços com a rápida instalação de indústrias e casas de comércio, capitalizando as demandas geradas pelo conflito bélico. Entre 1915 e 1919 foram abertas quase 6 mil empresas no país, a maioria delas instaladas na capital bandeirante, inaugurando um novo ciclo econômico.

Sob o influxo da expansão comercial, da concentração dos recursos financeiros gerados pelo café e preservados pela industrialização, assimilando os novos preceitos e valores burgueses europeus, a capital esforçava-se para romper a ligação com as tradições e os hábitos de um mundo rural que teimavam em subsistir. Para sua elite, alcançar a *civilização* significava despojar-se daquilo que representava um passado *atrasado*, reiteradamente renegando seus elementos culturais e raciais. Vincada pelo desejo de modernização num contexto social de relações senhoriais, procurava

---

4 Incipiente até meados do século XIX, a imigração em massa ganhou força por volta de 1880, quando o governo paulista assumiu o pagamento das viagens transatlânticas. Entre espanhóis, portugueses e, mais tarde, japoneses, foram os italianos que afluíram em maior número, sobretudo para São Paulo, que recebeu 70% dos *oriundi*. Por duas décadas, entre 1890 e 1910, seu contingente representaria um quarto da população paulista. Nas placas das lojas, no vestuário, na cozinha, nas festas religiosas e nos pregões que enchiam as ruas, sua presença marcante foi captada por escritores como Antonio de Alcântara Machado e Juó Bananére.

5 Estilo forjado pelo cronista Juó Bananére, pseudônimo do engenheiro Alexandre Ribeiro Marcondes Machado, com base nas expressões orais e interjeições do linguajar ítalo-caipira falado entre os imigrantes em São Paulo no começo do século XX.

livrar-se dos antigos costumes, mas ainda era provinciana para fazê-lo de modo substancial. Atravessava uma transição com forte dualidade, pois a ideia de tornar São Paulo uma cidade "culta", "moderna" e "civilizada" só estava presente entre os agentes absorvidos na "corrente do progresso" – os "círculos avançados" das camadas dominantes e os "imigrantes empenhados no enriquecimento rápido".[6]

Essa elite que, a princípio a contragosto, acolhia os *nouveaux riches* e aproveitava as habilidades dos imigrantes como mão de obra especializada para embelezar os bairros aristocráticos, já usufruía de melhor infraestrutura condizente com a vida urbana. Contava com água encanada, sistema de transportes, energia a gás e elétrica – que poria fim aos bondes de tração animal – e dispunha até mesmo de linhas telefônicas nas residências. Graças à iluminação de boa qualidade, a zona central passou a oferecer melhores condições de sociabilidade elegante, mas se ressentia da falta de uma casa de espetáculos à altura das grandes companhias que não dispunham de palco apropriado para apresentações.[7]

Como registrou um jornal,

> "a primeira condição básica para a educação musical do público é a existência de um teatro construído debaixo de todas as condições acústicas e arquitetônicas; a segunda é a frequência de boas companhias líricas, subvencionadas pelo governo e ao alcance de todas as algibeiras; a terceira, finalmente, é a criação de um instituto de ensino musical ou conservatório, em que os artistas possam lapidar os conhecimentos já adquiridos por força do trabalho e da vocação".

---

6 Florestan Fernandes, *Folclore e mudança social na cidade de São Paulo*. Petrópolis: Vozes, 1979, p. 53.

7 Até então as operetas, *zarzuelas* (ópera cômica espanhola), espetáculos dramáticos, cômicos ou de revistas eram apresentados no Teatro Santana, demolido em 1912 para ceder lugar ao Viaduto Boa Vista, além do Politeama, consumido pelo fogo em 1914, do Teatro Colombo, no Largo da Concórdia, no Brás, que por volta de 1910 exibia filmes, e o Teatro São José II, na esquina da Rua Xavier de Toledo com a Barão de Itapetininga.

E, espelhando o preconceito contra as manifestações de música popular, alertava que, sem isso, os habitantes ficariam condenados aos concertos de salões, "quase sempre verdadeiras melopeias de banalidades em que pouco se aprende" ou às revistas musicais, que primavam por "muita petulância e ignorância".[8]

Ainda que de proporções relativamente modestas, em 1900 ergueu-se o Teatro Sant'Ana, na Rua Boa Vista. Com iluminação elétrica, viera concorrer com o Politeama, um barracão de madeira concebido em 1892 para circo e adaptado para funcionar como sala de audições. Então viriam o Colombo, inaugurado no Brás em 1908, bastante utilizado para espetáculos populares, o São José e o Teatro Cassino, do ano seguinte e rebatizado Teatro Apolo em 1913. Nenhum deles chegava aos pés do Municipal, inspirado na Ópera de Paris. Executado pelo escritório de Ramos de Azevedo e Domiziano Rossi, foi entregue em 1911, com a apresentação de uma companhia lírica italiana e a protofonia de *O Guarani*.[9]

Teatro Municpal de São Paulo, c. 1915. (Iconographia)

Internamente decorado por Cláudio Rossi e Oscar Pereira da Silva, oferecia poltronas para 1.800 espectadores – número assombroso para uma população que

---

8 *O Comércio de São Paulo*, São Paulo, 3/02/1900.

9 Alberto Ikeda, *Música na cidade em tempo de transformação: São Paulo – 1900/1930*. Dissertação de mestrado, Escola de Comunicações e Artes, USP. São Paulo, 1988, p. 28.

girava em torno de 400 mil pessoas. Com o novo teatro a capital, agora devidamente equipada para o desenvolvimento das artes musicais, pôde expandir-se para o outro lado do Viaduto do Chá. Ultrapassava o perímetro do comércio elegante concentrado no Triângulo, formado pelas Ruas Direita, 15 de Novembro e São Bento, que abrigava os mais importantes hotéis e lojas de departamento como o Rotisserie Sportsman, Mappin Stores e a Casa Alemã, além das redações do *Diário Popular*, d'*O Estado de S. Paulo*, do *Correio Paulistano* e as sedes do partido Republicano e mais tarde o do Democrata.

Datam dessa época os trabalhos de saneamento de Santos, o porto por onde escoava o café, produto que movia as engrenagens da Pauliceia. De aglomeração suja e insalubre transformou-se em amostra do progresso que o Estado pretendia personificar aos olhos do mundo.[10] Consultor urbanista contratado pela prefeitura municipal para elaborar um plano para a área do Vale do Anhangabaú, Joseph-Antoine Bouvard assessora a implantação, em 1912, da Companhia City, integrando o grupo coordenado por Eduard Fontaine de Laveleye. Proprietária de mais de 12 milhões de metros quadrados, a City of San Paulo Improvements and Freehold Land Company Limited, com capital predominantemente britânico, seria um dos principais agentes de mudanças na urbe, com loteamentos voltados às classes média e alta.

Se o nível superior era contemplado com a Escola Politécnica e as Escolas de Comércio Mackenzie e Álvares Penteado, o ensino público secundário deixava a desejar. Somavam-se apenas três estabelecimentos em 1907, sendo que a Escola Normal Caetano de Campos acolhia somente 145 alunos para um contingente de 300 mil habitantes.[11] São Paulo realiza em 1911 o Primeiro Congresso Nacional sobre Educação Secundária. Embora visasse o problema desta carência específica, os resultados mais significativos deste encontro registram-se na esfera do primário, com a introdução, em meados da Primeira República, do grupo escolar, que gradualmente se transformaria em modelo para o restante

---

10 Candido Malta Campos, *Os rumos da cidade: urbanismo e modernização em São Paulo*. São Paulo: Ed. Senac, 2002, p. 103-190.

11 Joseph Love, *A locomotiva: São Paulo na federação brasileira, 1889/1937*. Rio de Janeiro: Paz e Terra, 1982, p. 135.

do país. A grande aposta no ensino levado a cabo espelhava-se na rede de mais de duzentos prédios escolares construídos ou recuperados durante a Primeira República. Projetados para divulgar a iniciativa do governo, situavam-se em locais abertos como praças, esquinas, avenidas e ruas largas, causando impacto visual e funcionando como polo aglutinador para valorizar seu entorno.

O circuito artístico

Ficava claro que a questão das artes plásticas, relegada no início do século XIX às conversas de salão e às páginas menos nobres dos jornais, salvo quando se noticiava um pintor estrangeiro recém-chegado, agora adquiria relevo próprio. A importância que o tema assumiu pode ser aferida pelo grande número de mostras abertas ao público. Almeida Jr., que retratava o caipira, símbolo do homem rural tipicamente paulista, ganhou uma retrospectiva em 1900, um ano após sua morte. Nomes como Pedro Alexandrino, Benedito Calixto, Bertha Worms, francesa radicada no Brasil, e Oscar Pereira da Silva expunham com crescente aceitação e muitas encomendas. Este último, aliás, chegava a três exibições por ano na década final do século XIX e supriria os colecionadores particulares[1] como Dona Veridiana Prado,

---

1 Para a época, o número de coleções particulares chega a surpreender. Além desses, eram citados nas colunas do jornal *O Estado de S. Paulo* como tendo adquirido obras de arte nas exposições da cidade. Entre eles estavam Ephrain Mindlin, Leôncio do Amaral Gurgel, Numa de Oliveira, Altino Arantes, Adolfo Augusto Pinto, Veiga Miranda, René Thiollier, Andrea Matarazzo e Jorge Krug, tio de Anita Malfatti. Ver Tadeu Chiarelli, *Um jeca nos vernissages*. São Paulo: Edusp, 1995, p. 55. Ver também Maria Izabel Meirelles Reis Branco Ribeiro, *O museu doméstico. São Paulo: 1890-1920*. Dissertação de mestrado, Escola de Comunicações e Artes, USP, São Paulo, 1992; e Sergio Miceli, *Nacional estrangeiro: história social e cultural do modernismo artístico em São Paulo*. São Paulo: Companhia das Letras, 2003.

o Conde Lara, Álvares Penteado, Ricardo Severo, Ramos de Azevedo e o mecenas José de Freitas Valle, que discursou na Exposição de Belas Artes Industriais de 1902, idealizada por Antonio Ferrigno. Com mais de oitocentos trabalhos entre pinturas, esculturas, artes industriais, cerâmica, cutelaria, desenho, arquitetura e fotografia, a coletiva montada no Largo do Rosário de 25 de junho a 14 de agosto registrou pequena afluência de visitantes e baixa vendagem, mas teve o mérito de inaugurar uma prática que se tornaria comum a partir desta iniciativa pioneira.

Depois aconteceram as individuais de Ferrigno e de Antônio Parreiras. Ao lado de Lucílio de Albuquerque, esse era um dos poucos cariocas que vinham à capital paulista, tomada pelos chamados pintores viajantes. Alguns se fixaram definitivamente na cidade, tornando-se professores do Liceu a convite de Ramos Azevedo. A maioria, dentre os quais Santoro, Ferrigno, Alfredo Norfini, Carlo de Servi, Nicola de Corsi, Nicola Fabricatore, Benjamin Parlagreco e Castagneto, além do escultor Ettore Ximenes, era italiano, embora não faltassem espanhóis como Agostín Salinas, que chegou em 1910, e Villa y Prades, que traria em 1911 trabalhos próprios e do seu professor Sorrolla. Já o gaúcho Pedro Weingartner, que mantinha um ateliê em Roma, expunha sempre que retornava da Europa, enquanto o alemão Aurélio Zimermann, radicado no interior do Paraná, suscitou críticas favoráveis de Monteiro Lobato na *Revista do Brasil*. Seus desenhos de cenas interioranas apresentadas na exposição de 1907 caíram nas graças do futuro criador do Sítio do Picapau Amarelo, nacionalista convicto e militante que chegou a sugerir a incorporação dos mitos brasileiros no currículo do Liceu de Artes e Ofícios, instituição modeladora do gosto estético da época.

Além das dependências oficiais do Liceu, as mostras se organizavam em espaços improvisados que, aos poucos, foram se consolidando graças às iniciativas de aparelhar a cidade com equipamentos culturais condizentes com a crescente demanda.[2]

---

2 Sobre as mostras e locais de exibição consultar também Rejane Lassandro Cintrão, *As salas de exposição em São Paulo no início do século: da Pinacoteca à Casa Modernista (1905/1930)*. Dissertação de mestrado, Escola de Comunicações e Artes, USP. São Paulo, 2001; Século XX. Rio de Janeiro: Funarte, 1995 e Ana Paula Nascimento. *Espaços e a representação de uma nova cidade: São Paulo (1895-1929)*. Tese de Doutorado, Faculdade de Arquitetura e Urbanismo, USP. São Paulo, 2009, 2 v.

Dentre os locais de exposição e vendas, encontravam-se o hall do Grande Hotel e do Majestic, as redações das revistas *A Cigarra* e *A Vida Moderna*, bem como dos jornais *Correio Paulistano* e *O Estado de S. Paulo*, além dos saguões do Radium Cinema e do próprio Teatro Municipal. Isso, sem mencionar as casas comerciais como o Salão Mascarini, a Casa Di Franco, a Casa Editora O Livro, as Casas Garraux, Aurora, Vanorden, Bayton, Sotero e Trapani. A Mappin Stores, primeira loja de departamentos nos moldes franceses e norte-americanos, tinha como público alvo a elite feminina. Ao lado de um salão de chá, dispunha de uma sala de leitura onde Anita Malfatti faria sua individual de 1914. Inaugurada na Rua 15 de Novembro, e transferida, em 1919, para a antiga residência do Barão de Iguape, nas esquinas das ruas Direita e São Bento, também no Triângulo, sua instalação sinalizava o reconhecimento do lugar que a mulher começava a ocupar na sociedade paulistana.[3]

Nesse ambiente, a reinauguração da Pinacoteca do Estado viria dar novo alento ao ambiente artístico, assumindo o papel de árbitro do ensino e da educação praticada na Europa. No Velho Continente, que servia de exemplo e fonte para as elites nacionais, o espírito de colecionador tinha percorrido uma longa distância desde os gabinetes de curiosidades dos séculos XVI e XVII. Se no passado estes pretendiam ampliar as fronteiras do conhecimento, descobrindo o raro, o exótico, o monstruoso, agora passavam a documentar o que já fora classificado pela mente racional, incorporando uma função mais educativa, consistente com o desenvolvimento sociocultural de uma sociedade industrializada.

Formada com as 26 obras vindas do Museu Paulista, que manteve apenas as de iconografia histórica como *Independência ou Morte*, de Vítor Meirelles, a Pinacoteca encontrou lugar no prédio do Liceu de Artes e Ofícios adaptado às condições museográficas indispensáveis à exposição de pinturas. Para recebê-la, em novembro de 1905, três salas do segundo andar foram reunidas num só salão de 24,75 metros de comprimento por 9,20 de largura. De modo que a luz não incidisse diretamente sobre os quadros a serem pendurados nas paredes lisas de um vermelho esmaecido, as nove janelas existentes foram fechadas. Em lugar delas, rasgou-se no teto uma claraboia cuja claridade podia ser regulada por um *plafond* de tecido semitransparente. Determinadas pelo próprio Ramos de Azevedo, tais intervenções, levadas a cabo em

---

3 Ver Zuleika Alvim; Solange Peirão, *Mappin 70 anos*. São Paulo: Ex Libris, 1985.

34 Marcia Camargos

curtíssimo prazo, evidenciavam não apenas a consciência dos requisitos técnicos imprescindíveis a um espaço expositivo, como também enfatizavam a relevância atribuída ao Museu que então surgia.[4]

Regulamentada em novembro de 1911, fruto do Projeto de Lei 48, de que Freitas Valle era um dos signatários, a Pinacoteca tinha por meta, de acordo com o artigo primeiro do seu estatuto, "receber quaisquer obras de arte, de autores nacionais ou estrangeiros, que serão cuidadosamente conservadas para a exposição permanente ao público".[5] A falta de uma política na constituição do acervo redundaria no ecletismo característico da coleção, embora nos demais tópicos do decreto já se detectassem algumas ideias básicas que norteiam um museu. Além de tratar da exibição e conservação das peças, consolidava a entidade como núcleo de aprendizado para estudantes de arte, com visitas guiadas a escolares, evidenciando o intuito de incentivar o hábito de apreciação de obras de arte nas gerações futuras.

Após novas reformas, a Pinacoteca seria aberta à visitação no dia 14 de dezembro no mesmo pavimento, com a I Exposição Brasileira de Belas Artes. A mostra contava com 363 quadros de 67 pintores, 28 obras de oito escultores, 8 arquitetos com suas maquetes e setenta desenhos e fotografias. Vindos de todo o Brasil, alguns foram adquiridos pelo governo para integrar seu acervo,[6] então com 59 obras de artistas atuantes no eixo Rio-São Paulo, professores da Escola Nacional de Belas Artes ou bolsistas com Prêmio de Viagem ou Medalha de Ouro do Salão Nacional de Belas Artes da Capital Federal.[7] Especialistas ressaltam que as melhores obras do século XIX da Pinacoteca entraram nesta ocasião, representando um conjunto de valor inestimável.

---

4 Marcelo Mattos Araujo, *Os modernistas na Pinacoteca: o museu entre a vanguarda e a tradição*. Tese de Doutorado, Faculdade de Arquitetura e Urbanismo, USP. São Paulo, 2002, p. 34.

5 Lei 1271 promulgada por Albuquerque Lins, presidente do Estado de São Paulo em 21 de novembro de 1911.

6 "Artes e artistas", *O Estado de S. Paulo*, São Paulo, 12/02/1912.

7 Maria Cecília França Lourenço, "Acervo da Pinacoteca: memória do gosto ou mecanismos para inclusão" *in Catálogo geral de obras*. São Paulo: Imprensa Oficial do Estado, 1988, p. 12.

> O espírito dominante era aquele de uma arte de salão, para deleite dos olhos nos momentos amenos ou sociais, incluindo também obras de um realismo burguês com moral bicéfala, ou seja, uma para a família e outra para uso externo. Dentro desta visão a mulher é bastante esclarecedora dessa moral, oscilando entre aquelas liberadas e as mocinhas ou senhoras de família rodeada pelos filhos.[8]

Também em 1911 receberia a reputada exposição espanhola trazida por José Pinelo Llual, originário de Sevilha. Prestigiado no *vernissage* por Altino Arantes e Washington Luís, repetiria a experiência em 1913 e 1914, deixando no acervo obras identificadas com o romantismo acadêmico. No mesmo princípio clássico oitocentista, atuavam os escultores que concebiam monumentos para praças públicas e obras funerárias encomendadas pela alta sociedade para os túmulos no Cemitério da Consolação. Foram eles o italiano Amadeu Zani, autor do monumento do Pátio do Colégio, o sueco Wilhelm Zadig, autor do busto de Olavo Bilac na Avenida Paulista, de Cristo e seus doze apóstolos na Igreja da Consolação e *Idílio* ou *Beijo Eterno*, no Largo São Francisco, entre outros, além de Fernandes Caldas, Julio Starace e do siciliano Ettore Ximenes, vencedor do concurso para o monumento do Centenário da Independência, em 1922.

Dois anos mais tarde, a Pinacoteca, no âmbito do Liceu, seria palco da mostra do retratista inglês Richard Hall e da Segunda Exposição Brasileira de Belas Artes, aberta em 1913. Dela participaram 54 pintores e nove escultores, registrando-se uma superabundância de estudos e a ausência de obras primas, em um conjunto mais fraco do que a mostra antecedente. Sem o respaldo oficial do Estado que, no entanto, se dispôs a adquirir algumas obras, a iniciativa não foi retomada, quebrando-se assim a possibilidade de se instituir uma tradição anual. Por outro lado, com todo o apoio do governo, que desde o início acolheu com "sincera simpatia a ideia", "sendo-lhe grato cooperar, dentro das suas atribuições, para que esse certame tenha o melhor êxito possível", como se lê

---

8 *Idem, Ibidem*, p. 12.

no *Diário Oficial*,[9] uma grande exposição de arte francesa ocuparia as salas da Pinacoteca em setembro daquele ano.

Salão do Liceu de Artes e Ofícios com a mostra francesa de 1913.
(Arquivo Freitas Valle)

Idealizada como a primeira de uma série de mostras sobre arte latina europeia do século XIX, resumiu-se nesta única iniciativa devido à eclosão da I Guerra Mundial. Promovida pelo Comitê France-Amérique, sediado na Champs-Élysées, número 82, e com participação da pianista Guiomar Novais, dividia-se em três segmentos majoritários: Arte Retrospectiva, com 1.025 reproduções, entre fotos, gravuras e *moulages*; Belas Artes, com 225 obras de pintores, escultores e arquitetos; e Artes Decorativas, com 786 objetos que cobriam do século XVII ao XX, incluindo mobiliário, bronzes, mármores, tapetes Gobelin, porcelanas Sèvres e Limoges, joias e cristais. Embora estivessem à venda, as peças e quadros revelavam o claro intuito dos seus organizadores,[10] de contribuir para *civilizar* São Paulo, como se depreende pela notícia de jornal.

---

9 *Diário Oficial*, São Paulo, 11/07/1912.
10 Dentre eles estavam Ricardo Severo, Bettencourt Rodrigues, Rodrigues Alves, Altino Arantes, Jorge Tibiriçá, Ramos de Azevedo e José de Freitas Valle.

A orientação fundamental era meramente pedagógica, sem o mínimo intuito comercial, colocando o projeto sob o patronato dos respectivos governos e coletividades de Belas Artes, e rodeando-o de todas as festividades que, como expressões ainda das Belas Artes, dessem a este empreendimento o maior brilho e atração e nele interessassem todo o nosso público.[11]

Exposição Francesa de 1913 no Liceu de Artes e Ofícios. (Arquivo Freitas Valle)

Ainda em 1913 chegava aos trópicos o português Sousa Pinto, bem como o italiano Ângelo Cantú, que pintaria vários retratos por encomenda, incluindo o de Freitas Valle, importante fomentador das artes e do ensino em geral. Coube ao mecenas, nesse mesmo ano, patrocinar um artista que destoava do tipo de arte então vigente. Com quadros de um modernismo suavizado, dentre os quais alguns de tendência nitidamente expressionista, Lasar Segall, de origem russa, expôs na Rua São Bento, 85. Visto como um pintor estrangeiro, reverenciado *a priori* como emissário de valores culturais *superiores*, foi bem tratado pela imprensa. A boa receptividade pode ser creditada ao apadrinhamento de Freitas

---

11 *O Estado de S. Paulo*, São Paulo, 5/09/1913, p. 6.

Valle, *agente especializado*[12] que, assim como os críticos dos jornais e revistas, atuava como referencial estético para o restante da sociedade. A opinião favorável destes agregava valor simbólico e os promovia no mercado das obras de arte que não comportava, ainda, a figura do *marchand* para intermediar as vendas, efetuadas diretamente entre as partes interessadas. Não raro a crítica de serviço dos jornais extrapolava a função de esclarecer e orientar os leitores sobre este ou aquele artista, chegando, com frequência, a recomendar pura e simplesmente a aquisição de obras expostas.

---

12 Pierre Bordieu, *O poder simbólico*. Rio de Janeiro: Bertrand Brasil, 1989, p. 289.

Sons da Pauliceia

O panorama em São Paulo, ao menos no que tange à música erudita, ainda se restringia aos concertos, audições e saraus familiares. Na Villa Kyrial, por exemplo, a sala reservada para tal fim dispunha de um piano de armário e eólio – espécie de órgão mecânico que funcionava como harmônio. Aficionado de ópera e da composição clássica, Freitas Valle encomendava direto da Europa os discos recém-lançados, que ouvia no seu gramofone. Com a dinamização do ambiente musical, as fronteiras entre erudito e popular foram diminuindo e suas expressões, interpenetrando-se cada vez mais.[1] As manifestações ligadas às raízes rurais e indígenas caíam em desuso na urbe sob o influxo do imaginário europeu, há muito copiado pelas elites e reforçado pela presença maciça de imigrantes oriundos do Velho Continente.

Passado o Segundo Império, segundo Mário de Andrade o período de maior brilho exterior da vida musical brasileira, quando as companhias italianas davam mais de sessenta espetáculos na Corte,[2] o país recebeu como herança bons

---

1 Segundo Vinci de Moraes, o choro teria sido o estilo que mais colaborou para este tipo de relação e aproximação, transitando entre a música de caráter erudito e a de aspecto popular. José Geraldo Vinci de Moraes, *Sonoridades paulistanas: final do século XIX ao início do século XX*. Rio de Janeiro: Funarte, 1995, p. 163.

2 Mário de Andrade, *Compêndio de história da música*. São Paulo: Oficinas Gráficas Derosa, 1936, p. 155.

40   Marcia Camargos

virtuoses e instrumentos que, finda a temporada, não partiram de volta para a Europa. Alguns deles sobressaíam dentre a grande massa de músicos medianos, sem qualquer expressão na terra de origem, mas com notoriedade em solo caboclo, onde se fixavam. Se Artur Napoleão (1843-1925) escolheu o Rio de Janeiro, Gabriel Giraudon e Luís Chiaffarelli (1856-1923) ajudaram a formar boa parcela dos musicistas, além de intensificar e pluralizar a música paulistana no Conservatório Dramático e Musical, em aulas particulares ou abrindo a própria escola como no caso de Chiaffarrelli.

Contratado por um grupo de fazendeiros de Rio Claro para dar aulas a seus filhos, o maestro Luigi Chiaffarelli desembarcou no Rio de Janeiro em junho de 1885, dirigindo-se em seguida para a capital paulista. Originário de Isernia, Itália, com estudos em Bolonha e Stuttgart, na Alemanha, ele não viera "fazer sordidamente a América", como ressaltou René Thiollier. "Movido logo de amor pela terra fidalga que o acolhia com carinho, dela fazia a sua segunda pátria". Nesse espírito criou um curso gratuito de iniciação musical, os Concertos Históricos, que ilustrava com uma "aclarada causerie à francesa, elegante e ligeira". Realizados quinzenalmente no antigo salão Steinway, contavam "com a desvelada coadjuvação das mais distintas das suas alunas, sempre perante um numeroso e luzido auditório que, de ouvido alerta, o acompanhava atenciosamente". A ele, afirmou o jornalista, muito devia a sociedade paulista.[3]

No intuito de se manter atualizado, viajava anualmente à Europa, renovando o repertório e o gosto musical da Pauliceia com a apresentação de obras que fugiam aos esquemas repetitivos e esclerosados das audições musicais. A prova maior de seu prestígio no meio é que, entre seus discípulos, figuravam nomes como Guiomar Novais, Francisco Mignone, Antonieta Rudge e João de Souza Lima, para dar apenas alguns exemplos. Parte deles estaria na homenagem no Teatro Municipal para a instituição de um prêmio em nome do mestre que desenvolveu um "trabalho incessante e profícuo em prol de nossa educação musical", como anunciavam os jornais na ocasião.[4] Já o francês Giraudon tornou-se a partir de 1860, professor de

---

3 René Thiollier, "Luigi Chiaffarelli", *A Cigarra*, São Paulo, março de 1924.

4 "Luiz Chiaffarelli", *O Estado de S.Paulo*, São Paulo, 29/03/1924.

piano dos irmãos Luís e Alexandre Levy, de Henrique Oswald, Antonieta Rudge e Madalena Tagliaferro.

Duas tendências, nesta época, dividiam a cidade. De um lado, a majoritária, ligada à música vocal operística inflada pelos italianos das grandes companhias e de outro, aquela centrada na música instrumental de concerto como a do Clube Haydn, fundado em 1883 e dirigido por Alexandre Levy que, para atender à demanda, abriria uma casa de artigos musicais, vendendo partituras e instrumentos. Na sua trilha surgiria em 1903 a Casa Beethoven, na Rua São Bento, que também alugava pianos, além da Casa Di Franco e uma filial da carioca Casa Bevilacqua, que em 1910 se ligaria à Vitale. Nessa época em que a gravação sonora e o preço dos gramofones para tocar os pesados discos de massa os tornavam inacessíveis à maioria dos cidadãos, as partituras musicais e os teatros consistiam nos meios mais eficazes de popularizar um compositor. Tanto que, nos seus primórdios, na virada para o século XX, os lançamentos de discos reduziam-se a no máximo 250 cópias, condicionando-se novas prensagens ao eventual sucesso da empreitada.[5] Assim mesmo, algumas lojas do ramo foram surgindo e incentivando a concorrência.[6] Nos jornais, "reclames" anunciavam as últimas novidades como as da Casa Edison, na Rua São Bento, 26, o primeiro estabelecimento fonográfico no Brasil especializado em "discos para gramofones impressos nos dois lados, cilindros inquebráveis e catálogos grátis".[7] As gravações de bandas da Força Pública e de artistas populares como o acordeonista Giuseppe Rielli, que chegou da Itália em 1891, além do violonista Américo Jacomino, de Canhoto e de Roque Ricciardi, o Paraguassu, em geral destinavam-se ao grande público.

Se o movimento discográfico girou em torno da música popular, alguns artistas eruditos também empreenderam gravações voltadas, em especial, às classes afluentes. Para essas elites, aliás, as temporadas líricas das companhias europeias que, de passagem pelo Rio de Janeiro rumo a Buenos Aires e outras cidades platinas, faziam uma breve parada em São Paulo, revestiam-se de um significado mais social do que

---

5 Ver José Ramos Tinhorão, *Música popular – do gramofone ao rádio e TV.* São Paulo: Ática, 1981.

6 Sobre o assunto ver *Odisseia do som.* São Paulo: MIS/Secretaria de Estado da Cultura, 1987.

7 *Correio Paulistano*, São Paulo, 1/11/1904.

artístico. Com um repertório bem ao gosto do público, as óperas representavam a facção conservadora da sociedade, em contraponto à instrumental, identificada com uma corrente mais progressista, de raízes francesas.[8] Paralelamente, as operetas prosperavam, a ponto de alguns órgãos da imprensa reclamarem da modalidade, que faziam uma "desapiedada concorrência à ópera lírica".[9]

A influência dos Estados Unidos, que se faria sentir com maior profundidade no final da I Guerra, com os foxtrotes e *jazz-bands* tão presentes nos poemas dos modernistas, já se insinuava no início do século. O *cake-walk*, dança saída das senzalas dos escravos norte-americanos, que fazia furor nos salões aristocráticos da Europa, aportou em São Paulo trazido por duas trupes, Brandford e Cherton. Logo adiante seria suplantado pelos gêneros *one-step*, *two-step* e *rag-time*. Consta que, em 1915, um duo brasileiro que voltava de temporada de sucesso em Paris atraiu a alta sociedade paulistana. A apresentação de Duque e Gaby, precedida por palestra sobre a dança por João do Rio, *dândi* e cronista da moda, teve tanto êxito que se estendeu ao Pathé Palácio, Coliseu Campos Elíseos, Colombo, High-Life e Teatro Royal.

O gosto musical paulistano seria reafinado com a fundação, em março de 1906, na Ladeira de Santa Ifigênia, 2, do Conservatório Dramático e Musical de São Paulo. Iniciando suas atividades com 170 alunos matriculados no sobrado que pertencera aos herdeiros da Marquesa de Santos e do Brigadeiro Tobias de Aguiar, transferiu-se dois anos depois para a Avenida São João. Como se constata pelos livros de peças teatrais encontrados na sua biblioteca, no início apostou na dramaturgia, certamente visando fornecer intérpretes para as produções do Teatro Municipal em construção nas proximidades. O curso de três anos compunha-se de aulas de tragédia, drama, comédia e farsa, declamação teórica e prática, esgrima, dicção, literatura, psicologia, estética, caracterização e vestuário, além dos idiomas francês, italiano, inglês e de ginástica – essa apenas para os alunos do sexo masculino. Já o curso de música estendia-se por cinco anos e incluía solfejo, canto, harmonia, contraponto, fuga, composição, piano, harpa, rabeca, contrabaixo, violoncelo, órgão, história da música e literatura musical.

---

8 Alberto Ikeda, *op. cit.*, p. 20-22.

9 *Gazeta Artística*, São Paulo, 24/12/1909. Tão bem acolhida foram, que em 1917 criou-se a Companhia de Operetas Ítalo-paulista. Ver Alberto Ikeda, *op. cit.*, p. 31.

Com o passar do tempo, a música ofuscou as iniciativas no âmbito do ensino do teatro, tornando-se o Conservatório um celeiro de concertistas, regentes e compositores. Só que, ao invés de investir nos instrumentistas de cordas, sopranos e tenores para possibilitar a constituição de uma orquestra, a direção rendeu-se à *pianolatria*, atributo indispensável às moças casadoiras como o crochê e o arroz doce.

Pelas salas do edifício, que resiste em pleno século XXI, passaram mais de 7 mil músicos como os bolsistas Lúcia Branco da Silva e Francisco Mignone, e mais Mário de Andrade, Camargo Guarnieri, Guiomar Novais, João Sepe, Letícia Pagano, Oneida Alvarenga e Marcelo Mechetti. Nele lecionaram João Gomes de Araújo, Agostinho Cantú, Júlio Bastiani e Mário de Andrade. Segundo este, a instituição foi uma das responsáveis pelos progressos da nossa virtuosidade e por lhe dar uma função social que satisfazia as exigências da nação. Para Mário, os artistas ali formados substituíam aqueles que, vindos do exterior, estavam mais preocupados no lucro fácil e rápido do que em fomentar a música, bem mais desenvolvida em Buenos Aires, a capital hegemônica:

> O Brasil para esses virtuoses, é terra de passagem que a gente experimenta para ver se ganha mais um bocado. E como essa experiência não tem como ideal uma conquista, mas ganhar uns cobres a mais, o virtuose estrangeiro que aparece aqui no geral se limita a mostrar obras com sucesso garantido, isto é, as velharias já tradicionalizadas no gosto do público.[10]

Não obstante, no âmbito erudito e fora dele, o que se via era a preferência pelo piano em detrimento das cordas ou percussão. Com exceção das moradias pobres, toda casa, não importa o quão modesta, contava com um piano de armário, mesmo que alugado. As mais abastadas não dispensavam um de meia cauda como o esplêndido Bechstein da Villa Kyrial, usado durante seus concorridos serões

---

10 Mário Andrade, *Compêndio de história da música*. São Paulo: Oficinas Gráficas Derosa, 1936, p. 156.

artístico-literários. No de 27 de julho de 1915, por exemplo, coube a Francisco Mignone dedilhar a *Paráfrase dos Cavalheiros da Kyrial*, de Cantú,[11] enquanto o tenor Santino Giannattasio entoava *Renúncia*, poema de Freitas Valle musicado por Romeu Pereira, seguido de *Le sommeil de la vierge*, de Massenet, interpretada por Simoncelli ao violoncelo. Ao concerto, seguiu-se o banquete de *hypothèses fluviales*, *bisque au beurre d'écrevisses*, *côtelettes enigmatiques* e *dinde farcie aux truffes*. Tudo isso, regado a vinho do Porto, safra de 1865, e Château d'Yquem, de 1888.

Apelidados de *pianeiros*, os professores multiplicavam-se no ensino do que ficaria conhecido como *pianolatria*, termo criado por Mário de Andrade. Criticada em especial por Mário de Andrade, para quem música, em São Paulo, era quase sinônimo deste único instrumento tradicionalmente cultivado, na sua oração de paraninfo dos alunos do Conservatório Dramático e Musical, ele questionou a falta de interesse no aprofundamento da matéria. A confusão moral entre música e virtuose, dizia ele, estaria na base de uma sociedade que fomentava essa prática, sacrificando os valores nobres da arte pela esperança do aplauso.

"Qual pai que desejou tornar o filho um músico completo? Talvez nenhum. Qual pai que desejou ver o filho um pianista ou cantor célebre? Talvez todos",[12] conjetura em tom severo, endossando teor de artigo escrito quatorze anos antes no *Correio Musical Brasileiro*. Ali, em duas páginas, lamentava que a maioria dos compositores copiasse Verdi, "macaqueando Puccini, o hediondo Leoncavallo, o pernóstico Mascagni; ou fazem música francesa, enfeitando-se com o pó-de-arroz e o rouge de Massenet ou tentando o debussismo". E como não tinham gênio bastante para igualar os modelos, desapareciam, anulando-se em um "justíssimo esquecimento de morte".[13]

---

11 Ou Agostino Cantu, compositor e professor de origem milanesa. Detentor do prêmio Sonzogno, ganho em 1902 por sua ópera *Il poeta*, radicara-se no Brasil desde o início da década de 1910.

12 Mário Andrade, "Oração de paraninfo de 1935", *in Aspectos da Música Brasileira*. São Paulo: Martins, 1975.

13 Mário de Andrade, "Música brasileira". *Correio Musical Brasileiro*, São Paulo, 15/07/1921, p. 5-6.

Símbolo das modestas conquistas materiais de amplas camadas da população, o piano de armário entronizava-se nas salas de visitas até das vivendas mais humildes graças às facilidades do crediário. Instrumento predileto de professores, dos concertistas e da plateia nos países ocidentais, chegou a ditar os rumos da educação dos jovens. "Antes do rádio, com efeito, não havia mocinha que deixasse de estudar piano. Instrumento obrigatório nas salas impunha-se o seu estudo como complemento indispensável para os gentis ornatos da nossa sociedade", relata Francisco Acquarone. Consequência disso, em cada rua do centro ou arrabaldes, independentemente da hora, soavam sem cessar as escalas dos treinos do compêndio de Artur Napoleão que, apesar da origem portuguesa, fixou-se em definitivo no Rio de Janeiro a partir de 1866, sendo considerado por Villa-Lobos como o maior virtuose de piano da história musical brasileira.

"Cometiam-se os maiores atentados com a obra dos mestres; e era costume perguntar-se a qualquer menina-moça: Já está estudando piano? Quem é o seu professor?".[14] De fato preocupante, a questão já fora levantada na revista *A Cigarra* por Alonso Guaianaz da Fonseca, um dos fundadores da Sociedade Concertos Clássicos. Observando que São Paulo achava-se bem adiantada em termos pianísticos, comentava que a música sinfônica, os trios, os quartetos, o canto e o coro constituíam o autêntico complemento da educação musical e nesse ponto a pobreza da cidade era realmente franciscana.[15]

Nesse contexto parcamente profissionalizado, os pianistas encontrariam nos cafés como o Brandão, Guarani e nas confeitarias de estilo europeu como a Nagel, Stad Coblenz e Imperial, uma brecha para ganhar a subsistência. O Bar Majestic, na Rua São Bento, apresentava concertos às quintas-feiras, sábados e feriados pelo Quinteto Inglês, formado exclusivamente por professores, no horário estritamente familiar – das 17 às 20 horas. Nos de perfil mais despojado, conjuntos de violão, bandolim, flauta ou sanfona exibiam-se por uns trocados que os fregueses deixavam no

---

14 Francisco Acquarone, "O virtuosismo entre nós". *História da música brasileira*. São Paulo/ Rio de Janeiro/Belo Horizonte: Francisco Alves/Ed. Paulo de Azevedo, s/d, p. 343.

15 Alonso Guaianaz da Fonseca, "Sociedade Concertos Clássicos", *A Cigarra*, São Paulo, 1/08/1915.

pires.[16] Torna-se claro, portanto, que se a capital vivia, neste quartel inicial do século XX, uma dinamização das atividades relativas aos concertos clássicos, viu também crescer os estabelecimentos do tipo de cafés, casas de chá, cabarés, cassinos e restaurantes que comportavam as orquestras de salão, em geral não muito grandes. Com um repertório básico da chamada "música ligeira" de origem europeia, ofereciam entretenimento descontraído e alegre, acessível às algibeiras menos recheadas. Nesses locais podia-se escutar uma *chansonnette* de cigarro na boca, chapéu na cabeça e pernas cruzadas, sem a cerimônia nem a postura formal das salas de concerto.

O cinema mudo, que ia se democratizando, constituía outro meio para os pianistas ganharem a vida. Do restrito circuito dos salões requintados como o Progredior, onde anunciavam exibições de lanterna mágica, fotografia animada e fantascópio, a partir de 1908 o cinematógrafo começou a migrar para os teatros Eldorado, Bijou, Paris Théatre e Teatro Popular. Se em 1909 sete salas anunciavam seus programas nas páginas do jornal *O Estado de S. Paulo*, e em dois anos elas já somavam 31. As sessões diárias, sempre à noite, ganharam novas salas espalhadas pelos bairros, nas quais um pianista ou um conjunto fazia o acompanhamento sonoro das fitas. Nos mais sofisticados, uma orquestra de pequeno ou médio porte entretinha o público na sala de espera, antes e ao término do filme.

A escolha recaía nos artistas de formação clássica. Souza Lima, por exemplo, tocou e dirigiu, entre 1915 e 1916, uma orquestra de dezoito pessoas no Cine Teatro Espéria, sendo substituído por Francisco Mignone, que tocava também canções populares norte-americanas. Ainda garoto, o maestro Armando Bellardi tocou piano no Cine Guarani e, mais tarde, no Cine Radium, na Rua São Bento. O violino de Atílio Bernardini podia ser ouvido em inúmeras salas de exibição. E, com a proliferação destas, instrumentistas amadores e músicos populares tiveram que ser contratados, o que os levaria a deslanchar em suas carreiras artísticas.[17]

No contrafluxo das moçoilas dedilhando valsinhas de Chopin em saraus domésticos, entre 1909 e 1912 Villa-Lobos teria, de acordo com Mário de Andrade, empreendido viagem há muito planejada pelas terras habitadas por indígenas. Integrando

---

16 José Geraldo Vinci Moraes, *op. cit.*, p. 168.

17 *Ibidem*, p. 178-81.

missões científicas, sobretudo alemãs, ele pôde observar *in loco* os sons de tacape, as festas, danças e os costumes nativos que iria incorporar em suas composições.[18]

Assim, ao lado do movimento histórico em que a música artística se mostrava "mais por uma fatalidade individual ou fantasia das elites que por uma razão-de-ser social e étnica", nas palavras de Mário de Andrade, outra corrente ainda fraca, mas provida de maior função humana, ia tomando corpo.[19] Tratava-se dos sons populares que, refletindo as instabilidades do híbrido universo urbano em formação, eram mal-vistos pela classe dirigente que formulava a política cultural do Estado. Suas manifestações davam-se de improviso, às margens da programação oficial e não raro acabavam rechaçadas pelos poderes públicos, como no caso da irmandade de negros da igreja do Rosário, obrigada a transferir-se da Praça Antonio Prado para o Largo do Paissandu. Os cantos e danças de origem africanas, os batuques, congadas e samba inseridos sincreticamente nas festas do calendário católico eram tolerados. O mesmo ocorria com os cantores populares sicilianos, os *cantastòrie* que, repetindo a tradição da terra natal, percorriam as ruas entoando canções ilustradas pelos estandartes com imagens sobre a história triste da sua música.

Batizados de "choro" ou "regionais", os grupos amadores, em geral quartetos de dois violões, cavaquinho, sopro e às vezes bandolim, proliferam junto aos mais pobres, oferecendo canções como acompanhamento de serenatas e festas domésticas, no carnaval ou nos bailes das associações sindicais, recreativas, esportivas e beneficentes dos imigrantes. Depois, incorporando uma sanfona, faziam ponto nos bares e confeitarias que se multiplicavam pela Pauliceia. Ao contrário do caráter improvisado destas, as bandas civis ou militares eram vinculadas a instituições e formavam-se de maneira mais organizada e coletiva. Apresentando-se em todo tipo de evento e festividade cívica, fosse alegre ou fúnebre, laica ou religiosa nas festas da Penha, Achiropita e do Divino, iam da música erudita à de gosto popular, abarcando desde sinfonias e óperas a polcas, maxixes, valsas e marchas. Conta-se que a participação das bandas na vida citadina era tão ativa que, em 1909, instaurou-se um concurso entre elas. Realizado no Jardim da Luz, o júri composto por João Gomes de Araújo,

---

18 Mário de Andrade, *Música, doce música*. São Paulo, Martins, 1963, p. 143.

19 Mário de Andrade, *Compêndio de história da música*. São Paulo: Oficinas Gráficas Derosa, 1936, p. 167.

48   Marcia Camargos

Francisco Braga, Luigi Chiaffarelli e Henrique Oswald, escolheu como vencedora a Banda da Força Pública, que rivalizava com a Lira da Lapa, tida como a melhor.[20] Em compensação, em matéria de orquestra sinfônica, o país inteiro estava defasado em relação ao restante do mundo. Encontraríamos, no período, apenas a Orquestra Municipal do Rio de Janeiro, a Campineira e a de São Paulo "com um bando de amadores", conforme afirmaria José Siqueira, compositor paraibano e um dos fundadores da Academia Brasileira de Música, além daquela de Belo Horizonte e mais uma em São João d'El-Rei, também em Minas Gerais.[21]

Sob quase todos os pontos de vista, as bandas abrilhantavam de comícios socialistas a bailes das associações de trabalhadores da Light, da Vidraria Santa Marina e da São Paulo Railway. Tornaram-se uma das instituições mais democráticas no seletivo ambiente musical da Pauliceia, onde nem o carnaval, festa eminentemente transgressora, conseguia a façanha de levar para as residências da elite a rica produção musical das ruas, que combinava os ritmos oriundos das vivências sociais multifacetadas.[22] Para as moças "de família", recomendava-se um tipo de folia contida e comportada, com predominância da música romântica, baseada em melodias pouco brasileiras, incluindo compositores eruditos estrangeiros e, no máximo, a polca – dança europeia que fazia sucesso ao sustentar a alegria das festas permitindo a dança de pares entrelaçados.[23]

No restante dos salões, que atraíam tanto grã-finos quanto boêmios, dançava-se quadrilhas, polcas, *cake-walks*, dobrados, *schottishs*, mazurcas e o miudinho dos nossos sertanejos.[24] Na chácara de Dona Veridiana,[25] matriarca da família Prado,

---

20 José Geraldo Vinci de Moraes, *op. cit.*, p. 156-157.

21 Francisco Acquarone, *op. cit.*, p. 352.

22 Dentre elas, uma das poucas canções que ficou bastante conhecida dentro do espírito livre e descompromissado das folias populares foi Zé Pereira, brincadeira de tradição portuguesa com versos baseados em música francesa.

23 José Geraldo Vinci de Moraes, *op. cit*, p. 82.

24 Sobre os gêneros de música para dança de salão, consultar Ikeda, *op. cit.*, p. 56-64.

25 Filha ilegítima de Antônio Prado (Barão de Iguape), Dona Veridiana casou-se com o meio-irmão do seu pai, transformando-se na grande dama da sociedade paulistana entre fins do século XIX e início do século XX.

que manteve um dos primeiros salões mundanos de que se tem notícia na cidade, seguido pelo de Freitas Valle, organizavam-se *matinées* e *soirées* dançantes. Em seus bailes notáveis pela opulência e bom gosto, os pares se alternavam na quadrilha francesa, nos lanceiros imperiais, nas polcas saltitantes, nas mazurcas bem-marcadas, nas valsas vertiginosas, nos *schottischs* ritmados a rigor e nos *pas-de-quatre*, em que mais se realçavam a elegância dos cavalheiros e a graça das suas jovens *partenaires*.[26]

Perseguido e enquadrado nos padrões moralizantes da tradicional família paulista, o alegre entrudo de origem ibérica do século XIX acabaria sumindo das ruas. Com certa licenciosidade e pequenos delitos, esta diversão popular representava, para a Câmara, um "jogo bárbaro que nos envergonha e nos torna desprezíveis aos olhos dos estrangeiros" a quem se queria, a todo custo, emular. Por isso o folguedo que consistia, basicamente, em jogar água, laranjinhas e limões de cheiro nos transeuntes, foi aos poucos substituído pelas batalhas de confete, serpentina e lança-perfume.[27]

Domingo de carnaval na Villa Kyrial em 1915. Ao fundo, com o leque, o mecenas Freitas Valle. (Arquivo Freitas Valle)

---

26 José de Freitas Valle, "D. Veridiana e a vida em plenitude". *Revista da Academia Paulista de Letras*, São Paulo, n. 46, junho de 1949, p. 140-143.

27 *Ibidem*, p. 80-81.

50   Marcia Camargos

O que se queria era a versão eurófila inspirada em Nice e em Veneza, com arlequins, pierrôs e colombinas de emoções comedidas, que não ofendiam a moral nem os bons costumes. De festividade popular e anárquica, o carnaval transformou-se em divertimento de luxo extravagante apropriado pelos mais abastados, ávidos por novos prazeres urbanos, que organizavam bailes de máscaras e desfiles de sociedades carnavalescas. Em fileiras de carros alegóricos enfeitados e estilizados, a aristocracia fazia o corso das 16 às 21 horas, primeiro no Triângulo e, posteriormente, na elegante Avenida Paulista. Os imigrantes italianos, por sua vez, repetiam o desfile na Lapa e no Brás, ao passo que recrudescia o controle policial sobre as expressões populares, com severas restrições aos cordões, batuques, pastorinhas e às fantasias de índio e de cobra viva, preferidas pela maioria da gente simples. As composições de carnaval surgiriam espontaneamente nas pegadas de Donga, ou Ernesto Santos, que registrou o samba *Roceiro,* em novembro de 1916. Com algumas mudanças na letra e renomeado *Pelo telefone,*[28] o samba de sua autoria seria um retumbante sucesso nos festejos carnavalescos do ano seguinte.

Adepto do carnaval excludente, a que o povo assistia da calçada, sem tomar parte, José de Freitas Valle festejava o Rei Momo com suntuosos banquetes em que os convivas compareciam devidamente paramentados de pierrôs e colombinas. Mecenas, gourmet, poeta e parlamentar, Valle foi nomeado professor de francês no Ginásio do Estado em 1893. Permanecendo no cargo por mais de 43 anos, teve uma atuação intensa na vida daquela congregação. Ciente da importância da música para a formação do caráter dos alunos, na 18ª sessão extraordinária da entidade, em 23 de julho de 1896, propôs, como medida de alto proveito para o ensino, a

---

28 Há divergências sobre a música de Donga como sendo o primeiro samba gravado no país. Alguns pesquisadores questionam até a sua autoria exclusiva e atribuem as alterações na letra e o novo título ao jornalista Mauro de Almeida. Outros afirmam que em 1911 já existia a gravação de "Em casa de baiana", de autor desconhecido, executado por um conjunto musical para a casa Faulhaber, mas que não obteve repercussão. Em 1914, a mesma gravadora registrou "A viola está magoada", de Catulo da Paixão Cearense. Mas o samba de Donga, gravado pela Casa de Ciata, foi certamente o primeiro a dominar um carnaval e o pioneiro a definir o novo ritmo – ainda que um tanto amaxixado – tornando-se o rei da folia popular reconhecido no país inteiro.

inserção de aula de música no currículo escolar.[29] Anos mais tarde, como deputado estadual pelo Partido Republicano Paulista, enviaria à Assembleia Legislativa o projeto de nº 61, de 1912, para a criação do Orpheon Escolar, constituído pelo corpo dos alunos das escolas normais secundárias e primárias do Estado que passariam a receber uma hora de canto coral por semana.[30]

Ainda nesse mesmo ano seria inaugurada, em 6 de setembro, a Sociedade de Cultura Artística. Surgia como uma das primeiras associações paulistanas marcadas pela necessidade ética de valorizar o nacional por meio do patrocínio de eventos e chegaria a promover mais de dez concertos anuais. Subscrevendo o costume da época, ironicamente definido por João do Rio de *"delírio e neurose"*,[31] estipulou, em estatuto, que suas noitadas contariam com pelo menos uma conferência antecedendo o concerto. Os sócios fundadores, incluindo jornalistas e intelectuais ligados ao *Estado* como Amadeu Amaral, Arnaldo Vieira de Carvalho e Nestor Rangel Pestana, além de Armando de Salles Oliveira, Mário de Andrade e Freitas Valle, concordavam que essas funcionariam como excelente propaganda para difundir os temas brasileiros – que iam do idioma à arquitetura colonial.

Verdadeira obsessão, e dirigidas a um público com escassa cultura literária, constituído, sobretudo, por senhoras e moças em passeio ou compras – e a quem se somavam profissionais liberais, estudantes e uns poucos homens de letras –, as conferências pautavam-se pela frivolidade e raramente perdiam a aparência de *bricabraque*. Para prender a atenção da audiência heterogênea, eram entremeadas de versos, trechos de prosa em francês ou italiano, danças, projeção de lanterna mágica, ilustrações. Entre os membros da elite ilustrada os assuntos adquiriam certo verniz cultural, a exemplo dos ciclos de conferências[32] conduzidos por Freitas

---

29 *Atas das Sessões da Congregação* – Ginásio de São Paulo, São Paulo, Livro 1, fl. 39.

30 Devolvido pelo Senado, com emendas, o projeto em questão recebeu, da Comissão de Instrução Pública, em 17 de dezembro de 1915, parecer favorável à Câmara dos Deputados.

31 João do Rio, *Psicologia urbana*. Paris: Garnier, 1911, p. 5.

32 Foram, ao todo, cinco ciclos. Após o primeiro, de 1914, houve um intervalo de sete anos, devido à conflagração europeia e à gripe espanhola de 1918. A partir de 1921 ocorreram

Valle na sua Villa Kyrial, ponto de encontro de intelectuais, artistas e jovens em busca de promoção e apadrinhamento político.

---

mais quatro ciclos, sempre na mesma época do ano – de março a junho. Imprimiam-se pequenos programas e distribuíam-se prêmios às três melhores conferências.

O Pensionato Artístico no contexto paulistano

No bojo da estruturação do aparato burocrático de São Paulo, que contemplou praticamente todos os setores da vida institucional, do ensino público às reformas urbanísticas, o Pensionato, regulamentado em abril de 1912 pelo decreto n. 2.234, visava instrumentalizar o desenvolvimento artístico carente de cursos superiores. "De há muito, o Estado mantém, nos centros artísticos da Europa, como pensionistas ou subvencionados, certo número de moços paulistas, que demonstram decidida vocação para as Belas Artes". O texto do decreto revela também que a seleção dos nomes

> obedecia, por certo, até a data do decreto de 22 de abril, ao mais elevado critério, deduzido das provas públicas, exibidas por esses pensionistas, e dos juízos e apreciação dos competentes sobre o merecimento, aptidões e vocação dos escolhidos.

Cumpria, porém, regulamentar a escolha, "sujeitando-a a determinadas normas, de maneira a ser aproveitado, em benefício da elevação do nível artístico do Estado de S. Paulo, o esforço do Governo".

54   Marcia Camargos

Assim justificava-se o Pensionato,[1] que permaneceria atuante até 1931, quando foi dissolvido em 11 de abril de 1931, pelo decreto nº 4.965, da Secretaria de Estado da Educação e da Saúde Pública, o qual, simultaneamente, criava o Conselho de Orientação Artística. Além de exercer as funções da Comissão Fiscal do programa extinto, indicando os candidatos para aperfeiçoarem-se em centros artísticos com bolsa mensal de 4:000$000 – quatro contos de réis – [2] pelo prazo de três anos, também serviria de órgão consultivo do governo para tudo o que se referisse ao estudo das Belas Artes. No novo programa persistia a de produzir um trabalho original para a Pinacoteca do Estado. Ofício do encarregado da Fiscalização Artística, por exemplo, remetido a Túlio Mugnaini, então diretor da Pinacoteca, acompanhava um estudo de cabeça, escultura em gesso executada por Júlio Guerra "em cumprimento ao que determina as Instruções e Obrigações dos pensionistas de arte".[3]

Mário de Andrade, que faria parte do COA em 1938, ao lado de nomes como Olívia Guedes Penteado e os ex-pensionistas Alípio Dutra e José Wasth Rodrigues, falou a um jornalista, em 1931, que via com "verdadeira simpatia" aquela tentativa em favor da vida artística nacional, ressalvando:

> É preciso acabar com esse costume de se mandar para a Europa simples "virtuoses" que nada mais possuem além de um talentosinho apreciável, que não chegariam nunca a despertar em seu próprio país mais que uma admiração de família. Só os artistas raros, os criadores, esses em quem

---

1 *Regulamento do Pensionato Artístico do Estado de São Paulo*, Título I, artigo 1o São Paulo, Secretaria do Interior, 22/4/1912, p. 5. (AFV)

2 Nas maiores cidades, enquanto a média diária do salário girava em torno dos três a quatro mil-réis, pagava-se de 800 a mil-réis por um quilo de carne bovina e cerca de cinquenta mil-réis mensais de aluguel. Maria Inez M. Borges Pinto, *Cotidiano e sobrevivência: a vida do trabalhador pobre na cidade de São Paulo (1890/1914)*. São Paulo: Edusp, 1994.

3 *Ofício de Oswaldo Lacerda Gomes Cardim a Túlio Mugnaini*, São Paulo, 16 de setembro de 1949. (CEDOC/Pinacoteca).

se reconhece a centelha viva do gênio, devem gozar os favores de auxílios oficiais.[4]

O programa governamental estipulava que seriam mantidos por cinco anos, em instituições artísticas da Europa, como subvencionados, cidadãos paulistas com idade entre 12 e 25 anos, dos que maior vocação houvesse para o estudo da pintura, da escultura, da música e do canto.[5] A bolsa seria prorrogada por até dois anos, totalizando sete, se ao retornar ao Brasil, onde demonstraria publicamente os progressos artísticos, o pensionista revelasse dotes excepcionais. Foram estes os casos dos músicos Francisco Mignone (1920 a 1927) e de João de Souza Lima (1919 a 1926), bem como de Victor Brecheret (1921 a 1929) e de Túlio Mugnaini (1920 a 1928).

Afora passagem ida e volta de primeira classe, os pensionistas recebiam ajuda de custo para transportar ao Brasil as obras finalizadas durante o estágio. Sem verbas estipuladas a *priori*, nem normas previamente estabelecidas no que tangia taxas alfandegárias e afins, ocorriam imprevistos e contratempos, como se verá adiante no caso das pesadas esculturas de Brecheret. Enviadas em 1926, divididas por 34 caixas despachadas pela Companhia Atlantic de Transportes, acabariam retidas no porto de Santos, gerando uma intensa troca de cartas envolvendo até o presidente da República, Washington Luís.

O Regulamento previa uma Comissão Fiscal, integrada por três nomes indicados pelo secretário do Interior. Com mandato renovável de quatro anos, selecionava candidatos, estabelecia os locais de residência e estudo e propunha a concessão de novas pensões, já que o número de bolsistas era flexível e variava conforme as verbas orçamentárias anuais consignadas a esse fim. Também fiscalizava e organizava exposições e audições para o julgamento dos pensionistas no regresso ao Estado, ou em qualquer ocasião, extraordinariamente, se assim o determinasse o secretário do Interior, conforme o 4º parágrafo do artigo 18 do referido Regulamento. Dela fizeram parte Ramos de Azevedo, Oscar Rodrigues

---

4 "O que nos disse o Dr. Mário de Andrade", *Correio da Tarde*, São Paulo, 11/04/1931.

5 *Regulamento do Pensionato Artístico do Estado de São Paulo*, Título I, artigo 1º São Paulo, Secretaria do Interior, 22/04/1912, p. 5. (AFV)

56   Marcia Camargos

Alves Filho, Olívia Guedes Penteado e João Maurício Sampaio Viana, que substituiu Carlos de Campos após sua morte, em 1927, além de Freitas Valle. Um dos membros mais influentes, com oito mandatos sucessivos, tornou-se, na prática, seu mandatário quase exclusivo graças à situação privilegiada de parlamentar que lhe conferia poderes adicionais nas discussões sobre as verbas destinadas ao Pensionato pela Secretaria do Interior.

Com livre trânsito no âmbito governamental, Valle terminaria por transformar-se no articulador a quem cabia, de fato, as decisões e medidas relativas ao Pensionato antes mesmo da regulamentação, como se constatou em diversos casos de estudantes no exterior financiados pelo governo estadual. Wasth Rodrigues é um dos exemplos cuja ida à Europa, ainda em 1910, deveu-se a Freitas Valle, encantado com as habilidades do rapaz que forjou com perfeição um selo em carta enviada à mãe pelo correio. Não por acaso, o jornalista Francisco Pati afirmou que receber um convite para uma das reuniões semanais na Villa Kyrial nessa época era, de certo modo, estar com a passagem no bolso.[6] A presente pesquisa só veio confirmar que o mecenas fazia jus ao epíteto de *morubixaba* da estética oficial[7] como o chamava, em artigos ferinos, o escritor Monteiro Lobato. À frente da Comissão Fiscal, Valle articulava, no seu salão, as audições para os músicos que pleiteavam uma bolsa e recebia, na própria residência, a prestação de contas dos escolhidos. No que tange o Pensionato, a falta de documentação oficial da Secretaria do Interior, onde foram procurados, em vão, papéis relacionados ao tema, mostra que os relatórios e as cartas seguiam para o endereço do senador, a quem os bolsistas ainda se reportavam para solicitar todo tipo de providências – de aumento da pensão à mudança de país e auxílio para o transporte de obras ao Brasil.

Exercendo o mecenato a partir do posto que ocupava no aparelho de governo, Valle manejava verbas públicas para subvencionar os artistas de sua escolha – e daqueles recomendados por amigos ou correligionários como o então presidente

---

6 Francisco Pati, "Não frequentei a Villa Kyrial", *Folha da Noite*, São Paulo, 17/01/1957, p. 2.

7 José Bento Monteiro Lobato, *A barca de Gleyre*. São Paulo: Brasiliense, 1948, v. I, p. 225.

da República Washington Luís, que pleiteou uma bolsa para seu parente Cândido de Arruda Botelho, "moço de grande valor que precisava aperfeiçoar-se".[8]

Na posição de patrono, ele teve inúmeros de seus *tragipoemas* simbolistas, escritos em francês sob o pseudônimo de Jacques D'Avray, musicados pelos bolsistas Francisco Mignone, os irmãos Artur e Romeu Pereira, além de João de Souza Lima. No campo das artes plásticas, reuniu uma amostra significativa da produção dos bolsistas que, nas paredes e consoles da sua residência, testemunhavam o relacionamento estreito com os protegidos, muitos dos quais retratavam a Villa Kyrial, familiares, o próprio Freitas Valle e locais de estudos no estrangeiro, com especial destaque para a Académie Julian. Na sociedade caracterizada pelo predomínio da esfera privada e das relações pessoais definidas pela cordialidade,[9] as recomendações e as amizades representavam, para os produtores artísticos, uma estratégia de sobrevivência no sistema para institucional. Assim a pinacoteca privada de Valle formou-se nesta brecha de clientelismo e filantropia praticada com numerário público. Graças à inteligente manipulação dos recursos governamentais utilizados como moeda simbólica de troca, ele barganhava a preços módicos obras de artistas que, não raro, também o presenteavam em contrapartida às bolsas recebidas ou tendo em vista benefícios futuros.

Dispostas pelos vários ambientes da residência, obras dos bolsistas ilustravam a prática do mecenato público praticado por Valle. Assim é que no *fumoir* encontravam-se dois óleos de Dario Barbosa, dois do seu irmão Mário, um de Paulo do Valle Júnior e outro de Túlio Mugnaini. Na sala de visitas de estilo eclético destacavam-se *A chinesa* e mais uma tela com figuras de Anita Malfatti, três de Mário Barbosa, três de Paulo do Valle Júnior, um pastel de Monteiro França, um óleo de Dário Barbosa, um de Túlio Mugnaini, outro de Berta Worms e ainda uma Sapho em bronze de Victor Brecheret. A sala de jantar abrigava dois óleos de Dario Barbosa (barcos e figuras) e dois de Mário Barbosa (casas e neve e figuras). No quarto de Freitas Valle ficavam dois óleos de Mário Barbosa (jardim e casas), um de Lopes Leão (paisagem), um de Monteiro França (paisagem), um de Túlio

---

8   Carta de Washington Luis a Freitas Valle. Rio de Janeiro, s/d. (AFV)

9   Sérgio Buarque de Holanda, *Raízes do Brasil*. Rio de Janeiro: Jose Olimpio, 1992.

Mugnaini (nu), um de Dário Barbosa (velho) e o único quadro de José Wasth Rodrigues (paisagem). No curioso banheiro decorado com afrescos de Amizanis, havia uma paisagem de Paulo do Valle Júnior e na biblioteca, um retrato em óleo do anfitrião pelo mesmo artista. Em poucos anos a casa tornou-se pequena para tantos quadros e esculturas, demandando a construção de um anexo desenhado pelo arquiteto Cristiano das Neves.

Espaço nobre e palco preferencial dos Cavalheiros da Kyrial, a galeria contava uma dançarina em mármore e o bronze Salomé e João Batista, ambos de Victor Brecheret, além de um óleo com figuras de Túlio Mugnaini, figura, paisagem e uma pintura da Académie Julian de Mário Barbosa, uma paisagem e uma mulher de Paulo do Valle Júnior, caprinos de José Monteiro França e figuras de Dário Barbosa.

Para um governo que se construía segundo o receituário positivista, com sua elite que aspirava ao cosmopolitismo, o problema da educação estética impunha-se como de fundamental importância. De acordo com o então secretário do Interior Altino Arantes, em relatório sobre o assunto enviado em 1912 a Rodrigues Alves, presidente do Estado, entre as elevadas características da civilização de um povo, destacava-se a produção artística. Por isso tornava-se necessária a criação de centros especiais de ensino artístico, obedecendo às graduações do primário, secundário e superior. Posto que o Estado não dispunha de escola de nível superior como uma Academia de Belas Artes, caberia ao Pensionato propiciar ao artista plástico ou músico condições equivalentes de desenvolvimento.

> Evidentemente, esses institutos não pretenderão formar celebridades no desenho e artes anexas, na pintura, na escultura, na música e na arte teatral; mas será seu intuito principal, para não dizer seu único objetivo, a instrução teórica e prática, visando, por uma equilibrada e gradativa distribuição dos conhecimentos ministrados, habilitar os que quiserem dedicar a sua atividade à profissão artística. Desse ensino se evidenciarão as aptidões latentes que, de outro modo, dificilmente se poderiam revelar

Escreveu Altino Arantes no relatório, concluindo:

> Com a Pinacoteca, destinada à exposição dos trabalhos de arte, nacionais e estrangeiros, de real merecimento, procura o Estado auxiliar a difusão dos conhecimentos estéticos. Organizando um instituto especial de Belas Artes, o Pensionato e a Pinacoteca continuarão a exercer as funções educativas.[10]

É oportuno reiterar que o Rio de Janeiro contava com o Instituto Nacional de Música, no qual se destacam figuras como Alberto Nepomuceno (1864-1920) e Leopoldo Miguez (1850-1902). Fundado no ano da Proclamação da República, vinha preencher a lacuna do recém-extinto Conservatório de Música. Mais do que uma mera troca de nomes ou da substituição de um grupo administrador por outro, essa mudança dava voz a um núcleo de compositores que defendia a renovação do ambiente musical, abandonando a ópera italiana como modelo, cujo representante mais notório era Antônio Carlos Gomes (1836-1896) para adotar a música romântica alemã e francesa como padrões.[11]

Em termos de artes plásticas, desde a segunda década do século XIX, a Capital Federal possuía um espaço de ensino em que os jovens iniciavam o aprendizado artístico nos moldes acadêmicos, atravessavam uma série de ritos consagradores, coroando a formação com os prêmios de viagem à Europa. Tais bolsas de estudo no estrangeiro eram distribuídas aos brasileiros que se revelassem promissores tanto na Escola de Belas Artes como no Instituto Nacional de Música. Tinham,

---

10 *Relatório da Secretaria do Interior.* Estado de São Paulo: Tipografia Brasil de Rothschild & Cia., 1914, p. 73. (AHAL/ESP).

11 Mônica Vermes, "Por uma renovação do ambiente musical brasileiro: o relatório de Leopoldo Miguez sobre os conservatórios europeus", *Revista Eletrônica de Musicologia*, v. VIII, dezembro de 2004. "Se esse movimento já se fazia sentir desde meados do século, com o crescimento significativo na quantidade de concertos de música sinfônica e camerística, ele chega a um importante patamar com a intensificação das ações do grupo de Miguez/Nepomuceno".

portanto, âmbito nacional, beneficiando todas as naturalidades, ao contrário do Pensionato de São Paulo, criado exclusivamente para os filhos de Piratininga, em que pesem as exceções à regra como no caso de Victor Brecheret, paulistano de alma nascido na Itália.

Para suprir tal carência na metrópole cafeeira em construção, o Liceu de Artes e Ofícios, fundado em 1873 como Sociedade Propagadora da Instrução Popular, iria, por sugestão do arquiteto Ramos de Azevedo, ministrar cursos de artes a partir de 1895. Nascida com os contornos de um projeto político-econômico visando qualificar o incipiente proletariado da cidade, com o tempo passaria também a representar um projeto estético em si. Bem ao gosto dos positivistas, que entendiam a aliança entre arte e produção como o mote propulsor do progresso, transformou-se no Liceu sem perder o alvo do desenvolvimento social nem o objetivo de "elevação moral" pelo trabalho, quando o artista-operário era visto como o protagonista da primeira etapa industrial da Pauliceia.[12]

Extrapolando as funções de capacitar artesãos, acabaria por formar também artistas como nos casos de Hugo Adami e Mário Zanini, entre outros. Isso porque dois projetos, datados de 1892 e 1893, para a criação respectivamente de um Instituto Paulista de Belas Artes e de um Pensionato Artístico, jamais saíram do papel. Coube, assim, ao Liceu de Artes e Ofícios, que abrigaria, em 1905, a Pinacoteca do Estado, como já se viu, substituí-los no âmbito do ensino artístico que se propunham. Fora dele e da Escola Profissional do Brás, até a década inicial do século XX, restava aos candidatos da área de artes plásticas sem recursos próprios aperfeiçoarem-se no exterior ou no Rio de Janeiro, ou então, contratar professores particulares como Bertha Worms, Carlos de Servi, Pedro Strina, Alfredo Norfini e Oscar Pereira da Silva.

Com Pedro Alexandrino, tiveram aulas Tarsila do Amaral, Anita Malfatti e Aldo Bonadei e pelo ateliê do austríaco George Fischer Elpons passaram tanto Di Cavalcanti e Hugo Adami quanto Tarsila do Amaral, também aluna dos escultores Wilhelm Zadig e Mantovani. Há ainda que se registrar a Escola Novíssima, aberta em 1916 por Antonio Rocco, Nicola Petrilli e A. Sironi. Situada à Rua da

---

12 Ana Maria de Moares Belluzzo, *Artesanato, arte e indústria*. Tese de doutorado, Faculdade de Arquitetura e Urbanismo, USP. São Paulo, 1988, p. 103-5.

Consolação, 63, propagandeava cursos de Belas Artes nas páginas da revista *A Cigarra*.[13] Voltados para uma clientela em busca de aprimoramento profissional, alguns cursos atraíam também senhoras e senhoritas que aprendiam técnicas artísticas para refinar o nível cultural e melhor empregar as longas horas de lazer, dominando outras prendas além das domésticas. Para elas havia programas especiais que incluíam aplicações de pintura em couro, pergaminho, madeira, cetim e veludo como alternativas ao bordado.

Propiciando a assimilação de estratégias geradoras de práticas e de representações, para tomarmos emprestado a terminologia bourdiana de *habitus*,[14] esses cursos educavam o olhar, ampliando o público consumidor de obras de arte e o número de visitantes às exposições que se realizavam na cidade. Como lembra Gilda de Mello e Souza, ver e fruir são sempre aprendizados pelo quais se estabelece uma relação com os esquemas perceptivos anteriores, herdados da tradição. Do mesmo modo, o pintor naturalista não transpõe para a tela o resultado neutro e objetivo da sua análise do mundo exterior, mas aplica a ela os esquemas perceptivos que lhe foram transmitidos desde a infância.[15]

Nesse sentido, cabe citar artigo d'*A Cigarra* sobre as condições paupérrimas do nosso meio em relação às *"manifestações do Belo"*. Resgatando fala de Sarah Bernhardt, que chamara São Paulo de capital artística[16] quando não existia ali qualquer "órgão para exercitar aptidões estéticas", nem uma Academia de Belas Artes, Conservatório ou Pinacoteca, só mais tarde criada, a revista ironiza.

---

13 *A Cigarra*, São Paulo, 20/05/1916.

14 Pierre Bourdieu, *Esquisse d'une théorie de la pratique*. Genebra: Lob. Droz, p. 188. Afirma ele: "O habitus adquirido na família está no princípio da estruturação das experiências escolares, o habitus transformado pela escola, ele mesmo diversificado, estando por sua vez no princípio da estruturação de todas as experiências ulteriores". *Apud* Renato Ortiz (org.), Pierre Bourdieu: sociologia. São Paulo: Ática, 1994, p. 18.

15 Gilda de Mello e Souza, *Exercício de leitura*. São Paulo: Duas Cidades, 1980, p. 223-4.

16 Em 27 de junho de 1886 a atriz viera do Rio de Janeiro em trem especial com sua companhia dramática, hospedando-se no primeiro piso do Grande Hotel. Sua estreia deu-se no dia seguinte, quando levou ao Teatro São José o drama *Fédora*, de Sardon, causando furor entre os estudantes de Direito da capital paulista.

> Se a grande trágica houvera tido conhecimento desse fato
> que apresenta a circunstância agravante de o próprio re-
> cinto da Pinacoteca pertencer ao Liceu de Artes e Ofícios
> certamente não vincularia a uma auréola de luz as caracte-
> rísticas da nossa civilização e o seu requinte de amabilida-
> de passaria a ser uma fórmula mais branda de entusiasmo,
> condizente com os recursos da nossa educação estética.

A matéria pondera que se tornava urgente criar um núcleo capaz de difundir e dirigir a educação estética do povo com centros especiais de ensino artístico fora da Pinacoteca onde, segundo a publicação, uma centena de quadros, nem todos obras-primas, não constituíam em si fatores de divulgação e propaganda artística.

> É verdade que o governo criou o Pensionato, mas ele só
> pode ser uma função exata e completa quando criados
> o Conservatório Musical e Dramático e a Academia de
> Belas Artes, dos quais ele tem que ser o remate, fazendo a
> seleção de aptidões latentes que, sem o auxílio do Estado
> na Europa, jamais conseguiriam completar-se.

Enquanto a situação não se resolvia, os poderes competentes tomavam medidas compatíveis com seus recursos financeiros. Dentre elas, a de encarregar Oscar Pereira da Silva de copiar, nos museus estrangeiros, quadros célebres, já que o Estado não podia adquirir originais. Assim quatro cópias, duas de Oscar e duas da sua filha, Helena Pereira da Silva que, em *La femme de Cornichon* e *L'été de Chapelin*, evidencia-va, conforme o articulista, um sentido apurado e admirável firmeza de pincel.

> "Além disso mandou para a Pinacoteca um original – uma
> mulher que vasa um garrafão de vinagre num pote de
> conservas. Ao lado do tacho cujo metal mesmo sem estar
> ao sol adquire brilhos de uma exatidão soberba. Aí está

uma pensionista que sabe corresponder nobremente ao empenho do Estado,

registrava, para em seguida concluir.

> Enfim, alguma coisa se vai fazendo de proveitosa. Ainda não temos Conservatório oficial nem Academia de Belas Artes, mas a Pinacoteca e o Pensionato vão amparando as nossas aptidões artísticas. Não está, como se vê, tudo perdido, e o que agora convém é que o governo amplie um pouco mais a sua ação para que dentro em breve possamos justificar, com certo orgulho, o diploma que nos conferiu, num momento de élan à nossa capacidade o mais admirável espírito de artista que brilhou até agora na cena francesa.[17]

Em termos de música, como se verá, a situação não era diferente. Na antiga sede da corte, a tradição musical consolidava-se em instituições como o Conservatório Nacional de Música e de Declamação, que fornecia diplomas de curso superior. São Paulo, por sua vez, dispunha apenas do Conservatório Dramático e Musical, cujos cursos, bastante concorridos e prestigiados, com mestres do mais alto nível, tampouco resolviam a problemática do aprendizado que alguns talentos mais apurados buscavam. O próprio Mário de Andrade, professor da instituição por longos anos, afirmou que, pelo estatuto, constituição didática, preços módicos e poucas credenciais de educação escolar exigida dos seus alunos, o Conservatório evidentemente não se destinava à formação de elites musicais refinadíssimas, mas à popularização da música.[18]

Enfatizando a despretensão de formar celebridades no desenho, na pintura, na escultura, na música e nas artes anexas e visando a instrução teórica e práti-

---

17 Manuel Leiroz, "Belas artes", *A Cigarra*, São Paulo, 15/06/1914.

18 Mário de Andrade, "Oração de paraninfo de 1935", *in Aspectos da Música Brasileira, op. cit.*

64 Marcia Camargos

ca, o secretário afirmava que, "por uma equilibrada e gradativa distribuição dos conhecimentos ministrados", o Pensionato pretendia habilitar os que quiserem se dedicar à profissão artística. "Desse ensino se evidenciarão as aptidões latentes que, de outro modo, dificilmente se poderiam revelar".[19] Assim, ele vinha auxiliar a difusão dos conhecimentos estéticos junto com a Pinacoteca, oficialmente inaugurada no ano anterior, mas cujas verbas estavam sempre abaixo daquelas alocadas no Pensionato, cuja rubrica ainda não se encontrava no orçamento de 1912.[20] Tampouco constava da Lei 1463 de 30 de janeiro de 1914, que distribuía as verbas da Secretaria do Interior para o exercício de 1915, provavelmente devido às dificuldades causadas pela Guerra. De qualquer modo, só a extrema dependência dos modelos culturais europeus explica como em 1916, por exemplo, o Pensionato recebeu 25.200 contos de réis, contra apenas 9.000 destinados à Pinacoteca, que em 1922 receberia 10.400 enquanto a verba do Pensionato mais do que dobrou, subindo para 62.400. Dois anos depois, o placar ficou entre 16:000 contos de réis versus 78:000 e em 1925, do orçamento total de 59.787:034$236 da Secretaria do Interior, a Pinacoteca ganhou 19:000 contos e o Pensionato, nada menos do que 118:800 contos.

---

19 Altino Arantes, *op. cit.*

20 Em vez da rubrica "Pensionato Artístico", esta verba aparece sob o artigo terceiro do orçamento da Secretaria do Interior: para pagamento de subvenções a moços paulistas para estudarem pintura, escultura e música, *Diário Oficial*, São Paulo, 6/01/1912, p. 70.

Verbas alocadas conforme publicado no *Diário Oficial*

Vigência	Secretaria do Interior	Pensionato	Pinacoteca
1912	19.184:280$000	45:000$000	8:000$000
1913	21.135:429$000	60:000$000	8:000$000
1914	22.190:364$800	60:000$000	8:000$000
1915	23.069:248$200	_____	9:000$000
1916	24.683:174$200	25:200$000	9:000$000
1917	25.308:198$720	29:400$000	9:000$000
1918	26.025$824$720	29:4000$000	9:000$000
1919	27.368$542$300	36:000$000	10:400$000
1920	32.238:130$770	44:000$000	10:400$000
1921	35.910:665$560	62:400$000	10:400$000
1922	38.851:825$330	62:400$000	10:400$000
1923	48.565:693$539	62:400$000	16:000$000
1924	49.653:025$061	78:000$000	16:000$000
1925	59.787:034$236	118:800$000	19:000$000
1926	76.528:926$020	128:800$000	26:250$000
1927	81.088:266$420	130:000$000	60:250$000
1928	81.196:761$108	150.000$000	60:250$000
1929	89.657:338$920	175:000$000	71:040$000
1930	101.197:527$820	165:000$000	56:250$000

Com a bolsa os pensionistas deveriam pagar o curso nas Escolas ou as aulas particulares, conforme o caso, além de arcar com as despesas de moradia, transporte, lazer, material de estudos e todo o restante necessário aos gastos diários. Não raro os recursos chegavam com atraso ou terminavam antes do mês, levando os artistas a recorrem a Freitas Valle ou até ao presidente do Estado por meio de abaixo-assinados. Em alguns casos, a taxa de câmbio praticada pelos bancos italianos contrariava os estudantes, lesados na hora de sacar as liras enviadas em francos, a moeda forte internacional daquela primeira metade do século XX. Tanto que, nas verbas consignadas ao Pensionato constava claramente que seriam destinados mil e duzentos francos aos estudantes na França e Bélgica e o "equivalente em liras, na Itália".[21]

---

21 *Relatório da Secretaria do Interior* do Estado de São Paulo, 1912.

66 Marcia Camargos

A carestia da vida em Paris também assustava os jovens. Antes da guerra, os trezentos francos por mês[22] ditavam um cotidiano austero, levando-se em conta que a mensalidade na Académie Julian remontava a 60 francos meio período e 80 integral.[23] No pós-guerra, os preços subiram ainda mais, requerendo do artista malabarismos para sobreviver com uma mesada de 1.200 francos, posto que para um quarto com pensão completa despendiam-se 540 francos mensais e um professor particular cobrava no mínimo 50 francos por quatro lições por semana.[24] Subindo paulatinamente, em fins de 1925 atingiu 2.000 francos[25] – assim mesmo, insuficientes para tanta despesa, conforme demonstram os reiterados pedidos de aumento. Em 1928 o Banco Rothschild & Sons comunicava, por intermédio do Consulado Brasileiro em Berlim, sobre cheque de 30 libras para Estelinha Epstein, a ser pago por ordem do Tesouro do Estado de São Paulo.[26] Como a moeda britânica e alemã eram igualmente valorizadas, aí não parecia haver perda significativa na troca dos francos por *pounds*, posteriormente convertidos em marcos.

Quanto às disciplinas oferecidas, não se tem notícia de nenhum bolsista estudante de artes cênicas. Embora prevista no programa do Pensionato, não chegou a formar profissionais da área, da mesma forma que o Conservatório Dramático e Musical de São Paulo se inclinaria mais para a música em detrimento do teatro, cujos palcos permaneceriam, por décadas, monopolizados por atores e companhias estrangeiras. Não obstante, Pureza Marcondes, estudante de canto e declamação, avisa o benfeitor Freitas Valle ter sido ouvida por Mme. Richet:

---

22 Ver Helena Pereira da Silva Ohashi, *Minha Vida: Brasil-Paris-Japão*. São Paulo: Ed. da Autora, 1969, p. 9.

23 As mulheres pagavam o dobro por uma formação não exatamente equivalente à dos homens – além de contar com um número menor de professores, os modelos que posavam para elas vestiam um tapa sexo. Ana Paula Cavalcanti Simoni, *Profissão artista: pintoras e escultoras brasileiras entre 1884 e 1922*. Tese de doutorado, Faculdade de Filosofia, Letras e Ciências Humanas, USP, São Paulo, 2004, p. 138.

24 Segundo carta de João de Souza Lima a Freitas Valle, Paris, 2/03/1919. (AFV)

25 *Idem*, Paris, 20 de dezembro de 1925. (AFV)

26 Nota do Banco N. M. Rothschild & Sons para Estelinha Epstein, Londres, 1º de outubro de 1928. (CHK)

Vou tomá-la para professora encarregando-se ela de preparar-me para o teatro e, como achou-me uma discípula muita aproveitável fez um preço cômodo, tomando eu 4 lições por semana. Vou tomar também uma professora de solfejo e assim, espero estar dentro de dois anos preparada para fazer teatro.²⁷

Curiosamente, um bolsista de arquitetura, cujo nome não descobrimos, consta dos anais do Senado Estadual referente a 1924.²⁸

Emblema do Conservatório Dramatico e Musical de São Paulo.
(Arquivo Freitas Valle)

---

27 Carta de Pureza Marcondes a Freitas Valle, Paris, 7/10/ 1919. (AFV)

28 Nos *Anais da Secretaria do Interior*, p. 783-4, lê-se: Art. 42 – Pensionato: Dez pensionistas – sendo 2.000 francos mensais a cada um na França e o equivalente nos outros países 98:000$000. Subvenção a um pensionista nas mesmas condições para o estudo de arquitetura – 10:800$000. Prêmio e auxílio a pensionistas paulistas, para execução na apresentação dos seus trabalhos de arte: 10:000$000. Ainda não descobrimos o nome deste pensionista de arquitetura.

Cartazete com os formandos de 1936 e os respectivos paraninfos.
(Arquivo Freitas Valle)

Nos moldes acadêmicos

Além da preocupação com a imagem de São Paulo, em posição desvantajosa no que dizia respeito ao ensino superior, o Regulamento do Pensionato deixava claro que o governo pretendia desenvolver e controlar o setor artístico, enquadrando os talentos nos preceitos do academicismo do mundo civilizado – leia-se, Europa. Ao estipular a faixa de idade entre os 12 e os 25 anos para os candidatos,[1] o Pensionato explicita a intenção de formar e não apenas aperfeiçoar os jovens em viagens de extensão acadêmica, que viriam substituir cursos universitários então inexistentes nestas áreas no Estado. Na média, a idade dos pensionistas oscilava entre 20 e 25 anos, com exceções como a do escultor Marcelino Vélez, que recebeu a subvenção em 1912 aos 29 anos, já casado e pai de família. Em uma das extremidades do arco etário dos bolsistas encontramos a "menina" Estelinha Epstein, que aos 13 anos morou em Berlim, na casa de uma tia, para estudar piano. Na outra, temos a pintora Anita Malfatti, contemplada com uma bolsa em Paris aos 34 anos, quase uma década acima do limite máximo de idade oficialmente permitido.

A regulamentação do Pensionato vinha conferir um caráter oficial a uma prática que se verificava, de maneira não formalizada, em diversas províncias brasileiras, desde o Império. Foi durante o século XIX, fundamental para a construção da história da cultura do país, que a colônia transformou-se em corte provisória para

---

1 Ver Altino Arantes, *op. cit.*

então converter-se em Estado independente. Logo no início, levado pela necessidade de reaparelhar a nova sede metropolitana, D. João VI, expulso de Portugal pelas tropas napoleônicas, contratou em 1816 a Missão Artística Francesa para fundar no Rio de Janeiro uma academia de artes.[2] Chefiada por Le Breton, acompanhado de Jean Baptiste Debret, do pintor Nicolas Antoine Taunay e do ilustre arquiteto Victor Gradjean de Montigny, entre outros artistas e músicos, introduziu no Brasil as doutrinas estéticas e os preceitos moralistas da recente revolução burguesa. A Missão trazia a ideia cronológica e retilínea da cultura, encarada não como um processo de rupturas e inovações, mas como o acúmulo de conhecimentos baseados em um paradigma, reduzindo a produção artística a um código único, assimilado como verdadeiro.

> Este modernismo laico e progressista, mas imposto de fora, além de cortar a tradição colonial de raízes religiosas barrocas, deu início ao ensino oficial de Belas Artes no Brasil, imprimindo-lhe os cânones austeros e acadêmicos que marcariam tão fortemente a evolução de nossa pintura oitocentista.[3]

Denominada Academia Imperial de Belas Artes, a Escola, que só passaria a funcionar dez anos depois, seria largamente implementada no Segundo Reinado, sob os auspícios do monarca D. Pedro II. Seus paradigmas substituíram os do barroco, típico da época colonial, como referência estética. Seu intuito era promover o "progresso das artes no Brasil", combatendo os "erros introduzidos em matéria de

---

2 Sobre a Academia Imperial, consultar, José Carlos Durand, *Arte, privilégio e distinção*. São Paulo: Perspectiva/Edusp, 1989, além de Mário Barata, "Século XIX. Transição e início do séc. XX" e Ana Mae Barbosa, "Arte educação", in Walter Zanini (org.), *História geral da arte no Brasil*. São Paulo: Instituto Walter Moreira Salles, 1983, p. 377-87, e 1.077-80, respectivamente, além de Quirino Campofiorito, *História da pintura brasileira no século XIX*. Rio de Janeiro: Pinakotheke, 1983, entre outros.

3 Vanda Mangia Klabin, "A trajetória do artista carioca na década de vinte", in *Academismo*, São Paulo: Funarte, 1986, p. 17.

Entre a vanguarda e a tradição   71

gosto" e dar a "todos os artefatos da indústria nacional a conveniente perfeição a fim de auxiliar o governo em tão importante objeto", conforme rezava seu Estatuto. Para atingir tais objetivos, instituía sessões de arquitetura, compreendendo as cadeiras de desenho geométrico, ornato e arquitetura civil; de escultura, englobando ornatos, estatuária, gravura de medalhas e de pedras preciosas; de pintura, com desenho figurado, paisagem, flores e animais, além de pintura histórica; de ciências acessórias, subdividida em matemática aplicada, anatomia e fisiologia das paixões, juntamente com história das artes, estética e arqueologia; e por último, a de música, formada por todas as cadeiras criadas no respectivo Conservatório. Assim, se cabia ao professor de escultura "melhorar a arte, não só no tocante à beleza, arranjo e elegância das formas", o de desenho figurado precisava empregar "todo o seu zelo e esforços a fim de que seus alunos se aperfeiçoem na arte de bem contornar e na de exprimir com perfeição as formas por meio da luz". Já os de pintura histórica, modalidade introduzida no país por Jean Batiste Debret, eram orientados a dar preferência aos temas nacionais ou religiosos, concentrando-se nas regras de compor e grupar, bem como nos conhecimentos necessários para iluminarem os objetos. Aprenderiam perspectiva em matemática aplicada e esculpiriam ossos, músculos e corpos para conhecer com perfeição o arcabouço humano.[4]

A partir de então, a importação maciça do neoclassicismo cultivado pelas academias de Belas Artes de além-mar, sobretudo francesas, atravessaria todo o século XIX. De contenção acadêmica na fatura pictórica e de um insípido convencionalismo temático, afastou os artistas nacionais dos estimulantes debates que se sucediam, na Europa, opondo neoclássicos, românticos, realistas e impressionistas.[5]

Derivado do neoclassicismo, o academismo iria converter-se na forma exclusiva de representação ensinada e divulgada no Brasil, já que o tipo de universo simbólico por ele proposto supria os anseios políticos, sociais e culturais da classe dominante, servindo aos propósitos de D. Pedro II. Na política centralista e conservadora do Império, a rigidez do conceito de arte implantado pela Missão Francesa encontrava

---

4 *Decreto n. 1603 de 14 de maio de 1855* – Dá novos estatutos à Academia das Belas-Artes.

5 Quirino Campofiorito, *História da pintura brasileira no século XIX*. Rio de Janeiro: Pinakotheke, 1983, p. 14.

terreno fértil para se expandir e solidificar. Não é de se estranhar, portanto, que resultasse numa produção artística limitada a reproduzir formas desvinculadas da realidade social e despida das características do seu meio,[6] onde o índio aparecia romantizado, com os traços de personagens da mitologia clássica, e o negro, embora contingente respeitável da população, era praticamente ignorado.

Sinônimo de organização que espelhou a política dos Estados absolutistas, a Academia surgiu no século XV em Florença, nos tempos de Leonardo da Vinci. Na França do século XVII estava tão estreitamente vinculada ao Estado, que se tornou impossível ver e, sobretudo, fazer arte sem considerar os interesses absolutistas, ao contrário da Holanda, onde os artistas gozavam de maior liberdade e autonomia, inclusive financeira, pois podiam ter quantos alunos particulares desejassem. O sistema centralizador adquire maior complexidade no século seguinte, com a academia transcendendo o papel de organização de aprendizado pura e simples, para se tornar um ponto de cruzamento de formação artística, criação estética, de adequação da oferta de obras para uma clientela específica, com princípios próprios de funcionamento. Esse tradicionalismo conservou-se até a virada para os 1900, quando os movimentos contestatórios determinam sua perda de prestígio, sendo então esmagado no século XX pela ânsia libertária dos modernos.[7]

Balizado por tais parâmetros estéticos, o trabalho artístico no Brasil restringia-se aos ateliês, nos quais se incentivavam os temas bíblicos, mitológicos ou históricos. A natureza, sempre idealizada, figurava apenas como complemento, ou quando muito vinha retratada em tonalidades pálidas, próprias da vegetação europeia. Nas escolas primárias e secundárias, o panorama não diferia muito. O aprendizado do desenho dava-se, ali, por meio da cópia de retratos de personalidades, santos ou estampas de paisagens do Velho Continente, forjando um gosto que levava os estudantes, bem cedo, a depreciar a exuberância tropical.

Para coroar o processo artístico divorciado das cores e tipos brasileiros, durante o Segundo Reinado o governo distribuía bolsas de estudo para o exterior, cristalizando a tendência predominante e desencorajando eventuais abordagens

---

6 Elizabeth Carbone Baez, "A Academia e seus modelos", in *Academismo*. São Paulo: Funarte, 1986, p. 13.

7 Ver Nikolaus Pevsner, *Academias de Arte*. São Paulo: Companhia das Letras, 2005.

críticas. Funcionava o esquema informal, ligado aos desígnios do imperador, que vinha agraciando, tanto no campo das artes plásticas quanto no da música, quem julgasse merecedor. Em 1845 ele passou a custear o Prêmio Viagem, que escolhia anualmente um estudante para mantê-lo no exterior por três anos. Mas com o intuito de oficializar a prática e coibir abusos, em 31 de outubro de 1855 Couto Ferraz, ministro do Império, regulamentou o pensionato, instituindo em seguida concursos públicos para ingresso na Academia.

A portaria promulgada por Ferraz determinava que, dentre os alunos habilitados por aquela instituição, a cada três anos seria selecionado um estudante para ganhar pensão de cinco anos em Paris ou Roma, sob os cuidados de um mestre da Escola de Belas Artes. Tais bolsas, contudo, oscilavam ao sabor da disponibilidade orçamentária e das questões político-administrativas, embora já evidenciassem o intuito de manter severo controle estético sobre os estagiários.[8] Simultaneamente, Dom Pedro II continuava com a política de mecenato particular, protegendo os artistas do seu agrado para conceder bolsas e financiamentos. Na longa lista de protegidos do Rei, em que figurava até Carlos Gomes, destacou-se o compositor Henrique Oswald, com 100 francos mensais de 1879 até o fim do Império. Entre os pintores, encarregados de fazer os retratos oficiais do monarca, incluíam-se, entre outros, Victor Meireles e Pedro Américo. O primeiro passou oito anos na Europa e o segundo, que acabaria falecendo em Florença, lá permaneceu por cinco anos, interrompido por diversos retornos ao país – inclusive para executar os quadros *A batalha do Avaí* e *Independência ou morte*. Oscar Pereira da Silva, Rodolfo Amoedo e o arquiteto Grandjean Ferreira também foram agraciados.

Com a proclamação da República, a Academia, reanimada, passou a chamar-se Escola Nacional de Belas Artes e as Exposições Gerais foram substituídas pelo Salão Nacional de Belas Artes. Com um novo regulamento, é restabelecido o Prêmio de Viagem de dois anos à Europa, de preferência para cursar a École de Beaux Arts em Paris, cujas provas de ingresso consistiam, para os pintores, de várias etapas. Na eliminatória deveriam desenhar do natural e a partir do gesso em duas sessões diferentes, por doze horas. Depois vinha um desenho de anatomia (osteologia), executado em duas horas, seguido por um de perspectiva durante quatro. Um objeto de relevo

---

8 Ver Regulamento, in José Carlos Durand, *op. cit.*, p. 10-6.

com indicações de linhas em perspectiva, um fragmento de figura modelada a partir do gesso e um exercício de arquitetura elementar feito ao longo de seis horas nas galerias precediam um exame escrito ou oral sobre noções gerais de história. Os escultores enfrentavam as mesmas exigências, com exceção da prova de perspectiva, substituída pela modelação da figura *d'après nature* nas mesmas condições dos pintores.

Isso porque a base da pintura neoclássica não é o croqui rápido, mas o contorno aplicado, lentamente traçado, associado à definição dos volumes por um cuidadoso sombreamento. Uma vez estabelecida a ideia geral do enfoque, detalha-se cada elemento do corpo humano, por partes. Daí advém a necessidade dos conhecimentos de anatomia, que permitem a reunião coerente das partes, sem pecar pelo excesso, que gera monstros, nem pela esquematização, que resulta em manequins sem força. Também por isso as aulas de desenhos nus eram fundamentais, pois as roupagens surgiam na medida em que a estrutura do corpo estivesse solucionada.[9]

Dentre os contemplados com o prêmio-viagem estavam Eliseu Visconti (1892), João Batista da Costa (1894), Teodoro Braga (1899), Lucílio de Albuquerque (1906), Artur Timóteo da Costa, que aproveitou, em 1907, a desistência de Eduardo Bevilaqua, Henrique Cavaleiro (1918), amigo de Túlio Mugnaini e duas mulheres, Julieta França (1900) e Dinorah Carolina de Azevedo (1913). Com formação e estágio europeu durante a vigência final do Império, Henrique Bernardelli e Rodolfo Amoedo, retornados pouco antes da República, merecerão a confiança do novo regime, enquanto os declaradamente monarquistas como Victor Meirelles e Oscar Pereira da Silva seriam afastados do ensino oficial.[10] Incentivando, agora, os cursos livres e a pintura em plein air, em oposição às cópias de obras e de gessos típicas da era imperial, o Ministério da Justiça e Negócios Interiores, sob cujos cuidados ficava a Escola, redige um arrazoado nos seguintes termos:

> Desde que o ensino regular das Belas Artes, por sua natureza dispendioso e, principalmente nas condições do

---

9 Jorge Coli, *Como estudar a arte brasileira do século XIX?* São Paulo: Ed. Senac, 2005, p. 49-50.

10 Quirino Campofiorito, *op. cit.*, p. 19.

nosso meio, só poderá manter-se oficialmente, atenda-se, antes de tudo, à necessidade de prevenir o academismo, que é a tirania do pedantismo pragmático exercida contra o talento e constitui o risco perene do ensino oficial.[11]

Trazendo em seu bojo a descentralização política, e o consequente fortalecimento dos Partidos Republicanos estaduais, o regime recém-instalado vem incrementar, no que tange às artes, o surgimento de outros centros de ensino fora da antiga corte que, até aquele momento, monopolizava as poucas chances de carreira e de projeção artística. Estimularia não apenas o ensino erudito em escolas congêneres, como, em igual ritmo, contribuiria para atualizar os Liceus de Artes e Ofícios dos Estados da Federação, que se disseminariam pelo interior. E apesar de não havermos procedido a um levantamento exaustivo nesse sentido, sabe-se que a concessão de bolsas no exterior também era prática esporádica em outros estados. O escultor Celso Antônio de Menezes (1896-1984), por exemplo, estudou em Paris de 1923 a 1926, com uma pensão do governo do Maranhão, sua terra natal. Expondo desde os 21 anos de idade nos Salões Nacionais de Belas Artes no Rio de Janeiro, onde se fixou para se aperfeiçoar com Bernardelli, teve o apoio do conterrâneo Coelho Neto, poeta e jornalista, para obter a subvenção.[12]

Já a afluência de imigrantes e a atividade econômica animada pela expansão monetária e crédito facilitado, colocavam a São Paulo o desafio de diminuir sua defasagem, em termos artísticos, do restante do país. As medidas nesse sentido, a princípio tímidas, incluíam a dotação de bolsas na capital federal ou no exterior antes da regulamentação do Pensionato. Em 1898, por exemplo, o Congresso Legislativo do Estado decretava a concessão a Nicolina Vaz de Assis (1874-1941) de 500$000

---

11 *Ibidem*, p. 18.

12 Marta Rosseitti Batista conjeturou que a bolsa talvez fosse insuficiente, visto que Celso Antônio logo tornou-se auxiliar de Bourdelle, passando para a pedra os trabalhos do mestre que daria ao jovem uma carta de recomendação ao final da estada. Ver Marta Rossetti Batista, *Os artistas brasileiros na Escola de Paris – anos 20*. Tese de doutorado, Escola de Comunicações e Artes, USP. São Paulo, 1987, p. 243-5.

mensais para continuar seus estudos durante dois anos naÉcole National des Beaux-Arts do Rio de Janeiro. Este projeto especificava que as despesas correriam por conta da verba do orçamento para a subvenção de paulistas estudantes de Belas Artes. Gozando de certo prestígio no meio artístico, vocação rara entre as representantes do seu sexo, mereceu uma nota em *A Mensageira*, com votos de boa sorte e muito êxito, para honra da mulher brasileira: "Partiu para o Rio de Janeiro, a frequentar a Escola Nacional de Belas Artes, a Exma. Sra. D. Nicolina Vaz de Assis que há tempos expôs nesta capital diversos trabalhos de escultura, entre os quais um busto do Exmo. Sr. Dr. Campos Salles".[13]

Do mesmo modo José Monteiro França (1875-1944), pintor natural de Pindamonhangaba, foi bolsista de 1904 a 1906 em Nápoles, Roma e Paris. Aos quinze anos de idade Guiomar Novais chamou a atenção do governo, recebendo uma bolsa para estudar piano na Cidade-Luz, onde passou em primeiro lugar, entre os 388 candidatos que disputavam as duas únicas vagas reservadas a estrangeiros no prestigioso Conservatório de Paris.[14]

Há que se registrar os casos de interseção em ambas extremidades – antes da regulamentação e após sua extinção, quando o Pensionato foi substituído pelo Conselho de Orientação Artística. Nesta instância citamos a pianista Estelinha Epstein, que recebeu uma bolsa em 1928 e só regressaria ao país em 1933. Logo no início da sua implantação, contudo, os bolsistas que haviam partido antes de 1912 acabavam inseridos no novo programa da Secretaria do Interior, como ocorreu com os pintores Diógenes Campos Ayres, Paulo Valle Júnior e com o escultor Francisco Leopoldo e Silva. Estes se encontravam no exterior mantidos pelo governo, embora com bolsas ainda não regulamentadas pelo Pensionato, diferentemente de Túlio Mugnaini e Victor Brecheret, por exemplo, que estudavam há anos na Europa às próprias custas antes de serem "adotados" pelo Estado. Tampouco se pode esquecer os jovens pegos em cheio pela eclosão da I Guerra Mundial e que, uma vez retornados à pátria devido ao caos gerado pelo conflito, não puderam

---

13 *A Mensageira*, São Paulo, 15/09/1898.

14 Criado no 16 Termidor, do ano II, ou em 3 de agosto de 1795 no calendário gregoriano, o Conservatório mudou-se para a Cidade da Música em dezembro 1990, em um novo prédio erguido junto ao Parque de La Villette.

regressar à França ou à Itália com o armistício para usufruir a bolsa outorgada. Desde 1911 em Roma, Francisco Leopoldo e Silva foi incorporado ao Pensionato, abandonou a Europa em 1914 e só conseguiu o restabelecimento da bolsa graças às injunções do seu irmão Dom Duarte, junto a Freitas Valle.[15]

Cabe lembrar, por fim, quem, como reza o ditado popular, "ganhou, mas não levou", ou seja, os artistas contemplados com a bolsa e que, por razões alheias à sua vontade, não puderam usufruir do prêmio. O melhor exemplo, nesta categoria é o de Camargo Guarnieri. Nascido em 1907 na cidade paulista de Tietê, o compositor foi contemplado com uma estada na Europa após haver-se apresentado ao julgamento da Comissão Fiscal do Pensionato, em audição com obras de sua autoria, na residência de dona Olívia Guedes Penteado, no dia 12 de dezembro de 1929. Em requerimento ao governador do Estado de São Paulo, Armando de Sales Oliveira, Guarnieri expõe a situação de quem, por deliberação datada de 18 de setembro de 1930, teve a bolsa concedida, mas não "posta em prática devido à revolução que tão profundamente veio, no mesmo ano, modificar a face política do Brasil".[16] No ofício, Guarnieri acresce que, na certeza da partida iminente, desfizera-se do piano e de vários apetrechos musicais, "não tendo conseguido até hoje refazer-se do que possuía". Diante das circunstâncias, e anexando provas da execução de suas obras em público no Brasil e no exterior, solicitava a homologação do referendo do extinto Pensionato, fornecendo-lhe os meios para realizar a viagem de "complemento" dos seus estudos na Europa. Chegou a obter informações sobre o custo de vida em Paris como aluguel, lavanderia, alimentação, correio etc. do pianista Antônio Munhoz, que na mesma carta declarava já dispor de um lugar para o amigo morar na capital francesa.[17]

A reivindicação do compositor enfrentaria infindáveis entraves burocráticos até ser atendida, muitos anos depois. À época em ascendente êxito profissional,

---

15 Carta de Dom Duarte Leopoldo e Silva a Freitas Valle. São Paulo, 27/01/1916. (AFV)

16 *Requerimento de Camargo Guarnieri ao Dr. Armando de Sales Oliveira*, D. D. Governador de São Paulo, s/d (provavelmente 1937). (FCG/IEB/USP).

17 Sobre os detalhes do processo que culminaria na bolsa concedida em 1938, ver Flávio Silva (org.), *Camargo Guarnieri: o tempo e a música*. Rio de Janeiro/São Paulo: Funarte/ Imprensa Oficial do Estado, 2001, p. 74-5.

78   Marcia Camargos

Guarnieri contou com o respaldo de Alfred Cortot, presidente da Escola Normal de Paris. Ele escreveu diretamente ao governador do Estado em julho de 1936, elogiando o representante de uma "das mais pessoais manifestações musicais do nosso tempo e uma das mais características do gênio nacional brasileiro", e cuja estada no Velho Continente seria motivo de orgulho e alegria para os compositores de seu país. Outros dois anos transcorreriam entre esta carta e a bolsa para a viagem de Guarnieri, afinal concedida em princípios de 1938 pelo Conselho de Orientação Artística do Estado de São Paulo, e assim mesmo graças ao empenho pessoal de Mário de Andrade, à época na direção do Departamento de Cultura. Alegando que o então regente do Coral Paulistano deveria lapidar-se na Europa para melhor servir ao Estado no papel de "educador das massas", Mário brandiu o pretexto ideal para a concessão da bolsa em Paris, onde o compositor permaneceu até a eclosão da II Guerra Mundial.[18]

---

18 *Idem*, p. 42-3.

Imaginário e representações

Enquanto política cultural de Estado, o Pensionato suscitou intensa polêmica travada nas páginas de jornais e revistas do período. Muitos temiam a excessiva alienação dos artistas em contato exclusivo com a paisagem e o meio cultural europeu, enquanto outros criticavam a falta de transparência nos critérios de seleção dos candidatos. Pois se a regulamentação pretendeu dar um caráter menos informal ao programa, em verdade acabaria como uma carta de boas intenções não cumpridas, prevalecendo o viés personalista e a privatização da coisa pública. A *Gazeta Artística*, semanário que circulou em São Paulo, denunciava em editorial que eventuais méritos e aptidões contavam menos do que um bom padrinho. Na falta de um exame imparcial, prevaleciam os conluios e os pedidos políticos:

> O Estado, para servir o Deputado X, em conluio com o Secretário F, auxiliados ambos por um membro da Comissão, destina o óbolo a que tem direito o mendigo da arte, o sedento de luz, a um filho de família que dispõe de recursos próprios e desbriadamente pechincha caridade, ou a um menino de bons intuitos, de boa vontade, mas vazio, incapaz.[1]

---

1 *Gazeta Artística*, São Paulo, ano III, n. 20, dez-jan/1911-1912, p. 1-2.

Segundo o periódico, a grave consequência de tal política consistia na europeização do artista nativo. Sem amadurecimento para realizar uma apropriação crítica mediante filtragem adequada, ele acabaria por transformar-se em estrangeiro, com perfeito domínio da técnica, mas ignorante das características e cores sul-americanas. E comparava o jovem à borracha exportada: ia matéria-prima e voltava o produto acabado, trazendo sempre o carimbo da fábrica.

> Findo o prazo da pensão volta o artista, o novo apóstolo, com um quadro ou dois numerados pelo Salon [Salon des Artistes Français] e uma coleção de trabalhos, produtos de cinco anos de estudo; são paisagens de Lion e Marselha, são trechos áridos de uma natureza ressequida; são marinhas, praias que o mar detesta, cópias, retratos ao gosto medieval, poses mal disfarçadas, luzes complicadas no interior do ateliê, estudos de tipos europeus, cabeças doentias, nus esqueléticos, e com tal bagagem instala-se no nosso meio.[2]

Endossando o projeto governamental de "proteção às artes", cuja existência servia para "tarifar o nosso adiantamento e o nosso grau de civilização", a revista *A Cigarra* sugeria uma participação mais ativa da Comissão Fiscal no que dizia respeito à apresentação e mostras dos bolsistas quando, no retorno, dava provas do aproveitamento no exterior.

"Com o subsídio o Estado vai formando um escol de artistas nacionais, a troco de sacrifícios que parecem dar um grande e eloquente testemunho do nosso amor pelas artes", afirma, para pontuar que no momento de o artista mantido à custa da comunidade mostrar aos seus conterrâneos que aqueles sacrifícios não foram inúteis, cai numa armadilha beirando o absurdo. "Se decide um concerto no Municipal sem fins de lucro, a Câmara cobra-lhe todas as taxas possíveis e imagináveis: a do aluguel, a do selo, a do imposto profissional etc." E pondera:

---

2 *Idem.*

"Como o público da elite é forçosamente limitado e a concorrência aos concertos é em geral pequena, o artista aprende, à custa da sua bolsa, quão perigoso é confiar no espírito de proteção às artes, que se diz lavrar entre nós com caráter epidêmico". A revista então condena o estado que dá com uma mão, mas por meio de exigências exageradas quase retira do *protegé* a possibilidade de exercer a profissão. Advogando uma postura menos tirânica em relação aos estudantes recém-chegados, propunha aos *"edis"* a subscrição de leis que facilitassem o aluguel dos teatros e concedendo isenção de imposto aos pensionistas que tinham a intenção de revelar publicamente os talentos adquiridos.[3]

Já Oswald de Andrade, no artigo "Em prol de uma pintura nacional", defendia que, em vez da paisagem cultivada, ajardinada, composta pelo esforço do europeu, o bolsista deveria pintar nossa natureza tropical e virgem, bela e robusta na sua desordenada exuberância.[4] Menotti Del Picchia também chegou a fazer algumas restrições ao Pensionato que, na sua opinião, vinha "aleitando tanto medíocre".[5] Ninguém, porém, foi mais feroz nas críticas do que Monteiro Lobato. Temendo o *afrancesamento* exagerado do pensionista imaturo em contato exclusivo com a civilização e a produção artística europeia, abordou algumas vezes a questão nas páginas de *O Estado de S. Paulo*. Denunciando a "absurda orientação estética" dada às vocações nascidas em nosso meio, Lobato ressalvava o caso do também bolsista Wasth Rodrigues, que para ele constituía apenas uma feliz e rara exceção à regra, para reiterar:

---

3 *A Cigarra*, São Paulo, 7/06/1915.

4 Oswald de Andrade, "Em prol de uma pintura nacional", *O Pirralho*, São Paulo, n. 168, ano IV, 2/1/1915, p. 12.

5 Menotti Del Picchia, "Brecheret", *Correio Paulistano*, São Paulo, 26/2/1920, p. 1.

O artista educado no velho mundo sente-se inerme, percebe
que o espadim da técnica haurida na Académie Julian não é
arma séria em frente do que pede tacape. E esmorece.[6]

No extenso artigo sobre a exposição do pintor publicado no mesmo jornal em janeiro de 1916, Lobato primeiro retoma a cruzada contra o europeísmo. Reitera sua oposição à iniciativa que forçava o pensionista a educar os olhos em paisagem, arte e museu francês: "As vergonhas congeniais que levou daqui desmedram, e pega de brotar aquele enxertozinho de borbulha operado em sua epiderme". Concluída a aprendizagem, haveria duas saídas ao transplantado:

> ou fica por lá perdido na turba de artistas exóticos que atravancam Paris, incapaz de emparelhar com os nativos da terra, porque o inferioriza uma alma de empréstimo, estragando assim a vida num patinhar penoso de expatriado, ou torna cá, tombando para a categoria do expatriado artístico. A sua pátria estética lá ficou, a França – reconhecem-na eles.

Para ele, os de caráter mais fraco, os "débeis", começariam a desvalorizar o que é nosso, desprezando os tipos e costumes populares, para suspirar de saudades de Paris. "Ou é um forte, e neste caso compreende de relance a situação, atina com a senda verdadeira, entra a estudar de novo, deixando às urtigas metade das ideias de lá fora. Redime-se esse", diz Lobato, que contabiliza em três quartos as aptidões artísticas vitimadas pela política das artes no país. De um lado, ficam os "épaves sociais, bolantes na onda dos boulevards como rolhas servidas"; do outro, os resistentes, a quem se impõe, "sob pena de naufrágio, um redobro de trabalho, na tarefa de reaclimação estética".[7]

---

6 José Bento Monteiro Lobato, "Pensionamento de artistas", *O Estado de S. Paulo*, São Paulo, 15/1/1916, p. 7.

7 Monteiro Lobato, "A propósito de Wasth Rodrigues", *O Estado de S. Paulo*, São Paulo, 9/01/1916.

As observações tanto da *Gazeta*, quanto de Oswald de Andrade e Monteiro Lobato inscrevem-se no sentimento verde-amarelo consequente da I Guerra europeia. O conflito armado desencadeou um forte apelo nacionalista que, extrapolando as fronteiras, provocaria o ressurgimento do patriotismo adormecido pela propaganda socialista antecedente. Se nas nações beligerantes esse movimento assumiu uma face agressiva e belicosa, abaixo do Equador sublimou-se num retorno aos temas nacionais, levando de roldão as utopias e o velho sonho de uma organização social igualitária.[8] Contra os valores importados, impunha-se a essência da autêntica brasilidade como a de José Wasth Rodrigues, saudado com entusiasmo pelo crítico que não cansava de denunciar o desenraizamento cultural do país. Como enxergava nas artes plásticas um sentido de conscientização, Lobato temia que, ao transportar o estudante para outros meios na época da cristalização da individualidade, o governo estaria desnacionalizando sua alma.

Já Mário de Andrade, articulador da bolsa concedida à pintora Anita Malfatti, sempre manteve uma posição ambígua quanto ao Pensionato. Sem recursos para se manter no exterior, cobiçava uma estada no Velho Continente paga pelos cofres do Estado. Transferindo seu desejo para o personagem de *Macunaíma*, lançado em 1928, chegou a cogitar disfarçar-se de pintor, já que seu ofício não se encontrava entre as manifestações artísticas previstas no Regulamento do Pensionato calcado nas *Écoles de Beaux Arts* e nos Conservatórios de Música europeus. Concluindo que receberia uma bolsa no "Dia de São Nunca", por causa dos "mil vezes mil candidatos já encaminhados", o anti-herói fica enraivecido com a injustiça. Desapontado, tenta se convencer de que seu lugar era na América, e que a "civilização europeia decerto esculhambava a inteireza do nosso caráter".[9] Em texto posterior, de 1940, um Mário mais amadurecido reveria tal posição. Confessando sua inveja dos inte-

---

8 Manuel Bandeira, *Crônicas da Província do Brasil*. Rio de Janeiro: Civilização Brasileira, 1937, p. 93.

9 Mário de Andrade, *Macunaíma, o herói sem nenhum caráter*. São Paulo: Martins, 1944, p. 142-3. No seu diário de bordo o escritor faz uma reflexão similar. Ver Mário de Andrade, *O turista aprendiz*. São Paulo: Duas Cidades, 1976, p. 60-1.

lectuais familiarizados com as esferas parisienses como a "palminha das mãos", ele admitia ser "trágico, isso do artista que nunca viu Paris".[10]

Igualmente insatisfeito com as lacunas do Pensionato, que não incluía literatura e muito menos cinema entre as expressões dignas de aperfeiçoamento sob os auspícios do Estado, o poeta Guilherme de Almeida lastimou que, para o governo, oficialmente, a arte só compreendia três ramos: música, pintura e escultura. E assim mesmo apenas os instrumentos considerados eruditos como piano, violoncelo e violino, além de composição e canto lírico. No caso das artes plásticas, só aquilo consagrado nos museus seria aceito. Gravura, fotografia, cerâmica, tapeçaria, artes gráficas, arte objeto e instalações estavam evidentemente fora de cogitação. Assim, em artigo publicado em 1927, o poeta comparava o programa de dotação de bolsas, a seu ver uma utilidade pública comprovada pelos talentos que vinha revelando, à recente iniciativa inglesa no setor cinematográfico. Revelava que os britânicos fundaram uma organização cujo capital inicial de um milhão de libras visava produzir, em larga escala, filmes de assuntos afeitos ao Reino Unido. "No entanto nós, país novo e gente nova, que vivemos imitando tantas coisas interessantes de outros velhos países e outras velhas gentes, ainda não tivemos a tentaçãozinha de arremedar esse gesto moderno da milenária, respeitável Albion".[11]

Quanto a Victor Brecheret, seu amigo e admirador Mário de Andrade comentou acerca do artista prestes a embarcar em direção a Paris, subsidiado pelo Estado:

> Isso quer dizer que a responsabilidade pesa assustadoramente sobre os seus ombros; tanto mais que a maioria dos artistas brasileiros, que sob essa feição demandam as cidades artísticas da Europa, deixa por lá, ingratidão para com a pátria e desrespeito para consigo mesmos, a inspiração produtora das suas juvenilidades, trazendo apenas o metro falso dumas regras sediças, mal aprendida e uma

---

10 *Idem*, "Paris", *Diário de Notícias*, Rio de Janeiro, 31/3/1940, *in* Mário de Andrade, *Vida literária*. (org. Sonia Sachs), São Paulo: Hucitec/Edusp, 1993, p. 170-4.

11 Guilherme de Almeida, "Cinematógrafos: a lição inglesa", *O Estado de S. Paulo*, 17/03/1927.

aflitiva desilusão. Vão fortes, carregados com as esperanças de todos nós, voltam inermes, desmusculados, verdadeiros defuntos da arte.[12]

Unanimidade entre acadêmicos, nacionalistas e modernistas, Brecheret foi também saudado por Monteiro Lobato quando do recebimento do pensionato. Porém, levantando suspeitas sobre os critérios de seleção, reclamava mudanças urgentes no processo. Conforme descreveu, primeiro o candidato expunha numa casa de molduras do Triângulo os "vagidos iniciais do seu pincel tatibitate". Instada por pais e amigos, a imprensa incensava e enchia de louvores benevolentes o "gênio de buço". Daí seguia requerimento solicitando pensão – que seria ou não outorga-da, de acordo com o peso das "razões de Estado" na balança da Themis estética. Três anos depois esse artigo, com algumas alterações e novo título, seria republica-do em *Ideias de Jeca Tatu*, em que dizia:

> Ao invés de apurar o nacionalismo das vocações, esperanti-za-as, ou melhor, afrancesa-as, porque para a imbecilidade nacional, o mundo é ainda a França. Pega o Estado no rapaz, arranca-o da terra natal e dá com ele no Quartier Latin, com o peão da raiz arrebentado. Durante a estada de aprendiza-gem só vê a França, só lhe respira o ar, só conversa com mes-tres franceses. (...) O governo só lhe pede, a espaços, umas periódicas academias por ele assinadas. Basta ao governo essa irrisória documentação. Findos os cinco anos, retira-lhe a teta e fica todo ancho o governo, na certeza de que brindou o país com mais um grande artista.[13]

---

12 Mário de Andrade, "Victor Brecheret", *Jornal dos Debates*, São Paulo, 18/4/1921. *In* Sandra Brecheret Pellegrini, *Brecheret: 60 anos de notícia*. São Paulo: Melhoramentos, s/d, p. 33.

13 José Bento Monteiro Lobato, "Estética oficial", *Ideias de Jeca Tatu*. São Paulo: Brasiliense, 1946, p. 46-54.

Como medida saneadora, Lobato propunha que o candidato fosse antes matriculado na Escola de Belas Artes do Rio de Janeiro, por cinco anos e, só após de avaliado por mestres competentes receber o prêmio no Velho Mundo. Mas adiantava que de nada valiam sugestões às autoridades da sua época. Segundo ele, estas dariam como resposta um sorriso sarcástico por intermédio do político que distribuía pensões na Europa como dava bombons às criancinhas com quem simpatizava.[14]

Subscrevendo reflexões de Raymond Williams, para quem a característica de toda relação de mecenato de Estado é a situação privilegiada do patrono,[15] ele comentava:

> Entronizou-se desse modo na cadeira pontifícia da Estética oficial o conspícuo Gomensoro. É hoje Papa infalibilíssimo. Premia e castiga. Dá e tira pensões. Protege ou despreza artistas, como lhe sobe à veneta. Tem o Gonzaga do Tesouro à mão para consolidar a infalibilidade, como eu tenho esta pena para enristar em sua defesa.[16]

Embora bem fundamentado em suas críticas, Lobato demonstrava ingenuidade ao acreditar que a Comissão desejasse algo diferente do *afrancesamento* por ele enunciado. Uma leitura atenta do Regulamento esclarece que a intenção era justamente esta. Ou seja, a ideia consistia em enviar o jovem na fase de formação para que, matriculado nas escolas conservadoras, ou em aulas particulares com mestres consagrados, o bolsista absorvesse a cultura e a "civilização" francesas. De volta ao país ele iria desenvolver-se segundo os cânones europeus e, de quebra, disseminar

---

14 Refere-se a Freitas Valle.

15 O autor explica como o patronato público, que extrai a autoridade e recursos da suposta vontade geral da sociedade, é controverso e, no limite, ilegítimo. Raymond Williams, *Cultura*. Rio de Janeiro: Paz e Terra, 1992, p. 43.

16 José Bento Monteiro Lobato (Mem Bugalho), "Em prol do Dr. Gomensoro", O *Queixoso*, São Paulo, 29/1/1916, p. 3.

os valores "superiores" no seu meio social, da mesma forma que o missionário branco ensina hordas de bárbaros incultos e selvagens. O gosto oficial refletia o das classes dominantes, habituadas a viajar regularmente a Paris.

> A França a que se referiam não era aquela do cubismo, mas também a conservadora e tradicionalista, onde os impressionistas estavam assimilados naquele começo de século, trinta anos depois de terem causado indignações nos meios oficiais. A arte aceita era basicamente francesa realista, romântica e impressionista, por vezes acadêmica, sendo exceções as com laivo vanguardista.[17]

Para comprovar a veracidade deste enunciado, basta percorrer a produção artística no Brasil no período. Fosse de cunho histórico, mitológico, nus, retratos ou paisagens, o naturalismo acadêmico imperava nos cursos, ateliês, mostras e espaços de exibição. O acervo do Museu Paulista e o da Pinacoteca, as coleções particulares como de Joaquim Pinto Silveira Cintra ou do próprio Freitas Valle tampouco fugiam à tendência. Nos salões e galeria da Villa Kyrial, entre telas compradas em viagens, leilões e mostras que se realizavam na cidade, distinguiam-se algumas de Lasar Segall e Anita Malfatti, além de um pequeno pastel penumbrista de Di Cavalcanti – *Os boêmios*. No conjunto, porém, prevalecia a arte acadêmica, sobretudo dos detentores de prêmios oficiais como Oscar Pereira da Silva, Eliseu D'Angelo Visconti, Antonio Parreiras ou Belmiro de Almeida, em seus diferentes momentos. Igualmente, na Pinacoteca, as primeiras obras modernistas entram no acervo apenas no final dos anos 1920, com *La porteuse au parfums*, gesso dourado de Victor Brecheret, e *Tropical*, óleo de Anita Malfatti, ambos doados em cum-

---

17 Maria Cecília França Lourenço, "Acervo da Pinacoteca: memória do gosto ou mecanismos para inclusão", in *Catálogo geral de obras*. São Paulo: Imprensa Oficial do Estado, 1988, p. 12-3.

primento ao Regulamento do Pensionato.[18] *Bananal*, do pintor Lasar Segall, foi adquirido pelo governo do Estado em 26 de outubro de 1928.

Vestíbulo da Villa Kyrial. Ao fundo, o mecenas em óleo de Nicolo Petrilli. (Arquivo Freitas Valle)

Neste contexto, o destino de boa parte dos bolsistas de pintura e escultura era a Academia[19] de Belas Artes. Em termos de música, a intenção também consistia

---

18 Sobre o tema ver Marcelo Mattos Araujo, *op. cit*.

19 A palavra Academia (associação de artistas, eruditos etc.), tem origem em um bosque nos arredores de Atenas, onde Platão e discípulos estudavam filosofia. Na Renascença, passou a ser aplicada a qualquer círculo literário ou filosófico. Em 1648, na França, um grupo de pintores, inspirado no exemplo italiano, persuadiu Luís XIV a fundar a Académie Royale de Peinture et Sculpture que iria, treze anos depois, forjar a expressão

em buscar na Europa os paradigmas de uma cultura superior. Lembremos que, ao conceder a bolsa a Francisco Mignone, em 1919, Freitas Valle recomendou que ele retornasse anualmente ao Brasil para não se *"italianizar"* demais.[20] No subtexto, lê-se que era esperado e até desejável que ele se europeizasse até um certo limite.

Interessante que até a I Guerra muitos procuravam a Itália, mas depois a França converteu-se na Meca. Os estudantes de música tinham aulas com professores conceituados como Margarite Long ou matriculavam-se no Conservatório Musical, se passassem no difícil exame de admissão. Os escultores, a exemplo de Brecheret, montavam ateliê próprio e os pintores que não entravam na oficial École de Beaux-arts seguiam para as alternativas como a Julian. Vale lembrar que a Académie Julian foi fundada em 1868 por Rodolph Julian, em Paris, na Passage des Panoramas. Vendedor pobre de uma livraria em Marselha, filho de um professor primário em Vancluse, autodidata que sonhava se tornar pintor, Julian vai para Paris estudar no ateliê de Léon Coignet e Cabanel. Percebe a carência de ateliês livres de artes plásticas na cidade, e abre sua escola, onde alunos dos cinco continentes estudam sob a orientação de mestres renomados como Tony Robert, Fleury, Benjamin Constant, Gabril Ferrier e Bouguereau. Gauguin, Vuillard, Bonnard, Maurice Denis e Roussel incluem-se no rol de seus alunos que se tornariam célebres. Em 1880 inaugurava um ateliê exclusivamente feminino cujas alunas pularam de trinta para quase seiscentos nove anos depois. No ano de 1882 abriu um no Fabourg St. Denis voltado para a clientela masculina, seguido de outro feminino na Rue Berri, em 1888. Em 1890 Matisse passa por suas salas de aula, sendo que nesse mesmo ano a escola cruza o Sena, mudando-se para a Rue Dragon, 31, enquanto nos Panoramas permaneceriam, até 1904, os cursos da tarde. Por essa época disputa clientela com outros ateliês semelhantes – como, por exemplo, o da Rue Fromentin, em Montmartre. Com a morte de Julian, em 1907, a direção do ateliê

"arte acadêmica". No final do século XVIII, unidos contra os privilégios que a Académie outorgava a seus membros, artistas liderados por David exigiram sua extinção, mas ela seria restabelecida em 1816 sob o título de Académie de Beaux Arts. Com a ascensão da burguesia e a proliferação de mostras organizadas por artistas à margem da instituição, a Académie entrou em decadência.

20 Ver Marcia Camargos, *op. cit.*, p. 162.

90 Marcia Camargos

passa para as mãos do seu sobrinho de 21 anos, Jacques Dupuis. Sua posse coincide com a saída de Jean-Paul Laurens, que, nomeado para a École de Beaux-Arts, deixa em seu lugar o filho Paul-Albert Laurens, professor da Julian até 1938. Jacques Dupuis morre em 1914, durante a I Guerra, e seu irmão, Gilbert Dupuis, assume o comando. Recobrará o fôlego até a eclosão da segunda conflagração mundial, que determinará o fechamento das suas portas. Retomaria as atividades em 1946, com M. Rousseau e Mlle. Jubert, renascendo com a contratação de novos mestres. Em 1959 passa a ser administrada por Met Penninghen e Jacques d'Andou, com a direção de Christian Pailliez. No ano de 1960 vira um centro cultural de artes plásticas. Em 1968, com a equipe acrescida de professores de artes gráficas, fotografia, arquitetura de exterior e de interior, transforma-se na Escola Superior de Artes Gráficas. De reputação consolidada no mundo inteiro, gozava de enorme prestígio internacional. Seus alunos não provinham apenas dos países ditos *"periféricos"* como Brasil, Argentina e Chile, mas também das principais cidades dos Estados Unidos e da Europa, incluindo Nova Iorque, Paris, Londres, Roma, Moscou, Glasgow, Odessa, São Petersburgo, Viena, Lisboa, Varsóvia e até mesmo do Japão e da Nova Zelândia.[21] Firmando-se como escola da moda, suscitava comentários sarcásticos de Monteiro Lobato que, em carta a Godofredo Rangel, de 18 de janeiro de 1907, cinco anos, portanto, antes da regulamentação do Pensionato, falava da "genial dona Stella, pintora, que segue em março para o Velho Mundo, a cursar o Atelier Julian e voltar de lá gênio de primeira classe".[22]

Vista pelos nacionalistas como sinônimo de mediocridade e conformismo, também foi alvo de Lima Barreto. Ao elogiar *Problema Vital*, de Lobato, em 1918 ele registrou:

> A sua roça, a sua paisagem, não são coisas de moça prendada, de menina de boa família, de pintura de discípulo ou discípula da Académie Julian; é da grande arte dos nervosos,

---

21 *Académie Julian – catalogue général des élèves: 1890/1928.* (Archives Nationales/Paris). Herold Martine, "Académie Julian", Dossier 63 AS, s/l, s/d. (Archives Nationales/Paris)

22 José Bento Monteiro Lobato, *A barca de Gleyre, op. cit.*, v. I, p. 154.

dos criadores, daqueles cujas emoções ou pensamentos saltam logo do cérebro para o papel ou para a tela.[23]

Depoimento da pintora Tarsila do Amaral vem corroborar as suposições dos dois escritores. Tendo procurado a Académie Julian durante a estada em Paris entre 1920 e 1921, ela revelou que seus trabalhos eram considerados avançados pelos colegas e professores.[24] Em carta a Anita Malfatti, escrita da Academia, onde permanecia toda manhã com um grupo de cinquenta alunas, observou: "Está me parecendo que muitos são os chamados, mas poucos os eleitos. Não vejo uma aluna forte. Algumas trabalham bem, mas falta *aquilo* que nos impressiona".[25] A conselho de Pedro Alexandrino, seu professor em São Paulo, passou para o ateliê de Emile Renard, *hors-concours* do Salão dos Artistas Franceses.

Já o maestro João de Souza Lima, que no início da juventude hesitara entre a pintura e o piano havendo, inclusive, frequentado o ateliê de Tarsila do Amaral, com quem se encontraria com certa assiduidade em Paris, visitou a escola ao desembarcar na capital francesa como bolsista. Encantado, confessou nunca ter visto algo parecido. Em sua enorme sala envidraçada, mais de trinta cavaletes cercavam o modelo imóvel por horas a fio, rodeado de fogareiros para se manter aquecido enquanto os alunos desenhavam a mesma pose, cada qual de um ângulo diferente.[26] Ao lado da musa dos modernistas, o músico esteve também no ateliê do "famoso Picasso" que, mostrando seus trabalhos, manteve com eles uma simpática conversação. Em companhia do pintor Alípio Dutra, ainda foi ver Landowsky, justo quando o escultor trabalhava na enorme

---

23 Lima Barreto, "Problema Vital", *Bagatelas*. São Paulo: Brasiliense, 1956, p. 131.

24 Tarsila do Amaral, "Confissão geral", *in Tarsila: 1918-1950* (catálogo de exposição). São Paulo: dezembro de 1950.

25 Carta de Tarsila do Amaral a Anita Malfatti. Paris, 26/10/1920. (FAM/IEB). Na mesma carta ela comenta que sempre via Souza Lima com quem dera, há poucos dias, um passeio de aeroplano sobre Paris – uma experiência que não pretendia repetir.

26 Aracy Amaral, *Tarsila, sua obra e seu tempo*, São Paulo: Perspectiva/USP, 1975, p. 29.

estátua do Cristo Redentor, cujos detalhes, incluindo o gigantesco pé, puderam observar de perto, conforme ele escreveria nas suas memórias.[27]

Na Académie Julian, bem como na Colarossi, Ranson e La Palette, entre outras que proliferaram ao longo da década de 1920, era possível obter formação completa ou apenas fazer croquis despreocupados, sem ser incomodado pelos mestres.[28] Além de oferecer certas vantagens para o ingresso de obras dos seus alunos nos *Salons*, a Julian preparava os candidatos para os concursos da *École de Beaux-Arts*, cujo rigor técnico procurava emular. Aberto também aos estrangeiros desde o decreto de 1884, seus concorridos exames que se realizavam em março e agosto pressupunham traquejo no idioma francês, conhecimentos de anatomia e de história e razoável domínio em desenho.

Como as mensalidades da Académie Julian, por volta de 1908, variavam de 60 a 80 francos para as mulheres e de 25 a 50 para os homens, muitos não podiam se dar ao luxo de duas refeições diárias. Túlio Mugnaini revela que os novatos eram obrigados a pagar um *café-créme avec croissant*, e como usualmente apareciam calouros, quase sempre contavam com lanche gratuito ao longo do ano. Ao longo das aulas, para espantar o *cafard*, gritavam e proferiam palavrões em gíria ou cantavam em coro modinhas picantes compostas em jargão de ateliê. Já as moças que espiassem os salões, eram recebidas aos brados, avisadas de que entrassem ali em traje de Eva ou então se retirassem daquele local pagão, mas sagrado para a rapaziada que se divertia nos bailes das *Quatre-Arts*.

> À custa de lágrimas e de suores, eles aprendiam a desenhar e a pintar, de fato, uma academia; sabiam o que é claro-escuro e conheciam o valor de um tom. Não eram ainda artistas completos, mas estavam habilitados para vencer no futuro.[29]

---

27 João de Souza Lima, *op. cit.* p. 65.

28 Jean-Paul Crespelle, *La vie quotidienne à Montparnasse à la grande époque*. 1905-1930. Paris: Hachette, 1976, p. 71-2. *Apud* Marta Rossetti Batista, *Os artistas brasileiros...*, *op. cit.*, p. 50.

29 Túlio Mugnaini, "Lembrando um grande artista: José Wasth Rodrigues", *A Gazeta*, São Paulo, 11/06/1957, p. 34.

Fora frequentar as aulas, os pensionistas mostravam os trabalhos nas exposições que movimentavam a vida artística francesa. Protegido e patrocinado pelo governo, sucessor do Salão Real, o *Salon*, organizado desde 1881 pela Societé des Artistes Français,[30] e que inspiraria similares mundo afora, teve como concorrente mais direto o salão anual realizado pela *Societé Nationale des Beaux-Arts*. Fundada em 1890 por um grupo dissidente, no qual se incluía Rodin, surgiu como forma de protesto contra a sisudez do primeiro, refratário a novas propostas e aos talentos jovens. Na prática, porém, ambos se confundiam, pois apesar de manterem porta de entrada, títulos, catálogo e júri separados, eram montados no *Grand Palais* na mesma época do ano – entre fins de abril e junho.

No decorrer da década de 1920, com a ascensão das vanguardas e o prestígio da *École de Beaux-Arts* abalado, refluiu consideravelmente a procura pelos cursos na Académie Julian, ao mesmo tempo em que espaços dissidentes foram surgindo para abrigar os excluídos do circuito oficial. A agitada temporada parisiense abria entre outubro e novembro com o Salão de Outono, de 1903. O Salão dos Independentes ia de janeiro a fevereiro, terminando com os salões tradicionais na primavera – o dos Artistas Franceses e o da Nationale. De 1923 em diante, passaria a contar com o Salão das Tuileries. À exceção dos Independentes, surgido em 1884 para acolher os recusados no *Salon* como os neoimpressionistas e os *nabis*, que se dedicavam a trabalhos decorativos, todos os demais constituíam júris com poderes para vetar obras que não se coadunavam com sua visão estética.

O próprio Salão das Tuileries, uma ruptura da *Societé Nationale de Beaux-Arts*, explicitava que deveria partir do comitê o convite para expor na modalidade designada: pintura, escultura, desenho, gravura, arte decorativa e arquitetura. A participação não se estendia automaticamente aos anos subsequentes e exigia-se o pagamento de taxa de inscrição, bem como uma comissão de 20% sobre o preço das obras ali vendidas.

O Salão dos Independentes, portanto, surgiu da necessidade de romper com as práticas de cooptação e de submissão às normas ditadas pelo Salon, oferecendo um caminho optativo aos iniciantes. Isso porque a condição de *"recusado"* equivalia a uma condenação, à exclusão, ao anonimato e à miséria. Em uma época em

---

30 Marta Rossetti Batista, *Os artistas brasileiros...*, *op. cit.*, p. 33-4.

que rareavam as galerias de arte, o Salão oficial representava o único espaço onde os artistas poderiam despertar o interesse da crítica, mostrar e finalmente negociar suas obras. Só que precisavam enfrentar o júri, defensor do gosto oficial cujo conformismo e intransigência face às novidades já o levara a recusar artistas eminentes como Delacroix, Coubert, Daumier, Manet, Cézanne, Renoir e Seurat.[31] Em seus catálogos recheados de anúncios de lojas de material artístico, de galerias, serviços de fotografia, embalagem de obras de arte e cursos, expunha a meta de suprimir os júris de admissão. Permitia aos artistas, listados em ordem alfabética, sem divisão por categorias, apresentar livremente suas obras aos visitantes, que adquiririam os trabalhos expostos direto dos autores, sem intermediários.

Criou ainda o lema "nem júri, nem recompensa", estabelecendo que seus expositores não podiam concorrer a prêmios em dinheiro e bolsas de viagem concedidas pelo Ministério de Instrução Pública de Belas Artes. O Conselho Superior deste órgão selecionava os candidatos, de nacionalidade francesa, nos demais salões, incluindo o Salão dos Artistas Decoradores, criado em 1906.[32] Dentre os outros prêmios destacavam-se o de Incentivo à Arte e à Indústria, outorgado a cidadão francês que houvesse exposto na seção de artes aplicadas do Salão de Artes Decorativas; o da *Societé Coloniale des Artistes Français*, que consistia numa bolsa de viagem e o Prêmio Indo-China, que concedia subsídio de dois anos para artistas da África Ocidental, África Equatorial francesa, Argélia, Marrocos e Tunísia.

Quanto aos brasileiros, em se tratando de instrumento, composição ou canto, o pensionista deveria remeter atestados dos professores referentes a aplicação e aproveitamento; enviar ao Conservatório de São Paulo, se possível, trabalhos de composição para serem examinados, aprovados e entregues ao domínio público. Cabia

---

31 Jean Monneret, *Salon des Indépendents – catalogue raisonné*. Paris: Éditions Eric Koehler, 1999, p. 11.

32 Idealizado pela Sociedade dos Artistas Decoradores, fundada em 1901, realizava exposições anuais no Museu de Artes Decorativas (Pavilhão de Marsan), no início da primavera. Reunia os chamados artistas-decoradores, dentre os quais encontravam-se arquitetos, criadores de mobiliário, de tecidos, de cerâmica, vidros joias etc., resultando numa mostra bastante eclética. Marta Rossetti Batista, *Os artistas brasileiros...*, *op. cit.*, p. 47-8.

ao bolsista fazer-se ouvir, quando seu estágio o permitisse, em concertos públicos, remetendo as apreciações dos jornais e revistas mais importantes do lugar.

Ao passo que aos estudantes da área musical eram requeridas audiências rotineiras, aos de artes plásticas exigia-se obediência a um regulamento muito semelhante àquele instituído pela Academia Imperial de Belas Artes do Rio de Janeiro.[33] Na Portaria de 31 de outubro de 1855, Sua Majestade determinava que o aluno da Academia das Belas Artes que obtivesse o prêmio de 1ª ordem estudaria na Europa à custa do Estado com pensão anual de 3 mil francos, pagos em trimestres adiantados pela Legação Imperial do país onde se achasse, ou pela de Londres nos lugares onde não houvesse representante do governo do Brasil. No seu terceiro artigo, rezava:

> "O pensionista, 15 dias depois de chegar a Paris, escolherá um mestre, e o participará ao Ministro Brasileiro, para que este o apresente e recomende. O mestre deve ser Membro do Instituto e Professor da Escola de Belas Artes a fim de o encaminhar nos concursos, e dar-lhe entrada nos estabelecimentos públicos e nos particulares de nomeada".

Além de fornecer à Legação um atestado dado pelo professor, precisava assistir aulas de modelo vivo na Escola de Belas Artes se fosse pintor, escultor, ou gravador, logo que se abrissem as inscrições. Se recusado duas vezes consecutivas, perderia a pensão. O mesmo ocorreria com quem ao fim de três anos não alcançasse medalha ou menção honrosa. Por outro lado, os que fossem premiados em alguma exposição geral de Paris, Bruxelas, Londres, Berlim, ou Munique receberiam um *plus* de mil francos de gratificação anual até completar seu tempo. E, se cumprissem os deveres com afinco, poderiam viajar pela Europa com um complemento de trezentos francos, fora a pensão.

---

33 Sobre o tema, consultar também Moacyr Primitivo, *A instrução e o Império: subsídios para a história da educação no Brasil – 1859/1885*. São Paulo: Nacional, 1936/1938, p. 177-8.

De Paris ou de Roma os artistas entregariam semestralmente à Legação seus trabalhos acondicionados e prontos para serem remetidos ao governo Imperial. Aos pintores cabiam doze academias, estudos do modelo vivo ou de estátuas antigas, rubricados pelo mestre e uma cópia de painel designado pela Academia do Rio de Janeiro. No segundo ano deveriam acrescer uma composição ou bosquejo de objeto da história nacional ou religiosa e no terceiro, uma composição, uma cabeça e um tronco tamanho natural. Aos escultores cabiam dois nus em gesso e um baixo-relevo e, no segundo ano, uma estátua ou grupo de sua invenção, nunca menos de metade da dimensão natural. Para o trabalho em mármore, teriam matéria-prima fornecida pela respectiva Legação. Seriam também contemplados paisagistas, arquitetos e gravadores que, depois de três anos na França, partiriam para a Itália, como os pintores históricos e escultores.[34]

Agora sob o regime republicano, mas igualmente na vigência do academicismo, o pensionista de pintura ou de escultura deveria enviar, a começar do segundo ano do pensionato e dentro do respectivo prazo, em períodos sucessivos:

a) três academias pintadas e seis desenhos de modelo vivo;

b) seis academias pintadas e três esboços sobre assunto histórico, bíblico ou mitológico;

c) duas cópias de quadros célebres; um quadro original para a Pinacoteca do Estado, ao terminar o pensionista o seu quinto ano de estudo.

Curioso que, apesar de se referir também a escultores, o regulamento parece incompleto, ou seja, restringe-se apenas aos estudantes de pintura. Apesar desta lacuna, se não chegaram a realizar cópias de monumentos famosos, os três escultores agraciados depositaram igualmente na Pinacoteca obras originais de sua autoria – em gesso, nos exemplos de Marcelino Vélez e Victor Brecheret, ou em mármore, no caso de Francisco Leopoldo e Silva. Já as reproduções dos mestres do passado, em geral feitas no Louvre, em Paris, ou na Galeria Uffizzi de Florença, visavam introduzir o jovem iniciante nos segredos da composição, uso da cor e do efeito geral alcançado pelos gênios. Largamente difundida até meados do século XX, a prática seria também adotada pelos museus brasileiros, incluindo a Pinacoteca do

---

34 *Portaria de 31 de outubro de 1855* – Dá instruções para execução do Título 7º dos Estatutos da Academia das Belas Artes, que trata dos Pensionistas do Estado.

Estado de São Paulo a partir de 1937. Ali, profissionais ou amadores, os pintores recolhiam uma taxa e tinham o acesso franqueado às salas de exibição pela manhã e no final do expediente, quando já estava fechado ao público. Quanto às duas cópias que cada pintor deveria encaminhar à Pinacoteca, apenas cinco encontram-se no acervo do Museu, sendo uma delas transferida para outra instituição do Estado. De onde se conclui que este item específico acabou não observado pelos ex-pensionistas ao pé da letra.

Durante a estada era aconselhável, mas não compulsório, tomar parte nas exposições oficiais como o Salão dos Artistas Franceses e remeter as críticas e comentários publicados na imprensa local. Bem ao gosto da Comissão presidida por Freitas Valle, o Salon, junto da Académie Julian, frequentada pelo próprio mecenas por alguns meses no ano de 1908, fornecia os parâmetros para a elaboração da política artístico-cultural do Pensionato. Menos rígido do que o da Academia Imperial de Belas Artes, seu Regulamento não estipulava medalhas nem prêmios como condição de permanência no exterior e dava certa liberdade de escolha entre os diversos certames de arte. Exigia, porém, cópias de quadros famosos do Louvre, de Paris, e relatórios assinados por mestres de recorte musical conservador, afetando a carreira dos bolsistas, que se viam presos a uma linguagem tradicional, incapaz de expressar a crise de percepção e as transformações dos valores humanos da virada do século XIX.

Na medida em que a arte como captação permanente dos movimentos do gosto e ideias resulta numa expressão simbólica do pensamento coletivo dos povos,[35] o Pensionato teve razoável impacto sobre as representações do período. Também condicionou as práticas políticas, sociais e discursivas de toda uma época, levando a maioria dos pensionistas a desenvolver um trabalho no exterior que se coadunava com as expectativas do programa governamental, tradução do gosto estético da classe dirigente. Outros como Victor Brecheret, João de Souza Lima e Francisco Mignone, por exemplo, fizeram algumas concessões provisórias, desviando temporariamente do seu caminho no usufruto da bolsa para então retomarem os rumos artísticos já delineados antes da partida.

---

35 Pierre Francastel, *Pintura e sociedade*. São Paulo: Martins Fontes, 1990, p. 32.

98   Marcia Camargos

É preciso levar em conta que, ao ser regulamentado em 1912, o Pensionato espelhava o imaginário e a mentalidade da elite ilustrada. Se aprofundarmos a análise sobre seus mentores e gerenciadores, Freitas Valle e Altino Arantes Marques, secretário do Interior na fase da Regulamentação, constataremos que dividiam o mesmo gosto conformista. O apreço ao figurativismo quase fotográfico que norteou suas coleções particulares pode ser constatado nos retratos encomendados respectivamente ao espanhol Juan Pablo Salinas (1871-1934), ex-aluno da Academia Espanhola de Roma e ao italiano Antonio Rocco (1880-1944).[36] Mesmo os modernistas incorporados ao acervo de Valle inserem-se no padrão comedido, com obras bem-comportadas como *Auto-retrato* adquirido na exposição de 1913 e uma figura masculina de 1924, ambos de Segall, além de *Boêmios*, pastel de Di Cavalcanti e o óleo *A chinesa*, enviado por Anita Malfatti à Primeira Exposição de Belas Artes que em 1922 reuniu no Palácio das Indústrias muitos dos que ficaram de fora da Semana de Arte Moderna. Isso quando, no Velho Mundo, tal gênero já fora ultrapassado por movimentos que, no Brasil, alguns buscavam compreender. Curiosamente, na estreia da seção "Belas Artes", um artigo no número inaugural de *A Cigarra* registrava: "Muito se tem falado e escrito sobre um novo movimento operado na pintura e denominado cubismo". Afinada com as publicações estrangeiras, procurava desvendar a escola de um modo inteligível a seus leitores, acrescentando: "Em periódicos que se ocupam da arte moderna, encontramos várias tentativas de explicação das experiências cubistas de Picasso".[37]

Dentre os membros da Comissão Fiscal, Ramos de Azevedo era um dos mais legítimos depositários da sensibilidade eclética *fin-de-siècle*. Amálgama por vezes cômico, mas sempre impressionante, faz uma colagem de diversas estéticas facilmente reconhecíveis que, não ligadas umas às outras por algum elemento

---

36 Embora os dois tragam o ascetismo visual típico dos retratos acadêmicos de homens públicos, em solenes poses apropriadas aos poderosos, o de Freitas Valle apresenta tratamento plástico rebuscado e impressionista, resultando numa solução mais interessante do que o de Altino Arantes, bastante convencional e sério. Sobre o assunto ver Sergio Miceli, *Nacional estrangeiro, op. cit.*

37 "Belas artes", *A Cigarra*, São Paulo, 6/03/1914.

orgânico, coexistiam sem de fato se integrarem.[38] Foi o engenheiro quem levou Oscar Pereira da Silva, autor de um dos seus retratos, para realizar a decoração do Teatro Municipal, cujo projeto monumentalista saiu das pranchetas do escritório do mecenas-empreiteiro. O pintor esmerou-se em demonstrar o manejo colorístico no estilo lusco-fusco, reminiscente de telas de Manet e Degas. Nos murais do Teatro, lançou mão do *trompe-l'oeil* típico dos antimodernistas especializados nas importantes encomendas oficiais da Terceira República francesa como Gervex, Stevens e Laurens.[39]

Quanto aos outros integrantes da Comissão, se não eram colecionadores ao pé da letra, tampouco fugiam à linha pictórica afrancesada da elite oligárquica. Com efeito, dentre seus membros, apenas Olívia Guedes Penteado apresentava um olhar mais ventilado em termos estéticos. Fosse em Paris, onde esteve para se desfazer do apartamento na Avenida Foch após a Primeira Guerra, fosse no contato posterior em sua residência na esquina da Rua Conselheiro Nébias com a Duque de Caxias, ela desfrutou de uma relação mais próxima com os círculos modernistas brasileiros e as vanguardas europeias. A exemplo de Paulo Prado, sua exposição aos influxos das novas linguagens artísticas despertaria uma expectativa destoante do surrado academicismo típico dos consumidores do seu estrato social. Ainda que desse preferência aos artistas menores da Escola de Paris,[40] ou aos mestres em versão convencional, ela mostrou-se aberta à produção de vanguarda menos radical tanto europeia quanto tupiniquim. Sua disponibilidade em dialogar com as tendências modernas fica patente na decidida reforma que mandou fazer no palacete ao estilo *Risorgimento* italiano, convertendo a antiga cocheira num pavilhão decorado por Lasar Segall e cujas paredes forrou com telas de Léger, Foujita, Lhote e guache de Picasso; todos em fase contida nos seus itinerários criativos.

---

38 Patrice Higonnet, *Paris, capitale du monde: des Lumières au surréalisme*. Paris: Tallandier, 2005, p. 21.

39 Sergio Miceli, *Nacional estrangeiro, op. cit.*, p. 42.

40 Termo que se refere antes à comunidade de artistas franceses e estrangeiros que atuavam em Paris na primeira metade do século XX do que a um estilo, a ou movimento propriamente ditos. Ver Amy Dempsey, *Estilos, escolas e movimentos: guia enciclopédico da arte moderna*. São Paulo: Cosac & Naify, 2003, p. 140-1.

Assim mesmo, não consta que sua opinião prevalecesse sobre as demais na escolha dos artistas a serem beneficiados. Ela pode ter interferido, mas a palavra final foi certamente de Freitas Valle. Dona Olívia tampouco teve qualquer papel na ida dos dois nomes da roda modernista. Victor Brecheret viajou graças às injunções de Souza Dantas junto a seu colega diplomata Cyro, filho de Freitas Valle, reforçadas por Ramos de Azevedo, membro da Comissão Fiscal, que havia acolhido o artista no Palácio das Indústrias. Anita Malfatti, por sua vez, contou com a influência de Mário de Andrade sobre Freitas Valle para obter o patronato. Para tanto, Mário conseguiu a proeza de fazer o mecenas superar a repulsa inicial à pintora, patente na primeira individual de 1914. Conforme Anita Malfatti registrou em seu diário, Valle foi à sua mostra na Mappin Stores, acompanhado do pintor Georg Elpons e do escultor de origem sueca William Zadig, por ela pejorativamente chamados de "satélites", entre os muitos que gravitavam em torno do poderoso mecenas. Na ocasião, ele fez comentário nada lisonjeiros sobre tudo o que viu. Uma década depois, quando o não menos antiacadêmico Brecheret já gozava em Paris do estágio como pensionista, a pintora afinal embarcou sob os auspícios do Estado. Agora, se é verdade, como quer Miceli, que o processo decisório do gestor-responsável pelo Pensionato recebia "estocadas de outros padrinhos protetores permeáveis à pressões e pretensões de lideranças política ou intelectuais concorrentes",[41] não se sabe de ninguém que tenha viajado sem o consentimento de Valle.

Em termos de música e de pintura, fiava-se no consagrado como índice de erudição, seguindo o exemplo da capital federal dominada por um francesismo do século XIX. A imensa maioria dos subvencionados formara-se no Conservatório Dramático e Musical de São Paulo da mesma forma que os pintores e escultores estudaram no Liceu de Artes e Ofícios. Ocorre que durante sua vigência de quase duas décadas, o Pensionato fundado sob um arcabouço estético bem definido, acabaria abarcando uma etapa de importantes mudanças do ponto de vista cultural e artístico. Pois ao contrário da estável década de 1910, a que a sucedeu assinalaria transformações decisivas nos planos econômico, social, político e cultural. Temos a crise do setor agrícola em confronto com a crescente urbanização, a consolidação da classe operária e do empresariado industrial, as revoltas tenentistas contrapostas ao declínio das oligarquias e o

---

41 Sergio Miceli. *Nacional estrangeiro, op. cit.*, p. 26.

surgimento de outras organizações partidárias como o Partido Democrático, além da criação de cursos superiores e a expansão das instituições culturais públicas.[42]

Assim, um programa que nasceu sob a égide do francesismo, quando a Europa era o paradigma, o modelo a ser imitado em todos os setores da atividade humana, viria a ser confrontado com uma nova dinâmica social com profundas repercussões nas artes plásticas e na música. Em uma "terra de pianistas", como era conhecida São Paulo, começaria a ascensão fulminante do violão e dos instrumentos típicos da música popular, e dos metais estridentes do jazz. Cantoras como Leonor de Aguiar, que traria o mais recente repertório em voga na capital francesa para divulgar no Brasil, bem como a cantora lírica Vera Janacopulos, seriam as pontes dessa transição pacífica. A última, ressaltando as qualidades brasileiras e modernas de Villa-Lobos, promoveria o compositor nos palcos da Pauliceia já a partir de 1920.[43]

No campo da pintura e escultura, não era diferente. Se os artistas da levas iniciais não se debatiam em dilemas estéticos, os das últimas precisavam lidar com forças antagônicas. De um lado, as obrigações de bolsista ditadas pelo gosto convencional dos mecenas e colecionadores e, de outro, o processo de aprendizagem e assimilação do léxico das vanguardas artísticas com a qual tiveram contato graças ao próprio Pensionato. Nesta brecha ambígua e incerta eles tinham que forjar suas identidades profissionais e artísticas, o que nem sempre ocorreu de forma tranquila, sendo Anita Malfatti e talvez Francisco Mignone os casos mais emblemáticos desta contingência, como se verá adiante. Vale ainda lembrar que o recrutamento de intelectuais e artistas realizava-se quase que exclusivamente em função da rede de relações que estes mobilizavam, entre amigos influentes, padrinhos políticos ou parentes. Por isso ficavam, quase sempre, a mercê das demandas privadas ou das organizações e instituições das classes dominantes como o Pensionato. A situação só mudaria no decorrer do tempo, quando a mediação passou a agregar também os trunfos escolares e culturais de cada um na medida em que se acentua a concorrência no interior do campo intelectual, em um período posterior à vigência do Pensionato.[44]

---

42 Ver Sergio Miceli, *Intelectuais à brasileira*. São Paulo: Companhia das Letras, 2001, p. 77.

43 "Vera Janacopulos", *O Estado de S. Paulo*, São Paulo, 13/03/1920, p. 3.

44 Sergio Miceli, *op.cit.*, p. 79.

De todo modo, para evitar a armadilha do preconceito que cerca a produção acadêmica, durante longo tempo considerada sem interesse, é bom frisar o decoro e rigor moral exigido do artista disposto a atingir e reproduzir o "belo", por meio da pintura. Na perspectiva de Nicolas Poussin, da Académie Royale des Beaux-Arts, mais do que do tema ou assunto, a beleza advinha de três fatores primordiais: a forma, a ordem e o modo. A primeira estava ligada à organização de linhas e cores; a segunda, ao intervalo existente entre estas e a última referia-se aos aspectos quantitativos de um quadro. O segredo consistia em equilibrar forma, ordem e modo, buscando-se nos mestres do passado a receita para o domínio da técnica e a conquista da harmonia desejada. Como bem colocou Maria Cecília França Lourenço, tomar o século XIX e a pintura acadêmica como destituída de expressão própria talvez revele uma incapacidade em matizar as diferenças.[45]

Com a eclosão da I Guerra Mundial, a dependência da cultura do continente deflagrado começou a ser posta em cheque. Aflorava uma atitude nacionalista que passou a predominar inclusive na esfera artística. No pós-guerra, os desdobramentos políticos e econômicos do conflito colocavam à *intelligentsia* a tarefa de redescobrir e ressignificar o país dentro de uma nova dinâmica. É quando o modernismo que desponta da Semana de 22 viria questionar o próprio modo de fazer arte, tanto em termos plásticos, com Victor Brecheret e depois Tarsila do Amaral, quanto em música, com Villa-Lobos e Camargo Guarnieri. Até então, segundo Darius Milhaud, a música contemporânea francesa impunha-se no Brasil, a despeito da austro-alemã, cujo importante movimento desencadeado por Schoenberg era quase desconhecido no país. Ele lamentava que as composições nacionais ainda eram reflexos das diferentes fases desencadeadas na Europa, de Brahms a Debussy. E que o folclore, tão rico de ritmos e de uma linha melódica tão particular, não chegasse a ser expresso de maneira mais viva e original: "Seria de desejar que os músicos brasileiros compreendessem a importância dos compositores de tangos, de maxixes, de sambas e de cateretês como Tupinambá ou o genial Nazaré".[46]

---

45 Maria Cecília França Lourenço, "Apresentação", in Ruth Sprung Tarasantchi, *op. cit.*, p. 19.

46 Darius Milhaud, "A música brasileira", *Ariel*, São Paulo, abril de 1924, p. 264-6.

Todas estas tendências, que refletem as diferentes fases de vigência do Pensionato, podem ser detectadas nas trajetórias dos bolsistas aqui estudados e abaixo listados, cujos aprendizados básicos deram-se no Liceu de Artes e Ofícios, que chamaremos simplesmente de Liceu e no Conservatório Dramático e Musical de São Paulo, que constará apenas como Conservatório:

Terraço da Villa Kyrial, dias após a Semana de 22. Nela aparecem Mário de Andrade, Graça Aranha, Ronald de Carvalho, Renato e Guilherme de Almeida, Edith Capote Valente e José de Freitas Valle, entre outros. (Arquivo Freitas Valle)

Artes plásticas

Pensionista	Modalidade	Formação no Brasil	Estudo no exterior	Período
Aldovrando Casabona	pintura	Liceu	Roma	1925 a 1930
Alípio Dutra	pintura	Liceu	Paris	1913 a 1914
Anita Malfatti	pintura	Bety Malfatti (mãe)	Paris	1923 a 1928
Diógenes Campos Ayres	pintura	Autodidata	Paris	1909 a 1914
Dario Villares Barbosa	pintura	Liceu	Paris	1912 a 1916
Mário Villares Barbosa	pintura	Liceu	Paris	1912 a 1916
Francisco Leopoldo e Silva	escultura	Liceu Amadeu Zani	Roma	1911 a 1914 1915 a 1919
Gastão Worms	pintura	Bertha Worms (mãe)	Paris	1926 a 1930
Helena Pereira da Silva Ohashi	pintura	Oscar Pereira da Silva (pai)	Paris	1911 a 1914
José Monteiro França	pintura	Liceu	Nápoles Roma Paris	1912 a 1914
José Wasth Rodrigues	pintura	Oscar P. da Silva Carlos de Servi	Paris	1910 a 1915
Marcelino Vélez	escultura	Liceu	Roma Florença	1912 a 1915
Osvaldo Pinheiro	pintura	Carlos de Servi	Paris	1912 a 1917
Paulo do Valle Júnior	pintura	Liceu	Paris	1912 a 1914
Paulo Vergueiro Lopes de Leão	pintura	Escola de Belas Artes de Alexandre Albuquerque Lorenzo Petrucci	Paris	1913 a 1914 1915 a 1920
Túlio Mugnaini	pintura	Dorindo Mugnani (pai) Liceu	Paris	1920 a 1928
Victor Brecheret	escultura	Liceu	Paris	1921 a 1927 1928 a 1930

Música

Pensionista	Modalidade	Formação no Brasil	Estudo no exterior	Período
Alonso Aníbal da Fonseca	piano	Elvira da Fonseca (mãe) Conservatório Vianna da Motta	Paris Berlim	1919 a 1924
Artur Pereira	composição		Nápoles	1915 a 1923
Bellah de Andrada	canto	Zulmira de Andrada Machado (mãe) Luigi Chiaffarelli	Paris	1910 a 1914
Bráulio Martins	piano	David Goulart Cláudia Byorn Elvira da Fonseca	Paris	1925 a 1929
Celina Branco	violino	Conservatório	Bruxelas	1910 a 1914
Estela Lima Epstein	piano	Joseph Kliass (tio)	Berlim	1928 a 1932
Ernesto De Marco	canto	Conservatório	Nápoles	1916 a 1921
Francisco Mignone	composição	Alfério Mignone (pai) Sílvio Motto Conservatório	Milão	1920 a 1927
João de Souza Lima	piano	Conservatório Agostinho Cantú	Paris	1919 a 1927
Leônidas Autuori	violino	Conservatório	Roma	1925 a 1930
Leonor de Aguiar	canto	Conservatório Mário de Andrade	Viena Bruxelas	circa 1919 a 1922
Lúcia Branco da Silva	piano	Conservatório José Wancolle	Paris e Bruxelas	1919 a 1924
Mário Camerini	violoncelo	Inst. Nacional de Música no Rio de Janeiro Alfredo Gomes	Paris	1925 a 1929
Pureza Marcondes	canto	Conservatório Instituto Nacional de Música do Rio de Janeiro	Paris	1919 a 1924
Raul Dias Larangeira	violino	Conservatório	Paris	1924 a 1928
Romeu Pereira	composição		Nápoles	1915 a 1918

O impacto da Primeira Guerra

Alguns pensionistas já eram mantidos individualmente pelo Estado quando foram encaixados no Pensionato. O Relatório da Secretaria do Interior de 1910 lista, na página 27, os nomes de Paulo do Valle Júnior, José Monteiro França, Herman Wannschaf, Diógenes de Campos Ayres, José Wasth Rodrigues, Mário e Dario Villares Barbosa como pintores que receberam subvenção para estudar fora. Em seguida vêm os de Guiomar Novais, Celina Branco e Bellah Furtado de Andrada na mesma situação, na área de música.[1] É interessante lembrar que o próprio Freitas Valle, mentor do programa, citou Guiomar Novais, a "extraordinária virtuose do piano"[2] para dar uma ideia dos frutos do pensionamento, oficializado em 1912. A partir desta data, nenhuma bolsa de artes era outorgada fora do programa que duraria até 1930, mantendo os mesmos vícios de origem, com a manipulação da coisa pública por interesses privados. Dentre os mencionados, Herman Wannschaf e a pianista desligaram-se antes da regulamentação, ao passo que os demais terminariam os estudos incorporados ao Pensionato.

Nessa contingência de bolsista "intermediário", estão os irmãos gêmeos Mário e Dario Barbosa. Em Paris desde 1901, às expensas do pai, em seguida a uma exposição no Instituto Histórico e Geográfico de São Paulo, em 1910, foram beneficiados

---

1 *Relatório da Secretaria do Interior*. Estado de São Paulo, 1910, p. 27. (AHAL)

2 Antonio Carlos Fonseca *et alli* (orgs.), *op. cit.*, p. 7.

108   Marcia Camargos

com bolsas do governo. Retornam à capital francesa vinculados ao Pensionato e começam a se corresponder com Freitas Valle. Escolheram Paris enquanto muitos dessas levas anteriores à conflagração procuravam Florença, Roma, Nápoles ou Gênova, entre outras cidades de uma Itália cujo processo de enriquecimento e rápida industrialização impulsionavam o campo das artes. Após a pioneira exposição internacional de Florença em 1861 e a Primeira Bienal de Veneza, de 1895, as grandiosas heranças da antiguidade clássica, do Renascimento e do barroco reviviam no clima nacionalista do *Risorgimento* que culminara na reunificação do país, festejada ainda na Feira Universal de 1911. Foi na Itália, em Roma, que Victor Brecheret adquiriu sua formação básica antes de receber a bolsa e seguir para Paris, a mesma trajetória feita por Túlio Mugnaini que, ao ganhar o incentivo, mudou-se de Florença para a *Cidade Luz*. O escultor Marcelino Vélez estudou em Florença, o violonista Leônidas Autuori e o pintor Aldovrando Casabona optaram por Roma, mas o barítono De Marco preferiu Nápoles.

Paulo Valle Júnior, formado no Liceu de Artes e Ofícios com Oscar Pereira da Silva, viajou como bolsista do Estado de São Paulo a Paris até 1912, quando recebeu novo auxílio, desta vez concedido pela Comissão do Pensionato. Já o escultor Francisco Leopoldo e Silva, que também iniciou a carreira no Liceu, sob orientação de Amadeu Zani, em 1911 foi a Roma, com bolsa do governo estadual, e logo se tornou pensionista, regressando ao Brasil só em 1914, com a eclosão da I Grande Guerra. Retornaria a Roma no ano seguinte, para estudar com Arturo Dazzi no Instituto de Belas Artes, graças à interferência do seu irmão, D. Duarte Leopoldo e Silva, junto a Freitas Valle. Reconhecido, o arcebispo da Diocese de São Paulo escreveria ao mecenas expressando a gratidão pelo restabelecimento da bolsa.[3] Paulo Vergueiro Lopes de Leão, por sua vez, seguiu para Florença em 1912, regressou ao Brasil com a irrupção da I Guerra Mundial e, em seguida, zarpou no vapor Príncipe Umberto para a Itália, às próprias expensas, já que o pagamento havia sido temporariamente cortado. Após mais um retorno ao país, por motivo de doença em família, em 1º de setembro de 1915 obtém a retomada da subvenção e regressa a Florença. Muda-se para Paris e ainda passa sete meses na Alemanha e três na Bélgica ao término da bolsa. A seu respeito,

---

3   Carta de D. Duarte Leopoldo e Silva a Freitas Valle. São Paulo, 27/01/1916. (AFV)

Entre a vanguarda e a tradição   109

bem como aos demais colegas na mesma situação, a revista ilustrada dirigida por Gelásio Pimenta registrou em outubro de 1914:

> Deu-nos o prazer da sua visita os senhores dr. Paulo Vergueiro Lopes de Leão e Monteiro França (pintores), Francisco Leopoldo e Silva, Alípio Dutra e a excelentíssima senhorita Bellah de Andrada, cantora, que acabam de regressar da Europa em consequência da guerra. Aos distintos artistas patrícios que tiveram que interromper subitamente os cursos que com tão belos frutos seguiam ao contato dos grandes mestres, *A Cigarra* apresenta as cordiais saudações.[4]

Diógenes Campos Ayres não teve a mesma sorte. Contemplado em 1909, deixa Paris devido à guerra e não conseguiu a renovação – mesmo porque já estava no final do prazo de cinco anos previstos no Regulamento do Pensionato. O mesmo ocorreu com Monteiro França, que recebeu a bolsa antes da regulamentação e passou para o âmbito do programa em 1912, conforme consta do *Diário Oficial*, sob o aviso número 1613: "Providenciou-se sobre a entrega de 500 francos ao pintor José Monteiro França para continuar os seus estudos na Europa".[5] Agradecido, na ocasião doou ao governo o quadro *Beijo da Fonte*.[6] Mudou-se então de Roma para Paris, onde ficaria até a I Guerra Mundial, fixando-se definitivamente no Brasil.

Apadrinhado de Freitas Valle, José Wasth Rodrigues foi para Paris em 1910, onde permaneceu até 1915, quando retornou por igual motivo. Da mesma forma, o escultor Marcelino Vélez foi agraciado com o Pensionato em 1912, embarcando com esposa e filhos para Roma, cujo alto custo de vida fez com que se trans-

---

4 "Pensionistas do Estado", *A Cigarra*, São Paulo, 7/10/1914.

5 *Diário Oficial*, São Paulo, 19/07/1912.

6 "Agradece-se ao cidadão José Monteiro França a oferta feita ao Estado do quadro *Beijo da Fonte*", *Diário Oficial*, São Paulo, 2/08/1912.

110 Marcia Camargos

ferisse para Florença. Lá ficou até 1915, quando retornou por causa da Guerra, instalando-se em Campinas, sua cidade natal.

Helena Pereira da Silva também estava em Paris, com uma pequena pensão do governo, em 1911. Viajou ao Brasil e, instada por Freitas Valle, no ano seguinte voltou para a Europa, onde permaneceria como bolsista do recém-regulamentado Pensionato até a guerra. Reclusa, e talvez por ser a única moça em meio a tantos rapazes, não travou relações com o restante do grupo de brasileiros composto por Túlio Mugnani, Wasth Rodrigues, Monteiro França e Alípio Dutra. Este último recebeu uma bolsa do governo paulista pela primeira vez em 1913 e cursou a Académie Julian até 1914, dentro do Pensionato, data em que retornou ao Brasil. A despeito de artigos na imprensa pedindo o restabelecimento da sua bolsa, Alípio Dutra não voltaria à Europa como pensionista. A injustiça seria atenuada graças a Cândido Mota, que o nomeou funcionário do Comissariado Geral do governo paulista em Bruxelas. Ali ele aproveitou para cursar a Real Academia de Belas Artes, na qual entrou como primeiro colocado. Desde 1910 na Itália, com bolsa do Estado, Osvaldo Pinheiro preferiu não regressar ao Brasil. Para driblar as dificuldades, teria vendido a um *marchand* toda sua produção, fixando residência na França, onde viria a falecer, em Clermont Ferrand, aos 33 anos de idade.

Para os bolsistas que escolheram permanecer na Europa deflagrada, o cotidiano não era dos mais fáceis. Eles enfrentavam toda sorte de contratempos, que iam da escassez de víveres e carvão às taxas de câmbio desfavoráveis. Em carta a Freitas Valle, Mário Barbosa reclamava dos prejuízos causados pelos *malditos alemães*, razão pela qual, a exemplo de outros bolsistas, ele e o irmão tentavam sair de Paris. Alguns rumavam para o interior da França, outros optam por vilarejos de Portugal e Espanha, longe do barulho da guerra, conforme disse em carta de Ancona, província da Andaluzia. Ele se queixava das hostilidades aos pensionistas que, para deixar a cidade nos primeiros dias do conflito, precisaram passar uma noite e um dia na fila à espera de passaporte e passagem para o Porto, sendo autorizada, como bagagem, uma única mala de mão. Barbosa ainda se ressentia da impossibilidade de sobreviver com a quantia recebida, acrescentando que, além de perder tempo precioso, não tinha mais paz de espírito para trabalhar.[7] Em 1917 Mário revelava que devido ao fornecimento de víveres da Espanha aos Aliados, o país estava tão caro quanto a França, cuja moeda sofrera desvalorização de 25%.[8]

Ocorre que, em princípios de agosto de 1914, quando o conflito irrompeu, ninguém se dava conta de que tudo se agravaria rapidamente. "Um dia, ouvimos na cidade que a França e a Alemanha estavam em guerra, mas diziam: isso não pode durar mais do que uma semana – apenas durou cinco anos", escreveu Helena Pereira da Silva. Ao acompanhar sua amiga de pensão, a inglesa Miss Gertrudes, até Gênova, para não permanecer sozinha e sem dinheiro, quase não consegue retornar:

> Eu tinha ido à Itália sem documentos e agora não podia voltar a Paris sem papéis de identidade; tive em Gênova uns dias de angústia. O cônsul arranjou pôr meu nome nos documentos de duas moças brasileiras que iam a Paris acompanhadas de um senhor francês

disse, ressaltando a desolação da cidade que reencontrou.[9]

Com os jovens franceses convocados, os demais estudantes partiram para o campo à procura de boas paisagens, embora, por se tratar de estrangeiros, muitos eram impedidos de pintar. Foi o que Wasth Rodrigues contou em carta a Túlio Mugnaini[10] de Uzerche, um lugar bonito e inspirador, mas que não podia ser transposto para a tela. Filho de italianos, por sua vez, Túlio teve que se refugiar na casa de parentes em Gênova, para não servir no exército, como tencionava o governo. Ele confirma que também na Itália acreditava-se que o país não se envolveria no

---

7 Carta de Mário Barbosa a Freitas Valle, Ancona, 14/10/1914. (AFV)

8 *Idem*, Ronda (Espanha), 9/08/1917. (AFV)

9 Helena Pereira da Silva Ohashi, *Minha Vida: Brasil-Paris-Japão*. São Paulo: Ed. da Autora, 1969, p. 12.

10 Carta de José Wasth Rodrigues a Túlio Mugnaini, Uzerche, 2 de setembro de 1914. (Arquivo Diva Mugnaini)

conflito. "Infelizmente, pouco depois ela iria também participar da guerra". Com isso, além da intensa crise econômica, os navios da América do Sul carregados de mantimentos eram frequentemente postos a pique pelos submarinos alemães, aprofundando as incertezas e as apreensões.[11]

Os percalços advindos da I Guerra atingiram em cheio não só os pensionistas, como todo e qualquer cidadão residente no exterior. Cônsul em Paris, Souza Dantas enviou ao ministro das Relações Exteriores Lauro Muller uma prestação de contas reservada. Com data de 5 de julho de 1915, trazia o balancete do ano anterior esclarecendo sobre os "socorros" e adiantamentos a 71 famílias, dentre as quais estava a de Alípio Dutra, além de gastos gerais com telegramas e passaportes em virtude das perturbações produzidas pelo conflito.

> Mal foi anunciada a mobilização das forças militares dos países que se acham empenhados na guerra atual e a situação deste Consulado foi subitamente e sob todos os aspectos atormentadora e profundamente subvertida; era o pânico que a todos alvoroçava, ao mesmo tempo em que a repentina e completa suspensão da exportação francesa e de quase todos os outros negócios que alimentam a atividade do serviço consular.

Como Paris era o ponto de maior concentração de brasileiros na Europa, logo ao início do conflito eles acorreram em massa ao Consulado, na maior balbúrdia e confusão, conforme Dantas descreveu no ofício, em um estado que exigia presteza no fornecimento de todo tipo de documentos urgentes. Passaportes, salvo-condutos, informações, assistência e adiantamentos foram concedidos pelo cônsul de modo a tranquilizar, dentro do possível, os compatriotas naquele momento angustiante.

---

11 *Notas autobiográficas de Túlio Mugnaini – São Paulo, 1895 a 1964*, p. 3. Documento datilografado (Arquivo Diva Mugnaini).

> Desde o primeiro instante de certeza do conflito armado no continente e nos mares as condições de vida foram absolutamente modificadas, sendo de chofre suspendido o movimento de dinheiro e valores de comércio, interrompidos os serviços de comunicação, abolido por completo o crédito e estancada, por assim dizer, a corrente normal de todos os negócios.

Nestas circunstâncias, até gente de "posição elevada e de fortuna conhecida" viu-se privada de meios em território estrangeiro, reclamando a intervenção dos representantes oficiais para vencer as consequências da sustação de todas as transações bancárias entre as praças brasileira e francesa.[12]

Apesar da suspensão temporária do envio das bolsas no calor da conflagração, deixando muitos estudantes na penúria, a Secretaria do Interior estava atenta à questão. Se a Lei 1.463 de janeiro de 1914 referente ao orçamento de 1915 não trazia a rubrica do Pensionato, em 1916 reservou 25.200$000 (vinte e cinco contos e duzentos mil-réis) para o mesmo, contra 9.000$000 à Pinacoteca, 8.000$000 ao Serviço Eleitoral, 1.013.200$000 ao Hospício de Alienados e 708.400$000 à Câmara dos Deputados. Para fazer frente às dificuldades decorrentes do enfrentamento bélico, no ano seguinte essa verba foi elevada para 29.400$000, com majoração extra provisória de 20% para cada um dos sete bolsistas devido "às circunstâncias, cada vez mais graves, criadas na Europa", conforme o Relatório de tom apaziguador. A Comissão Fiscal do Pensionato continua velando carinhosamente pelos pensionistas do Estado que, pelo seu esforço e demonstrado aproveitamento, têm plenamente correspondido à confiança do governo paulista".[13]

Tais medidas, porém, não pareciam preencher as necessidades dos estudantes, cujos pedidos de suplementação continuavam a chegar. Na conjuntura desfavorável, os atrasos persistiam, levando o cônsul em Nápoles a solicitar a Nilo Peçanha,

---

12 Ofício e balancete reservado do cônsul Souza Dantas em Paris, 5/07/1915. (vol. 260 3 8 – AHI)

13 *Relatório da Secretaria do Interior.* Estado de São Paulo, 1916, p. 266. (AHAL)

114   Marcia Camargos

ministro das Relações Exteriores, que intercedesse junto à Secretaria do Interior de São Paulo a fim de regularizar as remessas dos pensionistas Artur e Romeu Pereira, bem como do barítono Ernesto De Marco: "Isto sucedia de vez em quando, repetindo-se mais frequentemente a datar de 1916, e acentuando-se cada vez mais na medida em que as comunicações se foram tornando mais dificultosas". O cônsul argumenta que o fato era sumamente prejudicial aos rapazes, retirando-lhes a calma necessária aos estudos e colocando-os em sérias dificuldades para custear a existência.

> Outrossim, o elevadíssimo custo de vida nestas circunstâncias seria em parte compensado pela diferença de câmbio, se as pensões daqueles moços lhes fossem pagas aqui em franco, como parece lh'as fixou a lei, e não em liras como as remete o banco dessa praça que se encarrega do serviço.[14]

Se vivenciar a guerra *in loco* exigiu sacrifícios, voltar para casa pode não ter sido a melhor decisão para muitos dos pensionistas. Com o restabelecimento da bolsa sujeito à disponibilidade de recursos, em alguns casos o artista simplesmente perdia a subvenção e ficava na dependência da boa vontade de amigos e familiares para retomar os estudos. Assim ocorreu com os irmãos Artur e Romeu Pereira. Retornando ao Brasil, dão concertos para provar suas habilidades. Um deles, no salão de honra do Automóvel Clube, mobiliza os sócios e senhoras que, dispostos a levantar fundos para financiar sua retomada dos estudos na Europa, realizaram no Teatro Municipal um festival com composições dos irmãos.[15] Com fotos dos dois jovens, *A Cigarra* do mês seguinte anunciava que as últimas produções dos "talentosos compositores paulistas" tinham sido ouvidas com sucesso naquele teatro no último sábado.[16] Ao fim do ano, a mesma

---

14 Ofício do Consulado de Nápoles ao Ministro das Relações Exteriores, Nápoles, 4/04/1918. (AHI)

15 "Artes e artistas", *A Cigarra*, São Paulo, 25/03/1915.

16 *Idem, Ibidem*, 21/04/1915.

revista destacava que uma das medidas urgentes do futuro governo, tão logo se normalizasse a vida nos países conflagrados, seria a de renovar a permanência no estrangeiro aos pensionistas que lá estudavam arte quando rebentou a guerra entre França e Alemanha. "Nós temos entre os eleitos do Pensionato Artístico vocações que não devem estiolar-se por efeito de uma prolongada ociosidade". Citando então os exemplos específicos de Oscar Pereira da Silva e da sua filha Helena, afirmava que fazê-lo permanecer em Paris era uma necessidade, "como necessidade é também a de repormos nos seus antigos lugares lá fora, os pensionistas do Estado que foram mandados repatriar".[17]

Em resposta, no Relatório da Secretaria do Interior de 1916, ao reiterar que o Pensionato continuava desempenhando sua "elevada missão", tendo mantido no exterior no ano findo sete bolsistas, sendo dois em música, pintura e canto e um em escultura, Oscar Rodrigues Alves registrava: "A verba orçamentária do exercício não consentiu ainda fossem contemplados todos os pensionistas que, por motivos alheios à sua vontade, interromperam os cursos em 1914; a pouco e pouco, porém, serão atendidos os pretendentes de acordo com o Regulamento".[18]

Não apenas a Guerra causou sérios transtornos aos jovens estudantes na Europa. Fossem bolsistas do Estado de São Paulo ou detentores de prêmios de viagem da Escola Nacional de Belas Artes do Rio de Janeiro como Candido Portinari, quase todos enfrentaram as consequências da dança de cadeiras na política nacional, no rescaldo da Revolução de 1930. No apagar das luzes da chamada República Velha, e antes da consolidação do regime Vargas, os que dependiam das remessas mensais para a compra de tintas, telas, livros, pagamento da escola e de modelos ficaram em situação delicada. Seria desesperadora, não fosse Souza Dantas, cuja intervenção rápida e eficiente garantiu o restabelecimento das mesadas da maioria deles. Remetido por seu intermédio a Octávio Mangabeira, Ministro das Relações Exteriores, um abaixo-assinado por Corrêa Lima, Manoel Santiago, Alfredo Galvão e Luce Magnhofe, em gozo do prêmio de viagem para aperfeiçoarem-se em pintura,

---

17 "Belas-Artes", *A Cigarra*, São Paulo, 30/12/1915.

18 *Relatório da Secretaria do Interior*. Estado de São Paulo, 1916, p. 133. (AHAL)

116   Marcia Camargos

escultura e arquitetura, solicitava ajuda a fim de poderem, "com relativa decência", prosseguir o aprendizado:

> Já temos pensado em mudar nossa residência para outra capital onde os nossos estudos pudessem ser continuados com proveito, mas as notícias que temos sobre o custo de vida em Roma, em Londres, em Berlim ou em Madri não nos aconselham tal procedimento, pois o que nos contam é que, apesar de tudo, a vida em Paris é mais cômoda e barata que naquelas capitais.[19]

Da mesma forma, a morosidade nos pagamentos aos pensionistas de São Paulo suscitou uma frenética troca de correspondência entre os estudantes, a embaixada parisiense e demais autoridades no assunto, incluindo o presidente de Estado, Júlio Prestes, o Ministro das Relações Exteriores e o próprio Freitas Valle, entre janeiro de 1929 e dezembro de 1930.

Telegrama emitido pela Embaixada em Paris, em 4 de março de 1929, por exemplo, trazia a seguinte mensagem: "Rogo a Vossa Excelência comunicar ao Governo São Paulo e Freitas Valle, 34, Domingos Moraes, que os pensionistas estão em grandes dificuldades com o atraso de dois meses".[20] Dali a uns dias, Dantas lia:

> Respondo seus 15, 25 e 34 transcrevendo seguinte despacho recebido hoje Secretário Presidência Estado São Paulo nosso Senhor Presidente em referência telegrama seis corrente sobre pagamento mensalidades pensionistas Estado em França comunico Secretarias Interior e Fazenda e Banco Estado informam haverem providen-

---

19 Ofício dos pensionistas da Escola Nacional de Belas-Artes ao Ministério de Relações Exteriores, Paris, 2/5/1930. (AHI)

20 Telegrama de Souza Dantas para o Ministério de Relações Exteriores, Paris, 4/3/1929. (AHI)

ciado remessas aos banqueiros Lazard Frères que acusaram recebimento ordem de pagamento declarando por sua vez haverem providenciado banco estranha que pensionistas não os tenham procurado.[21]

Passado mais de um ano, o problema persistia. Em 25 de novembro de 1930, outro apelo era expedido, desta feita para o Interventor Federal em São Paulo: "A Embaixada em Paris pede-me solicitar de Vossa Excelência uma providência sobre os artistas pensionistas desse Estado, que ali estão. Muito agradeceria se me habilitasse a dar àquela Embaixada, transmitindo-me suas determinações sobre os referidos pensionistas. Atenciosas saudações, Afrânio de Mello Franco". Menos de três semanas depois, o próprio Ministério das Relações Exteriores respondia: "Vossa Excelência está autorizado a sacar 30-0-0 libras, justificando o saque perante a Delegacia como sendo para atender a despesas reservadas".[22]

---

21 Telegrama do Ministério das Relações Exteriores para a Embaixada em Paris, Rio de Janeiro, 8/3/1929. (AHI)

22 Telegrama do Ministério das Relações Exteriores para a Embaixada em Paris, Rio de Janeiro, 6/12/1930. (AHI)

Universalismo e retorno à ordem

Com exceção de Francisco Mignone, que foi para a Itália incumbido de se transformar em compositor de óperas, e de Estela Epstein, cuja escolha recaiu sobre a Alemanha para desenvolver os estudos de piano com o professor Artur Schnabel, os pensionistas do pós-guerra iam direto para a capital francesa. Paris era o destino, mesmo que depois se mudassem como Alonso Aníbal da Fonseca, que desfrutou parte da bolsa sob supervisão de Marguerite Long para radicar-se em Berlim e ter aulas com Hanschild. Leonor de Aguiar também rumou da capital francesa para Viena e Bruxelas, enquanto Lúcia Branco, após tentar Paris, onde aportou no mesmo navio que Souza Lima e Pureza Marcondes, acabou optando por Bruxelas, cujo custo de vida e chances de encontrar um bom mestre de canto pareciam mais promissoras. É o que comunica a Freitas Valle em carta com requerimento oficial pedindo a transferência, à qual juntou um certificado do seu professor, De Greef.[1] Na ocasião, os relatórios da Secretaria do Interior indicavam, de fato, terem sido pagos 1.200 francos a cada pensionista do Estado na França e na Bélgica.[2]

Em seu conjunto, estes pensionistas desfrutaram de uma atmosfera mais libertária do que os das levas iniciais. Aquela que fora denominada "Capital do século XIX" pela preponderância cultural no Velho Mundo, concentrava uma série de

---

1 Carta de Lúcia Branco a Freitas Valle, Bruxelas, 3/11/1920. (AFV)
2 *Relatório da Secretaria do Interior.* Estado de São Paulo, 1922, p. 712. (AHIAL)

equipamentos incluindo museus, universidades, bibliotecas, teatros, salas de exposições e todo tipo de professores, cursos e instituições de ensino artístico, com destaque para a prestigiosa École de Beaux-Arts. Ali os estrangeiros deparavam-se com intensos debates e representantes das variadas correntes estéticas que tinham nos cafés, óperas e ateliês um rico espaço de sociabilidade, troca de experiências e de ideias. Sem falar na figura dos marchands, os propulsores de um mercado criado a partir daquela metrópole.

Nesse ambiente os pensionistas brasileiros entraram em contato com as vanguardas estéticas, a despeito do rescaldo do conflito que marcou uma reviravolta ao contribuir, na França, para a reconciliação da Igreja com a República,[3] ensejando, em termos artísticos, um retorno à ordem entre os integrantes da Escola de Paris. Tal processo conduziu a um distanciamento dos radicalismos para abarcar valores tradicionais. Mário de Andrade explica como tudo se precipitou com o armistício, inclusive as artes, que tomaram impulso em direção a um internacionalismo sem precedentes. "Teve um momento, rápido momento desilusório, em que o mundo viveu duma realidade verdadeiramente universal". Com o passar do tempo, a maré retrocedeu. "Os espíritos foram adquirindo consciência mais profunda dos ambientes e uma vontade de se tornar menos idealista e mais eficaz levou os artistas a circunscreverem no possível a manifestação deles. Colocaram os pontos nos is".[4]

Esta vocação para a eficiência a que Mário se refere tem a ver com a expansão do mercado de arte internacional, que atraía a Paris estrangeiros de todas as partes do mundo para engrossar a vanguarda cosmopolita, porém comedida. Na contramão do aniquilamento das formas empreendido pelo cubismo, restauravam uma linguagem pictórica reconhecível e palatável para a nada desprezível parcela de clientes mais conservadores. Tal versão digerível do vocabulário modernista, segundo Sergio Miceli, cancelava o torvelinho espacial cubista, substituído pela sequência narrativa que usava como verniz uma estilização figurativa de fácil lei-

---

3 Richard Griffiths, *Révolution à rebours: le renoveau catholique dans la littérature en France de 1879 à 1914*. Paris: Desclée de Brouwer, 1971, p. 321.

4 Mário de Andrade, *Compêndio de história da música*. São Paulo: Oficinas Gráficas Derosa, 1936, p. 181.

tura e absorção.[5] A reação às experimentações a partir da recuperação da dicção realista, da reabilitação das referências nacionais deu-se, na França, com a retomada de modelos e léxicos extraídos do classicismo. Tornam-se sistemáticas as referências à iconografia greco-romana, assim como a releitura de artistas como Jacques-Louis David (1748-1825), Jean-Auguste-Dominique Ingres (1780-1867) e Nicolas Poussin (1594-1665). O curioso é que mesmo cubistas de primeira hora, como Georges Braque (1882-1963), Fernand Léger (1881-1955) e Pablo Picasso (1881-1973), contrariando suas próprias inovações, apelaram para uma pauta mais naturalista. Em trabalhos de Henri Matisse (1869-1954) como *A Odalisca com Calças Vermelhas* (1921), por exemplo, o feitio naturalista é mobilizado para tratar de tema exótico, resultando em uma tela de tom decorativo, em que se observam a vivacidade das cores e a leveza do gesto do artista. Já o *Novecento italiano* – ou *Novo Renascimento*, como era chamado – deve ser lido no bojo dessa recuperação dos gêneros tradicionais na arte nos anos de 1920. Seus três nomes fundamentais – Achile Funi, Mário Sironi (1885-1961) e Arturo Tosi (1871-1956) –, exemplificam as diferentes tonalidades que o retorno à ordem adquiriu na Itália. Na Alemanha, por sua vez, a produção reunida em torno do que se convencionou chamar *Nova Objetividade* (*Neue Sachlichkeit*), um desdobramento da voga expressionista posterior à Primeira Guerra Mundial, constitui mais um exemplo dessa tendência europeia. As obras de Otto Dix (1891-1969) e George Grosz (1893-1959), os dois ícones dessa linhagem, caracterizam-se pelo forte acento realista, tom de denúncia e sátira social, ao lado da crítica mordaz à sociedade burguesa e ao conflito armado, numa clara oposição às inclinações abstratas do grupo expressionista *Blaue Reiter*. Este, que durara de 1911 a 1914 e cujo nome adveio da pintura *Le cavalier bleu*, de Kandinsky, seguira o movimento *Die Brucke* (*A ponte*), da década anterior.[6]

---

5 Sergio Miceli, *Nacional estrangeiro*, op. cit., p. 11.

6 No Brasil, o retorno à ordem pode ser aferido em diferentes artistas. Na produção modernista em geral – com exceção de Anita Malfatti até 1916 –, observa-se o impacto da tendência. Podemos citar a fase pau-brasil de Tarsila do Amaral, além de obras de Candido Portinari, Di Cavalcanti, Brecheret e Vicente do Rego Monteiro. O Grupo Santa Helena e a Família Artística Paulista, não obstante a inclinação modernista,

122   Marcia Camargos

Como se apreende pela correspondência e fotografias enviadas a Freitas Valle, amigos e familiares, os bolsistas eram unidos e ajudavam-se uns aos outros. Além disso, conviviam com os modernistas conterrâneos que iam a Paris como Rego Monteiro, Tarsila do Amaral, Di Cavalcanti, Oswald de Andrade, Sérgio Milliet, Villa-Lobos e Antônio Gomide. Se não há registro de visitas de Freitas Valle, que do Brasil zelava pelo bem-estar dos seus *protegés*, o também mecenas Paulo Prado (1869-1943) reunia o grupo nas divertidas noitadas por ele patrocinadas. Financiador da Semana de 22, em casa de quem surgiu a ideia de realizar o evento, este herdeiro único de afluente clã de São Paulo foi, segundo Sergio Miceli, um dos colecionadores estrangeiros que contribuíram para moldar e viabilizar a arte moderna produzida em Paris naquele momento.[7]

Com o dinheiro da bolsa contado, Anita Malfatti revela que a maioria só se dava ao luxo de jantar nos restaurantes e cafés da moda quando convidada por ele ou por Oswald de Andrade. Por um tempo Anita e Brecheret dividiram o mesmo endereço no Hotel Central. Solidários entre si, formaram na capital francesa um círculo bastante amigável com outros bolsistas como, por exemplo, Souza Lima. Aliás, Pureza Marcondes conta em carta a Freitas Valle que, chegando a Paris junto com os familiares de Lúcia Branco, havia tomado cômodos em uma casa de família, acrescentando: "o Souza Lima virá ficar conosco logo que vague um quarto".[8] Pouco menos de três anos depois Emília Branco da Silva enviava bilhete aos pais do futuro maestro, cumprimentando-os pelos "brilhantes sucessos alcançados pelo João em Paris".[9] Por essa época, a estudante de canto lírico Pureza já se encontrava em Bruxelas, para onde mudou-se em 1920, devido à carestia da vida na capital francesa.

Provas desta camaradagem encontram-se no livro autobiográfico de Souza Lima, que revelou ter recebido o título de "embaixador dos artistas brasileiros", dada sua disponibilidade em orientar os conterrâneos como Alonso Aníbal da Fonseca,

---

compartilham os influxos do retorno à ordem que marcam as artes nacionais dos anos 1930.

7   Sergio Miceli, *Nacional estrangeiro: história social e cultural do modernismo artístico em São Paulo*. São Paulo: Companhia das Letras, 2003, p. 12.

8   Carta de Pureza Marcondes a Freitas Valle, Paris, 7/10/1919. (AFV)

9   Cartão de Emília Branco da Silva à família Souza Lima, São Paulo, 7/7/1922. (CSL)

Bráulio Martins, Mário Camerini e o violinista Raul Dias Larangeira, com quem inclusive dividiu o mesmo teto parisiense onde já morava havia quatro anos:

> Quero adiantar que estes estudantes fizeram uma caminhada séria, dedicando-se aos estudos com afinco e tendo todos realizado um trabalho que os tornou profissionais de toda consideração e de saliente posição no cenário artístico brasileiro.[10]

Personagem da maior importância no dia a dia dos bolsistas, e que por isso merece um exame mais detalhado, foi Luiz Martins de Souza Dantas (1876-1954). Usando sua posição privilegiada e rede de conexões para acudir, inclusive materialmente, os conterrâneos em busca de ajuda, deu a todos forte apoio institucional que extrapolava as obrigações de diplomata. Durante a Primeira Guerra, sua correspondência ilustra como prestou "socorro" aos compatriotas, bolsistas ou não, em apuros na capital parisiense. Cônsul na cidade que concentrava o mais expressivo contingente de brasileiros na Europa,[11] Dantas desdobrou-se para expedir documentos e entregar passaportes mesmo a quem não pudesse recolher os emolumentos exigidos, sobrecarregando o balancete referente a 1914 com dispêndios em assistência e auxílio.

> Começando por atender a uns, o consulado foi solicitado de todos os lados e talvez um ou outro abuso, em tais circunstâncias inevitável, tenha conseguido insinuar-se entre os serviços prestados aos brasileiros, mas apesar do alarme da ocasião, consegui impedir desmandos e desordens exagerados.

---

10 *Idem*, p. 94.

11 Depois de cônsul em Paris, Dantas seria ministro plenipotenciário em Roma de 1917 a 1919, ano em que se tornou embaixador na capital italiana, para então assumir o mesmo posto na capital francesa.

Ele explicou ao ministro das Relações Exteriores, Lauro Muller.[12] O mesmo faria quando, durante a crise de 1929 e logo após a Revolução de 1930, os pensionistas viram-se no fogo cruzado das mudanças no cenário político nacional, no momento em que o Pensionato era extinto para ser substituído pelo Conselho de Orientação Artística.

Filantropo, sustentava alguns do próprio bolso como fez com Victor Brecheret quando, então embaixador em Roma, pediu ao colega Cyro de Freitas Valle para interceder em favor do escultor, de inquestionável talento.

> Quem sabe até lá não será possível estabelecer-se uma pequena pensão por meio do particular. Não haverá aí algum noveau riche italiano que queira tomar a si isso? Eu estou pronto para todos os meses concorrer com algum, mas infelizmente, sem um vintém e fortuna, não posso ir muito longe...

E, insistindo sobre o caso doloroso do rapaz, cuja vocação o levava ao sacrifício, acrescenta: "Diz sempre o Silva[13] que Brecheret além de talento tem também um bom caráter. Estou certo de que V. fará o que puder."[14]

Ministro plenipotenciário em Roma de 1917 a 1919, ano em que se tornou embaixador na capital italiana,[15] seria afinal transferido para o cobiçado posto em Paris onde angariou a estima dos brasileiros. Para eles Dantas não era um diplomata

---

12 Ofício e balancete reservado do cônsul Souza Dantas em Paris – 5/07/1915 9 (vol. 260 38). (AHI)

13 Refere-se ao escultor e bolsista Francisco Leopoldo e Silva.

14 Carta de Souza Dantas a Cyro de Freitas Valle, Roma, 18/02/1918. (AFV)

15 Souza Dantas também esteve na legação de Bruxelas. Removido oficialmente em 28 de janeiro de 1919, sua transferência só ocorreria em junho de 1919, embora não permanecesse por muito tempo no cargo. Em agosto pediu licença médica e, depois de passar pelo Rio de Janeiro, conseguiria sua nomeação para a embaixada em Roma, assumindo no dia 1º de dezembro daquele ano.

esnobe, nem burocrata petulante, mas uma espécie de irmão zeloso, cheio de cuidados: "Vi-o preocupadíssimo, às vezes, com a sorte de pobres-diabos, aparecidos em Paris à aventura ou com um fato policial sem importância, resultado de alguma desavença alcoólica em algum cabaré de Paris", registrou Brício de Abreu.[16]

Instalada modestamente em um rés-do-chão, sem aparato ou ostentação, o "cantinho brasileiro da Avenue Montagne" abrigava, ainda segundo Brício, o embaixador de maior prestígio naquele país, o homem que conseguiu mostrar ao povo francês que o Brasil existia. Para o jornalista, Dantas incorporava a alma boa, cheia de incentivo para quem queria vencer.[17]

> "Neste quotidiano amparo aos brasileiros que sempre enchiam a sala de espera da embaixada, Souza Dantas empregava todos os recursos de que são férteis o seu engenho para achar soluções e o seu coração para servir aos amigos e – mais frequentemente ainda – aos apenas conhecidos de primeira vista que vêm pedir proteção",

registraria o *Jornal do Comércio*.[18]

Fiel à concepção de vincular laços sociais e relacionamentos pessoais, para marcar seu ingresso na embaixada, em 23 de dezembro de 1922, reuniu artistas franceses como Darius Milhaud e Blaise Cendrars, poeta mutilado de guerra, para quem Tarsila do Amaral cortava a carne no prato. Do grupo de brasileiros faziam parte Rego Monteiro e Victor Brecheret, além dos escritores Pinheiro Júnior, Oswald de Andrade e Sérgio Milliet, que registrou.

---

16 Brício de Abreu, "Luiz de Souza Dantas: a embaixada do Brasil em Paris – O nosso embaixador – Impressões", *Diário de Notícias*, Rio de Janeiro, 1930. *Apud* Fábio Koifman, *Quixote nas trevas: o embaixador Souza Dantas e os refugiados do nazismo*. Rio de Janeiro: Record, 2002, p. 70-1.

17 *Idem.*

18 *JornaL do Comércio*, Rio de Janeiro, 21/02/1951.

> No Paris brilhante e festivo que precede o Grande Prêmio, o novo embaixador fez sua estreia oferecendo um banquete à vanguarda artística e literária francesa. Homem de rara distinção, ele junta a essa qualidade, a de ser inteligente – coisa apreciável na diplomacia – e a de possuir grande experiência pessoal.[19]

Menos de um ano mais tarde foi designado para representar o Brasil em pelo menos duas ocasiões – na conferência prévia sobre imigração, em Paris, no dia 10 de outubro de 1923, e em seguida no Conselho Executivo da Liga das Nações.

Diplomata à moda antiga, Dantas sucedera três colegas conhecidos pelo espírito econômico.[20] O último deles, Pires de Almeida, celebrizou-se por só franquear os portões da então legação do Brasil no dia 15 de novembro, quando se comemorava a Proclamação da República, para oferecer um prosaico chá com torradas. Invertendo o costume, ele dissipava em almoços e jantares a celebridades toda a verba de representação e seus vencimentos, sem falar nas três ou quatro fortunas que recebera de herança. Tido como notório mão-aberta, não sabia negar empréstimos nem poupar dinheiro. Entretanto colhia os frutos de tamanha prodigalidade nas excelentes relações cimentadas: "Evidentemente não é só com acepipes que se criam amizades e se faz prestígio", observou Maurício de Medeiros. "É que Souza Dantas, com sua vasta cultura literária e inteligência privilegiada era (...) um admirável *causer*, que encanta e anima qualquer reunião onde esteja presente".[21]

Atestando tais palavras, recortes de jornais e programas colecionados por Souza Lima remetem a diversas recepções em honra ou *"sous le haut patronage de Son Exc. L. de Souza Dantas, Ambassadeur du Brésil"*. Uma delas trazia na programação

---

19 Sérgio Milliet, "Carta de Paris", *Ariel: revista de cultura musical*, São Paulo, outubro de 1923, p. 15-8.

20 Gabriel de Toledo Piza de Almeida foi embaixador em Paris a partir de agosto de 1890. Em abril de 1912 Olinto Máximo da Cunha assumiu o posto, seguido de Gastão da Cunha, que precedeu Souza Dantas. Ver Fábio Koifman, *op. cit.*, p. 94.

21 Maurício de Medeiros, "Souza Dantas", *Diário carioca*, Rio de Janeiro, 20/02/1951.

poema de Ronald de Carvalho cantado por Vera Janacopulos e uma peça executada pelo renomado pianista Arthur Rubinstein.[22] Outra mencionava um encontro, *"chez le tenor Camargo, de L'Opera"*, de que tomaram parte deputados, o antigo ministro da Marinha Francesa, além do presidente da Comissão da Armada, ao lado de diretores de teatro, atores e jornalistas, com apresentação dos bolsistas Souza Lima, Raul Larangeira e Mário Camerini.[23]

Foi o diplomata quem, em nome dos artistas brasileiros, pensionistas ou não, enviou ofício a Félix Pacheco, ministro das Relações Exteriores, com uma longa preleção, explicando por que o Brasil deveria comparecer à Exposição Internacional de Artes Decorativas, a inaugurar-se em Paris em maio de 1925. Segundo ele, aquela seria uma excelente oportunidade para o país confirmar o grau de progresso já explicitado em 1922 e na exposição de Bruxelas fazendo, ao mesmo tempo, propaganda da variedade colossal das suas madeiras: "Só a Amazônia possui 127 qualidades apropriadas a toda sorte de construções arquitetônicas e mobiliárias", argumentou, alegando que um pavilhão "auriverde" chamaria a atenção do mundo inteiro para as possibilidades comerciais com o exterior.[24] Acompanhava a carta um abaixo-assinado por Anita Malfatti, Victor Brecheret, Túlio Mugnaini, Alípio Dutra, Di Cavalcanti, Henrique Cavalleiro, Celso Antonio, o pensionista do Maranhão, e Vera Janacopulos, entre outros artistas, explicitando o "forte e ardente desejo" de decorar o pavilhão do Brasil no certame.[25]

Coube ainda a Dantas suprir Freitas Valle de dados cruciais para municiá-lo, como membro da Comissão Fiscal do Pensionato, no assunto das pensões. É o que se infere de carta do senador comunicando à pintora Anita Malfatti a boa nova do aumento por ele promovido no Congresso, "secundado pela valiosa informação

---

22 Programa de concerto, Paris, 17/05/1924. (Coleção Souza Lima)

23 "Brillante reception chez le tenor Camargo, de L'Opera", *Comoedia*, Paris, 20/02/1927.

24 Ofício de Souza Dantas a Félix Pacheco, ministro das Relações Exteriores, Paris, 08/06/1924. (AHI)

25 Abaixo assinado de artistas a João Luiz Alves, Ministro de Estado da Justiça e Negócios Interiores, Paris, 08/06/1924. (AHI)

do nosso Embaixador, Souza Dantas, de minha muita amizade".[26] Para Anita, com quem também travaria relações, em um domingo parisiense, dizendo-se admirador da pintora, Dantas escreveu: "Seus carinhos e lembranças ainda me comovem. Quanta bondade! Faço votos ardentes para que a boa e gentil amiga tenha sempre todas as felicidades que merece pelos seus grandes dotes de inteligência e de coração e por seu grande talento de artista".[27]

Ao também bolsista Túlio Mugnaini, recém-chegado a Paris, Valle deu uma carta de apresentação a ser entregue a Dantas, ainda embaixador na Itália, bem como a Souza Lima, que prometera apresentá-lo aos outros pensionistas.[28] Além de patrocinar a exposição do pintor na Galerie Marsan em novembro de 1925, o embaixador continuou a incentivá-lo mesmo após a volta definitiva de Túlio para o Brasil. O mesmo fez em relação ao violoncelista Mário Camerini. Havendo passado em primeiro lugar no concurso para professor da Escola de Música de Amiens, enfrentava sérios contratempos para conseguir sua nomeação por ser estrangeiro. Sem perda de tempo, Dantas tomou a si a empreitada e procurou o subsecretário de Belas Artes, com quem argumentou que a nação francesa teve um belo gesto de *liberté* e *egalité*, ao abrir a possibilidade do cargo a um não nativo. Agora faltava incluir a *fraternité*, com a nomeação do filho de um país tradicionalmente amigo e antigo aliado da França. Para sua surpresa, conforme relatou ao Ministro de Relações Exteriores Octávio Mangabeira, dali a uns dias ele recebia correspondência da mesma autoridade, senhor André F. Poncet, na qual explicava que, atendendo o pedido do Embaixador, os problemas do violoncelista estavam resolvidos.[29]

> "Vossa excelência verá se convém dar publicidade ao fato que tanto honra a arte brasileira e o nosso jovem patrício senhor Camerini, pensionista do Estado que já está exercendo as funções de professor da Escola Musical de Amiens, su-

---

26 Carta de Freitas Valle a Anita Malfatti, São Paulo, 06/02/1924. (FAM/IEB/USP)

27 Carta de Souza Dantas a Anita Malfatti, Paris, s/d, c. 1926. (FAM/IEB/USP)

28 Carta de Túlio Mugnaini a Freitas Valle, Paris, 02/12/1920. (AFV)

29 Carta-ofício de André F. Poncet a Souza Dantas, Paris, 23/03/1929. (AHI)

cursal do Conservatório Nacional, com todos os proventos inerentes ao cargo", ele prosseguiu ao Ministro.[30]

Sempre atento às necessidades alheias, escrevia a Freitas Valle em prol de Sentine Knesese que, com apenas 2.000 francos por mês e nenhum subsídio, vivia de modo extremamente difícil, sofrendo privações.

> Como tem excelente voz, já conseguiu importantes contratos e, sobretudo, um importantíssimo para cantar cinco óperas em Milão (empresário Billoro). Tudo, porém, ficará perdido se a esse distinto patrício não tiver mais, por mês, pelo menos 1.000 francos que serviriam para mostrar o que ele precisa absolutamente".[31]

A estratégia de animada vida social e ampla roda de amizades, que o tornaria popular entre os brasileiros residentes ou de passagem por Paris, possibilitariam sua permanência no cargo por duas longas décadas: "No Brasil, sucediam-se os governos, até mesmo as revoluções e os golpes de Estado, mas nada abalava a solidez de Dantas na capital francesa", deporia Heitor Lyra.[32]

Assim, longe do "fútil autômato", indivíduo de comportamento maquinal, executando tarefas ou seguindo ordens como se destituído de consciência, raciocínio, vontade ou espontaneidade[33] como Oswald de Andrade o taxaria,[34] Souza Dantas teve papel fundamental tanto no cotidiano de numerosos brasileiros, artistas ou ci-

---

30 Carta-ofício de Souza Dantas a Otávio Mangabeira, Paris, 26/03/1929. (AHI)

31 Carta de Souza Dantas a Freitas Valle, Paris, 3/07/1929. (AFV)

32 Heitor Lyra, *Minha vida diplomática*. Brasília: Ed. UnB, 1972. v. II, p. 409.

33 Definição do termo na sua derivação de sentido figurado dado pelo *Dicionário Eletrônico Houaiss*.

34 Oswald de Andrade, "Diálogo das vozes segallianas", *Revista Acadêmica*, Rio de Janeiro, nº 64, junho de 1944, p. 34.

dadãos comuns, quanto no reconhecimento internacional que o país angariou. De frívolo ou leviano, sinônimos para "fútil", sua conduta nada tinha. É certo que por trinta anos destacou-se como figura carimbada na vida mundana e social parisiense, espécie de rei da noite. Nas festas de Deauville, nas conferências e debates, nos encontros políticos, nos salões ilustres, nas reuniões, nos bastidores dos teatros, lá estava ele, passeando sua bonomia elegante e afável. Nenhum baile de caridade, casamento da nobreza, cerimônia fúnebre, vernissage, audição musical, recepção a dignitários estrangeiros, dispensava a presença da "coqueluche" do lugar.

Convidado para tudo e por todos, íntimo comensal da mais alta aristocracia francesa, era ao mesmo tempo, segundo Pio Corrêa, um homem de hábitos simples, "de extrema distinção de maneiras, sem o menor laivo de afetação, de uma cortesia perfeita e de índole bondosa, de irresistível simpatia sem o menor esforço por procurá-la".[35]

Os contatos de Souza Dantas não se limitavam às figuras ilustres. Paschoal Carlos Magno testemunhou que andar com o embaixador pelas ruas da capital francesa, era de fato conhecer a glória.

> Todos o saudavam afetuosamente. Não só ricos que passavam nos seus carros luxuosos. Nem só os importantes da política, da literatura, das artes, tolhiam-lhe os passos para apertar-lhe a mão. Mas também os pequeninos, os humildes, – porteiros de hotéis, zeladores de edifícios, vendedores ambulantes, jornaleiros, meninas sorrindo atrás do balcão de quiosques, engraxates, empregados de lojas, motoristas de automóveis diluvianos, cocheiros de fiacres do Segundo Império – à sua passagem se descobriam e perguntavam-lhe amavelmente como passava.[36]

---

35 Manoel Pio Corrêa, *Pio Corrêa: o mundo em que vivi.* Rio de Janeiro: Expressão e Cultura, 1994, p. 65-6.

36 Texto de Paschoal Carlos Magno publicado por ocasião da morte de Souza Dantas, em 1954. *Apud* Fábio Koifman, *Quixote nas trevas: o embaixador Souza Dantas e os refugiados do nazismo.* Rio de Janeiro: Record, 2002, p. 78.

Desfrutando de invejável prestígio junto à nata da sociedade, nos círculos políticos, jornalísticos, literários e artísticos de Paris, Souza Dantas recebeu do governo francês, em agosto de 1930, as insígnias da Grã-Cruz da Legião de Honra. Pouco antes, tomara parte da cerimônia de inauguração do Foyer Brésilien em 1929, no quinto andar na Rue de La Grange Batelière, 18. Idealizado pelo professor Alexandre Brigole, ex-diretor do Liceu Francês do Rio de Janeiro por trinta anos, tinha como objetivo orientar os brasileiros em Paris, facilitando sua adaptação, sobretudo no que dizia respeito à educação formal dos filhos. Contou, ainda, com uma publicação bilíngue, os *Annalles du Foyer Brésilien*, da qual saíram apenas duas edições, de 7 de setembro de 1929 e de 24 de fevereiro de 1930. As capas de ambas estampavam desenhos da mostra *Guarany*, de arte primitiva brasileira do Alto Amazonas e da Ilha do Marajó, objeto de estudo do professor Herborth, da Escola de Belas Artes de Estrasburgo, e que desde de julho atraía visitantes ao Foyer. O número um, que descreve sua fundação, traz trecho do discurso de Souza Dantas, "tão querido nos meios diplomáticos e oficiais de Paris". Ali, elogiando a iniciativa, afirmava que ela viria somar-se aos esforços do consulado, da embaixada e sua respectiva seção comercial no sentido de realizar o que fugia à alçada das atribuições oficiais das entidades representativas do Brasil na França. [37]

Dantas ainda seria alvo de homenagens e de manchetes de jornais pela bravura ao tentar resistir à invasão da embaixada em Vichy por soldados alemães. Mais do que isso, arriscou a carreira e angariou severas críticas de setores do governo brasileiro, ao emitir centenas de vistos durante os anos mais duros da repressão nazista na Europa. Sem alarde e contra recomendações oficiais de Getúlio Vargas, salvou comprovadamente 475 pessoas de campos de extermínio durante a II Guerra Mundial. [38] Independentemente disso, é tido como um dos mais competentes diplomatas da primeira metade do século XX – o que as correspondências e outros documentos dos pensionistas corroboram.

---

37 *Annalles du Foyer Brésilien*, Paris, 07/09/1929, p. 37-9.

38 A respeito ver Fábio Koifman, *op. cit.*

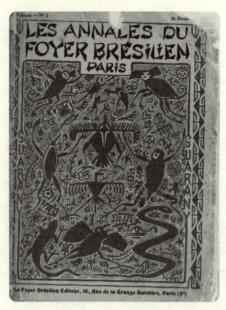

Capa da revista que tirou apenas dois números. Paris, 1930.
(Arquivo Freitas Valle)

Annalles du Foyer Brésilien, 1930. (Arquivo Freitas Valle)

Cotidiano e aprendizado na Europa

Matriculados em academias oficiais ou extra-oficiais, em geral de perfil conservador, os pintores eram majoritários entre os artistas plásticos. Dos 17 bolsistas, encontramos apenas três escultores, Marcelino Vélez, Francisco Leopoldo e Silva e Victor Brecheret. Os dois últimos estudaram com o renomado professor Arturo Dazzi, natural de Carrara. Pela tradição escultórica, Roma foi a escolha natural destes pensionistas, sendo que Brecheret também passou por Paris, onde frequentou os ateliês de Bourdelle, Aristide Maillol e Ossip Zadkine. Por esta razão, figura como o único a se apresentar repetidamente nos salões franceses. Leopoldo e Silva esteve apenas uma vez, em 1928, no Salão dos Independentes.

Em relação aos pintores, a preferência recaiu sobre a Académie Julian, que matriculou nada menos do que nove deles. Quanto aos salões de arte, a maioria aparece uma vez ou outra, sem continuidade. Já Anita Malfatti e Túlio Mugnaini foram expositores assíduos, levando-nos a cogitar que ambos tinham em uma estratégia bem delineada para as respecitvas carreiras. Os músicos, por sua vez, compunham um grupo heterogêneo e espalharam-se por cinco países, incluindo França, Itália, Bélgica, Alemanha e Áustria. Embora uns poucos preferissem os prestigiosos conservatórios de música, a maior parte teve nos professores particulares sua principal fonte de aprendizado.

Artes plásticas (pintura e escultura)

Pensionista	Local	Instituição	Professores	Prêmios
Aldovrando Casabona	Roma	Academia Real de Belas Artes		2º lugar na Academia de França em Roma
Alípio Dutra	Paris	Académie Julian École des Beaux Arts	W. Laparra Henri Royet Lucien Simon Marcel Baschet	16º lugar na Academie de Beaux Arts
Anita Malfatti	Paris	Cursos livres Ateliê próprio	Maurice Denis	
Diógenes Campos Ayres	Paris	Académie Julian	Jean-Paul Laurens Robert Fleury Henri Royet	
Dario Villares Barbosa	Paris	Académie Julian	Jules Lefèvre Robert Fleury	
Mário Villares Barbosa	Paris	Académie Julian	Jules Lefèvre Marcel Baschet Lapan	Medalha de prata póstuma no Salon de 1921
F. Leopoldo e Silva	Roma	Instituto de Belas Artes	Arturo Dazzi	
Gastão Worms	Paris	Ateliês particulares	Lhote, Péquin, Friesz e Despiau	
Helena Pereira da Silva Ohashi	Paris	Académie Julian Colarossi École des Beaux Arts	Chaumert Raphael Collin Hebert	
José Monteiro França	Nápoles Roma Paris		Giuseppe Bocchetto	
José Wasth Rodrigues	Paris	Académie Julian École des Beaux Arts de Paris	Jean-Paul Laurens Luciene Simon Nandi	
Marcelino Vélez	Roma Florença	Academia de Florença	Filadelfo Simi	Medalha de ouro na Exposição Internacional de Florença
Osvaldo Pinheiro	Paris	Académie Julian Colarossi		
Paulo do Valle Júnior	Paris	Académie Julian	Jean-Paul Laurens Marcel Baschet Henri Royet	1º lugar A. Julian desenho em 1908 pintura em 1909
Paulo Vergueiro Lopes de Leão	Florença Paris	Ateliê de Simi Escola de Belas Artes	Filadelfo Simi Mazzoni Zarini	
Túlio Mugnaini	Florença Roma Paris	Ateliê de Simi Academia Joseph Noel Academia de França Académie Julian	Pietro Torrini Filadelfo Simi Marcel Baschet H. Royet P. A. Laurens	
Victor Brecheret	Roma Paris	Ateliês de Bourdelle Aristide Maillol Ossip Zadkine	Arturo Dazzi	Menção honrosa no Salon de 1925

Aldovrando Casabona, pintor

Obteve sua bolsa graças ao irmão, Francisco Casabona (1892-1979), professor do Conservatório por nada menos do que 25 anos, assíduo na Villa Kyrial e amigo próximo de Freitas Valle, cujos poemas musicou.

Nascido na capital paulista em 24 de outubro de 1898, Aldovrando diplomou-se na Academia Real de Belas Artes de Roma em 1928, sendo classificado em segundo lugar no concurso da Academia de França em Roma, em 1929, pouco antes do término da sua estada como bolsista. Participou de diversas mostras na Itália, incluindo uma no Clube Artístico de Roma e outra no Instituto Cristóvão Colombo. Ali, entre abril e maio de 1930, seu nome consta das páginas 22 a 25 do catálogo da Segunda Exposição dos Artistas Pensionistas Latino-americanos residentes na Itália, para a qual enviou quatro óleos: *O imigrante, Palatino, Interior* e *Promessa*. Trata-se de um caso curioso, pois praticamente inexistem informações a seu respeito. Seu nome consta do Relatório da Secretaria do Interior relativo a 1928, que o lista como um dos bolsistas na Europa. Apenas o *Dicionário brasileiro de artistas plásticos*, organizado por Carlos Cavalcanti, dedica-lhe cinco linhas, na página 367, sem maiores detalhes, nem mesmo data de nascimento e morte, mencionando apenas que expôs no I Salão Paulista de Belas Artes, em 1934. E de fato, o catálogo do referido certame relaciona-o na página 19, definindo-o como "antigo pensionista do Estado", residente à Alameda Itu, 102, presente com os lotes de 131 a 135, respectivamente as telas *Auto-retrato, O lar, O emigrado, Interno* e *Jardim da Luz*.

Não há registro de obra sua no acervo da Pinacoteca, embora todos os outros artistas plásticos houvessem doado ao Museu um trabalho na volta da estada europeia como mandava o regulamento. É que, ao regressar a Itália, onde casara-se com uma veneziana com quem teria três filhos do sexo masculino, Casabona abandonou a pintura, que não rendia o suficiente para manter a família. Muito exigente, costumava destruir ou dar de presente as telas que ia produzindo e talvez por esta razão tenha relutado em fazer a doação de um quadro de sua autoria na Pinacoteca. A ligação dele com a arte perdurou em conversas animadas na residência na Rua João Moura, em São Paulo, quando, na década de 1930, era procurado por amigos cirurgiões para discutirem casos dos pacientes em tratamento. Graças a seus profundos conhecimentos de anatomia, adquiridos na escola de Belas Artes romana, ele tirava dúvidas dos médicos, explicando detalhadamente, em verdadeiras aulas, os mecanismos dos músculos e dos nervos do corpo humano.[1]

Desiludido com a carreira de artista plástico, montou um negócio no ramo da engenharia, que viria a sucumbir devido à falta de tino comercial do dono. Trabalhou então na firma de um conhecido, mas acabou contraindo uma pneumonia que evoluiria para tuberculose. Por recomendação de seus dois irmãos médicos, Lourival e Marcial, foi tentar curar-se nos ares mais puros de São José dos Campos. Ali ainda recuperou a saúde, mas como era homem extremamente ativo, acabaria lá falecendo em 3 de junho de 1960, sem legar ao futuro uma obra pictórica significativa.

Aldovrando Casabona com o filho Cláudio e a neta Rita de Cássia no colo de pessoa não identificada em São José dos Campos, São Paulo, em 1959. (Arquivo pessoal)

---

1 Depoimento de Cláudio Casabona a Marcia Camargos. São José dos Campos, SP, 03/09/2008.

Entre a vanguarda e a tradição   137

Anita Malfatti, pintora

Iniciando o aprendizado artístico com a mãe, Bety Malfatti, Anita Catarina, paulistana que veio ao mundo no dia 2 de dezembro de 1889, residiu na Alemanha entre 1910 e 1914, onde foi por um ano aluna da Academia Imperial de Belas Artes. Posteriormente estudou com Fritz Burger-Münfeld, Ernst Bischoff-Culm e Lovis Corinth, representante do peculiar Sezession, reunindo pintores de formação francesa que adaptaram o impressionismo ao temperamento nórdico, emprestando-lhe preocupações psicológicas e sociais. De 1915 a 1916 morou em Nova York, tomando aulas com George Bridgman, Dimitri Romanoffsky e Dodge, na Art Students League, e com Homer Boss na Independent School of Art.

Realizou sua primeira individual na capital paulista em 1914, no Mappin Stores, mas se tornaria conhecida a partir de 1917 quando sua exposição foi criticada por Monteiro Lobato. Estudou pintura com Pedro Alexandrino e com Georg Elpons e participou da Semana de 22 com vinte trabalhos, incluindo O *Homem Amarelo*. Ao lado de Mário e Oswald de Andrade, além de Menotti Del Picchia, integrou o Grupo dos Cinco, em encontros semanais no ateliê de Tarsila do Amaral. No ano seguinte, em 1923, receberia bolsa do Pensionato e partiu para Paris. Ali, frequentou os ateliês livres de desenho, enviando obras aos principais salões de artes durante os cinco anos da pensão que vinha perseguindo há quase uma década. Ao regressar, doaria à Pinacoteca do Estado um original e duas cópias para cumprir cláusula do Regulamento do Pensionato.[2]

Sua tentativa nesse sentido retroage a 1914, época da referida individual na Rua 15 de Novembro, 26. Recém-retornada da estada de quatro anos na Alemanha, apresentava uma produção marcada pelos influxos das vanguardas expressionistas que não entusiasmou o "dono" do mecenato artístico. Ele fez observações desabonadoras na sua visita, em especial ao retrato de Georgina, irmã de Anita. Figurativo, mas transbordante de cor, foi por Valle descaracterizado

---

2 Obras depositadas na Pinacoteca conforme o Regulamento: Les *Glaneuses* de 1928, copiado de Jean-François Millet; *Femmes d'Alger*, de 1928, copiado de Eugène Delacroix, e *Tropical*, de 1917, obra original doada em 11 de março de 1929 de acordo com o *Livro de Tombo da Pinacoteca – Registro de quadros a partir de 21/11/1911 a 14/10/1955.*

como expressão artística justamente por não respeitar o repertório acadêmico que o legitimaria como tal.[3] Na ocasião, o deputado-poeta reclamou do desenho fraco da tela crivada de erros, um verdadeiro carnaval de cores. "Danada com a brutalidade estúpida" do senador, ainda segundo declarou nos seus escritos, a pintora lamentou a fanfarronice dos visitantes, dizendo ter pena dos que dependiam de Freitas Valle para seu ganha-pão. Em pouco tempo a Europa mergulhava na guerra e com ela naufragavam os planos de Malfatti no que dizia respeito ao Pensionato do Estado.[4]

Como o Velho Continente deflagrado tornara-se inviável, Anita Malfatti viajou para Nova York em fins de 1914, graças ao auxílio do seu tio Jorge Krug. Lá continuou suas aulas da Independent e passou a criar com carvão, pastel e óleo, as obras que mais tarde escandalizariam São Paulo. Em agosto de 1916, porém, decerto temerosa de a guerra acabasse envolvendo a América do Norte, impedindo-a de voltar, ela retornou repentinamente ao Brasil. Perderia, assim, a oportunidade de continuar trabalhando em Nova York onde tinha contato com um meio cultural e artístico em expansão e tomando contato com o que havia de mais avançado no aprendizado da pintura.

Na sua terra natal, Anita encontrou o mesmo ambiente de outrora. Oscar Pereira da Silva e Pedro Alexandrino davam as cartas no mercado de artes e lecionavam para sobreviver. Às pintoras, restavam os temas delicados, próprios ao sexo frágil. As mulheres incumbiam-se dos retratos de crianças ou de senhoras, das cenas domésticas, das paisagens ou naturezas mortas com flores em um tratamento pictórico suave, bem diverso do estilo que trouxera consigo dos Estados Unidos. Por isso, ao mostrar seus quadros à família, desencadeou a mesma onda de indignação que Mário de Andrade provocaria em 1922, ao levar para casa a *Cabeça de Cristo* em bronze, de

---

3 Para refletirmos sobre o significado desse fato e do comentário de Freitas Valle, recorremos a Bourdieu: "A experiência da obra de arte como imediatamente dotada de sentido e de valor é um efeito de concordância entre as duas faces da mesma instituição histórica, o *habitus* culto e o campo artístico, que se fundem mutuamente". Pierre Bourdieu, *O poder simbólico, op. cit.*, p. 285-6.

4 Anita Malfatti, O que aconteceu de mais interessante, São Paulo, maio de 1914, *in* Marta Rossetti Batista, *op. cit.*, p. 25-30.

Brecheret. Mesmo explicando que no exterior essa tendência mais livre, com destaque para as cores, prevalecia sobre as fórmulas acadêmicas, ela não convenceu os perplexos parentes. Indignado, seu tio George não permitiu que as telas entrassem na residência dele. Para a mãe de Anita, que a iniciara no ofício, tampouco era possível aceitar aqueles contornos retorcidos e destituídos de beleza.

"Babynha guardou os quadros. Ficou triste. Não se revoltou nem desconsiderou todos os palpites e a condenação familiar. Acatou-os como se fossem laudos técnicos ou a reprovação de alguma douta banca examinadora composta por exímios e acatados artistas, capacitados para julgar".[5] Preferiu calar-se e reprimir-se a ofender ou parecer ingrata. Precisava do carinho e do aval dos seus. Assim, quando voltou a pintar, esforçou-se para evitar o que tanto os assustara, dedicando-se a retratos e paisagens com traços e suavizados. Nesta fase, instigada pelo artigo de Oswald de Andrade em prol da pintura nacional, escrito em 1915 para *O pirralho*, ela decidiu propor uma espécie de meio termo em *Tropical*. Sem deformar totalmente a figura da mulata segurando um cesto de frutas, inovava tecnicamente, abordando a nacionalidade com esta alegoria do Brasil.

Com este e outros óleos, águas-fortes e desenhos de traço expressionista e algumas experiências cubistas, ela abriu a controversa exposição em 1917, com 53 trabalhos inversos do que se convencionou chamar pejorativamente de "feminino". Eram, ao contrário, de um admirável senso dinâmico traduzido no desenho vigoroso, na cor e na composição de suas figuras sombrias carregadas de *Phatos*.[6]

Incluindo também algumas obras de artistas norte-americanos com quem convivera, causou impacto, levando Lobato a censurar o estilo "importado", que não carregava em si os valores genuínos do nosso repertório. No artigo "A propósito da exposição Malfatti", mais tarde republicado em livro sob o título "Paranoia ou mistificação", ele batia-se contra os "ismos", representativos dos valores estrangeiros "macaqueados" por alguns de nossos pintores. Apesar de também ressaltar sua inventividade, destacando as "qualidades inatas e adquiridas das mais fecundas para construir uma sólida individualidade artística", a crítica

---

5 Dóris Malfatti, Minha tia: um retrato quase acadêmico de Anita Malfatti, digitado texto inédito, p. 18.

6 Gilda de Mello e Souza, *Exercício de leitura*. São Paulo: Duas cidades, 1980, p. 270.

140 Marcia Camargos

abalou Anita, transformada em fator aglutinador de um grupo e de uma causa em nome da qual se ergueriam as trincheiras da Semana de 22. Feita mártir do grupo e eleita sua musa inspiradora, arrancaria defesas apaixonadas de Oswald de Andrade, que rebatia Lobato nas páginas do *Jornal do Comércio*, imitado por Menotti Del Picchia no *Correio Paulistano*.

Passada a exposição e a Semana de Arte Moderna, Anita resolveu que já era hora de partir novamente. O Pensionato do Estado ainda constituía uma alternativa de ajuda financeira, e suas chances aumentaram após Brecheret, que também não rezava segundo o credo acadêmico, ter sido agraciado. Sua peregrinação pelos meandros da burocracia governamental recomeçou até que obteve a bolsa almejada.

Na estada em Paris, do Hotel Central à Rue du Maine, escreveu a Mário de Andrade mais de setenta cartas e alguns cartões entre fins de 1923 até o retorno definitivo, compondo um fundo consistente que nos dá uma noção bem concreta sobre as dúvidas, dilemas, angústias e questionamentos da pintora em relação à sua arte.[7] Questões íntimas também estavam em pauta. Logo no início do intenso diálogo epistolar, Malfatti reiterava pedido para que ele destruísse uma correspondência "sentimental demais" enviada do Rio de Janeiro. "Hoje não tenho medo nem vergonha de a ter escrito, mas quero que a rasgues por cavalheirismo à minha amizade. Sei que o farás com carinho". Passa então às notícias de Brecheret, Di Cavalcanti, Paulo Prado e do concerto de Vera Janacopulos cantando Villa-Lobos. "... Foi muito bem aceita. Vi-o só duas vezes. Está a compor o bailado". E revelava que Oswald de Andrade ia muito aos *dancings* encontrar-se com uma arquiduquesa russa pela qual dizia-se apaixonado.[8]

A despeito da aparente alegria e irreverência, mal-refeita dos desgastes sofridos no Brasil, onde suas obras expostas no saguão do Teatro Municipal na

---

7 Desse conjunto, transcrevemos apenas os trechos que contribuem para uma melhor compreensão da trajetória de Anita Malfatti enquanto bolsista e os desdobramentos da estada na Europa sobre sua carreira. Já o outro lado da correspondência está em Mário de Andrade, *Cartas a Anita Malfatti:1921-1939*. (org. Marta Rossetti Batista). Rio de Janeiro: Forense Universitária, 1989.

8 Carta de Anita Malfatti a Mário de Andrade, Paris, 27/10/1923. (FMA/IEB/USP)

Semana de 22[9] recolheram críticas que viriam somar-se às das exposições de 1914 e de 1917, Malfatti encontrava na capital francesa um ambiente contido similar ao seu estado de espírito. Se a pintora, já amadurecida e distante das formulações radicais das vanguardas encetadas no seu período nova-iorquino, não se mostrava tão interessada em se reafirmar num tom arrebatador e polêmico, a cidade-luz que a acolheu também mudara. Não obstante atravessasse a euforia dos *années folles*, com profundas transformações nos costumes, na moda e na vida urbana de ritmo frenético, convivia com o travo amargo do pós-guerra. O ceticismo que gerou um enfoque niilista e contestador como o Dada,[10] ao mesmo tempo levou os artistas a repensarem a experimentação exacerbada anterior à deflagração mundial, passando a exercitar uma arte mais sóbria e menos libertária, em uma retração tida como "retorno à ordem".

Nesta tendência incluía-se Anita que, inibida pelo seu sentimento íntimo de rejeição, temia voltar a transmitir suas emoções à tela de maneira espontânea.[11] De fato, entre 1915 e 1916, quando residiu em Nova York e teve aulas com George Bridgman, Dimitri Romanoffsky e Dodge, na Art Students League, e com Homer Boss na Independent School of Art, a pintora intensificara o interesse pelo expressionismo da Alemanha. Vivenciou uma das etapas mais agradáveis da vida, sentindo-se livre e segura longe da repressão familiar e dos estereótipos femininos que tanto pesavam na sociedade patriarcal paulistana.[12]

Naquela época, observou Tadeu Chiarelli, ela criava retratos e paisagens nos quais já se percebia a construção de uma poética singular, vinculada de forma intensa às proposições da modernidade no âmbito pictórico.[13] De volta ao Brasil, em agosto de 1916, começou a valorizar o tema em detrimento da expressividade e

---

9 Anita Malfatti conta em seu diário que a cada manhã os faxineiros do Teatro retiravam bilhetes e cartas insultuosas, sempre anônimas, colocadas por visitantes indignados atrás da moldura de suas telas. Ver Marta Rossetti Batista, *Anita Malfatti no tempo e no espaço*. São Paulo: IBM Brasil, 1986, p. 25-30.

10 Marta Rossetti Batista, *Os brasileiros na escola...*, *op. cit.*, p. 64-65.

11 Marta Rossetti Batista, *Os brasileiros na escola...*, *op. cit.*, p. 287.

12 Gilda de Mello e Souza, *op. cit.*, p. 270.

13 Tadeu Chiarelli, *Um jeca nos vernissages*. São Paulo: Edusp, 1995, p. 21.

142 Marcia Camargos

autonomia, paralelamente a um tratamento mais convencional no plano estético. Embora mantivesse certa liberdade na escolha das cores e no preenchimento das áreas do quadro, o assunto torna-se mais relevante do que a maneira de pintar. Ao contrário das obras de quando morou nos Estados Unidos, Anita Malfatti não parecia preocupada com as questões intrínsecas do campo plástico que a fizeram criar telas como *O homem amarelo* e *Mulher de cabelos verdes* – pintadas entre 1915 e 1916.[14] Agora as sondagens de cunho pessoal refluíam para segundo plano. Os aspectos pitorescos dos costumes e da paisagem do país evidenciam o nacionalismo que seus companheiros a induziram a adotar. Será *Tropical*, por exemplo, que ela enviaria à Maison d'Amérique Latine. Aberta em 29 de maio de 1923, tinha como objetivo divulgar as artes na França, convertendo-se em um "centro autônomo de espiritualidade americana".[15]

Na ocasião, ao abordar algumas obras significativas que iriam atrair a atenção dos parisienses, uma revista afirmava: "Nós conhecemos a influência recebida dos franceses mais modernos pela artista Mofati [Malfatti] e a que ela exerce sobre a jovem pintora brasileira, assim ficamos felizes em ver sua *Mulher com frutos* que tem, com efeito, sérias qualidades".[16] Naquele ano, escrevendo sobre o Salão de Outono, Maurice Raynal referia-se a Anita Malfatti como uma das artistas mais em evidência da jovem arte no Brasil, ao lado de Brecheret, Tarsila do Amaral e Di Cavalcanti.[17]

Nesse intervalo, Anita Malfatti reportava-se ao seu patrocinador em termos carinhosos e vincados pela gratidão de quem, como os demais bolsistas, julgava legítimo o mecenato de viés oficial exercido pelo mentor do Pensionato, que em fevereiro de 1924 informava: "Em nome da Comissão Fiscal do Pensionato Artístico, comunico-lhe que, a começar de janeiro deste ano, a sua pensão mensal foi elevada a 1.500 francos, aumento por mim promovido no Congresso, secundado pela va-

---

14 *Idem, Ibidem.*

15 Académic Intcrnationalc dcs Bcaux Arts, 1º/07/1923.

16 Magellan, "La Maison d'Amérique Latine: les américains as à Paris", *Revue de l'Amérique Latine*, Paris, julho de 1923, p. 288.

17 Maurice Raynal, "Le Salon d'Automne", *L'Intransigeant*, Paris, 4/11/1923.

liosa informação do nosso Embaixador, Souza Dantas, de minha muita amizade".[18] Por sua vez a pintora, há pouco instalada em Paris, remetia um número do jornal *Comoedia*, junto com carta exultante:

> "Imagine que pediram-me uma entrevista especial pois era artista para eles desconhecida. Nunca recebi tanta gentileza, creia-me. Paris Soir também menciona minhas duas telas e mais 2 revistas estão preparando artigos. O Senhor não imagina com que alegria conto-lhe estas notícias que são provas patentes do agradecimento que sinto pelo bem recebido por seu intermédio".

E tecia confidências: "Como tudo isto é curioso! Ou tudo corre as mil maravilhas... ou passa desapercebido. Recebeu as telas e os desenhos?[19] Quis mandar um nu de cada época para o Senhor julgar as diferentes etapas que passei. Está mais satisfeito comigo?[20]

A Mário de Andrade, nesse mesmo ano ela contava sobre o retrato de Maria.

> "Está quase como a *Estudante russa* (contente?) – e 2 estudos do nu. Um deles estilo arcaico, mas tropical, e outro moderno – da mesma modelo. Um 'Namoro' interior caipira brasileiro – composição simples, mas engraçada. Assim à moda de Matisse, sem, porém, aproximar-me dele. Outra composição de hoje – Um baile de colonos – não

---

18 Carta de Freitas Valle a Anita Malfatti, São Paulo, 6 de fevereiro de 1924. (FAM/IEB/USP)

19 Todo este material foi quase certamente queimado na fogueira acesa nos jardins da Villa Kyrial logo após a morte do mecenas, em fevereiro de 1958.

20 Carta de Anita Malfatti a Freitas Valle, Paris, s/d. (AFV) Provavelmente datada de fins de 1924, já que ela afirma ser desconhecida da imprensa francesa, posto que chegara há pouco tempo em Paris e também pela referência a duas telas – decerto *Petit canal* e *Intérieur d'église*, enviadas ao Salão de Outono de 1924.

sei se ficará bom ainda – Estudos de memória pictórica, composições pré-rafaelíticas italianas. Acerto algumas, falho outras. Interessa-me imenso este estudo".

Confessava ter feito uma centena de croquis bons e ruins. "Estou ainda longe de estar satisfeita com meu trabalho. Vejo agora como estava mal quando saí daí".[21] Um mês e meio depois, perguntava sobre um amigo comum.

"Gostastes de Cendras? É um homem simples e bonzinho e estava morrendo de medo que vocês o estragassem no Brasil com as vanglórias literárias, pois o que ele ambicionava era fazer a América como nós ambicionamos fazer Paris (não monetariamente, porém, falo dos brasileiros daqui)".

E advertia: "Agora coragem, apronte-se vou dar uma notícia 'bouleversante' – Estou clássica! Como futurista morri e fui enterrada. Não falo a rir não. Pura verdade, podes rezar o *The in pax* na minha fase futurista ou antes moderna pois nunca pertenci a uma escola definida". E explicava:

"Não estou triste nem alegre. É isto. Trabalho e trabalho e saiu assim. Não posso forçar-me para agradar a ninguém. Nisto sou, fico e serei sempre livre. Aliás, todos ou quase todos os grandes artistas daqui estão enfrentando este tremendo problema. Matisse, Derain, Picasso. Todos passam atualmente esta reação. Andava apreensiva com isto, mas estive hoje com diversos artistas que me afiançaram ser esta fase atual em Paris. Voltamos à mãe Natureza".

---

21 Carta de Anita Malfatti a Mário de Andrade, Paris, 10/01/1924. (FMA/IEB/USP)

ela relatou, em referência ao retorno à ordem aqui mencionado. E ainda acrescentava que desfrutaria sua primeira feijoada na Europa na casa de Celso Antônio, em Paris de 1923 a 1926, com pensão do governo do Maranhão, sua terra natal.[22]

Queixando-se da ingratidão do amigo, ela escrevia:

> "Paris está uma verdadeira beleza agora. Na semana passada estive em Versailles, vi o molde de todas as casas e escolas normais do Dr. Ramos e comecei a rir e os outros à não atinarem com a causa... Estão porém muito mal tratados por dentro os castelos, muito desfalecidos, mas os parques maravilhosos e a arquitetura perdura sempre".

Falava sobre as exposições de Matisse, por quem sua admiração e compreensão cresciam.

> "Trabalho, procuro incessantemente, mas com mais Espírito agora se soubesses a graça que achei no teu medo do meu classicismo. Ah! Mário... abraço-te por este medo..., então mandaste o Brecheret visitar o Brakuzi [Brancusi]! Ah! Meu Deus... és adorável! Confesse, mas quase que temes uma desilusão com minha arte e com a do B. [Brecheret] por contrapeso!!... mais um abraço. Não te zangues comigo, mas escrevo-te sempre com toda franqueza, pois que se não pudesse caçoar contigo deixaria, ou não, não deixaria de escrever nem assim, apesar de não teres tempo para responderes minhas ricas cartinhas".

---

22 Carta de Anita Malfatti a Mário de Andrade, Paris, 23/02/1924. (FMA/IEB/USP)

146   Marcia Camargos

E prosseguia:

> "Não te preocupes com os 300 [francos] do Japonês, quando puderes e que o câmbio estiver bom o mandarás, por enquanto não me faz falta. Falemos porém em coisas diversas. O governo acaba de votar ou coisa que valha 900 contos para construir um pavilhão brasileiro na Exposição de Arte Decorativa 1925. Imagine que está estipulado pelo Governo francês, precisar ser *moderno* e completamente *inédito*.[23] Bem o Brasil aceita um projeto Luiz XVI!! Tenha chiliques e ataques! Uma tristeza, imagine a casa... Enfim nós artistas modernos daqui vamos nos reunir para poder fazer alguma coisa.[24] Estamos movendo todas as pedras para este fim, não sei porém no que dá a pessegada. Se conseguir alguma coisa escreverei contando".[25]

Nas férias em Veneza, enviava cartão-postal de gôndola no Canal com os dizeres em forma de verso e uma provocação de Yan de Almeida Prado. "Suspiro nesta ponte. A vida é um sonho. O canal é um mar de rosas, contendo todos os perfumes da Arábia. Um gesto saudoso Anita". E juntava uma espécie de post-scriptum: "Procurei um cartão ainda mais bonito, colorido, catita, mas não encontrei por isso vai assim mesmo (Isto é para fazer o Mário morrer de inveja) Yan".[26]

---

23 A feira estava aberta a toda e qualquer produção de tendência claramente moderna. A cópia ou imitação de estilos antigos era estritamente proibida.

24 Os pensionistas de fato enviaram carta a Souza Dantas que, em julho daquele ano a remeteria com ofício a Félix Pacheco, ministro das Relações Exteriores, sobre a participação do Brasil na Exposição Internacional de Artes Decorativas, a inaugurar-se em Paris em maio de 1925. Ofício 8/06/1924 nº 03933 – v. 226 4 2 – Arquivo Histórico do Itamaraty no Rio de Janeiro.

25 Carta de Anita Malfatti a Mário de Andrade, Paris, 10/05/1924. (FMA/IEB/USP)

26 Cartão-postal de Anita Malfatti a Mário de Andrade, Veneza, 7/07/1924. (FMA/IEB/USP)

Anita Malfatti de férias em Veneza, 1924. (IEB/USP)

Da parada seguinte, em Lucca, onde encontrou casualmente com Yan de Almeida Prado em plena praça São Marcos, agradecia os versos do *Losango caqui* ali recebidos, perguntando sobre Tarsila e Oswald de Andrade. Avisava que, da Toscana, iria a Firenze, Nápoles e Roma com Zina Aita.[27] Desta última cidade, dizia: "Como deves compreender, estou estourando de novidades, de afrescos, de estátuas e mosaicos do IVº e Vº século, de pequenos 'chiostros' e fontes cheias de chafarizes e de Villas e parques e frutas e ruelas cheias de escadas, cheias de moleques e mulheres a cantar... eis a Itália. (Calor!!)". Divertia-se batizando cada uma das fontes com os nomes das pessoas que queria bem. "A fonte Mário, por exemplo, é muito alegre e barulhenta de

---

27 Pintora nascida em Belo Horizonte em 1900, filha de italianos, morou em Florença de 1914 a 1920. No Rio de Janeiro conheceu Manuel Bandeira e Ronald de Carvalho e tornou-se amiga de Anita Malfatti e Mário de Andrade, sendo convidada para participar da Semana de Arte Moderna, em 1922. Ao retornar para a Itália em 1924, passou a dedicar-se à cerâmica e dirigiu uma fábrica que adquiriu em Nápoles, onde viria a falecer em 1967. 27 Carta de Anita Malfatti a Mário de Andrade, Lucca, 18/07/1924. (FMA/IEB/USP)

dia, mas é a mais escura de noite e a mais estragadinha. Mandarei um retrato dela se não me esquecer (tem água até demais)". E continuava.

> "Não morri pela capela Sistina e decididamente não gostei do Guidizi Finale de Michelangelo; quero dizer que gostei muito mais dos outros 'afrescos' todos laterais. Que são de diversos grandes artistas. O conjunto é verdadeiramente fantástico, mas acho que a pintura de Michelangelo parece mesmo um tour-de-force feito por um escultor maravilhoso".

Seria em Florença, contudo, onde Malfatti encontraria o resultado da sua peregrinação.

> "Tanto andei, tanto vi, mas posso dizer agora que vi a harmonia perfeita. Achei-as nos afrescos do Perugino (Tríptico) no Cenáculo do Guirlandaios na Capela Medicéa afrescada pelo Benozzo Gozzoli e nos mosaicos das igrejas antigas, maravilhas e mais maravilhas. Vivia a perder o fôlego em Florença. Todo o Beato Angélico, que cores, Mário, aquilo é que é cor?!! Paulo Uccello, todo o Botticelli; certamente hei de um dia copiar a Madona do Magnificat, a mais maravilhosa para mim".

Diante daquilo tudo, Malfatti dizia sentir adentrar o verdadeiro mistério da pintura. "Não sei como pintarei quando voltar, mas sinto o espírito muito mais fino e mais apto ao equilíbrio das massas, a poder compor com mais riqueza. Peça a Deus, meu amigo... que me seja concedida a graça do progresso".

Ao final, lembrava-se do levante tenentista. "Tive tanto cuidado de vocês todos quando lia estes telegramas aterrorizados da revolução. Escreve-me sobre tudo, não me negues um pouco do teu tempo".[28] Passados alguns dias, Mário de Andrade explicava a situação:

> "O povo está dividido e como sempre, injusto. Os que são revoltosos acham que todas as infâmias foram feitas pelos governistas. Os que são governistas dizem o contrário. A verdade é que houve infâmia de parte a parte, mas o procedimento dos revoltosos, apesar de tudo, foi muito mais nobre do que o dos governistas".

E aconselhava: "Tu estás na obrigação de puxares pelo governo... Fazes muito bem. Congratula-te com o Freitas Valle e com o presidente do Estado. Creio que isso te fará bem. Aliás, não precisava aconselhar-te nesse sentido, já deves ter feito isso".[29]

Retomando os estudos em Paris, alegrava-se pelas duas telas aceitas no *Salon d'Automne*, cujos croquis haviam sido feitos em Veneza.

> "Estou numa época de grande animação. Não sei se falei de minhas composições. Tenho três aviadas. O Perdão de Magdalena, A Ressurreição de Lázaro e a ultima A Pesca maravilhosa (esta tem cinco figuras – no barco puxando a rede cheia e Cristo de pé ao lado). Os mais originais, talvez os dois primeiros. Vou experimentar uns croquis para explicar melhor. Estou com preguiça de fazer o terceiro, fica para a outra carta",

---

28 Carta de Anita Malfatti a Mário de Andrade, Roma, 19/08/1924. (FMA/IEB/USP)

29 Carta de Mário de Andrade a Anita Malfatti, São Paulo, 25/08/1924. *In* Mário de Andrade, *Cartas a Anita Malfatti:1921-1939*, p. 83.

150   Marcia Camargos

ela prometia, desenhando, na parte superior, à esquerda na folha, esboços dos dois quadros, da mesma forma que faria em carta a Freitas Valle, quando mandou um esquete da mesma *Ressurreição*.[30]

Mais para o final do ano, em carta que assinava com o apelido carinhoso de Nitóca, dizia ter acabado de voltar do Esprit Nouveau, o pavilhão desenhado por Le Corbusier para a Exposição Internacional de Artes Decorativas em Paris, em fase final de construção para o ano seguinte.[31] Ao lado de Amedée Ozenfant (1886-1966), e tendo Férnand Léger e Juan Gris como colegas próximos, Corbusier, ou Charles-Edouard Jeanneret (1887-1965), desenvolveu o *Purismo*, que se propagou na pintura e na arquitetura a partir de 1918, redundando também na edição de uma revista com o mesmo nome.

Em dezembro, disposta a deixar o local em que se hospedava, a pintora cobrava de Mário de Andrade o pagamento de *O japonês*.

> "Disse-te há alguns meses que não me faziam falta e era verdade, mas agora vou me instalar em princípios de janeiro e como precisarei de cama, mesa e panelas venho à fonte que nunca falhou. Parece que finalmente arranjei ateliê com um quarto e cozinha de modos que poderei sair do hotel e começar vida nova. Estou realmente cansada de comer fora eternamente, dormir no hotel e com ateliê longe. Há um ano e meio que não tenho sossego. Sempre na rua a tua amiguinha. Que horror!"

E arrematava como a "tua pequeníssima Anita".[32]

Ainda antes do Natal, ela abria uma carta com o título de "São-Bom-Jesus-do-passa-pito!", deixando claro o intento de, na camaradagem, passar algumas descomposturas no amigo. "Os desenhos que mandei ao Sylvio [Penteado] são

---

30 Carta de Anita Malfatti a Mário de Andrade, Paris, 1924. (FMA/IEB/USP)

31 Carta de Anita Malfatti a Mário de Andrade, Paris, dezembro de 1924. (FMA/IEB/USP)

32 Carta de Anita Malfatti a Mário de Andrade, Paris, 1/12/1924. (FMA/IEB/USP)

do meu gosto, especialmente o 'abaixo de medíocre', na tua doce opinião. Se não gostasse, não os mandaria ao mais sincero dos meus amigos". Quanto a Tarsila, diz achá-la uma mulher feliz.

> "Tem tudo o que deseja e amigos que lhe dedicam todas as vidas deste mundo. Por exemplo Oswald. Maravilhoso! Veio para cá de mudança, acabou tudo com os Costa e Nonô naturalmente e o intuito dele agora aqui é lançá-la como pintora. Que sorte! Não acho-o ridículo, não, pois quem faz destas coisas está além de nossa época. Coisas de Parsifal".

Anita recorda de mágoas antigas, mas se recusa a relembrá-las agora.

> "Não tem importância. Somos amigas; sinto ela não me mostrar nem uma única tela executada no Brasil. Espero vê-las quando ela as expor... pois ouvi dizer que Oswald e Cendras estão organizando uma exposição das obras dela. Fazem muito bem. Assim que todos devem ser".

Passava então para as telas, indagando:

"Lembras-te um desenho que fiz a carvão do Cristo no deserto? Pintei-o e terminei hoje. Parece um afresco primitivo. Estou quase contente". Tocando caso de uma planejada e nunca efetivada viagem de Mário de Andrade a Paris, agradecia-lhe haver divulgado, no Brasil, a notícia da recepção dos seus quadros no Salon aos jornais. Ainda à procura do ateliê conjugado com um apartamento, despedia-se para se encontrar com Celso Antônio, mas ainda referia-se ao novo balé de Léger, visto no dia anterior. *Os costumes melhores do décor. Curiosíssimo. Apoteose à sensualidade, parece*.[33] Na virada para o ano seguinte, Anita escrevia a Freitas Valle:

---

33 Carta de Anita Malfatti a Mário de Andrade, Paris, 17/12/1924. (FMA/IEB/USP)

"Venho agradecer-lhe de todo o coração pelo grande serviço que o Senhor nos prestou de prover pelo nosso bem estar aqui em Paris. Nunca falhou este seu cuidado. Recebi todas as mensalidades de 2 mil francos por mês sem uma interrupção. De novo muito obrigada". Detalhava, então, as linhas da sua escolha artística, segundo ela esboçadas há um ano: "Posso dizer-lhe que começo a colher os resultados desse meu trabalho. Digo-lhe mais, que continuarei, pois que, como já lhe expliquei, acho que desta maneira poderei fazer de minha carreira como da minha arte o que tanto desejo". E prosseguia:

> "Minha pintura é sóbria e simples. Nestes meses de escuridão, pois às 3 horas da tarde é noite, e muitas vezes mesmo no meu ateliê onde todo um lado é de vidro, precisamos ter a luz elétrica acesa o dia todo, desenhei e desenhei, quase sempre o nu. Cheguei a formar um estilo para o nu feminino que já teve seu pequeno sucesso aqui."

Advertia que estava aprontando uma pequena coleção para enviar-lhe.

> "Como o Senhor sabe a mudança tinha sido grande e eu escolhera na pintura o caminho estreito e no princípio achavam que eu perdera minha fonte, mas fui à procura de outra, muito além, mas mais abundante. Sei que o Senhor nunca duvidou de mim, e mesmo aos colegas me abstive de mostrar meus trabalhos, pois não estava satisfeita e mesmo no princípio não se deve distrair a atenção com opiniões de quem não sabe qual o fito tomado para explicar tal conduta".[34]

---

34 Carta de Anita Malfatti a Freitas Valle, Paris 31/12/1924. (AFV).

Retomando o diálogo com Mário de Andrade, no início de 1925 Malfatti agradecia o cheque referente ao pagamento do quadro que ele comprara e falava da solidão.

> "Os outros me deixavam tonta e preciso confessar mais ou menos irritada, pois sou completamente diferente, nunca pude amoldar-me e agora menos do que nunca. Com certeza não ignoras que me evitam. Senti muito, mas me acostumei só e sem amigos aqui. Tenho relações boas e simples feitas recentemente. Brecheret e Simone, bons e pacíficos, querem-me bem. Desejo aos nossos amigos todo o bem possível, não tenho ódio ou raiva ou ressentimento de qualidade alguma, creia-me Mário. A lição foi dura e longa, mas começa a trazer seu bom resultado".

Confessava, referindo-se ao estremecimento com Tarsila do Amaral. "Compreendo que eu deva ter-te causado aborrecimento com minhas cartas muitas vezes queixosas perdoa esta fraqueza minha." E, revelando uma postura que se aplicava tanto à sua vida quanto à sua pintura, completava.

> "Tanto vi por aqui e tanto me desgostei que voltei aos meus princípios de criança de antiga família paulista. Somente que para mim não vejo nem dou mais ao mal a importância que dava. Libertei-me. Sou muito simples e continuo assim. Não sei lutar com o mundo e como não tenho força ou atitudes para tal, fico quieta a trabalhar com os simples como eu mesma. Mas com coragem faço isto e com alegria, Mário, pois como o bem e o verdadeiramente belo vencem mesmo, como a verdade sempre venceu continuo a aproveitar o mais que posso o meu tempo e um dia, daqui a três anos, voltarei e começarei meu trabalho no Brasil".

154   Marcia Camargos

Antes de terminar, quis satisfazer a curiosidade: "Gostas ainda do Japonês e do meu Homem amarelo? E das lavadeiras, pobre Mário, cheio de pequenos e grandes Annitas Malfattis, se cansares daquilo tudo, jogue pela janela a fora".[35]

Em menos de uma semana, comentava *A escrava* que não é Isaura.

> "Estive lendo-a em voz alta para o Brecheret e o Gomide, pois nós três precisamos de 'Kultura'. Penso que o B. não entendesse nada, mas ficou sério e disse 'Esse Mário é um bicho!' e começou a modelar com todo o entusiasmo um 'ovo'. Nesta composição está a Virgem que chora. Veja o efeito de tua *Escrava*".

Diz estar sem coragem de mandar algumas observações sobre o livro devido a uma reflexão injusta escrita em uma das suas últimas cartas.

> "Disse-te que não me importava do que pensavas do meu trabalho. Mentira muito grande esta. Me importo e muito, caro amigo, mas como sabes, sou muito ruim às vezes. Escrevi assim sem pensar, e se te ofendi peço-te mil perdões. Lembrei-me disto muito depois e aí comecei a me lembrar que em cartas não há entonações de voz para abrandar a aspereza de um dizer".[36]

Esse tom de Anita Malfatti refletia sua retração diante do grupo modernista que buscava no contato com as vanguardas, experimentações determinantes para a evolução de suas obras. Desde o início desaprovaram as escolhas de Anita, percorrendo

---

35 Carta de Anita Malfatti a Mário de Andrade, Paris, 2/02/1925. (FMA/IEB/USP)

36 Carta de Anita Malfatti a Mário de Andrade, Paris, 7/02/1925. (FMA/IEB/USP)

um caminho mais estável e não polêmico para seu fazer artístico.[37] Assim é que Mário de Andrade lhe responde, em 19 de março de 1925, com as seguintes palavras:

> Os meus amigos me conhecem bem e nunca falaram mal de você ou das suas obras, porém eu senti que se estavam desinteressando por você. Senti e sofri. Acho que eles procedem mal, Anita. Porque si você mudou de orientação, si você não tem a opinião mesminha deles, isso não é razão para que se afastem. A gente nunca deve por a teoria adiante da amizade. Depois, talento é coisa que a gente si tem, não vai perdendo assim à toa. Si um dia eles reconheceram que você tinha talento, deviam esperar pra ver o que você ia fazer no novo caminho.[38]

Sob o sol de Mônaco, cujo minúsculo porto ela aquarelou no seu bloco de anotações, mostrando o Mediterrâneo e o Monte Carlo com o Cassino dos "ricos de dinheiro desta terra", Anita estava em paz com a vida e curada da tosse dos ares insalubres de Paris.

> A fortuna virou para mim. Veja quanta coisa boa. Na minha pintura cheguei à uma grande *étape*. Fiz uma descoberta enorme "para mim". Sei que agora poderei sempre conseguir a unificação harmoniosa dos meus tons e a relação entre eles de modo que pareçam todos partes componentes de um só corpo. Descobrir a "cor local e aplicá-la simultaneamente conforme o problema a resolver". O mesmo sistema no ritmo do desenho. Levei dias tremendo enquanto fazia a experiência e só perguntava

---

37 Ver Mário de Andrade, *Cartas a Anita Malfatti: 1921-1939, op. cit.*, p. 159.

38 Carta de Mário de Andrade Anita Malfatti a, São Paulo, 19/03/1925. *In* Mário de Andrade, *Cartas a Anita Malfatti: 1921-1939, op. cit.*, p. 97.

> a Deus se por ventura eu tinha recebido efetivamente a graça de compreender esta simples e grande verdade do meu trabalho. Dias depois chega-me às mãos um livro de Cézanne no qual o mestre diz ter sido mais ou menos isso o segredo de Manet e que ele durante toda a sua vida nunca esqueceria de *"enlever mon chapeau à Manet pour cela"*, mas o mestre aproveitou da Lição pois mais que M. ele fez o mesmo mas embelezou isto com a cor. Trabalharei agora com método e compreensão e sei que isto marca o começo de uma época.[39]

Finalmente instalada no ateliê de 8,50 por 6,50 metros em uma Paris primaveril com os castanheiros em flor, ela pintava *Maternidade*, havendo dado os últimos retoques em uma natureza morta, uma boneca, boneca uns limões, um abajur *carré*. Tudo verde e vermelho.[40] Explicitando a religiosidade presente nas suas telas, recomenda ao amigo um livro que nos tempos correntes seria definido como de autoajuda – na verdade, uma espécie de guia prático da espiritualidade, baseado em trechos escolhidos da *Bíblia* por Mary Baker Eddy. Foi escrito em 1875, com reflexões acerca da cura metafísica da autora recuperado de uma gravíssima pneumonia.

> Ao chegar em Paris pensei erradamente que tivesse perdido todos os amigos, toda a família e a pensão dada pelo governo só me permitia de viver na máxima simplicidade. Foi a prova necessária pois que havia orgulho e um senso muito errado do que me era devido etc. e tal. Mais eu tinha raiva e mais as coisas aparentemente pioravam. No fim desejei intensamente a morte. O que veio foi um bom castigo e a Vida. Foi o livro que mando a você que me ensinou a Viver. Realmente há, isto é, existe uma resposta

---

39 Carta de Anita Malfatti a Mário de Andrade, Mônaco, 9/04/1925. (FMA/IEB/USP)

40 Carta de Anita Malfatti a Mário de Andrade, Paris, 1925. (FMA/IEB/USP)

para todos os nossos problemas. [...] Quando compreen-
deres que o homem material não sofre nem goza e que é
o Espírito que dá a Vida e que o Espírito é eterno, e que o
Amor de Deus nunca falha e que está sempre presente e
que é Onipotente e Onisciente, então você estará curado,
pois que a doença não é uma qualidade Divina e só o que
é divino tem razão de ser. Portanto esta só existe na nossa
mentalidade terrestre mas nunca por vontade do Senhor.
[...] "Este é o segredo, aliás, aberto e lindo de minha vida,
do meu trabalho, das minhas amizades e da provisão eterna de todas as minhas necessidades. Faça isto por si Mário
querido. Escreve-me sobre esse assunto somente depois
de ler o livro *Science et Santé*.[41]

Nesse contexto torna-se compreensível o "retorno à ordem" ensejado pela pintora na busca de uma orientação moderada, ligada à temática religiosa e próxima
dos *nabis* e *fauves*. Colocando em dúvida os postulados da arte moderna para assumir um convencionalismo que manteria até o final da vida, três anos após a tur-
bulenta Semana de Arte Moderna, Anita Malfatti descrevia ao já senador Freitas
Valle uma obra que passava ao largo de qualquer vanguardismo:

Estou fazendo um grande quadro de composição – a ressurreição de Lázaro. Seis figuras. Sigo na composição um
motivo rítmico oval ou elíptico. O Cristo dando a divina
ordem. Lázaro de pé obedecendo, Maria irmã de Lázaro
aos pés de Jesus e três anjos simbolizando o milagre.

Nesta mesma carta, relatava que ficara encantada com a exposição dos Artistas
Decoradores:

---

41 Carta de Anita Malfatti a Mário de Andrade, Paris, 29/12/1925. (FMA/IEB/USP)

"Desta vez podemos dizer que assistimos a um verdadeiro acontecimento na vida das artes. É maravilhoso de se ver de que maneira os artistas aproveitaram-se de todas as manifestações vanguardistas para aplicarem-na na confecção de móveis, casas, *poterie*, tapetes, fontes, jardins e mesmo nos maravilhosos mosaicos modernos".

Falou ainda de uma exposição retrospectiva de Ingres que, segundo ela, não superava Renoir em influência direta sobre nossos artistas modernos: "Não compreendo esta preferência de tendências – 70% derivam de Renoir, 20% de Cézanne, 10% independentes de espírito. Mais 900/1000 acadêmicos *pompiers*, uma tristeza, triste mesmo. Não vejo nestes nem um grãozinho de céu azul no gris sólido destas manifestações".[42]

Novamente de férias em Mônaco, demonstrava o mesmo afinco e reconhecimento a Freitas Valle. "Venho agradecer com três vivas pelo cheque de 30 libras que por seu intermédio e cuidado vim a receber em Paris no dia em que embarcava para aqui". E acrescentava:

Certamente fiquei alegre e não sei como hei de me mostrar suficientemente grata, pois isto me permite trabalhar e viver com menos cuidados. Não sei se devo perguntar-lhe se posso contar todos os meses com esta soma, e que arranjo devo esperar para o futuro, pois dantes era diferente, o senhor bem sabe. Em todo o caso estou perfeitamente sossegada, pois enquanto tivermos o senhor para providenciar por nossa estada aqui, não teremos ocasião de termos cuidado de qualidade alguma. Obrigada.[43]

---

42 Carta de Anita Malfatti a Freitas Valle. Paris, 26/06/1925. (AFV)

43 Carta de Anita Malfatti a Freitas Valle, Mônaco, 3/02/1926. (AFV)

Daquela cidadezinha, escrevendo a Mário de Andrade sob sete meses de "céu gris" que a deixava "louca à procura do sol", falava sobre a correria para aprontar os papéis do Salon des Independents. "Estou acabando um "interior" e logo começarei um *portrait de Minotta*", diz, aludindo à prima da sua mãe que tomava conta das duas "velhinhas velhas, velhas", uma cega e outra surda.

> Nos primeiros dias eu vivia tão comovida de falar com elas que até parecia de ter perdido um pouco o juízo. Nunca vi tanta meiguice e carinho em minha vida. [...] Estou rodeada de quadros belíssimos de velhos mestres italianos e franceses. Ah! Mário que companhia! Assisti no domingo ao decantado carnaval de Nice! Nem se compara ao do Rio nem de S. Paulo. Estes europeus não sabem do que falam. Aliás, o povo é muito mais pobre.[44]

Retornando a Paris, da Rue d'Alésia acusava o recebimento de *O losango caqui* "com o desenho engraçado do Di e Mário de Andrade espiando de amarelo na barra negra" e contou:

> Tenho trabalhado à bessa, meu Neguinho! Está contente? Estou de novo como nos tempos de New York. O dia não dá para pintar minhas cores todas e meus valores e volumes. Um meu amigo pintor daqui passou-me um formidável pito ontem. Disse-me que eu tinha medo de pintar!! Oh! Até assustei, e Mário do meu coração, era mesmo verdade. Estou de novo acordando e é tanta a alegria do meu trabalho... tanta... que quase poderia começar a fazer frases à moda de Laerte. Só que meu trabalho é terrível.

---

44 Carta de Anita Malfatti a Mário de Andrade, Mônaco, 11/02/1926. (FMA/IEB/USP)

E provoca: "Então que história é esta que você não gosta de sua amiguinha Babynha? Só da Annita que pintou o *Homem amarelo* e o *Japonês*! Ora, Mário que fitoca! Então você já sofreu e gritou por mim! Mas Mário Raul de Moraes, isto já faz tanto... tempo não é? Ainda você briga pra me defender?". E arrematava relacionando que expusera no Salon du Franc, no Musée Galliera e na Exposition Societé des Artistes Indépendants, no Palais de Bois. [45]

No domingo de Ramos, chamando Mário de Andrade de *"Darling boy"*, uma Anita jubilosa exultava com a entrevista na *Comoedia*, dizendo que mais duas revistas lhe pediram dados para um artigo, bem como *Paris Soir*. "Tudo caiu assim do céu de repente". Tomando medidas para a divulgação no Brasil, de suas conquistas que até para um francês, segundo ela, representariam muito, instruía o amigo.

> Escrevi uma nota ao Menotti e mandei-lhe as fotos. Se você precisar de pagar algum clichê para alguma revista que você quiser, isto é, achar bom escrever, peça os cobres ao Willy, sim? Pois até que eu os mande demorarei muito tempo. Disse o mesmo ao Menotti, penso que ele ainda me queira bem, mas como nunca mais tive notícias, também não sei... mas é feio duvidar-se de um bom amigo por isso escrevi.

Indagava sobre Brecheret, que fora a São Paulo ao término do primeiro estágio da bolsa, ainda sem a certeza de que receberia a prorrogação da mesma, condenando-o por ter largado tudo "assim aereamente" e remetia à sua própria partida, prevista para dali a um ano e meio. "Você, com certeza vai achar cacete, por isso aproveite bem, porque em eu chegando, hei de exigir ao menos, ao menos uma visita cada dois meses".[46]

Quanto à sua participação nos Indépendents, o crítico André Warnod escreveu.

---

45 Carta de Anita Malfatti a Mário de Andrade, Paris, 8/03/1926. (FMA/IEB/USP)

46 Carta de Anita Malfatti a Mário de Andrade, Paris, 8/03/1926. (FMA/IEB/USP)

> Uma jovem brasileira, Mademoiselle Anita Malfatti, que
> expõe nos Independentes um interior e retrato, pintura
> de uma gama muito fina, nos dizia como ela percorreu os
> Estados Unidos e a Alemanha antes de vir à França, sem se
> apegar mais a um mestre do que a outro, mas enriquecen-
> do-se de tudo o que ela encontrava, tratando de apresen-
> tar da melhor forma possível o espírito francês, a cultura
> francesa, a fim de poder, no Brasil, fazer obras de pintura
> local e tirar partido do folclore e do pitoresco brasileiro.

Segundo ele, seria o objetivo da maioria das mulheres pintoras naquele momento.[47]

A *Revue de L'Amérique Latine* seguiu tom semelhante: "Aqui estão, de Mademoiselle Anita Malfatti um retrato que não é sem valor e um interior com uma curiosa perspectiva: apenas lamentamos que os planos não sejam exatamente observados".[48] Ambos, acrescidos das menções no *Paris Soir* e na *Revue Moderne* seriam repercutidos na *Gazette du Brazil* e no *Brazil Journal* de 1º e 3 de abril daquele ano. Já a bimensal *Les artistes d'aujourd'hui*, defendia que *Portrait* fora pintado com uma sinceridade a que a justeza do toque conferia uma sedução real. A viva harmonia do colorido provava os dons concretos da artista no quadro composto de modo feliz, com detalhes tratados antes com um sentido de evocação do que de cópia, recriando a atmosfera, o ambiente.

> "Anita Malfatti, jovem artista brasileira que viajou pelos
> Estados Unidos e Alemanha e que está em Paris há dois
> anos, conhece todas as formas da arte moderna, mas
> ela soube, sempre retirando ensinamentos preciosos de

---

47 André Warnod, "Au Salon des Indépendents", *Comoedia*, Paris, 28/03/1926. (tradução livre da autora)

48 "La vie artistique: au Salon des Indépendants", *Revue de L'Amérique Latin*, Paris, maio de 1926. (tradução livre da autora)

162 Marcia Camargos

suas observações, permanecer ela mesma no que possui de original".[49]

Sobre o *Salon du Franc,* o nome de Malfatti aparecia igualmente em diversos periódicos da capital francesa, ressaltando que sua tela fora adquirida pelo Estado pela soma de 2 mil francos.[50]

Enquanto isso, no Brasil, a imprensa tratava de alardear o sucesso da compatriota. "Entre os 3.800 quadros em exposição no Salão dos Independentes, tem obtido grande sucesso os da pintora paulista Anita Malfatti", registrou *O Estado de S. Paulo*[51] que, entre outros, reiterava as críticas lisonjeiras estampadas nos jornais parisienses. Mário de Andrade não ficou atrás. "Andaram elogiando Anita Malfatti em Paris... Dois quadros dela nos Independentes obrigaram enfim os jornais franceses a se incomodarem com a brasileirinha quieta e tímida até", escreveu ele em *A manhã.* Dizia-se satisfeito com o resultado da luta da pintora travada contra si mesma, que ele presenciara passo a passo, desde sua chegada da Alemanha, imbuída de expressionismo, até sua hesitação diante da insistência geral para ela abraçar o impressionismo. De acordo com Mário, entre as diversas opções estéticas e o desejo de agradar, ela teria temporariamente perdido a mão, a força psicológica e a energia masculina patente em telas como o *Homem Amarelo.* Agora, porém, retomara o pulso, principiando um novo ciclo criativo.

"Anita Malfatti, abandonando o Expressionismo por um realismo plasticamente expressivo (é só por reparo na unificação do plano e a perspectiva por justaposição no interior e na natureza morta), realizou um progresso enorme que a aparenta aos grandes realistas italianos e espanhóis da Renascença". Segundo ele, o mais curioso nesta evolução fora o fato dela se descobrir colorista. "Conheço dos tempos recentes dela uma paisagem de Paris agora na coleção da sra. Guedes

---

49 "Anita Malfatti", *Les artistes d'aujourd'hui,* Paris, 15/04/1926.

50 *Temps,* Paris, 24/10/1926; *Brazil Journal,* Paris, 29/10/1926; *Paris Times,* Paris, 28/10/1926; *New York Hérald,* Paris, 28/10;1926; *Gazette du Brésil,* Paris, 28/10/1926; *Paris-Sud-Amérique,* Paris, 10/11/1926; *La Temporada,* Paris, dezembro de 1926.

51 "Exposição duma pintora paulista", *O Estado de S. Paulo,* São Paulo, 30/04/1926.

Penteado, admirável de fatura e *'peite dans uma game trés fine'*, como observou no *Comoedia* de 28 de março André Warnod, falando do *Interior* e do *Retrato".*[52]

Na carta seguinte, Anita procura reanimar o amigo e conta estar pintando uma bela camponesa russa cheia de fitas e corpete de flores barulhentas. "Tenho feito algumas paisagens. Aluguei um esplendido ateliê com todos os confortos pra minha gente de modos que posso me trancar no ateliê e trabalhar sozinha". Ficava na Rue de la Tombe Issoire, 101, com dois quartos e saleta de jantar. Relatava ter visto a também pintora Zina Aita em recepção a Altino Arantes, Oswald e Tarsila. "Muito alegres e só falando na viagem ao Oriente. O Oswald de cartola com vastas intimidades como Altizino!... Como está mudado o caráter de muitos artistas brasileiros!".[53]

Agradecendo a carta trazida em mãos pela prima Evange,[54] diz nunca ter pensado que a foto do seu *portrait* o deixasse tão contente.

> "Eu noto esta sua expansão e carinho amoroso para comigo somente quando por acaso pinto um quadro que você goste muito, onde num momento de realização artística, eu inconscientemente comovo o grande artista que generosamente sempre está de braços abertos para me receber"[55]

Dizia, para nas próximas linhas revelar ter escolhido a composição do seu quadro para o Salon.

> "Procurei pô-lo em prática imediatamente. Resolvi fazem uma exposição de meus quadros na 2ª quinzena de outubro. Pena você não estar comigo para me dar coragem.

---

52 Mário de Andrade, "Anita Malfatti", *A manhã*, Rio de Janeiro, suplemento paulista, 31/07/1926.

53 Carta de Anita Malfatti a Mário de Andrade, Paris, 30/04/1926. (FMA/IEB/USP)

54 Evangelina Pereira de Souza, prima de Anita Malfatti e sobrinha de Washington Luís, se casaria com Rubem Borba de Moraes.

55 Carta de Anita Malfatti a Mário de Andrade, Paris, 19/05/1926. (FMA/IEB/USP)

Ainda tenho que pintar tudo quase até lá. Estou com quase dois anos de trabalho só com o intervalo de um mês em Mônaco, não me sinto fisicamente cansada, mas estou farta de tintas. Creia-me. Quero ver se dou jeito de ir um pouco para as montanhas para mudar de ambiente, assim pintaria toda esta tarefa com o espírito fresco – descansado. Estou tão cansada de barulho e de movimento e de cores!..."[56]

Com a ideia fixa de deixar por uns tempos o verão frio e chuvoso de Paris, ela iniciava outra carta. "Ando torcendo para arranjar jeito de passar uns 15 dias nos Pyrenneus, estou com febre de Pyrenneus, as montanhas os horizontes intermináveis... ai romantismo... ando presa há tanto tempo que careço de espaço largo interminável... por horas e dias". Em compensação, passara um domingo esplêndido.

"Estive no Louvre a discutir e brigar e perguntar aos mestres meus pequenos problemas com respostas de 'cheque mata' a cada passo. Evange foi comigo e quando começava a contar a ela a história da Vierge d'Avignon nos primitivos franceses, ela voa e cai nos braços de uma belíssima argentina. O resto do Louvre encheu-se de peles de sessenta mil francos e cabarets e mundanidades. Matou o entusiasmo de rever a Mona Lisa e ficamos todas tontas. Depois passeamos nos Campos Elyseos todos e fomos tomar um café no Dome altamente boêmio".

À mesa, Mário fora o assunto, pois não compreendiam como ele não dava um jeito de ir à Europa.

---

56 Carta de Anita Malfatti a Mário de Andrade, Paris, 24/06/1926. (FMA/IEB/USP)

"Você não poderia arranjar uma licença de 6 meses? Com ida e volta e mais 4 meses na Europa? Mesmo Arthur viu mundos e fundos em 3 pra 4 meses. Arranje uns cobrinhos, perca um pouco o amor ao confort moderne como eu fiz quando vim para cá, afinal não provei, mas vi um pouco o mundo, fiz o mesmo nos Estados Unidos e fique certo que há mil coisas curiosas, mesmo o ponto de vista todo seu se libertaria de muita coisa que está agarrada demais pelo hábito de vida sempre a mesma. Creia-me Mário, venha, não falo isto por sentimento de egoísmo, pelo prazer de tornar a estar com você, que seria um encontro, mas para o seu bem".

E voltava às artes.

"Tarsila abriu exposição com muito sucesso e cumprimentos. Gostei muito de certas coisas perfeitamente seguras no gênero dela mesmo. Não gosto de outras coisas. Acho-as pouco sincera, uma ingênua 'voleu', a negra acho ruim, aliás penso que a dona rompeu relações comigo há tempos parte por causa desta tela. Não gosto da *Cuca*. Gosto muito do *Morro da favela*. Di já fez aquilo mesmo em essência há anos mas o de T. é infinitamente melhor. As molduras adoráveis obras primas para a pintura dela. Adorei os anjinhos mulatinhos e não gostei do autorretrato, fraco".

Reiterava não apreciar as coisas *"à la Leger"* nem as que lembravam Rousseau. "Outros que não me lembro do nome, muito bons mesmo, um enorme progresso. Ela Curiosa, e sempre bonita. O catálogo lindo você recebeu com certeza se não mando a você o meu". No *post scriptum*, acrescentou:

166   Marcia Camargos

> "A crítica que fiz a T. é muito serena de artista para artista.
> Poderia ter sido menos exigente, mas também menos sin-
> cera neste caso. Realmente pensei o que acabo de escre-
> ver. É minha opinião para você. Mário, estou mandando
> esta carta minha tão franca com muitas dúvidas. Você será
> capaz de rasgá-la logo depois de lida? Seria grande favor,
> peço a você de não me pedir para o futuro de usar de fran-
> quezas sem reservas sobre tais assuntos me metem medo.
> Fiz tua vontade, mas estou arrepiada! Credo. Volto esta
> tarde à exposição. Certamente gostarei muito".[57]

Anita contava então ter feito dois quadros iguais. "Não gostei do primeiro e como a composição era boa julguei que interpretado de maneira mais expressionista dava melhor resultado, tornei a repetir-me. Já viu você que bobice?". Ela espantava-se dele pretender adquirir o *Interior* ou a *Natureza morta* reproduzida no periódico 7ème *Jour,* cujo articulista ponderava que, sendo os franceses pouco dados a viajar, pelo menos tinham a facilidade de se inteirar sobre outras partes do globo, graças aos inúmeros artistas atraídos a Paris. Nestes termos, alegava o jornal, a obra de Anita Malfatti, que não procurava seduzir nem surpreender deliberadamente, era uma boa amostra da arte americana já presente em alguns salões.

> "Suas telas apresentam-se sem apelos de grandiloquên-
> cia, e sim com uma espécie de sobriedade, de tato que
> pode parecer surpreendente para uma mulher na sua
> primavera. É que a senhorita Anita Malfati é toda sim-
> plicidade. Ela se esforça em realizar uma obra decente
> e que se mantém a salvo dos barulhos e das modas tão
> passageiras dos dias de hoje".

Mas advertia que não havia, ainda encontrado o tom da sua música. "

---

57 Carta de Anita Malfatti a Mário de Andrade, Paris, 1926. (FMA/IEB/USP)

Ela se procura, o que é o jeito mais certo de se encontrar. O pouco que conhecemos dela por enquanto são flores de esperança: esse nus de um desenho franco; essas paisagens atormentadas; essas composições estranhas; esses retratos, essas naturezas mortas, essas flores vívidas de um colorido estudado, de uma grande honestidade".[58]

Assim mesmo Anita se surpreendia com o interesse de Mário de Andrade.

"Fiquei admirada. Você ainda quer quadros meus, puxa! E demais a mais, coisa que não seja de vanguarda. Desculpe Mário, fiquei admirada! *O Interior* é destas últimas telas a que me é mais simpática. A moldura é prateada o tom é mais verde e azul. Muito clara e como acho mesmo muito bom aqui com preço francês não posso tomar em consideração menos de 3.000 francos. A *nature morte* também é das boas mas o tom é bem quente dando para o ouro, vermelho e marrom. É somente pouco menor do que *Interior* e tem também a mesma moldura lisa pesada das que são fundas (ouro velho). O preço deste último é de 2.000 francos. *O Interior* mede 60cm X 74cm, com moldura, 87cm X 75cm. A *nature morte* é igual ou pouco menor, ela ainda está no meu encadreur de volta de uma exposição, por isso não posso dar nesta carta a proporção exata. Se você quiser pagar em prestações, não faz mal, aliás todos os nossos vastos negócios foram deste jeito. Se achar caro, paciência, não faz mal, não me aborreço por isto, visto você possuir já vasto número de pintanças minhas".[59]

---

58 "Anita Malfatti", *Le 7ième Jour*, Paris, 9/05/1926.

59 Carta de Anita Malfatti a Mário de Andrade, Paris, 1926. (FMA/IEB/USP)

168 Marcia Camargos

Revigorado por um descanso nos Pirineus, em Cauterets, com direito a visita à gruta de Lourdes, esboçando paisagens e nus, parabenizou Mário pelo seu aniversário, dia 9 e revelava andar muito ocupada preparando sua exposição. "Mandei um quadro lindo para o Salon *du Franc*, se você visse como ficou bonita a moça numa moldura linda de prata. Lá se foi para o franco. Ai! Me!" Anita recordava que há tempos Mário lhe pedira um rol de americanos "mais *em evidência e modernos*", e então passa a lista: Poesia: Carl Sandburg, Anny Lowel (moderna), Edana St. Vicent Millay, Cummings (mto moderno); Romance: Carl van Veclisten, H. L. Menchen, Tomas Boyd, Sinclair Lewis, Ernest Boyd e Sherwood Anderson; Teatro: George Kelly, Laurence Stallings, Anderson e Eugene Howard. *"Você com certeza conhece quase todos".*[60]

Animada, discorria sobre as últimas novidades. "Mandei a tal tela de que já falei à você para o *Salon du Franc*. Houve o célebre leilão apuraram com 147 telas, quase 800.000 francos. *Minha tela foi arrematada pelo État*, de modos que ficará para algum museu da França. Que tal, hein? Era o meu desejo". Conta que dia 20 abriria seu *vernissage*. *"Estou com uma coleção de telas bem homogêneas. Você sabe que isto de expor diversas tendências não vai aqui. Dizem que a pessoa ainda está na procura. Aliás arte é uma eterna procura". E retomava o caso da sua tela, Interior.*

> *"Guardo o quadro* para você e você me pagará quando puder. Se gosta mesmo de verdade dele como disse, certo, o quadro é seu e está acabado. Se se arrepender avise e eu tornarei a ficar com ele, pois gosto muito daquela tela. Me consola um pouco o ser para você e não para um estranho. Você bem sabe como sou manhosa com as minhas telas".

E arrematava: "Não sei como acabará tudo isto, e não acabando nunca... Como será Mário. Às vezes tenho medo de sofrer... Anita". [61]

Na véspera do Natal, já respirava aliviada.

---

60 Carta de Anita Malfatti a Mário de Andrade, Paris, 14/10/1926. (FMA/IEB/USP)

61 Carta de Anita Malfatti a Mário de Andrade, Paris, 1926. (FMA/IEB/USP)

Fiz minha exposição. Todas as vicissitudes são coisas do passado. Abri no dia 20 de novembro com muitos amigos e desconhecidos que vieram me cumprimentar. A galeria é bem simpática e bem colocada, sem ser uma galeria de nomeada. Escolhi conforme podia pagar. Somente que a pessoa que se encarregara de convidar os críticos e apresentá-los, não o fez, nem apareceu para o *accrochage,* [colar cartazes] nem durante toda a exposição. [...] Imagine quanta maçada eu tive, em escrever particularmente a esta gente cujos nomes eu não conhecia, colocar os afiches que chegaram atrasados e as reclamações, sem resultado, dos catálogos. Foi uma experiência única, creia-me. Só sei que diversos destes críticos começam a me visitar e escrever agora que está tudo acabado. Quando isto tudo, mais os artigos, deveriam de ter saído com 15 dias de antecedência. Contudo, vendi dois quadros e duas aquarelas.

E confessou que, após gastar uns dois mil francos, aprendera a tratar com galeristas e procurar críticos, entre outras providências mais difíceis, segundo ela, do que pintar as telas em si.

Tive 3 visitas de críticos célebres aqui em Paris. Estou com aquarelas em 2 galerias e os desenhos numa terceira com condições dos pintores conhecidos daqui. Isto por apresentação de Fegdal que acha que não há dúvida sobre uma carreira sempre crescente e sólida" [...]"Mandei ao Freitas Valle algumas pequenas notas sobre isto tudo, mas breve penso de poder mandar coisa mais interessante. [...] Mandarei duas telas aos Independentes: os Citrons e Dolly.[62]

---

62 Carta de Anita Malfatti a Mário de Andrade, Paris, 23/12/1926. (FMA/IEB/USP)

170 Marcia Camargos

A despeito dos contratempos, a mostra de pinturas, desenhos e aquarelas aberta na Galerie André à Rue de Saint-Pères, número 3, com a presença do embaixador Souza Dantas e inúmeros brasileiros, teve uma boa acolhida. *Paris Times*, por exemplo, registrou:

> "É raro que se visite uma exposição sem detectarmos a influência exercida por uma escola ou um mestre sobre a obra do artista; trata-se, portanto, de uma impressão da qual não nos ressentimos ao estudar as telas que Mademoiselle Anita Malfatti apresenta na Galeria André. Vlaminck poderia meditar diante das paisagens da artista brasileira e Marquet, diante das suas marinhas. Que seja. Mas e os desenhos? Sua personalidade única torna impossível qualquer tentativa de filiação, mesmo que suposta".[63]

Menções à mostra saíram até na *Revue de la Côte d'Azur*, que encontrou no Lac Majeur a influência "feliz e benéfica" de Bonnard e Vuillard.[64] De resto, em um evidente esforço de valorizar a pintora aos olhos do leitor, algumas publicações alegavam que, três dias antes do término da mostra, a maioria das telas portava a etiqueta de "vendida".[65]

Na correspondência com Mário de Andrade, a questão do desentendimento de Anita com Tarsila sempre voltava à baila.

> Se quisesse ter inveja ou rivalidade, precisaria ter das 2.000 mulheres lançadas como pintoras em Paris onde

---

63 "L'exposition des oeuvres de Mlle. Anita Malfatti", *Paris Times*, Paris, 1/12/1926. (tradução livre da autora)

64 Du Marboré, "L'art plastique", *Mediterrânea* (*Revue de la Côte d'Azur*), Nice, fevereiro de 1927. (tradução livre da autora)

65 "L'exposition Anita Malfatti", *Gazette du Brésil*, Paris, 9/12/1926. (tradução livre da autora)

luto constantemente para dar a São Paulo um pequenino nome. Não sou gênio nem talento fulgurante, infelizmente nem tenho o espírito aventuroso que acompanha em geral os grandes talentos. Não sou boêmia tampouco. Amo minhas cores, e telas e pincéis e mesmo o cheiro da terebentina, mas Mário, fiquei mesmo triste que Você pensasse isto de mim e dos meus amigos depois de tantos anos! Estou tão longe e alheia das coisas e pessoas de São Paulo me parece tudo um sonho longínquo sem muita realidade, creia-me, Mário. Digo mais, o que T. A. tem de mais nobre é a pintura que ela faz. É o gesto mais puro dela. Do resto não sei nem se me lembro.

Dizia aguardar minuciosos detalhes sobre as "maravilhas das coisas do norte do Brasil", região por onde o amigo andara em uma espécie de excursão etnográfica.

"Se você soubesse o que estou fazendo aqui! Copiando a *Madonna do Magnificat* de Botticelli. Trabalho das 3 às 7 da tarde com a galeria fechada,[66] sozinha, sozinha. Nos primeiros dias fiquei acanhada com um medão que Botticelli me visse a fazer gafes diante da *Magnífica*. E você que não vem ver este supremo milagre de pintura humana!"

Em seguida, falava da viagem com um *round-ticket* por Lausane, na Suíça e pelas cidades italianas de Milão, Verona, Veneza, Trieste, Padova, Bologna, Florença, Nápoles e Roma. E acrescenta ter recebido notícias de Freitas Valle. "Diz ele que meu regresso aos pátrios lares é para agosto de 1928. Só um ano! Parece-me agora

---

66 Galeria Uffizi, cuja autorização para copiar quadros, datada de 1º/06/1927, encontra-se no FAM/IEB/USP.

172 Marcia Camargos

tão pouco tempo para tanto trabalho que tenho diante de mim! Quase que terminei a minha cópia! Só falta o ouro dos cabelos e do manto".[67]

Na carta posterior elogiava Paris. "Toda enfeitada para receber os Legionários, se você visse a iluminação, que maravilha!" Dizia que ainda anda a copiar a Madonna do Rafael. "É muito morosa e nunca mais que acaba. Fiz uma tela que você gostará. *La femme du Pará* do meu trabalho está na cor. É na cor que sempre procuro dizer o que me comove. [...] Em! Uma mulher mestiça num balcão que eu vi há anos no Pará! Saiu boazinha e curiosa mesmo". E fornecia pormenores da sua pintura.

> "Continuo a trabalhar livremente sem seguir escola fixa, nem professor algum. Estou portanto bem dentro da minha época. Não me preocupo como nunca me preocupei com originalidade. Esta nota vem por si. Procuro dentro da composição simples direta e equilibrada o máximo da sutileza na *qualidade* da cor. Tento conservar o desenho e os valores sempre justos e severos. Explicaria melhor dizendo que toda a poesia Florença aprendi a fazer as incisões e a aplicar o ouro como os antigos. Há 3 meses que vou ao Louvre todos os dias. Estou pondo os últimos toques na *Belle jardinière* de Rafael. Copiarei mais a *Femmes d'Alger* de Delacroix por achar que este quadro marcou uma época. É distintamente a nota de transição entre o velho mundo e o novo. Vejo agora tão claramente que *toda* a arte moderna sugou sua ciência da antiga e se as mesmas regras básicas não se encontrassem em ambas, não poderia haver compreensão entre uma e outra. Será que toda a nossa revolução nos trará o fruto de uma nova Renascença? Quando formos velhos talvez possamos assistir ao novo milagre dos séculos!".[68]

---

67 Carta de Anita Malfatti a Mário de Andrade, Florença, 21/06/1927. (FMA/IEB/USP)

68 Carta de Anita Malfatti a Mário de Andrade, Paris, 27 /09/1927. (FMA/IEB/USP)

Quanto ao Salon d'Automne, enviara obras de tamanho médio, *Villa d'Este* e *La femme du Pará*- este, um "um *tout petit succés*". "Penso que você gostaria muito dela. É diferente de todas as telas do Salon! Conserva, porém, a maneira dos meus últimos dois anos",[69] acreditava, contrariando ponto de vista de Raymond Cogniat, que registrou:

> Mademoiselle Malfatti, de quem nós temíamos, a partir das suas últimas exposições, ver a personalidade se dispersar e se apequenar na mediocridade acadêmica, nos dá desta vez um novo aspecto de sua originalidade e não saberíamos negar o caráter no fundo realmente moderno de certas influências que advinhávamos nela, sobretudo na maneira pela qual é tratada a *Mulher de Pará*, silhueta pitoresca (mas um pitoresco de pintura e não um pitoresco de fato) que se destaca em um cortinado branco, com desenhos em cinza bem claro.[70]

Começaria, então, dois nus e mais tarde ao menos quinze boas telas para deixar prontos para uma exposição, pois seu pensionato se aproximava do término. E precisava de um pouco de divulgação para poder chegar a algum resultado regular. "Os pintores de Paris que alcançam os preços 'mães' são Derain (75.000 francos, o último *portrait*), Picasso 50.000 francos, (comprador americano)". Em segundo lugar vinham

> "Matisse, o decompositor de luzes, Van Dongin (150.000 francos o *portrait* de Anatole France, os grandes *portraits* dos príncipes indianos, negros e das mulheres da Alta Sociedade – Marquet nos Portos de Mar – Laurencin, pouco de novo. Marval nos passos de Matisse. Helène Dufau renascendo, isto é, tomando o lugar da Marval. Depois

---

69 *Idem.*

70 Raymond Cogniat, "Les artistes américains au Salon d'Automne", *Revue de l'Amérique Latine*, Paris, 1/12/1927. (tradução livre da autora)

174   Marcia Camargos

todos os Fauves. Os impressionistas, os Mestres e os alunos das Beaux-Arts. Os marchands compram as telas pela assinatura e não pelo valor. Como coleção de estampas. Eles têm os nomes e os preços obtidos por telas de tal e tal dimensão. Por exemplo, os nomes que relativamente mais aumentaram neste último ano foram Utrillo, Varoquier e Vlaminck. Fora, naturalmente, o alto comércio dos 'Azes'. O que dá valor no mercado de Paris são os *acheteurs* americanos. É o DOLLAR que rege estes danados todos!".

E conclui referindo-se a Vera Janacopulos, que cantaria um poema de Mário de Andrade no dia 5 de dezembro, na sala Gaveau, em concerto dedicado a Villa-Lobos, cujo programa enviaria.[71]

Ao reparar que deixara um pedaço do papel em branco, acrescentou:

Não sei se contei a você que fui ao casamento do Rangel com a Margarida P. da Silva.[72] Foi uma boniteza. Igreja bonita a 2 passos daqui toda enfeitada, missa cantada. A noiva parecia uma boneca, roupa d'estilo. Gente da embaixada. O Rangel de fraque radiante. Nunca vi ninguém tão feliz. Ela emburrada, pois queria casar-se nas leis francesas visando um possível divórcio. Pobre Margot! [...] A Helena nos convidou na Igreja para uma *sautérie* às 2 horas até 7. Fui às 4 e tudo estava acabado. Dei tantas risadas, mas o noivo decidiu fugir com a bela noiva pra Marseille e os convidados fizeram *le même*.[73]

---

71 Carta de Anita Malfatti a Mário de Andrade, Paris, 17/11/1927. (FMA/IEB/USP)

72 Filha do pintor Oscar Pereira da Silva e irmã de Helena Pereira da Silva, ex-bolsista do Pensionato.

73 Carta de Anita Malfatti a Mário de Andrade, Paris, 18/11/1927. (FMA/IEB/USP)

Preparando-se para o regresso, Anita Malfatti desfez-se do seu ateliê, mas antes escreveu a Mário.

> Tenho trabalhado muito. Minha *Puritas* ficou linda mesmo deveras. Parece de um mestre primitivo conforme quatro diferentes artistas que pensaram que eu tivesse em casa a reprodução dum dos mestres. Sei que isto dará prazer a você. Conto-o com humildade, pois sempre você acompanhou meu trabalho com máximo carinho. Refiz a *Ressurreição*, ainda estou em plena luta. Espero salvar mais esta – amém, Jesus!. Mudo-me para um Hotel no dia 15 de abril. Mamãe volta em Março. Penso que voltaremos ao Hotel Central. Até lá não me ocuparei mais das telas grandes. Alugarei um quarto no 5º andar só para pintar e outro embaixo para Gina [Georgina] e *eu*.[74]

Ao fim de algumas semanas, dizia ter recebido o catálogo do Segall, que achou muito bom e interessante, assim como o retrato de Mário, ressalvando:

> Numa coisa só estou em desacordo. Marcando tão bem o caráter da sua fisionomia, por que não o fez nos ombros e corpo? Se quis dar uma significação especial diminuindo o corpo, acho que não compreendo. As mesmas leis devem ser leis em todo trabalho. Trocando a relação entre as proporções de certas coisas deve trocar em diversas outras em diversos pontos para haver harmonias *pour que la chose tienne*. Não é por esnobismo que mudo, mas depois de quatro anos começa-se trocar as línguas.[75]

---

74 Carta de Anita Malfatti a Mário de Andrade, Paris, 20/01/1928. (FMA/IEB/USP)
75 Carta de Anita Malfatti a Mário de Andrade, Paris, 6/02/1928. (FMA/IEB/USP)

176   Marcia Camargos

Mário, por sua vez, comunicou-lhe que, segundo Freitas Valle, ela não tinha obrigação com o Estado de voltar ao país imediatamente após o término da bolsa, podendo permanecer na Europa se quisesse ou tivesse alguma encomenda.[76] Duas semanas antes, escrevera no *Diário Nacional* um artigo no qual afirmava ser Anita Malfatti um nome definitivamente colocado na história da arte brasileira.

> O que se sabe por enquanto sobre a pintura nova dela é que apresenta uma técnica extraordinariamente sábia, com um colorido sutil e finíssimo. Como sensibilidade ela se mostra agora mais mulher, procurando as inspirações suaves e realizando-as com uma delicadeza excepcional. O trabalho que ela tem feito na Europa é extremamente sério e sabe-se principalmente que abandonou todo e qualquer modernismo tendencioso e berrante, se contentando simplesmente em ser moderna.[77]

Já às vésperas da partida, ela tomava providências.

> Você nem imagina o trabalhão que tivemos aqui desmanchando meu ateliê e preparando as coisas para mamãe levar. Ela leva todos os meus quadros, deu seis volumes colossais e estou apavorada com o preço que isto vai me custar na alfândega. Já escrevi ao Freitas Valle pedindo auxílio do Governo e tenho uma declaração do Embaixador para o chefe da alfândega. Só sei que até aqui já vão mais que 6.000 francos e isto só até o navio.[78]

---

76 Carta de Mário de Andrade a Anita Malfatti, São Paulo, 27/02/1928. *In* Mário de Andrade, *Cartas a Anita Malfatti:1921-1939, op. cit.*, p. 137.

77 Mário de Andrade, "Anita Malfatti", *Diário Nacional*, São Paulo, 11/02/1928.

78 Anita Malfatti embarcaria em Marselha no *Mendoza*, em 10/09/1928, no quinto aniversário da sua chegada à França.

Entre a vanguarda e a tradição   177

E contava ter recebido da Societé Nationale convite especial para expor no Salon daquele ano.

> Como estava terminando meu grande quadro a *Ressurreição do Lázaro* (que refiz completamente e que ficou bom) resolvi tentar novamente a sorte e mandei-o. Não sei qual será o resultado. Estou trabalhando no Louvre com as célebres cópias.

Bolsista aplicada, Malfatti reservou para doar ao Estado, *Femmes d'Alger* de Delacroix e as *Glaneuses* de Millet.

> "O Delacroix é uma beleza mesmo, foi o quadro que marcou o caminho para a 'arte nova'. Resolvi ficar com o Rafael e a *Magnificat*, pois não tenho coragem de me desfazer dos primitivos e penso que com tudo o que já dei ao governo mais estas duas telas me considero livre de dívida. As cópias para o Governo mais uma composição bem grande, + a R. de L. e mais umas telas pequenas levarei comigo quando partir em princípios de agosto".[79]

Voltara, então, ao velho Hotel Central, onde pretendia permanecer pelos cinco meses restantes do estágio, mas mudou de ideia, passando uns tempos na casa de Helena Pereira da Silva.

Em resposta à carta de Anita[80] solicitando ajuda oficial para os acertos finais, Freitas Valle explicara. "A remessa para a viagem de volta do pensionista que

---

79 Carta de Anita Malfatti a Mário de Andrade, Paris, 25/03/1928. (FMA/IEB/USP)

80 Carta de Anita Malfatti remetida a Freitas Valle de Paris, em 25/03/1928, referida na resposta do mecenas à pintora. Como não foi localizada, acreditamos que também ardeu na fogueira na Villa Kyrial, mencionada na introdução.

termina sua pensão é, para todos, de 120 libras correspondente a 4 meses de pensão. Se os seus quadros tivessem que vir com você, nada pagariam de alfândega; vindo por outras mãos, talvez o caso se complique, com o rigor aduaneiro reinante", alertando que o preço elevado devia-se à embalagem e transporte das molduras ricas e pesadas.

> Você devia arranjar-se com o dinheiro recebido, que outro não pode mandar o Estado; uma vez aqui, você poderá tentar obter algum auxílio do Governo, mas não é certo. No mais, aqui continuo sempre a seu dispor, isso como certo.[81]

Na expectativa do desembarque, em 28 de setembro, Mário de Andrade assinava mais um artigo sobre a amiga: "Chegou ontem a São Paulo, vinda de Paris, a pintora Anita Malfatti, uma das figuras mais ilustres do nosso meio artístico". Após resgatar a trajetória da artista desde a polêmica exposição de 1917 até a estada em Paris, ele pontuava: "Sua arte atual, baseada numa técnica perfeita, pelo que dizem os críticos franceses, se apresenta calma, firme, sem nenhuma daquelas pesquisas inquietas e tantas vezes rebarbativas que agora já não têm mais razão de ser". E conjeturava sobre o amadurecimento do grupo modernista, agora mais equilibrado.: "Também a ilustre pintora vem encontrar os seus companheiros antigos bastante modificados e... reforçados. Terá, agora, mais facilidade em ser compreendida e estimada em seu valor", ele acreditava.[82]

Ao *Jornal*, a pintora concedia uma longa entrevista na qual reiterava sua autonomia durante o período em que procurou interar-se do ambiente à sua volta. "Frequentei as academias de cursos livres, visitei os ateliês, rebusquei nos salões o que se fazia de mais avançado...", afirmou, enquanto observava que os extremistas não tinham mais lugar de destaque.

---

81 Carta de Freitas Valle a Anita Malfatti, São Paulo, 4 de maio de 1928. (FAM/IEB/USP)

82 Mário de Andrade, "Anita Malfatti", *Diário Nacional*, São Paulo, 28/09/1928.

As tendências modernas a que me referi representam correntes moderadas, sem, contudo, deixar de ser caracteristicamente novas. Dominando essas correntes existem os grupos que seguem a orientação de Cézanne e Renoir. São esses os que dirigem, ainda, as maiores massas de artistas, sem contar as que, como Rosseau, exercem influência destacada graças à sua "maneira" toda pessoal e distinta.[83]

E enquanto aguardava a liberação das obras despachadas, retidas nos meandros da burocracia dos armazéns de bagagens do porto, mostrou a alguns jornalistas os trabalhos trazidos consigo – *Villa d'este, Printemps, Passeio campestre* e *O Lázaro*, que causou a melhor impressão, merecendo ter seu clichê reproduzido na página do *Diário da Noite*, que esclarecia aos leitores:

> Vimos ainda duas cópias, que deverão figurar na Pinacoteca do Estado. Como lhe dessem liberdade de escolha, Anita escolheu o trabalho de Delacoix, *Les femmes d'Alger dans leur appartement*, e *Les glaneuses*, de Millet. Aquele, porque foi o que marcou a tendência moderna com o primeiro passo para a libertação da pintura. E *Les glaneuses*, porque é o quadro mais conhecido do Museu do Louvre.[84]

---

83 "A pintora Anita Malfatti regressou da Europa", *O Jornal*, sucursal São Paulo, 21/10/1928.

84 "A exposição de Anita Malfatti a abrir-se brevemente em São Paulo", *Diário da Noite*, São Paulo, 22/10/1928.

Les glaneuses, obra de 1857 do francês Jean-François Millet, copiada pela bolsista Anita Malfatti no Museu do Louvre de Paris em 1928. (Acervo Pinacoteca do Estado de São Paulo)

Igualmente Mário de Andrade, no *Diário Nacional*, lamentava a demora na liberação das obras e, também referindo-se ao *Lázaro*, observava.

> "Mudou mesmo tanto que poderão falar que ela voltou para trás. Pouco importa discutir se ela 'voltou pra trás' ou si "seguiu pra diante". O que importa é verificar que ela se transformou enormemente e, o que é milhor, progrediu sobre o Expressionismo técnico e romântico da fase 1915-1923".

Elogiando o equilíbrio alcançado por ela, dizia:

> Anita Malfatti sempre foi um espírito místico. Tem mesmo passado por crises intensas de religiosidade e sempre amou com constância a obra dos religiosos primitivos italianos. Foi deste amor e daquele misticismo dramático que surgiu esta *Ressurreição de Lázaro*.

Afinal com as telas liberadas após seis meses retidas na alfândega de Santos, Malfatti montaria uma grande exposição aberta dia 10 de fevereiro na Rua Líbero Badaró, 20, para demonstrar o bom aproveitamento do Pensionato. Do conjunto pouco coeso, refletindo todas as buscas, experimentações, dilemas e tentativas da artista, faziam parte 56 óleos, quinze aquarelas, três cópias e uma coleção de desenhos – muitos dos quais, como apontou a imprensa, com uma passagem pelos salões de arte de Paris.

"Anita Malfatti nos aparece admirável nas suas inovações técnicas", registrou *A Gazeta*.

> "A sua arte não é desvairista, não pretende confundir o público, atrair pela nota forçada e extravagante. Vê-se claramente, diante de sua coleção de quadros, que o principal objetivo da artista é exteriorizar as suas impressões livremente, sem a camisa-de-força das fórmulas consagradas, fazendo abstração do já estabelecido para reintegrar a individualidade na sua primitiva libertação".[85]

Já o velho colega de Semana de 22, Menotti Del Picchia, escreveu que cerca de cem trabalhos figuravam naquela mostra bastante pessoal e um pouco desamarrada.

> Pode-se dizer mesmo que a artista quis fazer uma parada total dos seus vários estágios artísticos, documentando suas sucessivas fases e maneiras. Esse intuito torna um tanto tumultuária a sua feira de arte. Para o estudioso e curioso dos movimentos estéticos de um espírito, essa demonstração cíclica da sua atuação pictórica tem uma vantagem: mostra sua evolução.

---

85 "Exposição Anita Malfatti", *A Gazeta*, São Paulo, 2/02/1929.

182 Marcia Camargos

Ele ponderou, alegando, porém, a delicadeza da questão.

> "Anita Malfatti encontra-se num momento crítico da sua
> arte. Cheia de talento e de cultura, tendo torturado sua
> técnica em conscienciosas e laboriosas experimentações e
> pesquisas, possui todos os elementos para enveredar para
> um caminho definitivo e triunfal".

Mas advertia. "O perigo está se tomar uma vereda, em lugar de perlustrar a estrada real do seu genuíno temperamento".[86]

Já no *Diário de S. Paulo,* o articulista Raul Polillo assim justificava a falta de interesse e entusiasmo do público:

> Sua exposição parece-nos uma coleção de velharias quase
> sentimentais, bastante ingênuas para um século de cultura
> como o nosso; a autora é como uma freira que, depois que
> o enfermo recupera milagrosamente a saúde, e sai a passear a
> cavalo, numa floresta auroral, tem o mau gosto de ir mostrar,
> ao redivivo, o lençol do leito onde ele passou noites intermi-
> náveis de uma agonia desesperante – felizmente esquecida...

E completava:

> Anita é a futurista de ontem; perdeu a atualidade, portan-
> to. Em arte, ou se segue a moda – que é coisa difícil – ou
> então se procura ser "único" – que é mais difícil ainda.
> Fora dessas duas linhas, há uma zona cinzenta em que é

---

86 Menotti Del Picchia, "Anita Malfatti", *Correio Paulistano,* São Paulo, 20/02/1929.

perigoso entrar, por ser habitada por medíocres eternamente prolíferos e extraordinariamente contagiosos.[87]

Yan de Almeida Prado, por sua vez, louvava o fato de Anita não se preocupar em fazer uma arte comercial para conquistar o mercado.

> Não lhe vemos preocupações em conquistar o favor do público, imitando a arte fácil de Madeleine Lemaire, que pintava flores tão bonitas. O que vemos é o intenso esforço cerebral da pintora, inquietação constante, a pesquisas e mais pesquisas, tentativas e mais tentativas, um labutar mais próprio de homem dotado de energia incomum.[88]

Finda a exposição, a artista doou à Pinacoteca, como já disse, *Les Glaneuses*, cópia de Jean-François Millet, e *Femmes d'Alger*, cópia de Eugène Delacroix. Mas em lugar do unanimemente aclamado *Lázaro*, a tela de maior dimensão realizada por Malfatti em Paris, e na qual trabalharia até o final da estada, ela ofereceu *Tropical*, pintada em 1917, e que nada tinha a ver com sua estada como pensionista.

---

87 Raul Polillo, "O futurismo que se esqueceu de evoluir", *Diário de S. Paulo*, São Paulo, 7/02/1929.

88 Yan de Almeida Prado, "Exposição Anita Malfatti", *Diário Nacional*, São Paulo, 23/02/1929.

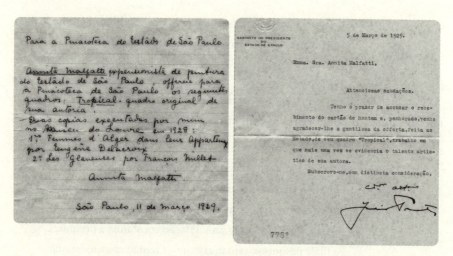

À esquerda, Carta de doação do óleo *Tropical*. (Cedoc/Pinacoteca do Estado de São Paulo). À direita, Carta de agradecimento assinada por Júlio Prestes (IEB/USP)

As hipóteses para tal escolha são inúmeras. Primeiro, em artigo no qual Mário de Andrade fizera uma avaliação positiva da tela em novembro do ano anterior no *Diário Nacional*, agora sugeria a aquisição de *Ressureição de Lázaro* pelos poderes públicos.

> Obra considerável. O Governo do Estado, que às vezes tem demonstrado, durante o mandato do Dr. Júlio Prestes, uma orientação artística excelente (Instituto de Biologia, Banco do Estado, aquisição de obras de Segall) terá direitos para maior louvor se adquirir essa obra para a nossa Pinacoteca.

Isso porque, segundo Mário, na variedade em que se perdera, só uma vez Anita alcançara a intensidade expressiva de antes, ou seja, naquela representação sutil, em que atingia o valor plástico e psicológico dos primitivos, mas fugindo dos seus processos de composição, coloração e figuração.

> Nesse quadro a figura de Lázaro saindo da morte é de uma intensidade dramática magnífica. Anita Malfatti consegue

Entre a vanguarda e a tradição   185

> dar para ele um silêncio milagroso: figura viva que traz
> ainda nos próprios olhos olhando, a mudez sem ridículo
> do corpo morto. É admirável.[89]

Por isso Anita, que sempre lutou com dificuldades financeiras, preferiu destinar a tela à venda, enquanto depositava *Tropical* para cumprir as exigências do Pensionato. Porém, há quem defenda motivo mais nobre para sua decisão. Ela teria sido movida por sua consciência do papel do museu como elemento formador do ambiente cultural de uma cidade, *locus* de aprendizagem, de construção da memória e dos valores artísticos, além de disciplinador do conhecimento através do olhar.[90] Emblemática, *Tropical* estava mais próxima do gosto estético dos modernistas que faziam severas restrições aos rumos da pintura de Malfatti. Destoante da estética predominante no acervo do Museu, fora precedido por *Bananal*, de Lasar Segall, e seguido por *São Paulo*, de Tarsila, cujas compras pelo Estado em 1928 e em 1931, respectivamente, na gestão de Júlio Prestes, indicam uma pequena quebra na linha da instituição de perfil conservador e orientação eclética.

---

89 Mário de Andrade, "Anita Malfatti", *Diário Nacional*, São Paulo, 5/03/1929.

90 Marcelo Mattos Araujo, *op. cit.*, p. 60-5.

Pintado em 1917, este óleo, *Tropical*, foi doado por Anita Malfatti à Pincoteca em 1929. (Acervo Pinacoteca do Estado de São Paulo)

Fosse para corresponder às expectativas dos amigos engajados na arte moderna, fosse como desafio às normas do Pensionato ou só por uma razão pecuniária, qual seja, a possibilidade da aquisição de *Lázaro* pelo governo, o fato é que a Pinacoteca ganhou, por vias transversais, uma das primeiras obras a fugir aos parâmetros acadêmicos.[91] É claro que a própria pintora via nele qualidades. "Um dia esse será um grande quadro", ela alertava o amigo Mário. "O trabalho de certas épocas é às muitas das vezes desequilibrado. Alguns pontos bons, outros muito falhos. Para grandes quadros, é preciso grandes conhecimentos!". E concluía: "A pintura é lenta na concepção, morosa na realização e ainda mais na compreensão. Todo mundo pensa que entende de pintura, que erro, hein!".[92] De um jeito ou

---

[91] Marcelo Araujo também ressalta que nenhuma autoridade da Comissão do Pensionato ou da Pinacoteca se manifestou contra ou a favor da doação de uma obra que não fora gerada no decurso da bolsa. Marcelo Matos Araujo, *op. cit.*, p. 72. De qualquer modo, vale lembrar que as regras não eram taxativas a este respeito, ou seja, o Regulamento não especifica que o quadro precisava ser, necessariamente, ligado à produção do artista enquanto pensionista do Estado.

[92] Carta de Anita Malfatti a Mário de Andrade, São Paulo, abril de 1932. (FMA/IEB/USP)

de outro, *Ressurreição de Lázaro* terminou por cumprir sua vocação museológica. Não se efetivando a compra pelos poderes públicos, acabou doado ao Museu de Arte Sacra da capital por Georgina Malfatti, em nome da família, após a morte da autora, em 1964.

Radicada em São Paulo, continuou correspondendo-se com Mário, diante de quem se defendeu da pecha que lhe queriam imputar:

> "Nunca fui acadêmica, ouviu, seu malcriado? Essa conversa mole de "saber aprendido de cor", de "puro exercício artístico", "bem feitinho" é literatice sua e nunca trabalho meu! Foi uma página de bobagens e nada mais. Se eu quiser fazer um ou mais quadros com o sabor, isto é, "na escola" de um egípcio, grego, flamengo, ou sentimental romântico do Brasil, i. é o colonial, faço, e nem por isso venho fazer uma bobagem acadêmica".

E aproveitava para desabafar, alegando que sua bolsa fora resultado de dez anos de *démarches*:

> "Freitas Valle nunca acreditou que eu merecesse essa atenção do governo. Disso infelizmente tive provas de sobra. Dr. Eugenio Égas, meu padrinho, foi quem falou com D. Sophia de Dr. Washington, quando esse era Presidente do Estado. Ela interessou-se imediatamente, pois me conheceu desde criança, já na casa da Baronesa de Piracicaba, mãe dela. Você sabe que somos contraparentes, daí o conhecimento. Foi então que recebi dela a promessa dada pelo Dr. Washington em pessoa que a primeira vaga seria minha. Três meses depois Você fazia a conferência em casa

do Dr. Freitas Valle e aí você viu o anúncio espetaculoso do favor do Governo".[93]

Referindo-se à noite de 20 de junho de 1923 na Villa Kyrial onde, durante o 4º Ciclo de Conferências, quando Valle anunciou, em grande estilo, que Anita ganharia a tão sonhada bolsa de estudos, ela emendava:

> Acredito que ele tenha tirado partido de boa vontade, como da minha eterna gratidão, mas ele estava cumprindo outras ordens. Eu ignorava a frase dele, como do seu grande desejo que eu partisse para a Europa. Naquele tempo eu ignorava coisas que os anos me ensinaram.[94]

Interessante analisar o ressentimento da artista, sempre às voltas com o fantasma mal-resolvido da rejeição, face aos documentos levantados. Cabe perguntar como poderia garantir com tanta certeza a boa vontade de Washington Luís se, desde o início de sua *via crucis* para obter a bolsa, ainda em 1921, ela bateu em vão à porta do Palácio dos Campos Elíseos em busca de auxílio. Data de junho de 1921 sua carta com os dizeres:

> "Tenho a honra de oferecer a V. Excia. dois trabalhos meus (paisagem e figura), e peço que os receba e conserve, como prova de alto apreço a V. Excia. e documentação da minha técnica atual. (...) Espero que V. Excia. se digne ser o único padrinho da pretensão de uma paulista que deseja aperfeiçoar-se na arte que constitui o seu meio de subsistência".[95]

---

93 Nesse ciclo Mário de Andrade proferiu a palestra *Paralelo entre Dante e Beethoven*.

94 Carta de Anita Malfatti a Mário de Andrade, provavelmente de São Paulo, em abril de 1932 (domingo de Páscoa). (FMA/IEB/USP)

95 Carta de Anita Malfatti a Washington Luís, São Paulo, 7/06/1921. (FWL/AES)

Entre a vanguarda e a tradição   189

Assinava como "atenta e menor servidora", anexando um requerimento protocolado pelo gabinete presidencial. Dali a dois dias recebeu resposta de Washington Luís, acusando o recebimento da carta e das obras, mas negando *tout à court* a concessão do pensionato.[96]

Em São Paulo Anita Malfatti lecionaria desenho e pintura no Mackenzie College, na Escola Normal Americana, na Associação Cívica Feminina e em seu ateliê, que mandara construir na frente de casa, na Rua Ceará, 219. Ao longo da década de 1930, integrou a Sociedade Pró-Moderna (Spam), a Família Artística Paulista, enquanto que no Rio de Janeiro participou do Salão Revolucionário de 1931. Assessorou Gustavo Capanema, Ministro da Educação e Saúde a partir de 1934, em vários projetos importantes. Sua primeira retrospectiva aconteceu em 1949, no Masp e dali a dois anos esteve no 1º Salão Paulista de Arte Moderna, assim como na 1ª Bienal Internacional de São Paulo, vindo então a falecer em 6 de novembro de 1964.

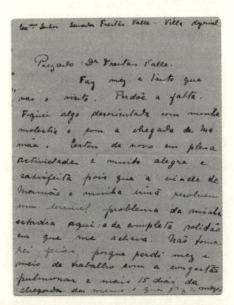

Carta de Anita Malfatti a Freitas Valle. Paris, 26 de junho de 1925.
(Arquivo Freitas Valle)

---

96 Carta de Washington Luís a Anita Malfatti com timbre do gabinete da presidência do Estado, São Paulo, 9/06/1921. (FMA/IEB/USP)

Carta de Anita Malfatti a Freitas Valle. Paris, 26 de junho de 1925.
(Arquivo Freitas Valle)

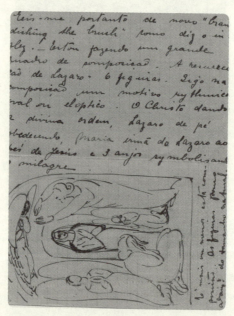

Carta de Anita Malfatti a Freitas Valle. Paris, 26 de junho de 1925.
(Arquivo Freitas Valle)

Entre a vanguarda e a tradição   191

Carta de Anita Malfatti a Freitas Valle. Paris, 26 de junho de 1925.

(Arquivo Freitas Valle)

Carta de Anita Malfatti a Freitas Valle. Paris, 26 de junho de 1925.

(Arquivo Freitas Valle)

Alípio Dutra, pintor

Bisneto de Miguelzinho, representante da quinta geração dos artistas Dutra, e irmão de João, Antônio de Pádua e Archimedes, Alípio Dutra nasceu em Jaú em 29 de maio de 1891. Inicia-se na pintura com o pai Joaquim Miguel, em Piracicaba, onde passa a infância. Normalista diplomado pela Escola Complementar, posterior Instituto Sud Mennucci, exerceu ali o magistério como professor de desenho de 1910 a 1913.

Decidido a habilitar-se ao Pensionato, realizou em 1912 sua primeira individual, em uma sala da Rua Boa Vista, São Paulo, para a qual escolheu as paisagens *Interior de cozinha* e *Caipira pescando*. Embora modesta, sem os costumeiros cartazes espalhados pela cidade, nem as comodidades de um rico espaço, onde as senhoras e senhoritas pudessem "discutir com calor e entusiasmo não os quadros expostos, mas sim os prováveis sucessos da *season* que se aproximava", sua mostra foi coroada de êxito. Apesar do pessimismo do autor da matéria sobre a exposição, para quem "a regra, hoje dominante é fazer abortar toda inteligência moça que apareça, para que amanhã não empane e ofusque com o seu brilho real e verdadeiro a luz artificial e mentirosa dos nulos que dominam na atualidade",[97] Alípio conseguiu seu intento.

Recebeu a bolsa e antes de viajar tomou parte da 2ª Exposição Brasileira de Belas Artes, no Liceu de Artes e Ofícios. Em Paris frequentou a Académie Julian, estudando com Marcel Baschet, Henri Royet, William Laparra e Lucien Simon, conforme narrava em um dos cartões enviados da Rue des Beaux-Arts, número 13, à família de Piracicaba e Casa Branca. "Hoje comecei a fazer desenho tendo Laparra como professor; faz gosto ver o modo como ele corrige o desenho".[98] Dali uns dias, chegava outro cartão – desta vez, a cópia de um quadro de Parreiras, *Dolorida*, exposta no *Salon* e prometia nova remessa de desenhos para breve.[99]

---

97 Nardy Filho, "Cartas da Pauliceia", recorte, sem indicação de jornal, julho de 1912.

98 Cartão de Alípio Dutra a Joaquim M. Dutra, Paris, 5/06/1913. (Cedido por Gilberto Dutra)

99 Cartão de Alípio Dutra a João Dutra, Paris, 14/06/1913. (Cedido por Gilberto Dutra)

Da sortida coleção "muito *chic*"[100] que mandou ao Brasil, constava uma maioria de reproduções de obras do Louvre, Museu do Luxemburgo e Musée du Havre, cenas de caça, além de pinturas expostas no *Salon* de 1913 – estas, com um suave quadriculado sobre a imagem do postal para facilitar a cópia pelos estudantes de arte.

Com a irrupção da Primeira Guerra Mundial, Dutra voltou à terra natal. Lecionou em uma escola normal do Cambuci e expôs em Jaú, no ano seguinte, 43 telas, entre paisagens de Piracicaba, da Pauliceia e de Paris, além de animais e figuras. Sinônimo de prestígio e proficiência, sua condição de "aluno dos laureados mestres Baschet, Royet e W. Laparra, da Académie Julian", vinha explicitada na capa do catálogo.

Para comprovar o aproveitamento no exterior e tendo em vista a continuidade da bolsa prematuramente interrompida, mostrou 70 desenhos de nus na Rua 15 de Novembro e 35 trabalhos na Casa Di Franco, à Rua São Bento 50, em 18 de dezembro de 1916. Para *A Cigarra*, quem concebia e executava tais obras detinha qualidade notáveis, possuindo o raro privilégio de visionar a beleza através dos fragmentos esparsos deste mundo, a qual só a alma do artista a saberia reproduzir.

> Destaquemos, por merecimento absoluto, a tela *Rachando lenha*, em que um preto vai desfazendo a golpes de machado um toro de lenha num esforço hercúleo para arrancar um instrumento da fenda que abriu. Não só a luz deste quadro simples e o seu tom geral que impressionam. Não é só a linha do desenho que é bastante exata. É sobre tudo a ideia da luta do homem contra a natureza hostil, essa eterna luta que origina o trabalho e o sofrimento.

Outro quadro "bem apresentável", de acordo com a matéria, era *Manhã*, que se destacava pela harmonia de tintas e sugestiva perspectiva da bruma nascente ao rés do solo elevando-se nos ares. "Há estudo e observação nessa tela e, sobretudo,

---

100 Cartão de Alípio Dutra a João Dutra, Paris, 28/06/1913. (Cedido por Gilberto Dutra)

uma impressão natural e verdadeira". Já no retrato, não seriam menos firmes nem menores a destreza e habilidade de Alípio Dutra. Ele mostrava-se à vontade em qualquer gênero, sempre bem lançados e extremamente fiéis.

> Explicam-se, desta forma, a profunda simpatia com que a sua obra foi recebida e os aplausos sinceros e unânimes que colhe foram leva os inteligentes amadores que entre nós ainda, por milagre, se preocupam das coisas transcendentes da arte e da beleza.[101]

Monteiro Lobato também escreveu longo artigo elogioso. Embora contrário ao Pensionato, que não cansava de atacar, defendia o direito adquirido do pintor de prosseguir o estágio na Europa. Seu entusiasmo pode ser creditado à opção de Dutra pela flora nativa e cenas de sabor regionalista como *A filha da criada*, *Ponteando a viola*, *Jardim da Luz* e *Quarto pobre*. Entendendo a arte como veículo do nacionalismo, Lobato acreditava que ela deveria veicular temáticas locais. Cores, luminosidade e sabor dos Trópicos tornavam-se então fundamentais na elaboração de uma estética de brasilidade.

Essa leitura direta e facilmente apreensível pelo grande público, como queria Lobato, seria referendada em um poema de Oscar Brisola às representações pictóricas de Alípio Dutra. Nos versos que descrevem os jardins, cascatas, cafezais e matas verdejantes dos quadros, salta aos olhos a sexta estrofe sobre um tipo humano retratado pelo pintor: "E o pobre preto, olhar vagamente tristonho, de quem muito sofreu e seguiu a desgraça, parece-nos dizer, como através de um sonho, as dores de sua raça".[102]

Por outro lado, como os costumes e traços físicos, entre outros vetores de afirmação da identidade, dificilmente se expressam por meio de naturezas-mortas, estas não mereceram o louvor do crítico militante. Assim o peixe, os mamões e a "clássica melancia" da mostra constituíam apenas um leve desvio que, "felizmen-

---

101 "Exposição Alípio Dutra", *A Cigarra*, São Paulo, 17/01/1917.

102 Oscar Brisola, "Versos a Alípio Dutra", *A Razão*, Casa Branca, São Paulo, 7/09/1922.

Entre a vanguarda e a tradição   195

te", consistiam em um exceção à regra. De resto, Alípio Dutra revelava-se uma acentuadíssima vocação artística.

> "Os quadros que expõe na casa Di Franco confirmam com eloquência o acerto. É mister que o visitante saiba que o que lá está é produto exclusivo do seu esforço pessoal. Dutra é pensionado pelo Estado, mas deste pensionato de cinco anos apenas logrou realizar um ano de estudo; ora, é sabido que o primeiro ano de um curso é todo consagrado ao desenho de academias, de modo que ele ainda não encetou propriamente o estudo da pintura. Apresentar nessas condições telas como *Rachando Lenha* e *Manhã no Piracicaba* denota auspiciosamente talento e forte envergadura de pintor invulgar".

Incubando "matéria prima de um notabilíssimo pintor", Dutra vira interromper sua carreira devido à guerra e voltara ao Brasil para, deste "palanque transatlântico" aguardar o fim do cataclisma e reencetar os estudos:

> "E o governo não pode de maneira nenhuma furtar-se a isto, uma vez que de moto próprio, sem injunções de espécie nenhuma, o arrancou da pedagogia onde se encarreirara para o mimosear com cinco anos de subvenção na escola do Velho Mundo. Se a guerra se meteu de permeio, culpa a ela não cabe nenhuma, e o governo está na obrigação moral de cumprir o prometido".

A tais qualidades Lobato acrescia o fato de ser Alípio Dutra estudiosíssimo e um trabalhador infatigável, "desses que não perdem momento e não se deixam engodar pelo canto de sereia da troça parisiense" – algo raro e precioso, no entender do futuro pai da boneca Emília. Conclui

"Talvez três partes dos nossos compatrícios que para lá vão a estudos jogam a palheta por cima do moinho, para atolar na vasta calaçaria. Os que se revelam imunes ao contágio merecem especial apoio e todos os incitamentos, porque é neles que repousa a boa nomeada artística do Brasil de amanhã".[103] Vale salientar que, a par de promover o artista, nesse momento Lobato também colocava em pauta o problema dos diversos bolsistas expulsos da Europa devido à deflagração mundial.

Alípio Dutra não retornaria à Europa como pensionista, já que a verba de sua bolsa, "por um desses passes de magia tão comuns no país de Orates",[104] desaparecera. Em compensação, ele seria nomeado por Cândido Mota funcionário do Comissariado Geral do governo paulista em Bruxelas. Antes de se mudar, participou do Salão Nacional de Belas Artes do Rio de Janeiro por três anos consecutivos a partir de 1916, sendo que em abril de 1917 expôs uma vista da Fazenda Ribeirão Bonito, de Jaú, na vitrine da Casa Rosenheim.

Devidamente instalado na Bélgica em outubro de 1919, cursou a Real Academia de Belas Artes, na qual entra em primeiro lugar. Apaixonou-se pelo país e especialmente por Bruges, para onde voltou inúmeras vezes durante sua estada e cujos recantos com casarios e pontes refletidos na água dos canais jamais se cansou de reproduzir. Um desses óleos, de luz brilhante, tratamento de pinceladas espessas e colorido intenso, denominado *Ponte*, encontra-se na Pinacoteca.

Passam-se mais dois anos e, em 1921, Dutra abraçou a carreira diplomática como adido comercial adjunto da embaixada do Brasil em Paris. Segundo livro publicado sobre os célebres irmãos, Alípio Dutra teria ingressado em 16º lugar na Académie de Beaux Arts, entre seiscentos candidatos, obtendo no par de anos em que lá permaneceu diversas primeiras colocações nos concursos nas áreas de

---

103 Monteiro Lobato, "Exposição Alípio Dutra", *O Estado de S. Paulo*, São Paulo, 20/12/1916.

104 "Alípio Dutra", *Revista Elite*, São Paulo, novembro de 1947.

desenho e pintura.[105] Participou do Salão dos Artistas Franceses em 1923 e em 1924, com *Retrato de criança* e *Paisagem*.

Prosseguiu trabalhando e pintando até 1934, quando regressou definitivamente ao país de origem para logo tomar parte da Grande Mostra dos Irmãos Dutra, no Palácio das Arcadas em 1937. Recebeu então do governo francês a Cruz de Cavaleiro da Legião de Honra pelos serviços prestados no posto em Paris, de onde chefiou a propaganda, pela Europa, do então mais importante produto nacional. Com a experiência adquirida, de volta a São Paulo dirigiu o Instituto do Café, tornando-se ainda membro do Conselho de Orientação Artística de São Paulo até 1946. No ano de 1940 foi eleito presidente do Salão Paulista de Belas Artes e em 1945 publicou, em colaboração com José Maria dos Reis Jr., *História da Pintura no Brasil*, pela editora Leia.

Por ocasião de sua morte em 1964, aos 72 anos de idade, o também ex-bolsista Túlio Mugnaini registrou que, pertencendo à turma enviada à Europa pelo senador Freitas Valle, Alípio revelara-se um artista "probo e sincero".[106] Suas obras seriam expostas na coletiva *Dezenovevinte: uma virada no século*, na Pinacoteca do Estado de São Paulo, sendo que em 1973, nove anos após ter falecido, teria seu nome dado a uma rua na Guanabara, iniciativa da Câmara Municipal do lugar.[107]

---

105 Augusto Carlos Ferreira Velloso, *Os artistas Dutra: oito gerações*. São Paulo: Imprensa Oficial/Sociarte, 2000, p. 64.

106 Túlio Mugnanini, "Alípio Dutra", *A Gazeta*, São Paulo, 29/01/1964, p. 17.

107 "Na Guanabara, Rua Alípio Dutra", *Jornal de Piracicaba*, Piracicaba, 17/05/1973.

Alípio Dutra e folheto da sua mostra de 1915. (Coleção particular)

Diógenes Campos Ayres, pintor

Sem recursos para pagar um professor, este paulista de Itapetininga, nascido em 10 de janeiro de 1881, iniciou os estudos artísticos sem guia nem mestre. Aos 27 anos, em 1908, expôs 21 tentativas autodidatas na Casa Bevilacqua, à Rua São Bento, 14. Incluindo *Volta da pesca*, *Jabuticabas*, *Porteira abandonada*, *Inundação* e *Rio Camanducaia*, sua individual teria sido visitada pelo todo-poderoso Freitas Valle.[108] Causando boa impressão, o rapaz recebeu uma bolsa de estudos do governo em 1909, o que lhe permitiu ir a Paris estudar com Jean-Paul Laurens, Henri Royet e Tony-Robert Fleury na Académie Julian, até 1914. Ao retornar, montou uma exposição no Salão Mascarini, à Rua São Bento, 85, mas vendeu apenas seis das 108 telas. Revelando, na opinião de Mugnaini, o grau de aproveitamento no exterior, os óleos *Matin d'Automne* e *Neufares*, ambos sobre o Bois de Boulogne, de 1913, foram na ocasião adquiridos pelo Secretário do Interior, Altino Arantes, para a Pinacoteca, por uma quantia praticamente simbólica.

"Sua permanência em Paris, no ambiente das escolas e dos museus, serviu-lhe, porém, para adquirir conhecimentos técnicos, com os quais mais tarde deveria realizar com segurança sua obra de paisagista". Nesse sentido, os desenhos executados

---

108 Túlio Mugnaini, "Diógenes de Campos Ayres", *A Gazeta*, São Paulo, 28/12/1953.

durante o período na França e oferecidos ao museu pela sua viúva dão uma ideia exata do esforço do artista para tornar-se senhor do ofício, opinaria Mugnaini.[109]

Ecoando Túlio, artigo do *Diário Popular* reiterou que os anos passados fora não tinham sido em vão, podendo-se notar o estudo acurado, a segurança do desenho, a firmeza e a verdade do colorido: "A sua paisagem, talvez mais do que as suas figuras, é animada, tem vida, havendo algumas que nos dizem do momento em que o artista surpreendeu o local e a natureza".[110]

Campos Ayres mudou-se em seguida para a cidade natal, dando início, ainda de acordo com Mugnaini, à sua melhor fase. Fixando residência na capital paulista, a partir de 1917, não deixou de viajar frequentemente para o interior em busca dos recantos que tanto lhe agradavam. Até sua morte, em 29 de outubro de 1944, reproduziu cenas campestres de margens dos rios Tietê, Atibaia, Pardo, Avanhandava e Paranapanema, entre outros. Seu temperamento calmo e modesto refletia-se na pintura de suave colorido, imagens de águas caudalosas e encachoeiradas, gênero em que se tornou mestre. Para Ruth Sprung, seu traçado é tão pessoal que pode ser identificado à primeira vista: "Pintou árvores, águas paradas e correntes, plantas aquáticas, campos com árvores ralas ou barbas-de-bode, montanhas, nuvens, tudo colocado em um ambiente de luz difusa, quase bruma".[111] Já para Túlio Mugnaini, Campos Ayres foi dos poucos paisagistas que, em nosso meio, teve a

> "feliz ideia de abandonar o comodismo das cidades feitas de massa bruta de concreto armado, indo viver na vastidão e no sossego dos campos, de onde soube tirar os motivos típicos das suas telas que, mais tarde, o colocariam em situação privilegiada no conceito de todos os que apreciam a arte paisagística brasileira".[112]

---

109 *Idem.*

110 "Campos Ayres", *Diário Popular*, São Paulo, 3/06/1914.

111 Ruth Sprung Tarasantchi, *op. cit.*, p. 185.

112 Túlio Mugnaini, "Diógenes de Campos Ayres", *A Gazeta*, São Paulo, 28/12/1953.

Quanto ao aprendizado no estrangeiro, aliás, havia unanimidade entre os críticos. Sobre suas exposições realizadas em 1919, na Casa Di Franco e na Casa Verde, as duas à Rua São Bento, a *Revista do Brasil*, então dirigida por Monteiro Lobato, publicou o seguinte comentário:

> "Campos Ayres, um dos pintores saídos do Pensionato Artístico, expõe atualmente uma série de 48 quadros, resultantes da sua última excursão pelo interior do Estado. Acentuam-se neles a sua feição estética. Ayres é um miniaturista que só tem entre nós companheiro em Pedro Weingartner, o mestre no gênero. Caracteriza-lhe a arte a minúcia cuidadosamente vista e honestamente reproduzida, sem arrojos desnorteadores do público nem truques de atelier".

Embora não assinado,[113] pela linguagem e enfoque, o artigo é do próprio diretor do periódico. Elogiando a escolha do artista de pintar ao ar livre, captando os momentos de maior efeito poético como os crepúsculos, as manhãs e as réstias de sol isoladas, ressaltava que, ao mesmo tempo, nos campos de macega e barba de bode, Ayres revelava sem idealismos as consequências desastrosas das queimadas sucessivas empobrecedoras do solo. "Vagos capões de mão e uma ou outra árvore mais feliz são os únicos vestígios da passada exuberância. O homem torturou a terra, desnudou-a, fê-la um deserto árido e tristonho. Ayres reproduzindo fielmente esta paisagem consegue, por sugestão, comunicar ao espectador a melancolia da terra supliciada".[114]

---

113 No índice do volume, no lugar indicativo do autor do artigo está assinalado "Redação".

114 "Artes e artistas: Campos Ayres", *Revista do Brasil*, São Paulo, fevereiro de 1919, p. 226.

Dário Villares Barbosa, pintor
Mário Villares Barbosa, pintor

Irmãos gêmeos, nascidos em Campinas em 1880, desenvolveram técnicas e carreiras artísticas bastante similares até a morte de Mário, em 1917. Foram discípulos de Oscar Pereira da Silva no Liceu de Artes e Ofícios por volta de 1901, quando partiram para Paris às expensas do pai. Lá inscreveram-se na Académie Julian, estudando com os mestres Jules Lefèvre, Robert Fleury, Marcel Baschet e Laparra e ainda cursaram a Escola de Belas Artes em 1905. Viajam para Concarneau, onde pintam telas que apresentariam no Salon de 1907, incluindo dois interiores bretões e *Vieille femme*, de Mário, que chamou a atenção do crítico Gustave Rivet. Percorreram diversos recantos da Europa e pintaram cenas campestres de Portugal, mas se impresisonaram com a Bretanha, para onde volta inúmeras vezes e cujas paisagens reproduziram em grande número de quadros. Em 1910, havendo exposto 166 telas no Instituto Histórico e Geográfico de São Paulo, foram agraciados com bolsas do governo e voltaram a Paris.

Em 1911 Mário ganhou medalha de prata no Salão dos Artistas Franceses e ambos passaram para o âmbito do Pensionato recém-regulamentado. Seria dali que, em outubro de 1912, escreveria a Freitas Valle, para quem remetia esboços e desenhos. Contava sobre Monteiro França, que pretendia chegar na Cidade-Luz em janeiro e para quem procuraria ateliê. Falava do amigo comum Agostín Salinas revelando estar, junto com Dario, instalado em novo endereço que mobiliavam "em gótico, com uma tenda árabe", na Rua Caulaincourt, 56, e esclarecia: "Temos recebido a subvenção e n'estes três anos que nos faltam vamos poder organizar uma boa exposição para S. Paulo. Se o amigo encontrar o senhor inspetor do Tesouro peço participar a nossa mudança de residência".[115]

Em 1913 era a vez de Dário participar do Salon com uma cena campestre portuguesa. Segundo Fábio Magalhães, teria exposto em 1908, 1909, 1913 e 1914. Nesse último ano, pegos no meio do conflito bélico, queixavam-se da situação dramática.

---

115 Carta de Mário Barbosa a Freitas Valle. Paris, 10/10/1912. (AFV)

"Quanto a nós estamos contrariados com a nossa má situação por ver que estes malditos alemães causam prejuízos a todo o mundo, assim como a todos os pensionistas que sofreram de todas essas hostilidades porque para poder sair de Paris nos primeiros dias da mobilização, nos foi preciso passar uma noite e um dia a fazer *la queue* (a fila) para obtermos um passaporte e a passagem para o Porto, não sendo permitido a ninguém levar bagagem senão a cada um, uma mala de mão".

Forçados a mudar-se para perto de um tio devido ao fechamento dos bancos, diziam.

Acabamos de escrever aos nossos pais lhes explicando nossa situação e que desejávamos partir para o Brasil sabendo que as pensões estão cortadas, porém nossa mãe acaba de nos responder que nosso tio nos daria uma subvenção de 50 mil réis (portugueses) para cada um até nova ordem, achamos que não poderíamos trabalhar e viver com tão pouco e depois por causa desta guerra nós perdemos o nosso tempo e não temos mais a cabeça tranquila para o trabalho.

Explicavam que pretendiam regressar com todas as telas, para concluí-las.

Sem mais novidades, agradecemos infinitamente o nosso bom amigo e pedimos nos perdoar por todas as numerosas vezes que lhe temos aborrecido a nosso respeito. Esperamos voltar breve ao Brasil e poder agradecer pessoalmente, porque sabemos que será ainda o nosso grande amigo que fará tudo que poderá para nos fazer lá uma situação.[116]

---

116 Carta de Mário Barbosa a Freitas Valle, Ancona, Portugal, 14/10/1914. (AFV)

Em São Paulo por curta temporada, realizaram em fevereiro de 1916 uma exposição na Rua São Bento com paisagens da Espanha, Portugal e Itália. Sobre a mostra, que sucedia à de Wasth Rodrigues, a revista *A Cigarra* destacou a opulência dos trezentos quadros. "Há ali diferentes processo de pintura: a pintura larga, a de detalhe e a pintura polícroma. O certame dos dois talentosos artistas é de ordem a despertar no público o mais vivo interesse."[117] Dali a dois números, trazia foto dos "distintos pintores paulistas" no ateliê de Fitz Geraldo.[118] Em junho, reiterava que a mostra prosseguia bastante visitada, acrescentando.

> "Têm sido adquiridas muitas telas nestes últimos dias, reinando vivo entusiasmo entre os admiradores dos jovens artistas pela tômbola que vai ocorrer com uma das loterias da Capital Federal em que serão sorteadas algumas dezenas de quadros de subido valor".[119] No final do mês, anunciava que mais de oitocentos bilhetes haviam sido adquiridos pelos visitantes cada vez mais numerosos.[120]

---

117 "Movimento Artístico", *A Cigarra*, São Paulo, 29/02/1916.

118 *A Cigarra*, São Paulo, 31/03/1916.

119 *A Cigarra*, São Paulo, 18/06/1916.

120 *A Cigarra*, São Paulo, 30/06/1916.

Fotografia estampada na revista *A Cigarra* de 31 de março de 1916.
(Arquivo Freitas Valle)

Após a proveitosa estada na capital paulista, retornaram à Europa para o usufruto da bolsa. De Ronda, na Espanha, Mário remetia uma carta a Valle, menos de dois meses antes de falecer em Madri, no dia 24 de outubro de 1917.

> Há 20 dias que estamos em Ronda (Espanha) província da bela Andaluzia (longe do barulho da guerra). É uma cidadezinha muito pitoresca no meio de uma colina de montanhas, com pontes e castelo mouro; aqui temos centenas de assuntos para uma bela exposição e trabalho para 6 meses. O clima é considerado como talvez o melhor da Espanha, devido à grande altitude em que se acha, a água é puríssima e sai dos imensos rochedos; esta água é recomendada pelos médicos aos

> que sofrem da moléstia dos rins e do estômago; conta-
> mos sair d'aqui completamente curados desta moléstia
> que padecemos há anos.

Acrescentava que a vida estava tão cara quanto na França devido ao fornecimento de víveres aos Aliados. Assim, o franco perdia 25% do que valia antes da guerra. De Ronda planejavam ir a Granada. Suas obras estão espalhadas entre a Pinacoteca de Campinas, o Museu Nacional de Belas Artes e a Pinacoteca do Estado de São Paulo, que ostenta *Parque Monceau*, em meio a outros 274 óleos de sua autoria, a maioria dos quais mantidos na reserva técnica da instituição."

Dario permaneceria na França até sua morte, em 1952. Podemos vê-lo em 1929 na inauguração do Foyer Brésilein, quando seu diretor teve a ideia de expor nas salas uma série de esculturas e quadros de diferentes artistas brasileiros então em Paris. Dentre eles, Dario Barbosa, "que passeia a sua fantasia pelos países mais longínquos, de onde nos traz imagens cheias de pitoresco e de expressão".[121]

De acordo com Fábio Magalhães, Dario é dono de uma palheta predominantemente luminosa, de tons puros, muitas vezes violentos, demonstrando, com pincelada solta na elaboração das imagens por meio de manchas, sua qualidade de colorista. "O artista revela de forma sensível seu interesse pela geometria e pelos volumes arquitetônicos", diz Magalhães. "As manchas de cor determinam o ritmo e deixam ver o processo construtivo de sua pintura".[122]

Para Ruth Sprung, os dois irmãos foram mais felizes na realização de figuras do que de paisagens, sendo que em alguns quadros a resolução de ambos é idêntica. Ela pontua que pouco pintaram sobre o Brasil e sua natureza, preferindo marinhas, animais, pescadores e velhas bretãs: "Naturalmente a técnica deles é totalmente estrangeira, nada original, semelhante à de muitos artistas da época", afirma, para concluir que ficou-lhes faltando o toque de mestre.[123]

---

121 *Analles du foyer brésilien*, Paris, 7/09/1929, p. 38.

122 Fábio Magalhães, "Dario Villares Barbosa", texto datilografado de maio de 1981.

123 Ruth Sprung Tarasantchi, *op. cit.*, p. 204.

Mário Barbosa, à direita, no atelier do fotógrafo Fitz Geraldo, à esquerda, em 1916. (Coleção particular)

Francisco Leopoldo e Silva, escultor

Da mesma cidade de Monteiro Lobato, nascido em 10 de outubro de 1879, ele foi enviado para residir na capital com o irmão dez anos mais velho, então vigário da Paróquia de Santa Cecília, e frequentou o Seminário Episcopal e a Escola Normal da Praça da República. Ali, durante uma exposição de trabalhos escolares, impressionou o então Presidente de Estado, Campos Sales, com o busto modelado em sua homenagem. Findo o curso Normal, Leopoldo e Silva exerceu o magistério por dez anos no Grupo Escolar Maria José. Casou-se e, como chefe de família, engordava o orçamento escrevendo artigos para jornais sob o pseudônimo de Leo Franco. Jamais abandonou a escultura, decidindo assistir às aulas de Belas Artes no Colégio Coração de Jesus e modelagem no Liceu de Artes e Ofícios, sob a orientação de Amadeu Zani.

Recebendo uma bolsa de estudos do governo, partiu em 1911 para Roma, onde frequentou o Instituto de Belas Artes e tornou-se aluno de Arturo Dazzi, que por essa época também dava aulas a Brecheret. Túlio Mugnaini relata ter sido a ele apresentado em Florença, no ano de 1914, pelo amigo comum Lopes de Leão.

> O encontro foi numa estação quando, em companhia de mais três conterrâneos – Marcelino Vélez, escultor, Romeu e Artur Pereira, pianistas –, fomos levar nossas despedidas a Leopoldo, que estava viajando pela Itália, em companhia do padre Marcondes Pedrosa, então vigário da Paróquia de Santa Cecília.[124]

Com a eclosão da Guerra, ele regressou ao Brasil, mas retornaria à Europa graças à interferência junto a Freitas Valle do seu irmão Dom Duarte Leopoldo e Silva, Arcebispo da Diocese de São Paulo. Mugnaini conta que reviu o escultor em Roma, em 1919, no seu belo ateliê do Vale delle Milizie. Na ocasião, ele se preparava para voltar definitivamente ao país natal, havendo-se projetado como nome de realce no meio artístico de lá. Colhia expressivos elogios da crítica pelos trabalhos enviados ao Salão Romano Amatori e Cultori, de 1916, quando uma de suas obras, *Nostalgia*, foi adquirida pela municipalidade para o Museu de Arte Moderna de Roma. Nesse ano a revista *A Cigarra* estampava uma foto de *Apyára, o gran pescador*, trabalho do "talentoso escultor" que fazia "grande sucesso em Roma".[125] Ao lado de Brecheret, em 1919 participou da exposição realizada em Pincio, com *Sapho* e *Aretusa*.

Comparando-os, um crítico do periódico *L'Epoca* afirmou que ambos apresentavam notável resultado de expressão e "amorosa" descrição da forma. Se Brecheret tinha maior graça, Leopoldo e Silva demonstrava maior vigor.[126] Uma força, segundo Teixeira Leite, que foi buscar na arte de Rodin, morto em Paris em 1917 e para cujo funeral os dois artistas viajaram a Paris.

---

124 Túlio Mugnaini, "Animador do mármore e criador de formas", *A Gazeta*, São Paulo, 15/01/1955.

125 "Artes e artistas", *A Cigarra*, São Paulo, 30/06/1916.

126 A. F., "Due scultore brasiliani", *L'Epoca*, Roma, Itália, 21/02/1919.

"A paixão por Auguste Rodin e a marca de sua escultura revolucionária acham-se, com efeito, presentes no próprio embasamento do fazer estético tanto de Leopoldo e Silva quanto de Brecheret". As semelhanças, porém, cessam por aí, pois na volta ao Brasil tomariam rumos diferentes:

> Brecheret em direção a um despojamento formal e a uma pesquisa estilística que, afastando-o em definitivo de suas primeiras buscas, o transformariam no expoente maior de nossa cultura modernista; Leopoldo e Silva, deixando-se quedar num tipo de expressão mais conservador, do qual se acham excluídas a audácia e a renovação, embora não necessariamente o lirismo.[127]

Com a finalidade de comprovar o aproveitamento no exterior, naquele ano de 1919 expôs seus trabalhos primeiro no Pátio do Colégio, antigo prédio dos Correios. No ano seguinte, de posse das obras recém-chegadas de Roma, inaugurou outra mostra no velho prédio da Delegacia Fiscal, na Praça do Correio. Sucessos de crítica e de público, as 22 esculturas em mármore e bronze foram todas adquiridas – inclusive *Sapho*, comprada pela Pinacoteca que conta também com *Menina e moça*, outro mármore do escultor.

Após rápida viagem à Itália, para desincumbir-se de encomendas e compromissos previamente assumidos, Leopoldo e Silva instalaria ateliê nos fundos do Palácio São Luís, na avenida homônima. Desenvolveu intensa atividade, criando um sem número de monumentos que enfeitariam praças, ruas, igrejas, museus e o Cemitério da Consolação até dez anos antes da sua morte, aos 69 anos de idade, em 8 de agosto de 1948, afastado do ofício devido a uma grave enfermidade. Apesar do seu "entranhado amor à forma humana que, mesmo fiel à anatomia do corpo, observado e

---

127 José Roberto Teixeira Leite, "Francisco Leopoldo e Silva", in *Expressões do corpo na escultura de Rodin, Leopoldo e Silva, De Fiori, Brecheret, Bruno Giorgi*. São Paulo: Pinacoteca do Estado, 1995, p. 30-40.

traduzido em toda a sua solidez, volumetria e proporção, não sacrifica à verdade a poesia, a invenção", conforme notou Teixeira Leite, manteve um

> "deliberado repúdio às tendências mais arrojadas já em voga no tempo de seus estudos em Roma, fosse por questões de seu temperamento inclinado aos ideais clássicos, fosse por dificuldades geradas por um meio no qual aparentemente não soube ou não pôde desenvolver-se".[128]

Teria, porém, conservado um *métier* extremamente competente, além do domínio do ofício, herança da velha tradição oriunda de outras eras.

Helena Pereira da Silva Ohashi, pintora

Filha de uma francesa de Bourdeaux com Oscar Pereira da Silva, Helena, nascida em 1895, teve mais duas irmãs também artistas. Tocava piano, mas começou a interessar-se pela pintura por influência do pai, quando este trabalhava nas composições para os painéis do Teatro Municipal. Na chácara em Santo Amaro, onde viveram por três meses, quando os esboços aumentados eram passados ao papel, Helena serviu de modelo para quase todas as figuras das composições que incluíam imagens do teatro grego ambulante.

Em sua autobiografia, intitulada *Minha vida*, a maior fonte de informações sobre a pintora – já que escassas pesquisas existem sobre sua obra – ela conta como por essa época começou a fazer desenhos, aquarelas e pintura a óleo, reproduzindo objetos, flores, frutos. A paisagem viria bem mais tarde, mas ficava feliz em mexer nas tintas e nas cores. Pouco depois, ao expor seus trabalhos no ateliê de casa, Freitas Valle e mais alguns amigos acharam que merecia uma bolsa de estudos em Paris.

"A mesada era minguada, trezentos francos por mês não davam nem para pagar uma pensão e era por três anos", relata. Mas enfrentou o desafio, acelerando os preparativos da viagem, vendendo o piano e as mobílias. Em março de 1911, a

---

128 *Idem, Ibidem.*

família inteira embarcou, no Rio de Janeiro, no vapor holandês Frísia e em vinte dias eles aportavam em Cherbourg, com vento e frio intenso. "Paris me decepcionou muito, achei escuro, suas casas todas iguais, de cor de cinza, onde as roupas pretas dominavam no povo", afirmou Helena, só mudando de parecer ao visitar o Museu do Louvre, em abril.

Do hotelzinho de Montmartre, seguiram para Sartrouville, arrabalde na linha de trem St. Lazare. O cotidiano não era fácil. Helena e a irmã pegaram febre escarlatina, ela perdeu os cabelos e por um triz não morreu. Restabelecida, começou a trabalhar no Museu do Louvre. Sobre um cavalete especial alugado pelos guardiões, fez em croquis, *Le portrait de madame Vestie*, toda em cetim e rendas, e *La Melancolie* de Fragonard. Desenhou modelo vivo na Académie Julian des Passages des Panoramas, a primeira via pública parisiense a ganhar iluminação a gás, nos idos de 1817: "Quando vi o modelo nu, muito me intimidei. Eu ficava acanhada no meio das alunas, desenvoltas que riam e falavam entre elas".

Em casa, no ateliê improvisado no sótão, "seu Oscar", como a ele se referia Helena, deu início a uma série de cópias de Murillo, Rembrandt e Fragonard, além de quadros de gênero, modelo do natural, com costume Luís XV. Nessas horas de folga, ela continuava a pintar natureza morta sob a direção do pai, cuja facilidade e exuberância a encantavam e, ao mesmo tempo, a amedrontavam. "Isso me tirava o ânimo e pensava no íntimo 'nunca hei de me aproximar dele'. Mas nada dizia. Ele também pouco se importava com minhas ideias", confessou, explicitando o quanto o talento paterno a assombrava e intimidava, contaminando-a com uma insidiosa insegurança e constante sensação de incapacidade.

Em outubro, transferiram-se para um apartamento na rue Darremont, em Montmartre, quase pegado ao cemitério Pére Lachaise. Pelas janelas, só se viam enterros. Sua mãe faleceria uma semana após dar à luz, tornando o inverno ainda mais pesado. Quando em dezembro embarcaram de volta à terra natal, ela e a irmã Margarida sofriam de coqueluche, que durou seis meses.

No Brasil, seu pai retomou as aulas no Ginásio do Estado, onde decerto travara conhecimento com Freitas Valle, e dava início às decorações da Igreja Santa Cecília. Apesar de pouco pensar em arte, um dia Helena recebeu a visita do mecenas, contrariado que ela tivesse voltado justo agora que trabalhara para o aumento da bolsa e prolongamento da estada por cinco anos, graças à regulamentação do Pensionato. O

Entre a vanguarda e a tradição   211

deputado voltaria à casa deles várias vezes, até convencer Oscar a levar a filha a Paris em março de 1912. Desceram em Lisboa e, depois de um *tour* por Madri e diversas cidades da Itália, incluindo Veneza, que marcou profundamente a pintora, visitaram museus de Roma, onde faziam croquis de monumentos como o Coliseu.

Chegando a Paris, destino final, as cartas acumuladas no consulado traziam más notícias da família que ficara no Brasil, obrigando Oscar a retornar. Helena arrumou uma pensão, passou a fazer cópias nos museus do Louvre e de Luxemburgo e a frequentar a Académie Julian, com as recomendações de conseguir atestados de progresso, não sair à noite e mandar os estudos pelo correio. Seu quarto, com uma parede toda de vidro, ficava em um prédio novo, de face para a Rua Pierre Curie, perto do Panthéon, do Boulevard St. Michel e do Jardim de Luxemburgo.

"Outra vida nova ia começar para mim, mas eu estava tão saturada, tão atada à vida sem personalidade, que apesar de estar com dinheiro, liberdade e entregue a meus gostos, me parecia haver uma vigilância oculta e nada ousava fazer", confessou, como se o longo convívio com o pai exigente e brilhante a tivesse marcado irremediavelmente. Embora oprimida por "invisíveis laços", ia todos os dias à Académie Julian para as aulas com Chaumert: "Ali se fazia o modelo vivo mulher e homem com *cache-sexe*; eu desenhava a *fusain*, pouco pintava, fazia as composições sobre temas bíblicos, que o professor dava uma vez por semana, conseguia ser bem colocada, às vezes era elogiada pelo colorido".

Mudou-se então para a Colarossi, curso misto, com aula de retrato de croquis, mas seu sentimento de inferioridade e impotência adquiridos no convívio com o pai persistiam.

> "Ficava desanimada ao ver tantos alunos trabalharem bem, fortes, seguros do pincel e eu, naquela indecisão e timidez; trabalhavam grandes telas e pintavam com desenvoltura; pouco a pouco ia compreendendo que eu estava presa às regras a aos detalhes. Trabalhava o dia todo e no estio ia estrear na paisagem, para mim dificílima; fazia croquis no jardim do Luxembourg, à beira do Sena; quando chovia ia às velhas igrejas St. Julien le Pauvre e St. Severin".

No museu do Luxemburgo, cuja coleção era composta de quadros de artistas contemporâneos, fez cópias de *La femme de Cornichors*, de Bail e *Jeune fille au chat*, de Chaplain, que ia mandando ao pai com os desenhos de modelo vivo. Seus esforços foram recompensados. "Consegui entrar na Escola de Belas Artes, no curso de Hebert; aí fiquei uns meses tudo fazendo para progredir; ali havia alunos bem traquejados, que desenhavam e pintavam admiravelmente bem". Mas nem o fato de passar nos rigorosos exames da École para aquele concorrido ateliê aplacou sua autocrítica. Nesse período não expôs em salão nenhum, "esperando trabalhar melhor para isso".

Na pensão em que morava, conheceu uma família brasileira do Ceará. Junto com a filha deles, pianista, Helena ia a concertos e teatros. Também fez amizade com uma inglesa que pintava. Ao lado de Miss Gertrudes saiu de férias em 1914 para Veneza, onde procurou reproduzir em aquarela os reflexos das casas e das gôndolas sobre as águas. "Um dia, ouvimos na cidade que a França e a Alemanha estavam em guerra", revela Helena. E o que se acreditava não duraria mais do que duas semanas esticou-se por cinco anos. "Os dias iam passando a cada vez mais uma nova nação entrava em guerra, nosso dinheiro estava se fazendo escasso, miss Gertrudes pensava em voltar para a Inglaterra e eu, que faria ali sozinha, sem conhecer ninguém e sem dinheiro?" A pensionista recorreu ao consulado brasileiro em Gênova, pois, tendo ido à Itália sem documentos, não podia voltar sem papéis de identidade. Resolvido o problema, encontrou uma Paris diferente da que tinha deixado:

"As ruas ermas e tristes, o comércio quase todo fechado, só havia condução subterrânea, de vez em quando batalhões passavam ora silenciosos, ora com banda de música, que partia a alma de tristeza". Como a maioria dos cidadãos, achava que tudo terminaria em breve com a vitória da França.

> As poucas cartas que recebia de meu pai eram ordens para voltar, mandou-me mil francos para a viagem, mas não fui, esperando que acabasse a guerra, o que muito o contrariou; começando a ver que ia essa guerra durar muito tempo, pedi mais mil francos a meu pai que me mandou, dizendo que desta vez me abandonaria se não viesse.

Pressionada pela família e enfrentando dificuldades crescentes, embarcou em Bourdeaux de volta no vapor francês perseguido até Pernambuco por submarinos alemães.

Mal-adaptada à velha rotina na casa escura e triste comparada à independência adquirida na Europa, sentia-se desnorteada em termos de arte, com "horror" aos retratos por fotografia que seu pai propunha: "Ele não gostava da maneira mais livre, como tinha aprendido em Paris, dizia que só servia para estragar telas e tintas, que eu precisava acabar mais, e esbater, ter mais paciência". Não faltaram artigos de revistas e jornais aclamando a pintora para quem defendiam a retomada da bolsa interrompida devido à guerra. Em *A Cigarra*, era descrita como uma jovem "cujas brilhantes qualidades bem denunciam a herança paterna", visíveis em *Souvernirs*, tela *d'aprés* Chaplain e *La femme de Cornichors*, na Galeria de Luxemburgo: "O seu pincel pôs nas duas cópias um sentido que abrange a compreensão triunfante dos efeitos picturais".[129]

No ano seguinte, a mesma revista anunciava que no último concurso da Academia de Belas Artes do Rio de Janeiro, a pintora ganhara menção honrosa por um "lindo quadro" para lá enviado. "O júri não a esqueceu, é certo, mas a recompensa podia ter atingido um grau mais elevado".

> "Pensionista do estado em Paris antes de começar a Guerra, mademoiselle Helena tomou parte no concurso de admissão à École Nationalle de Beaux-Arts e em março de 1914 conseguiu ali um lugar que honrou sobremaneira. Do modo porque se conduziu para cumprir todos os encargos do Pensionato, nem vale a pena falar. Basta dizer que foi ela a única que trouxe para São Paulo dezenas de trabalhos que comprovam a sua aplicação, tendo depositado na Pinacoteca uma cópia de quadro célebre, cópia que documenta bizarramente os seus progressos pictóricos".

---

129 *A Cigarra*, São Paulo, 30/12/1915.

214   Marcia Camargos

E prosseguia reiterando que Schomme, oficial da Legião de Honra e professor da referida escola e da Académie Julian, já em outubro de 1915, dera-lhe um certificado em que a considerava "notável por sua assiduidade, seus trabalhos merecendo ser encorajados e que poderia muito utilmente aproveitar os benefícios que solicitava de seu governo para continuar os estudos artísticos em Paris".

Em outro documento, igualmente em francês, Madame Julian proclamava que os progressos da discípula davam a seus professores grande esperança para seu futuro artístico. A revista dizia que ela atingira tamanha perfeição que Madame Victor Guerlain, em carta ao diretor da École de Beaux-Arts solicitava licença para que Helena Pereira da Silva trabalhasse nas galerias daquele estabelecimento oficial. Enfim, Paul Laurens conferia um atestado afirmando os elevados méritos da pintora.

> Diante disso tudo, quer nos parecer que o governo do Estado não deve hesitar em permitir que nossa patrícia volte a Paris a completar seus estudos. Pela lei do Pensionato, ainda lhe cabem dois anos. Como apenas estudou durante três, sendo forçada a deixar Paris quando rebentou a Guerra, não pode ficar na inatividade quem de si deu tão ampla prova de capacidade estética e assiduidade ao trabalho. É por isso que *A Cigarra*, sempre ciosa das verdadeiras vocações artísticas, recomenda ao alto espírito de justiça dos senhores presidente do Estado, secretário do Interior e membros do Pensionato Artístico, o nome da nossa ilustre patrícia.[130]

A despeito das reiteradas matérias e do prestígio de Oscar Pereira da Silva nos círculos ilustrados da cidade, Helena não teve o pensionato restabelecido. E como seu pai não parecia interessado em ajudá-la a expor, ela economizou por cinco

---

130 Manuel Leiroz, *A Cigarra*, São Paulo, 23/11/1916.

anos, "acumulando tostão por tostão" para realizar tal intento.[131] Quando, tempos depois, um pintor alemão ofereceu o local na Rua Direita que ficara vago, em janeiro de 1919 Helena pôde finalmente mostrar 46 telas, de técnicas diferentes entre si e cobrindo desde antes da ida a Paris.

Sobre a mostra Lobato, escreveu uma crítica bastante favorável, ressaltando os progressos alcançados em comparação à sua estreia em conjunto com o pai, quando já denunciava uma forte individualidade de artista cujos quadros "não eram pintados à maneira comum das senhoritas prendadas". Entre estudos de natureza-morta, paisagens, marinhas, figuras e composições, Lobato ressalta *Mãe e enfermo*, representado pela mulher velando o filho doente e, segundo ele, feito com bastante largueza: "a criança, pelo inacabado da pintura, realça mais o trabalho", afirma Lobato, para quem Helena passeava com desenvoltura pelos diversos gêneros abordados, revelando boa perspectiva e meias tintas sombrias de agradável efeito.[132]

Helena Pereira da Silva ainda regressaria com a irmã Margarida a Paris em 1920, desta vez às expensas do pai e não do governo paulista. Com Judith, a caçula que ficara na Europa quando a mãe delas faleceu prematuramente, alugaram um apartamento no mesmo edifício da sua tia-avó Loichot, mobiliando-o modestamente: "Começamos nossa vida de estudos bem econômica, a pensão que meu pai mandava era escassa e dependia do câmbio, devíamos viver as três a pagar os estudos", ela registrou. Helena inscreveu-se na Academia Colarossi, fundada pelo escultor italiano Filippo na rue de la Grande-Chaumière, 10.

Mantinha no corpo docente o professor Raphael Collin, pintor de decorações murais para o Opéra Comique, sendo menos cara, mais boêmia e mais aberta às novidades do que a Julian. Aprendendo ali composição sobre temas clássicos gregos e da história da França, Helena finalmente criaria coragem para expor no Salão

---

131 Helena Pereira da Silva Ohashi, *Minha Vida: Brasil-Paris-Japão*. São Paulo: Ed. da Autora, 1969, p. 10 – 4.

132 Monteiro Lobato, "Exposição de pintura", *Revista do Brasil*, São Paulo, janeiro de 1919, p. 127. Não assinada, a resenha é de autoria de Lobato tanto pelo tom, quanto pela menção explícita a ele feita por Helena Pereira da Silva na página 13 do seu livro: "Tenho ainda um artigo de Monteiro Lobato sobre a mostra que fiz; ele estava nesse tempo escrevendo na *Revista do Brasil*".

dos Artistas Franceses entre 1923 e 1930. Embora confessasse que nesse curso já ousasse desafiar as regras estritas, procurando não copiar servilmente do natural, seu gosto estético não parece ter mudado em contato com as novas propostas e tendências que vinham revolucionando o meio artístico francês:

> "Tinha aversão pelos modernos excessivos, admirava os mestres, bons desenhistas, com bela pasta, colorido rico e espontâneo. Ainda fiz umas cópias no Museu do Louvre, *La source* de Ingres, *Demócritas* por Coypel e uma grande cópia do tamanho natural de *Betsabé* de Rembrandt – essa foi a última. Depois me aprimorei em fazer interiores do Museu do Louvre e do Museu de Cluny"

revelou, singela, em seu livro de memórias. Por essa época encontra-se com Anita Malfatti, conforme carta remetida pela autora do *Homem Amarelo* a Mário de Andrade em 7 de maio de 1928, contando que estaria até primeiro de julho na casa de Helena Pereira da Silva, à Rue Severo, 8.[133]

Durante esses anos em Paris, Helena enviou ao Salon des Femmes Peintres et Sculpteurs telas que foram bem colocadas. O retrato de sua irmã Margarida vestida de veludo preto com um violino, além da cabeça de Pierrot chamaram a atenção da imprensa local. *La Revue Moderne*, por exemplo, registrou:

> Esta jovem e charmosa brasileira investe com sucesso no retrato e na natureza morta. Fiel ao Salão das mulheres pintoras, onde ela já obteve bons êxitos, a srta. Pereira da Silva enviou-nos algumas obras de grande distinção; um Pierrot sedutor, um canto de chaminé, com acessórios originais e reflexo sobre o espelho, estudo extremamente brilhante e de rara perfeição técnica.[134]

---

133 Carta de Anita Malfatti a Mário de Andrade, Paris, 7/05/1928. (FMA/IEB)

134 *La Revue Moderne*, Paris, março de 1927. (Tradução livre da autora)

A revista *Analles du foyer brésilien* dá conta de que, com a tela *Une vielle rue de Martigue*, cujo colorido e luz eram do mais feliz efeito, ela encontrava-se entre os artistas brasileiros admitidos nos salões de pintura e escultura de Paris.[135]

É também na capital francesa que Helena se casaria com o pintor japonês Riokai Ohashi, no ano de 1933, indo viver em Kobe. Continuou exercendo a profissão, expondo no Rio de Janeiro, São Paulo e Buenos Aires e em diversas cidades do Japão, sempre junto com o marido. Viúva após a Segunda Guerra Mundial, voltou ao Brasil, fixando-se finalmente em Campinas, onde lecionaria pintura até sua morte, em 14 de novembro de 1966. De acordo com Ruth Sprung, quase não se encontram em coleções particulares quadros da pintora cuja obra ainda carece de um estudo em maior profundidade.[136] Na Pinacoteca, podem ser vistos *Preparando conservas*, cópia de Bail, *Mulher dormindo*, cópia de Chaplain e um óleo sobre eucatex com motivos florais.

---

135 *Analles du foyer brésilien*, Paris, 7/09/1929, p. 73.

136 Ruth Sprung Tarasantchi, *op. cit.*, p. 274.

A pintora em artigo de *A Cigarra* de 15 de junho de 1914. (Arquivo Freitas Valle)

Reprodução de autorretrato de Helena Pereira da Silva na sua autobiografia. (Arquivo Freitas Valle).

Gastão Worms, pintor

Fez retrato, marinha, natureza morta, composição, paisagem e nu – tema, aliás, do óleo exposto no Salão de Outono, em Paris, em 1929, e que integraria o acervo da Pinacoteca do Estado. Pintor de cavalete nascido em 20 de maio de 1905 na capital paulista, foi também um escultor figurista, que moldava em bronze, gesso e cimento em tamanho natural como se vê em *Afrodite agachada*, instalada no saguão do Condomínio Edifício Paissandu, na capital paulista.

Caçula de cinco irmãos, teve as primeiras lições de arte com a mãe, a pintora Bertha Abraham Worms, e ainda criança fazia ilustrações e caricaturas para as revistas *Kosmos* e *O pimpão*. Em 1924, sob o pseudônimo de Valverde, desenhou charges para o *Diário da Noite*, em São Paulo, tendo também assinado figurinos, projetos de decoração, pintura mural, baixos-relevos, cerâmica, *crayon*, aquarela e pastel, entre outras técnicas.

Participou de coletivas em 1922, incluindo a Primeira Exposição Geral de Belas Artes no Palácio das Indústrias em São Paulo, mas não da Semana de 22, já que sua pintura ainda padecia de influências acadêmicas. Porém, chamou a atenção de Mário de Andrade que, em 1926, escreveu sobre ele em *Terra roxa e outras terras*. Crítico interessado nos jovens talentos, decerto vinha seguindo a carreira de Worms, que, segundo ele, sofria as "inquietações da inteligência", sendo portanto um bom pintor e não um mero "pintador".[137] Realizou uma individual no antigo Correio, Largo do Palácio, para comprovar seus esforços e viajou a Paris em 1926, com bolsa do governo do Estado de São Paulo. Desenvolvendo sua linguagem numa época em que as propostas dos continuadores do cubismo eram substituídas pelas do surrealismo, em uma linha mais espontânea e sensível: Worms, porém, não se aproximou destas tendências, buscando antes uma certa inovação em torno da própria arte convencional: "Localiza-se, por sua obra, nas vizinhanças de grupos de inovação moderada, que no final dos anos 20 davam o tom ao Salão do Outono e Salão das Tuileries, livres do academismo, mas adeptos de uma pintura realista".[138]

---

137 Ver Ruth Sprung Tarasantchi, *Os Worms: Bertha e Gastão*, catálogo de exposição realizada na Pinacoteca do Estado de São Paulo, 18 de maio a 5 de junho de 1996, p. 23.

138 Ver Marta Rossetti Batista, *Os artistas brasileiros...*, op. cit., p. 438.

Assim, entre 1927 e 1933, fazendo caricaturas para jornais parisienses, frequentou os ateliês de artistas como Lhote, Péquin, Friesz e Despiau – este último, seu professor de escultura. Levou três anos para se atrever a expor. Quando resolveu, preferiu o Salão de Outono, demonstrando, na opinião de Marta Rossetti, o desejo de se distanciar da pintura acadêmica dos termos impostos pelo Pensionato. Em 1929, ao observar seu *Nu sentado* no Salão de Outono, o crítico Raymond Cogniat notou que o quadro poderia ser ardente pela harmonia de marrons e dos alaranjados aos quais juntava-se o panejamento amarelo nos joelhos do modelo, mas alerta: "Malgrado estas tonalidades, a obra, bastante hábil na composição e no desenho permanece fria. Tem-se impressão de uma falta de entusiasmo". Finalizava afirmando que não deveriam julgá-lo tão severamente, porque nele suspeitava qualidades interessantes.[139]

Mostrando um tipo de composição que marcaria seus trabalhos posteriores, esta tela é o primeiro resultado conhecido de seus estudos iniciais na França, sendo reproduzida na página treze, em rotogravura, do jornal *O Estado de S. Paulo* de 17 de janeiro de 1930. Ainda conforme Rossetti, se não quebrou as regras da representação tradicional da figura humana quanto às proporções, modelado e sombras, por outro lado o desenho é firme, sucinto, com alguma estilização e abstração de detalhes, mostrando que ele apreendera as lições dos "construtores" do início da década de 1920. No ano seguinte exporia *Composition* e *Magdaleine* no mesmo Salão. Com atmosfera marrom alaranjada, compensava o aspecto frio das telas.[140]

Mesmo com a extinção do Pensionato, substituído pelo Conselho de Orientação Artística, Worms prosseguiu em Paris, enviando para o Salão das Tuileries de 1931 *Composition* e *Figure*. Quanto à sua experiência de seis anos em Paris, ela pôde ser examinada mais de perto na individual aberta em São Paulo no seu retorno, em setembro de 1933. Das trinta pinturas, dez desenhos e cinco esculturas do catálogo, apareciam dez naturezas-mortas, uma paisagem e um mercado da Bahia, sendo as demais centradas na figura humana.[141]

---

139 Raymond Cogniat, "Au Salon d'Automne", *Revue de L'Amerique Latine*, Paris, 1º/01/1930, p. 74. *Apud* Rossetti, *Os artistas brasileiros. op. cit.*, p. 439.

140 *Idem*, p. 441.

141 Mário de Andrade, "Gastão Worms", *Diário de S.Paulo*, São Paulo, 24/09/1933.

Simpatizando-se com a mostra, Mário de Andrade escreveu para o *Diário de S. Paulo* uma crítica de duas colunas com 88 linhas cada.

Afirmava que a estada europeia fizera-o progredir e transformar-se, trazendo dentro de si "alguma coisa para nos dizer", embora se ressentisse da sisudez prematura, da falta do frescor, dos erros ingênuos e atrevidos a que ele chamou de "mocidade", abundante na exposição anterior: "É mesmo estranho como o pintor se tornou sereno e amadurado nas obras atuais, não apenas como técnica, o que é um bem, mas como sensibilidade, como temperamento o que me parece um mal para a idade dele".

Analisando então *Composições*, com o tema da mãe e filho, um adolescente dos seus 13 anos, e não o tradicional bebê, temática recorrente na sua produção, Mário via demonstrações do complexo de Édipo ligando-o a Bertha, pintora reconhecida que o iniciara no mundo das artes.

> Os jogos de ritmo na composição das duas figuras são sempre estudados com enorme cuidado e expressão, chegando mesmo a criar um conjunto admirável no número 15. E o artista, levado pelas únicas volúpias de criação mais ousada de toda a exposição, borra esse grupo de quadros com grande vigor, com aquela pressa das comoções que transbordam, iluminando as figuras com jatos violentos de luz.[142]

Mário de Andrade salienta, ainda, as naturezas-mortas tratadas pelo pintor em plano violentamente inclinado, de forma a estabelecer um compromisso entre a perspectiva do ambiente e a superfície da tela:

> "Assim libertos da profundidade, os objetos podem mais livremente ser tomados como valores puramente pictóricos. E quase sempre, com efeito, maçãs, vasos, pêssegos não são dados objetivos para o pintor, mas exclusivamente

---

142 *Idem.*

> revalidados pelos seus tons, que o pintor joga nas telas
> para criar as suas harmonias".

Para Mário, era notável pela predominância do branco, cor favorita do artista, o quadro da couve-flor, "duma grave e clara harmonia, apesar da quebra da mesa no primeiro plano estabelecer uma certa solução de continuidade muito forte". Por estes valores e curiosidades, afirmou, a exposição de Gastão Worms tornava-se uma das mais importantes daquele ano: "Se ele pertence à pintura, já tem o direito de falar que a pintura lhe pertence",[143] conclui.

Instalado em São Paulo, fez a decoração do baile carnavalesco da Spam, em 1934, com Lasar Segall e Anita Malfatti, entre outros, além de lecionar desenho na Sociedade de Educação Artística da capital paulistana e também em Petrópolis, no Rio de Janeiro. Dois anos depois, em 1936, ganharia a Grande Medalha de Honra do Governo da França pelos seus serviços de professor da Aliança Francesa de São Paulo. Conquanto vendesse seus quadros, lecionou francês, a língua materna, por mais de trinta anos em colégios particulares de São Paulo e do Rio de Janeiro, onde passou a residir desde 1943 até sua morte, em 16 de dezembro de 1967. Sérgio Milliet, cujo retrato por ele pintado encontra-se na Biblioteca Mário de Andrade, na capital paulista, afirmou certa vez que Worms figurava entre os precursores das nossas escolas modernas.[144]

> Rigoroso em sua concepção pictórica, foi senhor de um
> desenho fortemente construído, no sentido do volume.
> Quanto à pintura, assegurou-se da harmonia cromática
> em tonalizações restritas e que correspondiam ao efeito
> de densidade volumétrica, que muito se valia de uma ilu-
> minação acentuada pelo trato persistente das sombras e
> meias tintas.

---

143 *Ibidem.*

144 Sérgio Milliet, *O Estado de S. Paulo*, São Paulo, 2/10/1941, p. 4.

afirmaria Quirino Campofiorito, para quem Worms sofreu certa influência do cubismo no tocante à ambientação forma-espaço, nas quais sempre deu preferência à figura humana, entre retratos e nus femininos e só por vezes agrupamentos de objetos.[145] Já para Marta Rossetti, as composições rigorosas e de grande contenção de Worms são tecnicamente cuidadas, seja nas harmonias de cores-terra ou no difícil uso do branco. Mostram uma inovação comedida sem, contudo, passar pelas rupturas da vanguarda.[146]

Gastão Worms, c. 1922. (Coleção da família do artista)

---

145 Quirino Campofiorito, in Carlos Cavalcanti & Walmir Ayala, orgs. *Dicionário brasileiro de artistas plásticos*. Brasília: MEC/INL, 1973-1980. v. 5.

146 Marta Rossetti Batista, *Os artistas brasileiros...*, op. cit., p. 445.

Gastão Worms, c. 1940. (Coleção da família do artista)

José Monteiro França, pintor

Paisagista, ele é um desses casos eminentemente intermediários, que receberam bolsa do governo estadual antes da regulamentação do Pensionato e depois se encaixaram no programa até a eclosão da I Guerra Mundial. Nascido em Pindamonhangaba em 21 de outubro de 1875, formado pela Escola Nacional de Belas Artes, do Rio de Janeiro, estudou com Henrique Bernardelli e em 1904 viajou para Nápoles, onde se aperfeiçoou com Giuseppe Bocchetto. Mudou-se para Roma e, ao retornar ao Brasil, em 1906, expôs 29 telas, entre retratos, figuras, paisagens do interior e marinhas em coletiva organizada no ateliê do fotógrafo Valério Vieira. Ofereceu à Pinacoteca do Estado o quadro *Ressonando*, sendo então convidado para decorar o Pavilhão do Brasil na Exposição Internacional de Turim.

Ao regressar da Europa onde, segundo Túlio Mugnaini, ele absorveu os influxos de Sartorelli e Beppe Ciardi, mestres italianos da escola moderna da época, Monteiro

França expôs em 1912 na Rua São Bento, 38, antiga Casa Edison, São Paulo. Com críticas favoráveis na imprensa paulista, vendeu boa parte das quarenta telas, uma das quais, *O beijo da fonte*, pintado em Anticoli Corrado, arredores de Roma, foi adquirida pelo governo para a Pinacoteca. Participou da Segunda Exposição Brasileira de Belas Artes, no Liceu de Artes e Ofícios com apenas um retrato, já que os demais quadros não foram liberados a tempo na alfândega de Santos.

De volta ao Velho Continente pelo Pensionato, trocou Roma por Paris, convivendo com o grupo de brasileiros formado por Mugnaini, Wasth Rodrigues e Alípio Dutra, e não permaneceu indiferente aos impressionistas.[147] Com a eclosão da I Guerra, regressou definitivamente ao Brasil, captando trechos de paisagens que expunha em São Paulo, ao lado dos retratos feitos sob encomenda como os de Bernardino de Campos e do rei da Bélgica, vistos na vitrine do jornal *O Estado de S. Paulo*, em 1915, ou o de Washington Luís, realizado em 1921. No ano seguinte esteve na Primeira Exposição Geral de Belas Artes, no Palácio das Indústrias. Apesar do fraco desempenho, talvez devido ao acesso difícil, a exposição foi bastante elogiada por Monteiro Lobato nas páginas da *Revista do Brasil*. Ainda em 1922, em uma coletiva na Rua Líbero Badaró, 69, mostrou noventa quadros, entre paisagens e marinhas.

Monteiro França, que abordou todos os gêneros de pintura, do retrato à natureza-morta, passando pela decoração alegórica e de caráter religioso, pendeu, de acordo com Túlio Mugnaini, para o impressionismo em voga entre a maioria dos pintores, sobretudo paisagistas. Mas não o fez como modismo, e sim porque a tendência já estaria no seu temperamento artístico.[148] Na opinião de Teixeira Leite, este pintor, que viria a falecer em São Paulo no dia 24 de março de 1944, destacou-se como intérprete da natureza brasileira, "com sensibilidade, correção de desenho e discreto colorido".[149]

Já para Dominique-Edouard, dedicando-se à análise da sensação visual, Monteiro França levou-a a um altíssimo grau de intensidade, em que cor e forma mesclavam-se numa coisa só. "A aplicação da massa em toques horizontais

---

147 Túlio Mugnaini, "José Monteiro França: pintor paisagista, retratista e decorador", *A Gazeta*, São Paulo, 25/07/1953.

148 *Idem.*

149 José Roberto Teixeira Leite, *Dicionário crítico da pintura no Brasil*. Rio de Janeiro: Artlivre, 1988.

e verticais, a estilização geométrica dos volumes na estrutura interna dos planos revelam a longínqua influência de Cézanne, profundo renovador da pintura mundial nas primeiras décadas do século XX".[150]

José Wasth Rodrigues, pintor

Dublê de desenhista e historiador, privilegiou em sua carreira os velhos casarões e costumes do passado, que executava com a mesma facilidade tanto a lápis quanto a bico-de-pena, com traços leves e seguros. Em óleo ou guache, retratava a mata, a roça, a arquitetura colonial de Minas Gerais e do Nordeste, documentando nosso patrimônio arquitetônico em cores fortes e pinceladas grossas, carregadas de tinta.

De origem extremamente humilde, nascido em 19 de março de 1891 na capital paulista, passou a primeira juventude em um seminário no interior de São Paulo. Deveria tornar-se padre, mas acabou na capital em 1908, para estudar pintura com Oscar Pereira da Silva por quase dois anos. A mudança de rota deveu-se, em parte, a um acaso do destino. Consta que, sem dinheiro para remeter uma carta à família, desenhou no envelope um selo perfeito, que passou como verdadeiro pelo serviço postal. A mãe teria mostrado a façanha a Freitas Valle, que apadrinhou o rapaz, enviando-o a Paris em 1910 na fase anterior à regulamentação do Pensionato. Como de praxe, expôs seus trabalhos para demonstrar as aptidões que o fizeram merecedor da bolsa na Europa. Apesar das críticas do jornal *O Estado de S. Paulo*, que aconselhavam uma passagem pela Escola Nacional de Belas Artes no Rio de Janeiro antes de enfrentar Paris, para não cair nas armadilhas da imitação motivada pelo deslumbramento, ele partiu em seguida.

Devidamente matriculado na Académie Julian como a maioria dos pensionistas, estudou também com Jean-Paul Laurens e com Nandi e Lucien Simon na Escola de Belas Artes. Conforme relembraria seu contemporâneo e futuro pensionista Túlio Mugnaini, Wasth instalara ateliê no bairro de Champ de Mars, na aristocrática avenida de Saxe, 59, entre Montparnasse, a Escola Militar e Les Invalides. Costumava frequentar a Rotonde, o ponto de encontro predileto dos artistas e da

---

150 Dominique-Edouard Baechler, *Pintura acadêmica: obras primas de uma coleção paulista: 1860-1920*. São Paulo: Imprensa Oficial do Estado, 1982.

boemia local. "O preço de um almoço não ia além de uns tostões, isto é, 1 franco e cinquenta centavos. As mesas eram de mármore, toalhas e guardanapos não existiam, mas por aquele preço, não era possível almoçar melhor". Do grupo de que faziam parte Alípio Dutra, Monteiro França, Osvaldo Pinheiro, Campão e ele próprio, Mugnaini afirmou que Rodrigues era uma das figuras mais interessantes. "Vestia-se modestamente, de roupa escura, com calças listradas, fumava cachimbo e usava uma bengala tão singular, uma espécie de pau retorcido, com manchas claras, o que era motivo de pilhéria por parte dos colegas".

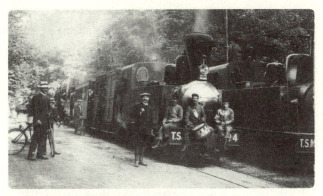

Wasth Rodrigues, de boina, em Barbizon, França, em agosto de 1911.(Coleção particular)

O pintor em Paris, abril de 1911 (Coleção particular)

228 Marcia Camargos

Sóbrio, culto, falava corretamente o francês, mas conversava pouco, embora mantivesse o bom humor constante, fazendo blagues à moda francesa. Talvez por saber administrar os recursos da bolsa de estudos, fazia o tipo de boêmio requintado e romântico.

> Muito amável para com todos os companheiros, era um trabalhador estudioso e metódico, qualidades essas que ele já possuía por temperamento, mas que, naturalmente, ele apurou mais ainda, em contato com o ambiente e os colegas das escolas, pois naquele tempo pelo menos, trabalhava-se e estudava-se bastante.[151]

Nessa época da mocidade compartilhou a mansarda pobre com Amedeo Modigliani, que fez seu retrato e, em troca de um capote verde-lhe deu dois quadros, depois perdidos. "Wasth estava longe de prefigurar o renome mundial do amigo, de quem louvava a grande bondade", registrou o poeta e jornalista Carlos Drummond de Andrade.[152] O casaco seria reproduzido em diversos autorretratos do pintor livornês, que marcaria inúmeros adeptos da Escola de Paris, dali a alguns anos. Nos traços alongados das obras de Brecheret, por exemplo, pode-se sentir a importância de Modigliani, ao passo que Wasth Rodrigues encontrava-se próximo demais para perceber a tendência delineando-se no horizonte.

Quando a guerra irrompeu na França, em princípios de agosto de 1914, os bolsistas saíram à procura de novas paisagens longe da capital. De Uzerche, instalado no Hotel du Commerce, Wasth escreveu a Túlio perguntando se a Académie Julian havia sido fechada e conta: "Eu estou num lugar muito bonito, mas estive impedido de pintar por ser estrangeiro".[153] Com o agravamento das condições e a

---

151 Túlio Mugnaini, "Lembrando um grande artista: José Wasth Rodrigues", *A Gazeta*, São Paulo, 11/06/1957, p. 34.

152 Carlos Drummond de Andrade, "O bom Wasth Rodrigues", *O Estado de S. Paulo*, São Paulo, 28/01/2001. (Texto originalmente publicado em 1957).

153 Carta de José Wasth Rodrigues a Túlio Mugnaini, Uzerche, 2/09/1914. (CDM)

suspensão momentânea das bolsas, ele se viu obrigado a regressar à pátria, graças à ajuda do Consulado Brasileiro em Paris. Antes de voltar, Rodrigues entraria no Salon com o quadro *Interior da velha abadia*, merecedor de referências dos "mais severos críticos parisienses", adquirido pelo inglês Henri Belliantyne, um colecionador particular que se apaixonou pela obra.[154]

No regresso, Wasth expôs na Rua Líbero Badaró paisagens e desenhos, as academias e os estudos realizados nos ateliês dos mestres franceses. "Dos novos pintores que ultimamente têm estudado na Europa como pensionistas do governo, Wasth Rodrigues é, incontestavelmente, um dos que têm revelado mais talento e aplicação", registraria Andrade Maia na *Cigarra*. Ilustrado com foto do artista ao lado de *Retrato de minha avó*, medalha de bronze noÉcole National des Beaux-Arts de 1915, o artigo seguia explicando que ele trabalhou com Jean Paul Laurens, Carmon, Lucien Simon e Nandin, fixando-se no interior durante o verão, quando os ateliês fechavam, pintando as regiões campestres de Morel, Uzerche e Barbizon.

> Paisagista de raça, tem Wasth Rodrigues uma predileção especial pela casas antigas. [...] Quanto respeito infundem estas relíquias do século passado! Que prazer a gente conversar sozinho com essas casas antigas que, em silêncio, timidamente recolhidas, nos contam a história de épocas desaparecidas.

E, relacionando local de aprendizado com tipo de produção, o articulista ressalva que, embora fascinado pela natureza da Europa, ele não chegara a perder o "amor" às nossas coisas, "Tanto assim, que ele voltou do Velho Mundo com a ideia firme de ser um pintor nacional". Por isso, torcia para que o "indiferentismo" que porventura encontrasse pelo caminho não diminuísse seu ardente entusiasmo de moço. "Seria pena, porque Wasth Rodrigues tem todas as qualidades para ser um pintor genuinamente brasileiro – digno êmulo de Almeida Júnior e Batista da Costa". Frisando a competência dele em reproduzir uma montanha dando a

---

154 S. de Andrade Maia, "Wasth Rodrigues", *A Cigarra*, São Paulo, 30/12/1915.

impressão perfeita do mundo concreto, o jornalista analisou também os retratos, cuja fidelidade ao modelo constituíam provas irrefutáveis da sua habilidade e talento. "É notável a facilidade com que Wasth Rodrigues fixa os momentos raros e fugidios em que, na máscara de um homem, se espelha o íntimo da sua alma e com o intricado drama das suas virtudes e das suas fraquezas". E finalizava. "Esta acuidade visual, esta percepção instantânea da fisionomia é o traço característico dos retratistas de valor".[155]

Não obstante todos os elogios e a presença de colegas, dentre eles o antigo professor Oscar Pereira da Silva, a mostra não teve o êxito esperado. À crise político-financeira decorrente da conflagração mundial, somava-se o fato de que inúmeros pintores, bolsistas ou não, expulsos da Europa pelo mesmo motivo, desembarcavam no país ávidos para divulgar e vender suas obras. Ademais, de acordo com Mugnaini, para o olhar habituado ao estilo comportado de Pablo ou Augusto Salinas, a pintura de Rodrigues despontava ousada, com contrastes de luz e de sombra fortes, linhas amplas, corajosas e sintéticas. Sem mencionar que seus quadros traziam motivos estrangeiros, pouco palatáveis num momento de patriotismo exacerbado pela guerra.[156]

Na ocasião, em cumprimento às regras do Pensionato, doou à Pinacoteca *Vieille Cour*, óleo de colorido ocre típico das construções do campo francês, cujo registro de entrada no Livro de Tombo da instituição data de 5 de fevereiro de 1916. Pintado em 1913, reproduz a mesma perspectiva captada por outros artistas brasileiros, dentre os quais Túlio Mugnaini e Alípio Dutra. Como eram amigos, há quem acredite terem pintado juntos a ruela sem saída que termina em arco, através do qual se vê mais um casario.[157] Nesse ano Rodrigues realizava nova mostra, agora no Palacete Prates, na mesma rua da anterior. Ao lado das obras que trouxe na bagagem, acrescentou uma paisagem de Pirapora, que aparece no fundo de um interessante autorretrato, com colinas suaves e, no primeiro plano, um trecho de rio em cujas águas tranquilas refletem-se alguns arbustos.

---

155 *Idem, Ibidem.*

156 Túlio Mugnaini, "Lembrando um grande artista: José Wasth Rodrigues", *op. cit.*

157 Ver Ruth Sprung Tarasantchi, *op. cit.*, p. 280-1.

A despeito das matérias altamente favoráveis, a exposição quase fracassou, não fosse o vigoroso artigo de Lobato que suscitou uma espécie de celeuma com Oswald de Andrade, chamando a atenção do público e impulsionando a mostra que ia passando despercebida. "*Ia*, mas o brado valeu. Quebrou-se o gelo", contava Lobato a Godofredo Rangel em carta de fevereiro de 1916.

> "A crítica tomou-o em consideração. Mas antes ninguém piava sobre ele, o que levou o pobre rapaz a mandar-me uma carta triste, pedindo socorro. Pelo *Correio* o Oswald de Andrade me combateu as ideias *antilitoralistas*, e o caso foi que a exposição do Wasth está muito frequentada e os quadros vendem-se".

Dizia então compreender a psicologia do público:

> Para interessá-lo, é preciso vir com bombas na mão e explodi-las nas ventas de alguém, ou meter a riso qualquer coisa, farpear um grande paredro da política (o meu alvo predileto é o Fre Val, o morubixaba da estética oficial)[158] – ou então falar do caboclo.[159]

No jornal *O Estado de S. Paulo*, Lobato afirmou que a exposição de Wasth Rodrigues denotava um artista de envergadura pouco vulgar, não obstante o "defeito do método oficial afrancesador", superado graças à sua reação corajosa:

> E bate vereda nova. Seus estudos em Pirapora, dos quais expõe meia das muitas dúzias executadas, dizem o afã com que se atirou à nova fase de vida artística, a verdadeira, à

---

158 Monteiro Lobato refere-se a José de Freitas Valle.

159 José Bento Monteiro Lobato, *A barca de Gleyre, op. cit.*, v. I, p. 121.

profícua. [...] Wasth perquire, escabicha, esmiúça, incansável, no encalço do *quid* misterioso que é o segredo perturbador da obra de arte.

Para Lobato, as telas elaboradas na França eram válidas e fechavam um ciclo, ao passo que as de Pirapora revelavam um artista disposto a se desvencilhar da aprendizagem estrangeira para captar a atmosfera nacional. "Há muito que esperar de Wasth se permanecer entre nós, não esmorecido daquela ânsia de trabalhar celebrada entre seus companheiros de expatriação".[160]

Logo Wasth Rodrigues juntou-se a Zadig para associar-se à escola de pintura de Elpons, aberta em 1913, e estabelecendo o que parece ter sido o primeiro curso com aulas de desenho de modelo vivo da capital, provavelmente destinadas apenas a alunos do sexo masculino.[161] Ao longo de 1916 colaborou continuamente n'*A Cigarra*, tanto ilustrando artigos como o do número 38, de 16 de março, quanto fazendo diversas capas da revista. Em 1917, ao lado de Guilherme de Almeida, venceu o concurso instituído pelo governo de Washington Luís para executar o brasão da cidade de São Paulo. Ele se destacou dentre os 31 projetos concorrentes expostos ao público no Hotel do Conde Prates, à Rua Líbero Badaró. Simbolizando o voluntarismo paulista, estampava um braço armado empunhando o estandarte dos bandeirantes – a bandeira da Ordem de Cristo – sobre o lema *Non ducor duco*, o emblemático "Não sou conduzido, conduzo".

Wasth Rodrigues fez retratos sob encomenda e estreitou a relação com Monteiro Lobato, para quem em 1918 criaria a capa da primeira edição de *Urupês*. Descobriu então e o Nordeste e Minas Gerais, cujo barroco registraria. Pesquisou o passado a ponto de, segundo Carlos Drummond de Andrade, praticamente não haver casa, igreja e ponte coloniais que ele não houvesse fixado em desenho ou aquarela, a título documental. "Antes de expandir-se o gosto pela documentação fotográfica, já o seu lápis tomava apontamentos fiéis de coisas que não mais

---

160 Monteiro Lobato, "A propósito de Wasth Rodrigues", *O Estado de S. Paulo*, São Paulo, 9/01/1916.

161 Ana Paula Cavalcanti Simioni, *op. cit.*, p. 101.

existem foram desfiguradas, e esses croquis serviriam ao inventário de nossas riquezas artísticas como elementos preciosos de informação".[162]

Polivalente, foi um dos pioneiros a fazer pintura sobre azulejos como no obelisco da ladeira da Memória, antigo Piques, entre obras similares na capital e na Baixada Santista. Voltaria à Europa em 1928, visitando a Alemanha, Áustria, França e Portugal, cujas paisagens e marinhas expôs com sucesso após sua viagem que durou seis meses. Ao tomar parte da coletiva "Grupo Almeida Júnior", colheu artigos entusiasmados da imprensa. No *Correio Paulistano*, foi de São Paulo de Piratininga com o "sabor de coisas novas, alegres, frescas, tocadas pela luz do seu pincel, que parece ter surgido para cantar ou endeusar as coisas simples".[163] Em 1932 integraria a Sociedade Pró-Arte Moderna como um dos sócios-fundadores. Ainda criou os emblemas da Revolução Constitucionalista e participou da comissão organizadora do 1º Salão Paulista de Belas Artes dali a dois anos.

Além dessas atividades, na década de 1940, realizou painéis decorativos para a Exposição Comemorativa de Lisboa. Em 1950, exerceu o cargo de conselheiro do Serviço do Patrimônio Histórico e Artístico Nacional. Especialista em heráldica, arquitetura colonial e armaria, publicou vários livros, dentre eles *Brasões e Bandeiras do Brasil* e *Móveis Brasileiros*, e uma coleção de aquarelas de São Paulo antigo, reproduzidas em cartões-postais durante as comemorações do IV Centenário da cidade.

"O conhecimento do mobiliário antigo, de velhos uniformes e de velhas espadas e clavinotes armazenava-se ordenadamente em sua cabeça, tornando-o enciclopédia viva e, o que é mais admirável, sem traço de presunção", registraria o poeta Drummond, para quem aquele homem ilustre e discreto, espécie de "caipira civilizado", poderia reivindicar para si o título de um dos maiores historiadores brasileiros não pela palavra escrita, mas pela imagem.[164]

Wasth Rodrigues trabalharia como professor de pintura em São Paulo e de heráldica no Museu Histórico Nacional no Rio de Janeiro, vindo a falecer no Rio de Janeiro, em 21 de abril de 1957, aos 66 anos de idade. "Como pintor, foi autor de paisagens,

---

162 Carlos Drummond de Andrade, *op. cit.*

163 "Registro de Arte", *Correio Paulistano*, São Paulo, 8/01/1929.

164 *Idem, Ibidem.*

vistas de antigas cidades coloniais, figuras e painéis históricos, o que fez mais com respeito à realidade do que com emoção", ratificaria Teixeira Leite, na opinião de quem Wasth Rodrigues foi antes um documentarista do que um verdadeiro artista.[165]

Júlio de Mesquita Filho, à esquerda, junto ao autorretrato de J. Wasth Rodrigues, um de 1915. (Coleção particular)

Wasth Rodrigues, sem data (coleção particular)

---

165 José Roberto Teixeira Leite, *Dicionário crítico da pintura no Brasil*. Rio de Janeiro: Artlivre, 1988.

Marcelino Vélez, escultor

Aprendeu a arte com o pai e, dixando a cidade natal de Campinas, onde nasceu em 16 de agosto de 1883, frequentou as aulas de desenho do Liceu de Artes e Ofícios de São Paulo. Ainda muito jovem celebrizou-se graças ao busto realizado em 1910 para o túmulo do maestro Pedro de Santana Gomes, irmão de Carlos Gomes, em uma época em que se encomendava da Itália a maioria das obras cinéticas.

Segundo artigo do *Correio Popular*, um dos seus melhores amigos e incentivadores foi o então senador Freitas Valle, que teria levado o próprio presidente do Estado, Altino Arantes, para inaugurar a mostra de esculturas em gesso no salão do Centro de Ciências, Letras e Artes de Campinas. Agraciado com o Pensionato em 1912, mudou-se com esposa e filhos primeiro para Roma, cujo alto custo de vida, aliado à atmosfera agitada e pouco propícia aos estudos, não o agradou. E quando, por sugestão do conterrâneo Túlio Mugnaini, escreveu em 12 de agosto de 1913 ao então secretário do Interior, Altino Arantes, solicitando sua transferência de Roma para Florença, a carta foi sumariamente reendereçada para a Villa Kyrial. Ao mudar de cidade, tornou-se discípulo de Filadelfo Simi, no casarão medieval de esquina sobre o rio Arno que servia de estúdio. No anfiteatro da Faculdade de Medicina, tomou aulas de anatomia com o professor Gaetano Chiaruggi e praticava por oito horas diárias. Complementava a educação artística com frequentes visitas às Galerias Uffizzi, Bargello, Pitti, Arte Antiga e Moderna, além de igrejas, palácios, praças e ruas.

> A pequena colônia estudantil era composta de pouco mais de meia dúzia de brasileiros que se encontravam aos sábados à tarde ou em feriados e festas para matarem as saudades em português e divertiam-se como natural e possível; não havia nenhum abastado. Dois pernambucanos e o resto de São Paulo,

236 Marcia Camargos

depôs Vélez para um jornal campineiro.[166] Contou ainda que o inverno, escuro e chuvoso, retinha à noite os brasileiros em casa ao pé de um "cepo mofino a arder na lareira", ou de um fogãozinho de ferro e louça a consumir antracite. "Horas escassas de sol no ateliê envidraçado, aonde o modelo profissional nu e imóvel, nas pausas ia-se esfregar as juntas, ao pé do forno". Mais agradável, a primavera trazia, porém, a ameaça de transbordar o Arno de muitas pontes, devido ao degelo nas montanhas. No verão, livres de agasalhos, os artistas saíam a pintar ao ar livre, reproduzindo nas telas a ceifa dos trigais, o feno secando em feixes de junho a julho.[167]

Suscitando a curiosidade dos europeus em torno da mitologia brasileira, Marcelino Vélez mereceu medalha de ouro na Exposição Internacional de Florença por um Saci Pererê. Especializado em arte funerária e sacra, na mostra sobressaía o conjunto *A dor*, feito para o jazigo da família Roso.[168]

---

166 Ruy Martins Ferreira, "Marcelino Veles", *Diário do Povo*, Campinas, 10/07/1975.

167 *Idem.*

168 "Perde a escultura paulista um dos seus expoentes", *Correio Popular*, Campinas, 27/01/1952.

Os bolsistas Marcelino Vélez e Lopes de Leão constam da lista
de brasileiros residentes em Florença, Itália, no ano de 1913.
(Arquivo Histórico do Itamaraty – RJ)

Vélez permaneceu na Europa até 1915, quando retornou devido à I Guerra, instalando-se na cidade natal, para integrar o corpo docente da Escola Normal Primário, posterior Instituto de Educação Carlos Gomes. Ali lecionaria desenho pedagógico com as técnicas que aprendera na estada no exterior até mudar-se para a capital paulista, onde passou o resto da vida. Delicada e acadêmica, a escultura de Vélez, de acordo com um crítico campineiro, denunciava um artista de recursos amplos e de excelente inspiração. Mas ele teria realmente demonstrado sensibilidade na "magnífica concepção" do monumento dos Voluntários de 32:

"Aqueles granitos que, à entrada do Cemitério da Saudade, se constituem como um pedaço da alma de Campinas, reverenciando, com sua pompa austera, a grandeza de um punhado de existências que se sacrificaram em holocausto à terra livre de Piratininga!".[169]

Pouco conhecido fora das terras campineiras, ele doaria à Pinacoteca *Primeiro amor*, gesso de 35 x 23 cm datado de 1912. Morreria em São Paulo, no dia 26 de janeiro de 1952.

Bolsistas no ateliê do Prof. Simi, em Florença, no ano de 1914. No primeiro plano, Marcelino Vélez, Paulo Lopes de Leão e Romeu Pereira. Em pé, também da esquerda para a direita, Túlio Mugnaini, Artur Pereira e dois artistas não identificados. (Arquivo Freitas Valle)

---

169 Luso Ventura, "Cavaleiro da beleza", *Correio Popular*, Campinas, 27/01/1952.

Osvaldo Pinheiro, pintor

Discípulo de Carlos De Servi na capital paulista, é pouco estudado e parcimoniosamente citado nas obras de referência talvez devido à sua morte prematura, aos 33 anos de idade, em Clermont Ferrand, França, no ano de 1923.

Nascido em Silbeiras, interior paulista, em 1890, viajou para a Itália em 1910 com bolsa do Estado e em 1912, devidamente incorporado ao Pensionato, mudou-se para Paris, onde frequentou a Académie Julian.

> "Sua pintura era leve e delicada, quase toda vazada em motivos urbanos, trechos típicos e conhecidos de Paris, sempre animados com figuras em movimento, dando a impressão da cidade que vive e se agita, no tempo chuvoso, nos dias de sol, bem como na bruma transparente do outono ou nos dias frios do inverno",

registrou o coevo Túlio Mugnaini,[170] ressaltando que os motivos campestres, com figuras agachadas às margens dos rios, lavando roupas, também eram de sua predileção, assim como o nu, de uma fase posterior do artista. Aliás, quando soube que o pintor recebera uma bolsa do Pensionato, Oswald de Andrade ironizou o setor de Belas Artes que tinha, no país, um dono exclusivo chamado Freitas Valle.[171]

Companheiro de Wasth Rodrigues, Osvaldo Pinheiro fazia parte da primeira leva de bolsistas que se reuniam nos bistrôs para discutir arte e almoçar a preços módicos. Para os moços recém-saídos da adolescência, a atmosfera boêmia de Paris do início do século XX por certo exercia uma atração irresistível. No caso de Pinheiro, boatos sobre seu comportamento chegaram aos ouvidos do todo-pode-

---

170 Túlio Mugnaini, "Lembrando um grande artista: José Wasth Rodrigues", *A Gazeta*, São Paulo, 11/06/1957, p. 34.

171 Oswald Andrade, *Um homem sem profissão – sob as ordens de mamãe: memórias e confissões*. São Paulo, José Olympio, 1954, p. 57.

240   Marcia Camargos

roso Freitas Valle, a quem, em carta de janeiro de 1914, ele se defendia, pedindo que não fizesse mal juízo dele:

> Muito me admira que se façam referências tão deploráveis a meu respeito, porque eu vivo aqui completamente isolado (não porque queira esconder-me, mas porque sou por temperamento retraído, como o Dr. sabe). Ora, vivendo assim, eu lhe asseguro que todos os meus patrícios que estão em Paris ignoram qualquer detalhe da minha vida privada.

Dizendo que ninguém conseguiria provar que deixava o trabalho para se "meter na troça", pedia menos crédito aos delatores. "Eu não sei de que fonte procedem essas acusações, mas creia que há nelas muita perversidade", avisa, para emendar. "Pelo meu lado procurarei dar provas de que aproveito o meu tempo como quem quer estudar, e para o futuro chegar a pintar alguma coisa mais ou menos *passável*". Comunicava continuar no ateliê da Impasse du Mont-Tonnesse, 10 e na Grand Chaumière.

"Mandei há tempos meus trabalhos para aí e muito desejaria saber que impressão lhe produziram, se está contente comigo, e muito lhe agradeceria qualquer conselho que me desse". Alegava que se esforçou por fazer alguma coisa que agradasse a Valle, mas que a boa vontade só não bastava. "É preciso o talento. Quanto a isso, se a natureza não me foi pródiga, paciência...", esquiva-se, para concluir. "Mandarei logo outros trabalhos e entre esses os esboços de quadros que o Regulamento exige".[172]

Quando estalou a guerra, Pinheiro preferiu não regressar ao Brasil. Mugnaini revela que um *marchand* adquirira toda sua produção para em seguida revender os quadros na Suíça, onde Oswaldo se estabeleceria por algum tempo, realizando diversas exposições, sobretudo em Zurique. Retornando a Paris, recebeu a visita do velho amigo Mugnaini, em 1920, que constatou sua saúde bastante abalada. Dali a três anos partiu para uma temporada de repouso em Clermont-Ferrand, onde

---

172 Carta de Osvaldo Pinheiro a José de Freita Valle, Paris, 5/01/1914. (AFV)

viria a falecer. "Perdeu-se, assim, um belíssimo talento que poderia ter sido mais brilhante ainda no decorrer dos anos", ponderou Mugnaini.

Para cumprir o Regulamento do Pensionato, Pinheiro doou o óleo *Saint Germain L'Auxerois* à Pinacoteca, que mantém na sua reserva técnica *Rue de la Paix, Boulevard de Paris* e *Lavadeiras,* pinturas com motivos franceses, doadas pelo filho de Ramos de Azevedo ao Museu. No VII Salão Paulista de Belas Artes, em 1940, Osvaldo Pinheiro integraria, postumamente, a Exposição Retrospectiva de Obras dos Grandes Mestres da Pintura Brasileira e seus discípulos.

Paulo Vergueiro Lopes de Leão, pintor

Formado em ciências jurídicas e sociais na Faculdade de Direito de São Paulo, onde nasceu em 31 de agosto de 1889, por um ano frequentou o período noturno da Escola de Belas Artes criada por Alexandre Albuquerque. Em 1911, começaria a trabalhar com Lorenzo Petrucci. Tomou parte da Primeira Exposição Brasileira de Belas Artes, no Liceu de Artes e Ofícios e, em fevereiro de 1913, abria individual em São Paulo. Suas marinhas e paisagens, como *Estrada da Cantareira, Freguesia do Ó* e *Praça da República,* que sobressaíam entre as 74 telas expostas, agradaram Freitas Valle que, como gestor do Pensionato, ofereceu uma bolsa ao rapaz. Ele seguiu para Florença, ingressando no ateliê de Filadelfo Simi, presidente da Congregação dos Artistas Florentinos. Com este discípulo de Gerôme, Lopes Leão progrediu rapidamente no desenho e na pintura de modelo vivo, de acordo com Túlio Mugnaini, seu contemporâneo.[173] No curso de especialização na Escola de Belas Artes daquela cidade, estudou pintura e água-forte com Mazzoni Zarini.

Logo após a eclosão da I Guerra, o artista voltou ao Brasil e em seguida zarpou no *Príncipe Umberto* para a Itália, às próprias expensas, já que o pagamento das bolsas havia sido suspenso. Devido a uma doença em família, Paulo retornaria ao país em setembro de 1915 e, obtendo o restabelecimento da bolsa, viajou em maio para Florença. De acordo com Mugnaini, ele passava os verões nos Alpes Apuanos, reproduzindo em telas cheias de luz e frescor trechos pitorescos e coloridos daquela bela região toscana. Empregando cores fortes em amplas superfícies, pôde ser qua-

---

173 Túlio Mugnanini, "Lopes de Leão", *A Gazeta Literária*, 19/09/ 1964, p. 20.

se taxado de *fauve*. Antes do término do pensionato, expôs três quadros na Mostra Primaverile de Florença, diplomando-se então no curso de Belas Artes.

Ao final da sua estada, em 1920, montou outra individual na Casa Byington, na Rua 15 de Novembro, com uma centena de quadros a óleo, água-forte e *crayon* em bosques de castanheiros, cenas de Veneza e Assis, pastagens, tarde chuvosa, além de figuras de camponeses e algumas paisagens brasileiras, como Peruíbe e Praia Grande. A pedido de amigos e admiradores, segundo registrou um jornal local, referindo-se a ele como um dos mais fortes talentos da moderna geração, levou 28 quadros para uma mostra aberta na Fotografia Marques Pereira, em Santos, no dia 10 de junho daquele ano:

> Lopes de Leão, que acaba de concluir com um brilho pouco vulgar o seu curso na Europa, onde esteve como pensionista do Estado, em um lapso de tempo relativamente curto, conseguiu empolgar, na capital do nosso Estado, a atenção dos entendidos em coisas d'arte pela força nova, pelas inéditas expressões que trouxe para a pintura.[174]

Na ocasião proferiu palestra na redação do *Comércio de Santos* sobre a experiência florentina com o mestre Simi, um "verdadeiro e admirável *botticeliano*".[175] O mesmo periódico noticiava que há dois dias o governo estadual comprara *Esperando as estrelas*, destinada à Pinacoteca, cujo acervo receberia ainda *Retrato de J. B. Morrone*, óleo sobre tela, sem data, cópia de Ingnot, além de *Federico de Montefeltro*, cópia de Piero della Francesca, óleo sobre madeira datado de 1917. O primeiro seria encaminhado ao Palácio de Justiça e *Alvorada de Ataque*, doado ao museu, iria para o Palácio do Governo.

Partindo de Santos direto para o Rio de Janeiro, onde por 15 dias exporia seus trabalhos na Galeria Jorge, Lopes Leão seguiu em julho para a Itália. Permaneceu quase dois anos em Paris, cursou o Ateliê Livre, dirigido pelo

---

174 "Paulo Vergueiro Lopes de Leão", *A Tribuna*, Santos, 9/06/1920.

175 "Uma palestra com Paulo V. Lopes de Leão", *Comércio de Santos*, Santos, 10/06/1920.

professor Biloul, a Escola Nacional de Belas Artes e ainda frequentou as aulas de afresco de Boudouin. Antes de passar sete meses na Alemanha e três na Bélgica, participou do Salon de Paris em 1921.

Um dos fundadores, em 1924, da Sociedade Paulista de Belas Artes, tomou parte da fundação da Academia de Belas Artes no ano seguinte, quando abriu, em fevereiro, na capital, a grande exposição *Icamiabas* – título da tela muito elogiada pela crítica devido à sua luz em zique-zague que ilustrava a lenda das guerreiras amazonas e dava nome à mostra.

> "Com a coleção de cerca de cem trabalhos ora exibidos, entre quadros de gêneros diversos, dos quais oito águas-fortes sugestivas, não é mais Lopes de Leão o artista indeciso e inexperiente, embora simpaticamente apreciável que me foi dado conhecer há mais de um decênio já, efetuada antes da sua estada na Europa",

diria o crítico Eurico de Góes.[176] Outro que causou impacto foi *Inverno em Munique*, destinado posteriormente à Pinacoteca. Tratado com grande liberdade de fatura, conseguia a proeza de transpor para a tela o frio extremo por meio do contraste entre a neve branca cobrindo o chão e o casario escuro ao fundo, além das figuras encapotadas encolhidas e duas árvores de galhos secos e retorcidos cortando a composição. Ao lado desta "soberba perspectiva hibernal", seu "pincel viajador distraiu-se em fixar aspectos peregrinos", segundo o mesmo crítico do *Correio Paulistano*, incluindo desde a

> "celebrada Bruges do poeta Rodenbach, da venerável Gand de Van der Góes, da monumental Bruxelas, da faustosa Antuérpia, de Paris, da Costa Azul, de Florença ou de Roma; o perfil da torre de Belém, e campos rurais de São

---

176 "As Icamiabas de Lopes de Leão", *Correio Paulistano*, São Paulo, 17/02/1925.

Paulo; as ladeiras íngremes e o casario colonial de Ouro
Preto e as ruas evocadoras de Diamantina",

em paisagens descobertas em suas viagens por Minas Gerais, Paraná, Rio de Janeiro e São Paulo.

Com tendência impressionista adquirida na França, segundo Túlio Mugnaini, as pinturas de Lopes Leão agradavam ao público, gerando artigos favoráveis na imprensa e êxito de vendas. Para Ruth Sprung, o aprendizado europeu ajudou-o a aperfeiçoar o estilo, em que pesasse, segundo alguns, certa interpretação estrangeira ao retratar o Brasil. "Se compararmos os quadros de Lopes de Leão antes e depois de sua estada na Europa, vemos uma paleta anterior confusa e suja. Ao voltar dos estudos ela é limpa e a composição, correta, o toque vigoroso".[177]

Interessado nos temas históricos, pintou quadros como *A última carreta*, sobre a retirada de Laguna e, em 1929, inaugurava outra individual na Rua 15 de Novembro, 40, esquina com a Rua 3 de Dezembro, onde foi a Casa Grumbach. Com paisagens, marinhas e retratos, foi saudada como autenticamente nacional, provando que o pintor integralizou-se com o país do qual vivera fora tantos anos,[178] ressaltava a *Folha da Manhã*. De fato, ao examinarmos o catálogo, fica patente a quase totalidade de paisagens urbanas ou rurais, tipos humanos ou cenas nitidamente da terra, sem nenhuma idealização. Em *Rancho no sertão*, por exemplo, o madeirame das paredes quase estala ao contato da canícula: "O quadro número 19 é desses trabalhos que, mesmo entre mil, se destacam pelo efeito decorativo que o amarelo provoca", registrou um jornal da época, ressaltando que esta parece ter sido a mostra que maior interesse suscitou, a ponto de ter vendido mais da metade das obras graças, talvez, à luminosidade intensa de telas:

"Penetra-se o recinto como se este estivesse iluminado de uma claridade invisível", notaria um crítico. "Esse lanternim é a suprema vitória do artista. Ninguém pôs, até hoje, tanta sensação de luz em seus quadros como o fez Lopes de Leão", acrescentava, para concluir, ao estilo de Monteiro Lobato:

---

177 Ruth Sprung Tarasantchi, *op. cit.*, p. 232.

178 "Um pintor nacionalista", *Folha da Manhã*, São Paulo, 30/03/1929.

Eu desejaria, após isso, que os futuristas intransigentes colocassem ao lado dos primores passadistas que Lopes de Leão colecionou, aqueles seus quadros mirabolantes e pedissem, ao público de todas as pátrias, que viesse julgar do contraste e do escândalo.[179]

Diretor da Pinacoteca de 1939 a 1944, afastado devido a problemas de saúde, diminuiu o ritmo da pintura que ainda praticava no pequeno ateliê em um sótão na Praça da Sé até sua morte em 13 de setembro de 1964. Recebeu mais alguns prêmios, participou em 1954 do Salão do IV Centenário de São Paulo, teve obras em 1986 na mostra *Dezenovevinte: uma virada no século*, na Pinacoteca do Estado e, em 1988, em *Brasiliana: o homem e a terra*, na mesma instituição.

Convite para a mostra de pinturas do artista em 1924.

(Coleção particular)

---

179 Manoel Vitor, "O pintor Lopes Leão", *Diário de São Paulo*, São Paulo, 15/03/1929.

Mostra de Lopes de Leão em Paris, c. 1920. (Coleção particular)

Modelo posa para Lopes de Leão em Paris, c. 1920.
(Coleção particular)

Entre a vanguarda e a tradição 247

O artista no seu ateliê em Paris, c. 1920. (Coleção particular)

O artista no ateliê parasiense, c. 1920. (Coleção particular)

O ateliê do artista em Paris, c. 1920. (Coleção particular)

O artista no seu ateliê em Paris, c. 1920. (Coleção particular)

Paulo do Valle Júnior, pintor

Aluno de Oscar Pereira da Silva no Liceu de Artes e Ofícios entre 1902 e 1906, é outro exemplo que recebe bolsa prorrogada mais tarde pelo Pensionato então regularizado. *Melancias*, sua natureza-morta exposta na Exposição de Belas Artes e Indústrias chamou a atenção do então presidente do Estado, Jorge Tibiriçá. Como ainda era jovem demais, pois nascera em 22 de junho de 1889 na Cidade paulista de Pirassununga, esperou outros três anos e, graças à sua individual para demonstrar as aptidões, viajaria em 1906 como pensionista do governo. Em Paris, estudou na Académie Julian com Jean-Paul Laurens, Marcel Baschet e Henri Royet, recebendo prêmios da escola por desenhos de nus em 1908 e 1909. Com o fim da bolsa, que durou apenas três anos – ao contrário daquelas posteriormente regulamentadas, que tinham a duração mínima de cinco – retornou ao Brasil, realizando uma individual em São Paulo na tentativa de prorrogação. Obteve êxito e zarpou em junho para a Europa no navio *Zelândia*. Casou-se no exterior com Noemia Roberts e conviveu com os demais bolsistas brasileiros, a exemplo dos quais embarcaria para o Brasil em 1914, no navio *Ortega*, com a eclosão da I Guerra.

Fixando-se em São Paulo, onde viria a falecer em 15 de agosto de 1958, participou de inúmeras exposições na capital e nos Salões de Belas Artes do Rio de Janeiro, nos quais chegou a receber medalhas de bronze e de prata em 1916 e 1917, respectivamente. Com as marinhas *Cambiantes, Esplendor da terra* e *Rancho da ponte,* tomou parte da Exposição Geral de Belas Artes no Palácio das Indústrias, em 1922, apresentando um trabalho mais livre do que muitos dos colegas. Ao lado de Lopes Leão, fundou e presidiu o Sindicato dos Artistas Pintores de São Paulo e, em 1924, com mais quatro colegas, fundou a Sociedade Paulista de Belas Artes, mais tarde Sindicato dos Artistas Plásticos.

Para a Pinacoteca, encaminhou os óleos *Retrato de Dona Noêmia, Estudo de Cabeça* e *Busto de Padre,* que deu entrada no Livro de Tombo sob o número 0127, de 6 de maio de 1914. Como afirmaria Ruth Sprung, no início da carreira ele seguiu os passos do mestre Oscar Pereira da Silva, depois a Escola de Barbizon, tanto no colorido mais escuro e na luz difusa, quanto no enquadramento da composição, quase sempre sem horizontes. "Mas logo se encantou com a luz e viu sua infinita força e beleza",[180] afirma. Não sendo um impressionista ao pé da letra, respeitou as leis da luz e da cor, preocupando-se com a hora do dia e a luminosidade no momento de pintar.

Túlio Mugnaini, pintor

Filho de imigrantes italianos da região de Gênova pelo lado paterno e de Pietrasanta, província de Luca, pelo materno, foi registrado Tullio Mugnaini Otello em 16 de maio de 1895, mas resolveu retirar o último nome e nos anos 1940 abrasileirou-o para Túlio, com apenas um "l" e acento. Passou a infância entre Campinas, Leme, Mogi-Mirim, Tatuí e Avaré, no interior paulista, e aos quinze anos ingressou no Liceu de Artes e Ofícios, aperfeiçoando-se com os professores

---

180 Ruth Sprung Tarasantchi, *op. cit.,* p. 181.

250 Marcia Camargos

Carelli, Norfini e Divani. Praticou o ofício que aprendeu desde menino com o pai, pintor-decorador, realizando encomendas para solares de famílias paulistas como Fonzari e Pagelli. Auxiliou Gino Cattani na pintura decorativa da capela da Santa Casa e, quando o ajudava na igreja de Santa Cecília, fez amizade com Benedito Calixto e Oscar Pereira da Silva.

A falta de contatos nas rodas abastadas devido à origem humilde o impediu, a princípio, de obter a bolsa de estudos na Europa, sonho perseguido desde 1913. "O Pensionato, na maior parte das vezes, era dado somente a candidatos que tinham a sorte de contar com poderosos apoios políticos ou de personalidades muito influentes em nosso meio", registrou em seu diário.[181] Foi quando montou sua primeira individual com trechos da Serra da Cantareira, Santo Amaro, Rua Pinheiros e Rio Tietê. Desfavorável, a crítica considerou exagerado o número de obras para um principiante que não sabia distribuir as cores nem captar os efeitos da luz. Sem conseguir o intento, Mugnaini reuniu recursos da família, e no ano seguinte comprou uma passagem de terceira classe para a Itália.

Em Florença, a conselho de Alfredo Norfini, iniciou os estudos com Pietro Torrini, já bastante idoso. Pouco depois, por intermédio do pensionista Lopes de Leão, que conhecera através de Freitas Valle, foi apresentado ao professor Filadelfo Simi, para cujo ateliê se transferiu. Na época, pintou as ruas estreitas e paisagens dos arredores, incluindo fragmentos de arquitetura antiga, estátuas, bustos, ciprestes esguios e flores que abundavam na primavera florentina.

Com a irrupção da I Guerra Mundial, Túlio, que tinha se mudado para Paris em julho de 1914, regressou ao Brasil em setembro. Logo retornou a Florença num navio cargueiro para reencetar os estudos com Filadelfo Simi e, no Hospital de Santa Maria Novella sobre a anatomia humana com o professor Chiaruggi, dissecando cadáveres. Ao inverso da maioria dos contemporâneos, ele passaria a guerra toda na Europa, inclusive refugiando-se junto a parentes em Gênova, pois, como filho de italianos, seria requisitado pelo governo para servir no exército.

O surto da gripe espanhola o encontraria em Roma, onde de dia estudava pintura na Academia Joseph Noel e à noite ia às aulas de modelo vivo na Academia

---

181 Notas autobiográficas de Túlio Mugnaini – São Paulo, 1895 a 1964. Documento datilografado cedido por Diva Mugnaini.

de França, denominada Palácio Médici. Ali conseguiu vender algumas obras, mas como o dinheiro recebido de casa mal dava para sobreviver, desenhava a carvão quando não tinha meios de adquirir telas e tintas. Na esperança de obter o pensionato, enviava regularmente cartas e atestados à Comissão Fiscal, juntamente com alguns trabalhos para Freitas Valle. Sua situação só melhoraria após conhecer, graças a colegas de classe ricos e bem-relacionados, a princesa de Ruspoli-Dampierre. Ela não só posou para um retrato, como o recomendou para dar aulas aos jovens da nobreza romana. Expôs, então, em 1918, pela primeira vez na Europa, no Salão Anual do Círculo Artístico, ao qual se associara. Aproveitava as recomendações médicas de permanecer ao ar livre, devido à epidemia da gripe, para despender os dias pintando na Villa Borghese.

Enquanto isso, em São Paulo, seu pai, Dorindo, grande cozinheiro que preparava na Villa Kyrial pratos com o sabor da terra natal, La Spezia, continuava a peleja junto ao mecenas Freitas Valle. Também organizava exposições, para provar à sociedade paulistana de maior poder aquisitivo os progressos do filho, que lhe enviava, enrolado em tubos de papelão ou em pequenos pacotes registrados, tudo o que ia executando. Duas mostras realizadas em 1918 e em 1919, na redação da revista *Vida Moderna* e na *Livraria Casa Editora O Livro*, respectivamente, colheram aplausos da imprensa especializada e de artistas como Pedro Alexandrino que, em carta de 1918, instruía-o como proceder para ganhar uma pensão do Estado, da qual o julgava merecedor.

Nestor Pestana admirou-se com o número de obras, nas quais enxergava uma fatura de grande poder de síntese, além de toque seguro e espontâneo na exposição de "preciosos estudos", fruto de um trabalho febril a endossar o avanço "maravilhoso" obtido em poucos anos de aplicação.[182] Menotti Del Picchia, entusiasmado, escreveu-lhe para Roma em 1919 e, na *Tribuna de Santos,* falava de suas pinceladas largas e cores justas, irretocáveis.[183] Recebeu então a notícia de que os esforços do pai junto a Freitas Valle, de quem se tornara confrade nos torneios culinários na Vila Mariana, somado ao apoio do advogado e futuro desembargador Teodomiro

---

182 Nestor Rangel Pestana, "Tullio Mugnaini", *O Estado de S. Paulo*, 24/01/1918.

183 Menotti Del Picchia, *Tribuna de Santos*, Santos, 7/09/1919.

Dias e de Pedro Alexandrino, provaram-se eficientes, rendendo-lhe afinal a cobiçada bolsa do Pensionato. A carta de Dorindo comunicando a boa nova vinha acompanhada de um recorte do *Diário Oficial* número 81, em que a Secretaria de Estado do Interior, no expediente de 12 de abril de 1920, solicitava à Secretaria da Fazenda os pagamentos a Túlio Mugnaini de um conto, a título de ajuda de custo, e quinhentos réis mensais, a contar de novembro vindouro.

Exultando de alegria, nas suas próprias palavras,[184] Túlio voltaria ao Brasil para rever a família após cinco anos de ausência. Aproveitou a oportunidade para expor em agosto sessenta quadros no Salão Nobre da Câmara Portuguesa de Comércio, causando excelente impressão. Em outubro viajaria a Paris, abandonando definitivamente a Itália.

Agora com mais folga financeira, Mugnaini levava a sério o papel de pensionista, remetendo religiosamente ao mecenas Freitas Valle cartas e documentos comprobatórios de sua aplicação. Logo ao chegar, falava sobre a carestia em Paris e a dificuldade em alugar ateliê, sendo obrigado a estudar nas academias. Acusando o recebimento da primeira remessa, esclarecia que, apesar de modesta face ao câmbio desfavorável, a pensão era suficiente para viver. Finaliza dizendo ter entregue a carta de recomendação de Valle a Souza Dantas, bem como a Souza Lima, o qual prometera apresentá-lo a outros pensionistas, o que de fato fez, introduzindo Túlio na roda de brasileiros residentes na cidade.[185] Pelas mãos de José Wasth Rodrigues, matriculou-se na Académie Julian, passando a estudar pintura com Paul Albert Laurens, Bachet e H. Royet, embora não encontrasse o mesmo clima dos velhos tempos de antes da conflagração de 1914: "Os professores não eram mais os mesmos, e a mocidade que frequentava a Academia já tinha outras ideias",[186] observou. Não obstante, em breve enviava um pacote a Freitas Valle junto com um bilhete em que dizia: "Trabalho com muita paixão e com a firme esperança de vencer nesta dificílima carreira de artista".[187]

---

184 Notas autobiográficas de Túlio Mugnaini, *op. cit.*, p. 7.

185 Carta de Túlio Mugnaini a Freitas Valle, Paris, 2/12/1920. (AFV)

186 Notas biográficas de Túlio Mugnaini, *op. cit.*, p. 9.

187 Bilhete de Túlio Mugnaini a Freitas Valle, Paris, 2/01/1921. (AFV)

Cioso das obrigações de bolsista, no ano seguinte avisava ter remetido à Secretaria do Interior um *colis* postal com seis desenhos de modelo vivo e três academias pintadas, conforme o Regulamento. Aproveitava para contar que nos últimos dias os pensionistas de São Paulo, de comum acordo, tiveram a ideia de mandar um ofício evocando a "devotada amizade e firmeza" de Valle no sentido de obter um pequeno melhoramento na pensão, em vista da baixa do câmbio. "As coisas estavam neste ponto, quando o cônsul, senhor Navarro da Costa, nosso amigo, sabedor disto, deliberou mandar, espontaneamente, um telegrama ao Secretário do Interior com o mesmo fim".[188] Dias depois viria a resposta de que a pensão seria paga em francos.

Em nome dos bolsistas, um mês mais tarde ele agradecia o aumento para 1.200 francos mensais fixos, o que lhes permitiria estudar mais sossegados, independentemente das oscilações do câmbio. "Futuramente, quando S. Paulo puder ostentar a glória de possuir um centro artístico – ou pelo menos de possuir um punhado de artistas, notáveis –, o povo, e com ele o Brasil, ficará muito a lhe dever", conclui, enternecido.[189]

Presença garantida nos certames tradicionais como convinha a um aluno aplicado, Mugnaini dava a boa nova de ter sido aceito no Salão dos Artistas Franceses também naquele ano, com *Jeunne fille au chapeau vert* e *Dame à la rose*. Esta última ele acabaria destruindo por representar uma tentativa de mudança com uma guinada um tanto ousada, da qual ele mais tarde "felizmente" divorciou-se, conforme relatava nas notas autobiográficas. Fazendo o possível para cumprir os deveres de pensionista, ele acrescentou que, se à época da inauguração os jornais se referissem a seus trabalhos, não deixaria de "mandar alguns retalhos dos mesmos".[190]

No ano de 1921 entrara com *Tête de jeune fille* e *Portrait de jeune fille*, de temática figurativa como as telas de 1923 – *La bordeuse* e *Femme se coiffant*, delicioso estudo de torso, segundo Michel Martin em *La Revue Moderne*. Pela amostra, ga-

---

188 Carta de Túlio Mugnaini a Freitas Valle, Paris, 9/01/1922. (AFV)

189 Carta de Túlio Mugnaini a Freitas Valle, Paris, 5/02/1922. (AFV)

190 Carta de Túlio Mugnaini a Freitas Valle, Paris, 22/04/1922. (AFV)

254　Marcia Camargos

rantiu, valeria a pena acompanhar a trajetória desse aluno de Filadelfo Simi no qual reconhecia, desde então, qualidades pessoais muito sólidas.

> Enfim, munido de uma consistente bagagem de conhecimentos artísticos, o jovem artista dá vida aos esboços direto da natureza. Por isso a personalidade bastante interessante desse pintor afirma-se nas suas obras recentes, que não tomam o partido de escolas nem de fórmulas pré-concebidas.[191]

Quando a Maison de L'Amerique Latine realizou no Musée Galliera em 1924 a Primeira Exposição Coletiva de Artistas Sul-Americanos, Túlio participou com algumas telas, ao passo que remetia para a Societé Nationale *Vieilles maisons*, paisagem pintada em Bergemon, nas montanhas da Provença. Já no Salon oficial daquele ano mandou um quadro de grandes dimensões. Intitulado *Les baigneuses*, com cinco mulheres descansando sob árvores de folhagens profundas, dialogava com a pintura mural e decorativa, o que não passou despercebido aos encarregados de cobrir os salões. "O artista compôs seu quadro com uma simplicidade carregada de charme e tratou os personagens dentro de linhas e uma pureza que nos faz lembrar um pouco Puvis de Chavannes",[192] registrou, aludindo ao mais reputado pintor-mural (1824-98) da segunda metade do século XIX, responsável pela decoração de edifícios públicos como o Panthéon, a Sorbonne e a Prefeitura de Paris. Por sua vez *L'automne*, alegoria de duas moças no ato de colher frutos, aceito no Salon de 1925, saiu estampado em clichê no *Comoedia* de 17 de maio, ao lado de uma crítica bastante positiva.

Túlio conviveu com Victor Brecheret e Souza Lima, entre outros da colônia brasileira em Paris, tornando-se amigo do embaixador Souza Dantas, que custeou sua mostra na Galeria Marsan ao término da primeira estada como bolsista.

191　Michel Martin, "Les artistes vus aux recentes expositions", *La Revue Moderne*, Paris, 25/07/1923. (tradução livre da autora)

192　"Tullio Mugnaini", *La Revue Moderne*, Paris, 30/06/1924. (tradução livre da autora)

Embora tenha vendido apenas duas obras, provavelmente devido aos preços altos, os cinquenta quadros de recantos da Provença receberam elogios de J. Henry-Blanchon e de Raymond Cogniat pela habilidade em traduzir as vibrações da atmosfera e dourar com luz suave os pontos mais humildes da costa basca.[193] Ficava, assim, uma vez mais patente o empenho do diplomata em promover os artistas que julgava merecedores, despendendo com isso a verba de representação, os proventos e recursos particulares.

Com esta produção europeia Mugnaini abriu, em 1° de fevereiro de 1926, a mostra no Salão Nobre do Clube Comercial no regresso a São Paulo. Uma das mais bem sucedidas de sua carreira, visitada pelo presidente do Estado, Carlos de Campos, entre outras personalidades e componentes da Comissão Fiscal do Pensionato, colheu notas favoráveis da imprensa que ressaltava, sempre, os louros a ele conferidos no exterior e a participação nos prestigiados salões de arte europeus. "Para a sua mocidade ainda em flor, afrontar o juízo dos velhos mestres de França era um ato de heroísmo que somente encontraria justificativa na confiança que o artista tinha em si",[194] garantia um artigo. A consagração na Cidade Luz revestia-se de tal significado que no próprio catálogo da exposição vinham reproduzidas as críticas sobre sua mostra recente nas Galeries Marsan parisienses, retiradas do *Paris Times*, *Revue de L'Amerique Latine*, *The New York Herald*, edição parisiense e *Brazil*, dirigido por Amorim Diniz. Como bem registraram os jornais da época, a prova mais evidente do seu valor artístico residia no fato dele ter concorrido aos dois últimos Salons de Paris, "com elogiosas referências da imprensa francesa que julgou, unânime, possuir ele qualidades realmente apreciáveis".[195]

Intensa força criadora e talento capaz de discernir, fazendo uma apreciável distribuição dos efeitos tirados das principais correntes em voga,[196] eram algumas das observações de jornais e revistas da época, incluindo os órgãos da

---

193 Raymond Cogniat, "Les Artistes Américains au Salon d'Automne", *Revue de L'Amerique Latine*, Paris, 1/12/1925.

194 "Registro de arte", *Correio Paulistano*, São Paulo, 19/02/1926.

195 "Artes e artistas", *O Estado de S. Paulo*, São Paulo, 15/09/1923.

196 "Notas de arte", *A Pátria*, São Paulo, 5/02/1926.

colônia italiana, *Il Piccolo* e *Fanfulla*. Ou seja, sem ser exatamente acadêmico, nem por isso se filiou à corrente modernista ou futurista, como ressaltou na ocasião a *Folha da Manhã*. "Não é o cubismo geométrico e calculado tampouco, o que adotou para sua maneira na materialização das suas visagens ou miragens de arte", prosseguia o artigo, enfatizando o modo espontâneo, de arestas lapidadas ou amortecidas com que representava artisticamente a natureza. "Fugindo à pintura fotográfica, não chega, contudo, a deturpar a verdade objetiva e patente em todos os olhos normais".[197]

Já Rangel Pestana notava que Túlio conseguia resolver cada quadro com o "auxílio da razão" e sem improvisações. Segundo ele, o pintor recuperara a fatura larga e sintética, o colorido aparentemente velado, mas rico de contrastes e crescendo de intensidade que se esvaíra durante os meses iniciais do aprendizado em Paris. Aquela pintura lavada, de tonalidades diluídas e de um vago modelado, não passara de um rápido experimento de transição e pesquisa. "O forte temperamento do artista e a sua equilibrada inteligência reagiram contra a influência dissolvente do meio e retomaram os seus direitos". Com isso a obra, de uma frescura primitiva e acabamento primoroso, ganhava o encanto da novidade, raramente perdendo o senso de harmonia. "Não poderia Túlio Mugnaini apresentar melhor atestado do seu aproveitamento nos estudos feitos na Europa. Ali estão reunidas as qualidades mestras do pintor e do artista, numa obra de rara solidez e de elevada concepção".[198]

No *Correio Paulistano*, Agenor Barbosa igualmente valorizou o desenho vigoroso, o admirável senso de equilíbrio e de íntima harmonia, mas se ressentia da melancolia presente mesmo nos recantos alegres, talvez a demonstrar que a sensibilidade dele tenha sido "tomada de assalto pelos processos e pela técnica francesa". Nada que uma visita mais longa ao Brasil, com demorado estudo da paisagem nativa, não conseguisse mudar, da mesma forma que fizera "milagrosamente" com Paulo Lopes de Leão, "cujo temperamento se afogava, lamentavelmente, sob a pesada e penosa técnica dos seus mestres franceses".[199] Para ambos articulistas, o pintor fora um dos que

---

197 "Vida artística", *Folha da Manhã*, São Paulo, 27/06/1928.

198 Nestor Rangel Pestana, "Artes e artistas", *O Estado de S. Paulo*, São Paulo, 24/02/1926.

199 Agenor Barbosa , "Registro de arte", *Correio Paulistano*, São Paulo, 25/02/1926.

se utilizara do Pensionato com maior proveito: "No balanço entre o auxílio que lhe deu o Estado e o que, em troca, lhe ofereceu Túlio Mugnaini em trabalho realizado e em renome para a sua cultura, o saldo é largamente favorável ao modesto e valoroso artista". E, tendo em vista o possível prolongamento da pensão, Rangel Pestana finalizava: "Cumpra São Paulo o seu dever até o fim".[200]

De fato, a profusão de matérias sobre a mostra, seguida de outra na Galeria Jorge, Rua São Bento, 12, tornaria Mugnaini merecedor da prorrogação de dois anos, em negociações que incluíram a doação de *Alegoria de Outono*, do Salon de 1925, à Pinacoteca de São Paulo, segundo recibo assinado pelo conservador Paulo Correa. Em conformidade com o Regulamento, na ocasião também doaria *A moça do chapéu verde*, *La bohémiènne*, cópia de Frans Hals feita inteiramente no Museu do Louvre, e *La rue du Midi*. Ofício emitido pela Secretaria dos Negócios do Interior em junho apresenta os "sinceros agradecimentos"[201] pela generosidade que se estendeu a Carlos de Campos, a quem Túlio ofertou *O ídolo*. Em resposta, o então presidente de Estado "muito penhorado" pela atenção, com "vivo prazer" o felicitava pelo "belo e valioso trabalho".[202] Ainda foram entregues aos membros do Pensionato esboços de composições, desenhos a carvão, cabeças, dorsos e nus acadêmicos, alguns dos quais óleos sobre tela.

No vapor *Massilla*, ele zarparia para retomar os estudos em Paris, concentrando-se na pintura de figuras. Viajou pela Espanha, à procura de novas paisagens, encantando-se com Toledo e Sevilha, entusiasmando-se com Velásquez, Goya, El Greco e Murillo no Museu do Prado, em Madri. Participou, em 1927, do Salon e da Societé Nationale des Beaux-Arts, onde vendeu *Nu couché* para André Cazamian. Autointitulado "homem de letras, cavaleiro da Legião de Honra", o comprador desembolsara 2.400 francos pela obra, contra os três mil que havia sido pedido. Em bilhete, Cazamian argumentava que com essa transação direta, sem a comissão

---

200 Nestor Rangel Pestana, "Artes e artistas", *O Estado de S. Paulo*, São Paulo, 24/02/1926.

201 Ofício número 721 emitido pela Secretaria dos Negócios do Interior, São Paulo, 26/06/1926. (CDM)

202 Carta de Carlos de Campos a Túlio Mugnaini, São Paulo, 8/06/1926. (CDM)

258   Marcia Camargos

de 10% à Societé, o montante final seria quase o mesmo.[203] Nesse período Túlio conheceu também a Córsega, região que visitou periodicamente, pintando os pequenos cais com pescadores, marinhas de céu e mar muito azuis, de uma luminosidade que tanto o agradava.

Ao cabo da prorrogação, após expor no Salão dos Independentes de 1928, com a marinha *Saint-Tropez* e *Nu couché*, voltou definitivamente ao Brasil. Em julho daquele ano mostrou suas últimas obras na Galeria Blanchon, à Rua Direita, gerando uma divisão de opiniões. Uns apreciam as ruas sombreadas, velhas cidades marítimas, ruínas, claustro e árvores em tons claros, mas outros, como Mário de Andrade não se conformam com os temas convencionais, casas à beira-d'água com tratamento da luz e ambiências "de manhã e de tarde", sem preocupação com o equilíbrio, centralização, poesia no colorido ou perspectiva pessoal na concepção. Apesar de perceber sua pincelada segura, dominada por um conhecimento exato dos efeitos, que se modificam conforme a luz que quer reproduzir, o crítico não gostou da exposição.

> O sr. Tullio Mugnaini[204] ainda está no pitoresco e no quadro janela. Provindo das lições ruins do Impressionismo, ele se esquece que por piores que sejam as teorias deste, os grandes impressionistas, um Renoir, um Manet jamais abandonaram os direitos da plástica e da composição intrinsecamente humana.[205]

No *Jornal do Comércio*, Marcelo Dan afirmou que lhe faltava ainda uma visão nítida do dinamismo objetivo das coisas. "Nas suas telas não há sinais de uma natureza fecunda. Há, antes, manifestações lânguidas e serenas de uma beleza que dorme em

---

203 Carta de André Cazamian a Túlio Mugnaini, Paris, 30/05/1927. (CDV)

204 Como só nos anos 1940 o pintor mudaria seu nome para Túlio, nos diversos jornais aqui citados ele vem grafado sem acento, às vezes com um, outras com dois Ls como no caso desse artigo de Mário de Andrade.

205 Mário de Andrade, "Arte: Tullio Mugnaini", *Diário Nacional*, São Paulo, 10/07/1928.

terras velhas, enregeladas". Este "defeito", o autor creditou ao excesso de "francesismo" permeando a pintura que evocava, constantemente, os "mestres preciosos", quer no colorir, quer no ato de pintar. Por fim, Dan ponderava que não via o jovem de temperamento doce retratando o "inferno verde" e selvagem das nossas florestas. Porém, sugeria que, ao pintar recantos suaves e calmos mais afeitos ao seu caráter, o fizesse com um "sentimento nosso, com uma poesia nossa, com uma luz suavemente tropical e perfumada com um perfume desconhecido de outras gentes".[206]

Entendendo as artes sob a ótica iluminista de um progresso contínuo e ascendente, um jornalista do *Correio Paulistano* dizia em sua defesa que, apesar de reconhecer nele os méritos do grupo francês do final do século XIX, Túlio não se estagnara:

> Pelo contrário, evoluiu depois para tendências mais conformes ao temperamento que possui, com certa preocupação pela forma que aqueles eliminaram, com a preocupação excessiva da cor e que os outros, os imitadores, exageraram ainda mais, formando, por assim dizer, uma série de *ratés* do academismo-impressionista.[207]

Como o país sofria os abalos da crise internacional, a compra das obras foi quase nula. De Paris, o antigo benfeitor Souza Dantas remetia ao endereço da Rua Taquari, 122, afetuosas palavras de incentivo: "Deu-me grande prazer sua carta. Não desanime. Você tem talento e outras qualidades para vencer".[208] Antes de partir, o bolsista presenteara-o com uma de suas obras, recebendo bilhete de agradecimento com os dizeres: "Muito me sensibilizou sua carinhosa lembrança. Guarda-lo-ei sempre como uma lembrança de um grande artista e do amigo que prezo e admiro".[209] Mugnaini ainda replicou a mostra no Palácio das Arcadas, em novembro. Igualmente noticiada

---

206 Marcelo Dan, "Notas de arte", *Jornal do Comércio*, São Paulo, 7/02/1926.

207 "Os que fazem modernismo e os que dele se distaciam, na pintura", *Correio Paulistano*, São Paulo, 21/07/1928.

208 Carta de Souza Dantas a Túlio Mugnaini, Paris, 24/08/1928. (CDM)

209 *Idem*, Paris, 9/05/1928. (CDM).

até pela imprensa carioca como *Fon Fon*,[210] e destaque no *Cine Jornal* para o qual, por meio da sua exposição, o articulista pretendia provar que "sabemos pintar tão bem como os artistas do Velho Mundo",[211] ainda assim a exposição teve vendas fracas. Isso levou-o a aceitar de bom grado a encomenda da Gráfica Lanzara para uma série de desenhos sobre os transportes através dos séculos.

Túlio enfrentou séria desavença com Clodomiro Amazonas, que se achava mais autêntico e mais paulista por pintar apenas recantos típicos do interior, com matas verdejantes, riachos e árvores coloridas. Como não estudou na Europa, julgava-se livre da influência estrangeira que acreditava contaminar boa parte dos bolsistas. Diante desta "armadilha", Túlio tentou adaptar sua arte ao gosto do público. Nesse processo de "abrasileiramento" nem sempre fácil e muitas vezes forçado, em que mudou inclusive o nome, viajou para Sabará e Ouro Preto, trazendo quadros de temática e cores mais vibrantes. Com tal produção, acrescida de algumas obras de Paris, fez uma exposição cuja acolhida desmentia os críticos que haviam alertado contra a dificuldade dos bolsistas vindos de longos anos no exterior de interpretar a natureza tropical. "O pintor conhecedor, de posse do seu *métier*, do desenho e do claro-escuro poderá pintar em qualquer parte, sempre que encontre, naturalmente, pessoas compreensíveis que possam encorajá-lo na sua carreira",[212] diria ele a respeito da controvérsia em torno da questão, de resto incongruente e sem fundamento científico.

Instalando-se num ateliê do terceiro andar do Palacete Santa Helena, Túlio se casaria com Luciene Bureau, que conhecera na França. Levava uma vida simples, mas não deixou de frequentar a Villa Kyrial, onde preparava ravióli, sua especialidade. Por dois anos trabalhou com Georg Przirembel, pintando cenas do evangelho na Igreja do Carmo. Entre 1945 e 1965 dirigiria a Pinacoteca do Estado de São Paulo. Lá implantou em 1952 um programa de itinerância do acervo por cidades do interior em clubes, salões paroquiais e escolas. Projeto pioneiro, a Pinacoteca Circulante, que duraria até 1971, realizou mais de cem exposições em setenta municípios paulistas, registrando uma visitação superior a 300 mil pessoas,

---

210 *Fon Fon*, Rio de Janeiro, 17/11/1928.

211 "Um pintor que é bem nosso", *Cine Jornal*, São Paulo, 10/11/1928.

212 Notas autobiográficas de Túlio Mugnaini, *op. cit.* p. 17.

democratizando o acesso e fruição das obras de arte e reforçando o caráter estadual do Museu. Apesar dos enormes obstáculos, da pesada burocracia, mudanças de prédio e falta crônica de recursos, ele se preocupou em confeccionar catálogos completos sobre os artistas que expuseram no Museu, além de conseguir a efetivação de pelo menos um restaurador.[213]

Mugnaini ainda colaborou em jornais e revistas com estudos biográficos de pintores e escultores paulistas enquanto dava aulas no seu ateliê da Rua do Tanque, na Vila Mariana e no Palacete Santa Helena até sua morte, em 25 de maio de 1975. Chamado de "poeta lírico das cores bonitas" por Tarsila do Amaral, deixou uma obra considerada de fácil leitura e compreensão pela naturalidade com que apresentava os temas – de casebres caipiras de telhados encurvados, iluminadas por sol forte, quintais, casas encarapitadas em morros, fazendas coloniais, a nus e pinturas de flores.

Retrato de Túlio Mugnaini feito em Roma, Itália, em 1919.
(Coleção Diva Mugnaini)

---

213 *Notas autobiográficas de Túlio* Mugnaini, *op. cit.* p. 21-2.

Túlio Mugnaini no seu ateliê parisiense em 1921.
(Coleção Diva Mugnaini)

Permissão para pintar no Museu do Louvre, em Paris, datada de
1921. (Coleção Diva Mugnaini)

Entre a vanguarda e a tradição 263

O bolsista no seu ateliê parisiense com o óleo *A moça do chapeu verde* em 1921. (Coleção Diva Mugnaini)

Carteira de estudante da Académie Julian. (Coleção Diva Mugnaini)

Túlio Mugnaini e Victor Brecheret, à esquerda, em Paris no ano de 1922. (Coleção Diva Mugnaini)

Túlio Mugnaini com Victor Brecheret (embaixo) e grupo em Paris no ano de 1922. (Coleção Diva Mugnaini)

Rossi, Victor Brecheret, Cavaleiro e Túlio Mugnaini, de perfil no primeiro plano à direita, no Jardim de Luxemburgo em Paris em 1922 (Coleção Diva Mugnaini)

Entre a vanguarda e a tradição 265

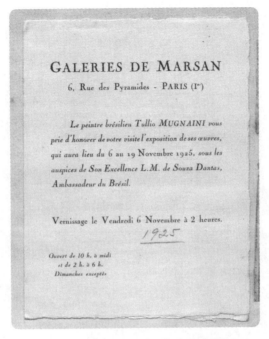

Exposição de Mugnaini em Paris em 1925.
(Coleção Diva Mugnaini)

Carteira da Maison de L' Amerique Latine.
(Coleção Diva Mugnaini)

Certificados de expositor no Salon francês em 1921, 1923 e 1925.
(Coleção Diva Mugnaini)

Cartão de expositor na Sociedade Nacional de Belas-Artes.
(Coleção Diva Mugnaini)

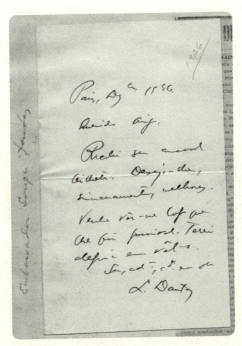

Bilhete de Souza Dantas a Mugnaini de Paris, em 1926.
(Coleção Diva Mugnaini)

Carteira de membro da Societé des Artistes Français.
(Coleção Diva Mugnaini)

Convite para a mostra de Túlio Mugnaini em São Paulo, no ano de 1928.
(Coleção Diva Mugnaini)

Retrato de Túlio Mugnaini, c. 1930. (Coleção Diva Mugnaini)

Túlio Mugnaini pintando em rua europeia, s/d.
(Coleção Diva Mugnaini)

Túlio Mugnaini e grupo em Itanhaém, São Paulo, c. 1935.
(Coleção Diva Mugnaini)

Victor Brecheret, escultor

Nascido Vittorio Brecheret em Viterbo, localidade não distante de Roma, no ano de 1894, filho de Augusto Brecheret e Paolina Nanni, que faleceu quando ele tinha apenas 6 anos de idade, foi abrigado pelo tio materno, Enrico Nanni. Com a família deste, emigrou para o Brasil ainda na infância, mais precisamente em 1904, junto com a irmã, após a morte de mãe e de dois irmãos.

Iniciou a formação artística em 1912, no Liceu de Artes e Ofícios. Matriculou-se no curso noturno, e durante o dia trabalhava como vendedor em uma loja de calçados na Rua Florêncio de Abreu. No Liceu teve aulas de desenho com Domiziano Rossi, o arquiteto italiano associado ao escritório de Ramos de Azevedo. Com Affonso Adinolfi, dono de uma fábrica de móveis, aprendeu escultura em madeira, técnica empregada na sua primeira obra, *Pietà*, inaugurando o veio religioso que se tornaria constante na carreira dele. Incentivado pelos mestres que vislumbraram o talento do jovem aprendiz, Brecheret decidiu partir para a Europa com o apoio dos tios Antonia e Henrique.

De Nápoles, ele seguiu para Roma, onde se fixaria de 1913 a 1919. Com dezoito anos, vê seu pedido de ingresso na Escola de Belas Artes indeferido por falta de credenciamento, mas se tornou aluno de Arturo Dazzi, o escultor predileto do rei Vittorio Emmanuelle III.[214] Com ele, que também orientou Francisco Leopoldo e Silva, aprendeu anatomia e técnicas escultóricas.

Instalado em um pequeno ateliê na Via dei Greci, n.10, Brecheret desenvolveria grande interesse pelas soluções de Michelangelo e Rodin, que forjariam as bases clássicas da sua formação. Devido a desentendimentos com Dazzi, o jovem mudou-se para a rua Flaminia n° 22, antigo endereço de Ivan Mestrovic. Vencedor do grande prêmio da Exposição Universal de Roma de 1912, o artista croata seria outra fonte para Brecheret durante os dois anos de convivência na capital italiana. Dele adquiriria o gosto pela monumentabilidade e a intenção alegórica e dramática.

Conta-se que no decorrer da Guerra, ele, italiano de nascimento, fazia-se passar por americano ou francês a fim de evitar a convocação. Para não ser localizado pelos *carabinieri*, refugiou-se na casa de familiares no limite da Toscana, em Farnese di Castro, em 1917, quando ainda iria a Paris acompanhar os funerais do escultor Auguste Rodin, de quem era grande admirador. Datam desse período "italiano" os gessos *O despertar*, *Ídolo* e *Eva*. Com o último, que seria passado para o mármore dali a um ano, participou, em fevereiro de 1919, da exposição na Casina Del Pincio em Roma.

Aportando em Santos no navio *Re Vittorio* com o fim da Guerra, e embora aclamado por parte da imprensa nacional, que relembrava a passagem do artista pelo Liceu de Artes e Ofícios, Brecheret, cujo nome italiano ganhou pronúncia afrancesada para se tornar mais palatável, não foi imediatamente reconhecido no circuito cultural de São Paulo. Solitário e arredio, montou ateliê no Palácio das Indústrias ainda em construção, na sala cedida por Ramos de Azevedo, em nome dos velhos tempos de Liceu. Seu isolamento não duraria para sempre, pois ali seria descoberto por Di Cavalcanti, Hélios Seelinger e Oswald de Andrade em visita à exposição

---

214 Peccinni ressalta que Brecheret contou com uma eficiente rede de relações ligadas à maçonaria brasileira e italiana, azeitada pelo então Presidente de Estado Washington Luís, para ser aceito no ateliê de Arturo Dazzi, escultor de enorme prestígio na época. Daisy Peccinini, *Brecheret: a linguagem, op. cit.*, p. 27-9.

de maquetes para o concurso do Monumento ao Centenário da Independência, a ser erguido nos jardins do Museu do Ipiranga. Dispostos a caçoar dele, decerto mais um a produzir obras de ritmo mole e adocicado das tão admiradas academias, os três subiram a escada florentina em direção ao ateliê e ficaram desnorteados.

> Grandes e bizarras estátuas erguiam-se dos socos, em greda[215] ainda, misteriosas e solenes. No meio do salão, um enorme gênio, todo músculos, com a cabeça a roçar o teto, o corpo de lama marcado como um mapa anatômico curvava a cabeça cheia de pensamentos nos ombros quadrados, de atleta.[216]

Entusiasmados com as obras que destoavam das maquetes do térreo, no hall de entrada, comunicaram o fato a Mário de Andrade e Menotti Del Picchia, que passaram a divulgar o escultor na *Gazeta* e no *Correio Paulistano*, assim como fez Monteiro Lobato nas páginas da *Revista do Brasil*.

> Honesto, fisicamente sólido, moralmente emperrado na convicção de que o artista moderno não pode ser um mero "ecletizador" de formas velhas, e há de criar arrancando-se à tirania do autoritarismo clássico, Brecheret apresenta-se-nos como a mais séria manifestação de gênio escultural surgida entre nós.[217]

Destacando o fato de o jovem escultor ter-se feito por mérito próprio, "sem a calendura cômoda do hálito oficial – mau hálito, muitas vezes, conforme é a boca à qual a inconsciência do estado empresta a força divina de formar artistas", o crítico

---

215 Variedade de argila macia, mais ou menos arenosa, que geralmente contém sílica.

216 Menotti Del Picchia, "Brecheret", *A Tribuna*, Santos, 22/06/1920.

217 Monteiro Lobato, "Victor Brecheret", *Revista do Brasil*, São Paulo, fevereiro de 1920, p. 169.

afirmou que *Ídolo* e *Eva* carregavam "a vida, o movimento, a elegância da linha, a força da concepção e, sobretudo, esse misterioso *quid* que é a alma perturbadora das verdadeiras obras d'arte".[218]

Integrado ao círculo dos moços futuristas que o elevaram a estandarte, apesar da personalidade retraída e introspectiva, Brecheret deixou-se convencer a participar do concurso para o monumento aos Andradas, em Santos, e dar a própria contribuição aos festejos da Independência com uma homenagem aos bandeirantes. O tema foi proposto por Menotti Del Picchia que, à frente de um grupo de intelectuais, formaria, junto com Monteiro Lobato e Oswald de Andrade, uma Comissão provisória para encaminhar o projeto. Com formas mais estilizadas e ousadas do que de seus contemporâneos, organizadas em ritmo compacto e dramático, de apelo heroico, a maquete de Brecheret, cujo memorial Menotti redigiu, plasmava uma solução que transitava entre a arte acadêmica e a moderna.[219]

Exposta a partir de 28 de julho de 1920 na Casa Byington, à rua XV de Novembro, 26, sendo apreciada pelo próprio presidente de Estado Washington Luís, a proposta não conseguiu respaldo oficial nem o patrocínio de um mecenas. Já o siciliano Ettore Ximenes, apoiado por Freitas Valle, venceu o concurso com um projeto que Mário de Andrade chamou de "colossal centro de mesa de porcelana de Sèvres".[220] Em tom semelhante, Monteiro Lobato caracterizaria a escolha do tradicional e do óbvio como uma completa "vitória do incaracterístico e da vinheta".[221] Oferecida ao governo, a maquete de Brecheret foi depositada na Pinacoteca do Estado, mas se quebrou de forma irremediável em 1947, durante o

---

218 *Idem.*

219 Marta Rossetti Batista, *Bandeiras de Brecheret: história de um monumento (1920-1953).* São Paulo: DPH, 1985, p. 26.

220 Mário de Andrade, "De São Paulo", *Ilustração Brasileira*, Rio de Janeiro, novembro de 1920.

221 Monteiro Lobato, "Monumento dos Andradas", *O Estado de S. Paulo*, São Paulo, 14/09/1920.

retorno da coleção provisoriamente instalada na Rua Onze de Agosto n. 39, desde 1933, para o edifício original, então sede própria, na Avenida Tiradentes.[222]

Além de fazer a máscara de Menotti Del Picchia e *Sóror Dolorosa*, relacionada ao livro de versos de Guilherme de Almeida, e ainda esculpir a cabeça de *Daisy* para Oswald de Andrade, Brecheret resolveu expor *Eva*, passada para o mármore em Roma, em 1920, e que causararia furor entre os amigos. De linhas tranquilas e plácidas, agradou ao público que acorreu à mesma Casa Byigton, arrancando elogios da imprensa. Nesse período inicial, que Mário de Andrade denomina "fase de sombras", em oposição à etapa parisiense posterior, o enfoque naturalista da anatomia e a contida dramaticidade expressam-se por meio de torções do corpo e volumes em que estas são sempre mais acentuadas e valorizadas do que a luz.

"O comentário único admissível ante tais obras é um silêncio devoto, um silêncio religioso que traduza a confissão tácita de que estamos em face de alguma coisa que transcende do nosso círculo de percepções habituais", registrou Monteiro Lobato acerca da obra que, em sua opinião, ombreava o autor a Rodin. Para ele, *Eva* sagrava aquele quem, pela ação da escultura, emprestara vida à pedra.[223] Esse mesmo artigo ironizava a crença na seriedade dos concursos públicos e no prestígio do talento, incorrendo-se no equívoco de tachar de "asneira básica, fundamental" Brecheret ser natural do Brasil, quando de fato, como se viu, ele migrou da Itália aos dez anos de idade: "Deve nascer aqui quem ainda no ovo já sente comichões condais no cócix, e nas unhas esse prurido ratoneiro que os espertíssimos Ximenes maravilhosamente compreendem e exploram".[224]

Passado algum tempo, em junho de 1921, após ingerências do embaixador Souza Dantas e da pressão dos modernistas junto a Freitas Valle, Brecheret recebeu bolsa do Pensionato Artístico. Esse reconhecimento oficial do seu talento, reiterado pela aquisição de *Eva* pela Prefeitura para enfeitar os novos jardins do Vale do Anhangabaú, levariam Menotti a declarar a glória da felicidade e o crepúsculo dos zoilos: "Com mais

---

222 A obra deu entrada na Pinacoteca em 24/03/1921, conforme ofício nº 126 de 5 de abril do mesmo ano. Ver o Livro de Tombo da Pinacoteca do Estado, São Paulo, 1913, p. 21-2.

223 Monteiro Lobato, "As quatro asneiras de Brecheret", *Folha da Noite*, São Paulo, 16/04/1921.

224 *Idem, Ibidem.*

uns anos e mais uns gestos desses, poderemos declarar São Paulo livre da endemia dos burros, mal que tantos estragos tem feito entre nós...".[225]

Embora ausente do país na ocasião, Brecheret emprestaria doze esculturas e alguns desenhos para a mostra artística montada no saguão do Teatro Municipal na Semana de Arte Moderna de 1922, incluindo *Cabeça de Cristo*. Considerada sacrílega, causando escândalo entre o público conservador e católico, o *Cristo de trancinhas*, como também era conhecido, fora adquirida por Mário de Andrade dois anos antes. Levada para casa, suscitou uma reação tão adversa dos familiares que instigaria o escritor e poeta a deitar no papel os versos de sua *Pauliceia Desvairada*.

Vale do Anhagabau visto do Teatro Municipal de São Paulo.
(Iconographia)

Apostando no espírito independente e na personalidade singular do artista, esse mesmo Mário, que considerava Brecheret um criador de eloquentes símbolos, exortava-o a representar as características físicas do nosso povo:

> Pois bem: em vez de formar um tipo escultórico baseado nas correntes tradicionais assírias ou egípcias, em vez de estilizar no mármore ou no bronze as características

---

225 Menotti Del Picchia, "Palestra das segundas", *Correio Paulistano*, São Paulo, 14/11/1921.

físicas dum nórdico, segundo Carlos Milles, ou dum es-
lovaco segundo Mestrovic – tendências que o internacio-
nalizariam em vez de nacionalizá-lo – estude os tipos dos
nossos índios, tipos não desprovidos de beleza, estilize-os,
unifique-os num tipo único, original e terá adquirido assim a maior das suas qualidades.[226]

Graças à bolsa do Pensionato, Brecheret embarcou no *Almanzora* em direção a Paris, trocando o ambiente artístico mais austero de Roma pelo cosmopolitismo de Montparnasse e adjacências até 1929. O escultor, porém, não deixaria Paris antes de 1935, vivendo então às próprias expensas, com retornos esporádicos ao Brasil. Seria agraciado com a Legião de Honra a título de belas artes, no Grau de Cavaleiro, em 1934 – ano em que o governo francês adquiriu *O grupo* para o Museu Jeu de Paume.[227]

Na capital francesa, ele entraria em contato com a profusão de ideias da Escola de Paris, constituída por um leque amplo e indefinido de pintores e escultores que gozava de boa acolhida do mercado e da crítica. Longe de representar uma corrente definida, abrigava sob seu guarda-chuva a multiplicidade de expressões dos estrangeiros, na maioria provenientes da Europa Central e Oriental que, ao lado de japoneses, ingleses, norte e sul-americanos, aportavam naquele ponto do planeta atraídos pela possibilidade de exercerem livremente sua arte. Também conheceria mais de perto os escultores Emile Antoine Bourdelle (1861-1929), Aristide Maillol (1861-1944) e Constantin Brancusi (1876-1957). Expôs no Salão dos Independentes, do Outono, Tuileries e no Salão dos Artistas Franceses, onde obteve menção honrosa. No fim da primeira estada pelo Pensionato, doou à Pinacoteca do Estado o gesso dourado *La Porteuse de parfum*, ou *La Madeleine*

---

226 Mário de Andrade, "Victor Brecheret", Jornal dos Debates, São Paulo, 18/04/1921.

227 Em granito, a escultura teria permanecido escondida no Jardim de Luxemburgo, em Paris, durante a II Guerra, junto a outras obras importantes. Mais tarde, ela foi desloca-da para a cidade de La Roche sur Yon, no sul da Bretanha, ornando o parque em frente à Biblioteca Municipal.

aux parfums, que esteve no Salão de Outono de 1924, e sobre a qual Anita Malfatti diria a Mário de Andrade: "Muito comentário pró e contra. É coisa já muito nova e evoluída. Coisa difícil".[228]

Um dos maiores expoentes entre os bolsistas, lembremos que, assim como Anita Malfatti, Brecheret constituiu uma exceção. Sua bolsa contrariava dois itens do parágrafo dez do Regulamento do Pensionato, segundo o qual, além de paulista, o candidato deveria ter menos de 25 anos de idade. Além da nacionalidade italiana de Farnese di Castro, na região de Viterbo, em 1894, Brecheret tinha 27 anos quando embarcou em 1921. Mas desde muito cedo contou com o apoio irrestrito e a defesa apaixonada de Souza Dantas, que já em 1918 remetia requerimento do jovem escultor ao "querido amigo e colega", o embaixador Cyro de Freitas Valle, com um pedido: "Ponho o caso sob sua proteção. O rapaz tem verdadeiramente tanto talento e tem também o 'fogo sagrado' da arte: deixa de comer (é verdade) para pagar modelos!"

Enquanto aguardava uma decisão, Dantas comunicou que Brecheret seria mantido pelo pessoal da Legação e por um companheiro, o escultor Francisco Leopoldo e Silva, sobrinho de Dom Duarte, bispo da Diocese de São Paulo. "Você vê que é um caso verdadeiramente interessante. Bastariam 300 liras mensais – menos de 150$000 mensais", disse, indagando se existia algum *noveau riche* italiano disposto a tomar a si a tarefa. "Enfim, seriamente, veja se há um meio qualquer de se salvar o rapaz, artisticamente falando. É doloroso o seu caso, pois, repito-lhe que tem verdadeira vocação que o tem levado até ao sacrifício. Diz sempre o Silva, que Brecheret além de talento tem também muito bom caráter". Souza Dantas conclui com felicitações ao "ilustre pai" de Cyro, o deputado José de Freitas Valle.[229]

Às vésperas da partida do escultor, Mário de Andrade, que manteve uma posição ambígua quanto ao Pensionato, cobiçando ele mesmo uma pensão jamais obtida, comentava que a responsabilidade pesava assustadoramente sobre os ombros de Brecheret, recém-agraciado com a pensão.

---

228 Carta de Anita Malfatti a Mário de Andrade, Paris, 924. (FMA/IEB/USP)

229 Carta de Souza Dantas a Freitas Valle, Roma, 18/02/1918. (AFV)

Tanto mais que a maioria dos artistas brasileiros, que sob essa feição demandam as cidades artísticas da Europa, deixam por lá, ingratidão para com a pátria e desrespeito para consigo mesmos, a inspiração produtora das suas juvenilidades, trazendo apenas o metro falso dumas regras cediças, mal aprendidas e uma aflitiva desilusão. Vão fortes, carregados com as esperanças de todos nós, voltam inermes, desmusculados, verdadeiros defuntos da arte.[230]

O trato com Freitas Valle incluía um monumento a Francisca Júlia,[231] pela quantia extra de 20 mil francos. Profundamente consternado com a morte da poetisa parnasiana, a quem muito admirava, Valle apresentou o projeto de lei número 44, de 8 de novembro de 1920, para erguer no cemitério do Araçá, um "túmulo memorativo", com o qual se despenderia "até a quantia de 15 contos".

Valle também propunha a publicação de um livro reunindo artigos sobre ela escritos por Aristeu Seixas para o *Correio Paulistano* e pedia a inserção de um voto de pesar pela poetisa, "glória de sua terra e de sua pátria". Secundado por Luiz Piza, que na 64ª sessão extraordinária de 23 de dezembro sugeria que o mesmo não sofresse delongas naquela Casa, o projeto foi aprovado pelos votantes presentes e dali a oito dias transformava-se na Lei 1776. Graças a este expediente, a cidade ganharia *Musa Impassível*,[232] magnífica figura de mulher em mármore branco rodeada por baixos-relevos à Joseph Bernard, representando animais mitológicos. Ela velou o repouso da autora de *Dança das centauras* de novembro de 1923, data da sua instalação no local em uma concorrida solenidade, até 13 de dezembro de 2006, dia em que foi recolhida à Pinacoteca para receber os cuidados museológi-

---

230 Mário de Andrade, "Victor Brecheret", *Jornal dos Debates*, São Paulo, 18/4/1921. *In* Sandra Brecheret Pelegrini, *Brecheret: 60 anos de notícia*. São Paulo: S. B. Pellegrini, s/d, p. 33.

231 Nascida em Xiririca, atual Eldorado, no Vale do Ribeira, sul de São Paulo, em 1871, Francisca Júlia da Silva colaborou em diversos jornais e revistas, publicando seu primeiro livro de poesia, *Mármores*, em 1895.

232 Nome dado à escultura por Menotti Del Picchia, segundo título de um dos sonetos da poeta.

cos adequados. A iniciativa também contribuiria para difundir o nome daquela considerada por Antonio Candido a maior e mais completa sonetista do seu tempo.[233] Ironicamente, uma parnasiana com tintas simbolistas que Mário de Andrade classificara como ultrapassada, na série de artigos publicados entre agosto e setembro de 1921 no *Jornal do Comércio*,[234] seria alvo de homenagem saída do cinzel de um dos escultores mais festejados pelos modernistas – aquele cuja obra como *Cabeça de Cristo* suscitou revolta e repúdio do público durante a Semana de 22.

Musa Impassível no pátio interno da Pinacoteca, para onde foi removida em 2006. (Cedoc/Pinacoteca do Estado de São Paulo)

---

233 Sobre a vida e obra da poetisa, bem como sobre o processo do referido traslado ver Marcia Camargos, *Musa Impassível: a poetisa Francisca Júlia no cinzel de Victor Brecheret*. São Paulo: Imprensa Oficial, 2007.

234 Mário de Andrade, "Mestres do Passado II – Francisca Júlia", *Jornal do Comércio*, São Paulo, 11/8/1921.

280   Marcia Camargos

Curioso notar que Brecheret viajou para a Europa em 1921 com o aval de Freitas Valle, contrariando o então presidente do Estado, Washington Luís, totalmente avesso à ideia. Moderno demais para os padrões vigentes, Brecheret só teve o talento reconhecido em casa quando, durante o estágio em Paris, entrou no Salon d'Automne com *Les conquérants*, escultura alusiva aos bandeirantes. O mecenas foi um dos primeiros a receber a boa nova, por carta datada de 12 de novembro de 1921. Nela, o artista falava que seus trabalhos chamaram a atenção, gerando uma "linda referência" no jornal *L'Ecco D'Italia*.[235] Dentro de um mês, no *Correio Paulistano*, Menotti Del Picchia tratou de amplificar o fato, dedicando a ele *A vitória de um patrício*:

> Quatro mil artistas dos quatro pontos cardeais do globo acorreram ao certame artístico da consagradora Lutécia, onde tiveram suas obras rejeitadas. Brecheret, o negado de ontem, contra cuja arte só faltou que entre nós se atirassem pedras, fez como César nas Gálias: chegou, viu e venceu.[236]

Carregada de ufanismo, a crônica refere-se a *Fragmento de um templo*, maquete em gesso que retomava alguns temas do *Monumento às Bandeiras*, incluindo a barca das monções e a figura da Vitória, mas substituindo os cavalos por bois e acentuando o hermetismo da alegoria com uma torre. Aceita no Salão de Outono, impregnada ainda das heranças formais de Rodin, Dazzi e Mestrovic, revelava alguém que chegou a Paris confiante e encorajado pelos modernistas. A disposição de Brecheret em marcar presença, mostrar fôlego para trabalhos monumentais, pode ser constatada pelo grande porte das obras iniciais enviadas aos salões. Na medida em que se estabelecia, com críticas favoráveis que o avalizavam no meio

---

235 Carta de Victor Brecheret a Freitas Valle, Paris, 12/11/1921. (AFV) Escritas num português peculiar de estilo "macarrônico", as cartas citadas estão aqui redigidas o mais corretamente possível para facilitar o entendimento do seu conteúdo.

236 Helios (Menotti Del Picchia), "Crônica social: a vitória de um patrício", *Correio Paulistano*, São Paulo, 10/11/1921, p. 4.

artístico parisiense, sentiu-se livre para realizar também pequenas peças a partir de 1925. Assim mesmo, no começo enfrentou as vicissitudes de uma Europa ainda sob o rescaldo da I Guerra, recorrendo então a Freitas Valle na busca de soluções práticas: "Mês atrás todos os pensionistas eu, Lopes Leão, Túlio Munhanini, e outros, tínhamos decidido de enviar um ofício ao Sr., visto a baixa do câmbio do ano próximo mais aconselhado pelo cônsul que o ofício não chegaria a tempo, ele espontaneamente decidiu de mandar um telegrama a Secretaria do Interior", esclarecia, para assinar "Seu muito reconhecido V. Brecheret".[237]

A Mário de Andrade, um dos mais assíduos correspondentes, contava sobre aquele "pandemônio de cidade" chamada Paris: "A dias que assisti a inauguração do gigantesco Salon dos Artistas Franceses numa mareia humana de civilização, invade o grande estádio transformado em salão de exposição de escultura". Descrevia os 72 espaços dedicados à pintura e comentava: "O resultado é uma grande indigestão, se sai da exposição sem compreender nada do que se viu, e esquecido". A seu próprio respeito, relata que tem se aplicado bastante, embora com pouco proveito: "dado o grande frio que tem feito, perdi um grande trabalho, a noite o gelou, eu não foi muito prudente, não cobri e amanhã acordando-me vou descobrir o meu trabalho e o encontro tudo rachado caindo aos pedaços".[238]

A "indigestão" artística a que Brecheret alude o levaria a rever a própria produção confrontada com as experiências dos demais escultores do Salão de Outono. "Fui parar em Paris pouco depois da I Grande Guerra, época em que a revolução da arte atingia o ápice. O que lá encontrei era completamente diverso do que até então estivera aprendendo",[239] contou, lembrando que naquele tempo desejava-se acabar com o convencionalismo da arte doce, moldada sob encomenda para o gosto burguês.

"Tinha feito um longo aprendizado clássico e aquela revolução de todos os cânones me deixava completamente confuso", revelaria mais tarde ao jornalista Luís Martins. "Sentia que alguma coisa se desfazia dentro de mim, que eu não podia continuar fazendo o que fizera até então, mas conscientemente não podia aceitar uma

---

237 Carta de Victor Brecheret a Freitas Valle. Paris, 4/02/1922. (AFV)

238 Carta de Victor Brecheret a Mário de Andrade, Paris 22/05/1922. (FMA/IEB/USP)

239 Maria Antonio, "Brecheret fala de arte", in Sandra Brecheret Pellegrini, *Brecheret: 60 anos de notícia*. São Paulo: S. B. Pellegrini, 1976.

282 Marcia Camargos

arte para a qual não estava suficientemente preparado". Como consequência do choque, passou um ano inteiro sem trabalhar, embora frequentasse ateliês e artistas. "Só em 1922 pude realizar uma aceitação integral e consciente do modernismo",[240] admitiu em referência a quando concorreu ao Salão de Outono com o bronze *Tête de Mme. X*. Retratando Simone Bordat, sua companheira, foi avaliada por Raymond Cogniat como de uma natureza bem mais precisa: "A este modelo não falta firmeza e os perfis são estudados e um pouco sintetizados, mas com inteligência".[241]

Instalado na Avenue Châtillon, 36, ao sul de Montparnasse, em ateliê de pé direito alto, adequado a um escultor, ele se mudaria para a Rue Bréa, 14, conforme endereço declarado no Salão de Outono de 1922. Sobre esta fase, ao agradecer o exemplar de *Paulicéia Desvairada* – "lindíssima!" – de um dos seus "irmãos de sonho", o escultor reafirmava a necessidade de palavras de estímulo como as de Mário de Andrade, com quem desabafou.

"Este turbilhão de Paris só serve para nos embrutecer. Você se queixa que não te conto nada da minha vida. Bem vá lá!" E dava detalhes: "O primeiro meu trabalho que fiz foi um torso que expus, você se lembra! Depois tive que fazer a estátua para o monumento a Francisca Júlia, que está para ser acabado em mármore, depois tentei fazer um grande grupo, por falta de anção quebrou tudo no frio".[242] Revelava ter ultimado uma cabeça denominada *Despertar da Glória*, que passava "em mármore de primeira qualidade". Fez então um estudo em proporções minúsculas, *Sentinela da pátria* e ultimou um pequeno fauno. Reiterava que fora aceito no Salão de Outono com o retrato da *Madama X*,[243] sua noiva, finalizando: "Atualmente estou trabalhan-

---

240 *Apud* Marta Rossetti Batista, *Os brasileiros na escola...*, *op. cit*, p. 524-26.

241 Raymond Cogniat, "Les artistes Ampricains au Salon d' Automne", *Revue de l'Amérique Latine*, Paris, 10;01/1923, p. 71-2. *Apud* Marta Rossetti Batista, *Os brasileiros na escola...*, *op. cit.*, p. 527.

242 Na base da escultura, à direita de quem a olha de frente, lê-se "Paris", de onde deduzimos que *Musa Impassível*, em mármore de Carrara, com 2,80 metros de altura e quase quatro toneladas, tenha sido esculpida na capital francesa e enviada ao Brasil de navio.

243 Marta Rossetti descreve: "A cabeça levemente inclinada para a frente, os cabelos severamente puxados para trás, num coque, Brecheret ainda acentua na peça, de traços

do para grande armação para começar um grande grupo, intitulado *Cavalgada das Amazonas*, onde espero de fazer um belíssimo trabalho".[244]

Em contato com brasileiros como Rego Monteiro e o também pensionista Túlio Mugnaini, no princípio ele trabalhou timidamente em quase total reclusão. A partir de 1923, por intermédio dos "compatriotas" que demandavam à Cidade Luz, ampliou o leque de relações. Suas convicções estéticas seriam abaladas pelas visitas aos museus, salões e ateliês de outros artistas, levando-o a explorar técnicas que abriam um novo ciclo em sua arte. Tornava-se sensível a três fontes que buscou fundir de modo pessoal. Elas incluíam a ênfase ao volume geométrico da escultura cubista e da pintura de Léger, o tratamento sintético da forma dado pelo escultor romeno Brancusi e por Maillol, ao lado da estilização elegante do *art déco* que eclodia em Paris. A convergência dessas matrizes pode ser percebida em *Tocadora de Guitarra*, quando ele reduz o naturalismo das obras anteriores, abrindo mão da dramaticidade, da anatomia carregada de músculos em troca do expurgo e do despojamento. Também percebe-se o gosto de Brecheret pelos ventos da arte oriental que naquele momento sopravam das possessões francesas na Indochina, infiltrando-se na moda, no teatro e na decoração.

Resumindo esse ciclo de absorção de valores mais ousados, no final do ano expôs no Salão de Outono *Mise au tombeau*, no projeto *Um parque*, realizado por um conjunto de artistas sob a coordenação do arquiteto Mallet-Stevens.[245] Disposta em formas lineares sincopadas de forte cunho ornamental, evocando um clima de serenidade e suavidade melódica, é tida como uma das obras mais destacadas de seu período francês.

De acordo com Marta Rosetti, foi provavelmente nas rodas com Rego Monteiro e por intermédio dos Martel que Brecheret decidiu participar da seleção prévia para a Seção de Arte Urbana do Salão de Outono, de tema e medidas pré-determinadas. Sobressaindo entre os 28 integrantes da equipe que contava com nomes de relevo, foi comparado pelo crítico Thiébault-Sisson a escultores da Idade Média que,

---

realísticos, a musculatura facial, enquanto resolve a massa dos cabelos com uma textura rugosa, combinando suas formas com a da musculatura do rosto". *Idem,* p. 527.

244 Carta de Victor Brecheret a Mário de Andrade, Paris 19/08/1922 (FMA/IEB/USP).

245 Sobre o assunto, consultar Mário de Andrade, Cartas a Anita Malfatti, *op. cit.*, p. 161.

assim como Brecheret fazia agora, costumavam criar obras para locais específicos. Ele decerto seguia o exemplo de Brancusi, que causou frisson com *Beijo*, escultura de resoluções simplificadas e pouco afeita a uma necrópole, instalada em 1909 no jazigo de Tanoushka Rechevskaia, no cemitério parisiense de Montparnasse.

Mise au tombeau no Salão de Outono, Paris, em 1923. (IEB/USP)

Sintetizando as linhas de contorno, com economia de formas e atributos, ele dinamizava a composição, deixando patente o pioneirismo da sua geometrização radical. Brecheret ainda substituiu o mármore pelo granito, mais resistente para a obra que teria espessura de uma parede: "Acrescentamos que, a ideia admitida, não há senão louvar o escultor pela correção com a qual soube ordenar seu conjunto, pelo sentimento com o qual o marcou e pela habilidade técnica desenvolvida".[246]

---

[246] Thiébault-Sisson, "Le Salon d´Automne: um coup d´oeil dénsemble", *Le Temps*, Paris, 31/10/1923.

Vencedor do concurso preliminar entre outros sessenta concorrentes, Brecheret teve que limitá-la a um espaço de apenas 75 centímetros de largura por 4 metros de comprimento, conforme comentário de Paulo Prado em artigo a respeito. Pois, além de iniciar o grupo de brasileiros nos *cabarets* de Montmartre,[247] o mecenas tratava de divulgar na *Revista do Brasil* as conquistas dos seus jovens *protegés* em Paris, de onde exaltava o estilo brecheriano, moderno na concepção e na execução:

> O escultor não pertence a nenhuma escola em *ismo* e da sua imaginação criadora brotam espontânea e ingenuamente as formas plásticas do seu sonho. A serenidade hierática das personagens, a graça discreta das figuras, de uma frescura de *primitivo*, a poesia das mãos espalmadas, caridosas e plangentes, a curva perfeita, da primeira das mulheres até os pés longos e finos que terminam o grupo – dão à obra do nosso escultor um encantamento e um sentimento que empolgaram a crítica parisiense e o público do Salon.[248]

Radiante, o artista escreveu a Washington Luís:

> Com grande alegria le deixo saber da minha consagração aqui em Paris no Salão de Outono. Recebí o aplauso e título de mestre por milhares de artistas e boas críticas dos melhores jornais de Paris, como *Le Temps, Le Matin*

---

247 Em relato a Mário de Andrade, a pintora Anita Malfatti conta como foram com Paulo Prado aos *cabarets* da noite parisiense: "O Oswald parece um edredon dançando. O Vicky (Brecheret) um tank sérvio, *qui va jusqu´au bout* e mesmo P.P. está tomando lições de dança. Nos teatros de variedades muitas mulheres completamente nuas. Tive a impressão de precisar de aproveitar a pose". Carta de Anita Malfatti a Mário de Andrade, Paris, 27/10/1923. (FMA/IEB/USP).

248 Paulo Prado, "Brecheret", *Revista do Brasil*, São Paulo, fevereiro de 1924, p. 179.

e outros... E mais título de diretor, da sessão e escultura Maisons de Lámérique Latine – Academie Internationale de Beaux-Arts, mais as felicitações do presidente da República francesa. Espero cada ves mais honrar a nossa querida Pátria que tanto precisa.[249]

A Mário de Andrade, ecoava o entusiasmo: "Vitória! Vitória!", começava Brecheret, falando da consagração obtida com seu grupo religioso. "Tive o maior aplauso e título de mestre, e felicitações do Presidente da República Francesa, e boas criticas. Como *Le Temps*, *Le Matin* e outros, e outros, mais boas coisas que breve te comunicarei".[250]

O ambiente era de alegria e muita camaradagem entre os amigos Anita Malfatti, Brecheret e Di Cavalcanti, que moravam juntos no Hotel Central, na Rue du Maine, próximo à estação Gare Montaparnasse, o coração pulsante do bairro. "Di, cubista, cheio de coisas, entrevistas, ao princípio nos víamos sempre; agora, tendo todos o que fazer, quase nunca. Tarsila, vejo-a raramente faz cubismo absoluto, vais gostar", Anita comentou com o amigo comum Mário de Andrade, para prosseguir: "Oswald é o Homem da Hora, sempre apressado, não *se zangue*, adeusinho e some-se no metrô. Tarsila e Oswald são íntimos dos grandes modernos", ela acrescentaria, para salientar que *Mise au Tombeau*, de Brecheret, era um colosso e uma vitória definitiva da arte brasileira em Paris: "Ficou colocado entre as duas grandes escadarias da *rotond* do Grand Palais. Considerado por todos como obra-prima. Mandar-te-ei uma foto", disse, referindo-se então à companheira do escultor, jovem de origem suíça cujos pais mantinham uma padaria: "Simone é grande e loira e maravilhosamente boa. É moça distintíssima, prevejo um futuro feliz para ambos. Precisam esperar até o fim da pensão, coitados, tenho pena. Não o contou aos amigos de S. P. do medo que isto o prejudique".[251]

---

249 Carta de V. Brecheret a Washington Luís. Paris, 6/10/1923. (Arquivo do Estado de São Paulo – Acervo Washington Luís)

250 Carta de Victor Brecheret a Mário de Andrade, Paris, s/d. (FMA/IEB/USP)

251 Carta de Anita Malfatti a Mário de Andrade, Paris, 27/10/1923. (FMA/IEB/USP)

Entre a vanguarda e a tradição   287

No ano seguinte, em 1924, instalou-se no ateliê da rue Vercingétorix, 52, em verdade um salão iluminado por querosene onde trabalhava, fazia as refeições, dormia e recebia visitas, segundo Tarsila do Amaral, que o via com frequência.[252] A mesma rua, aliás, de Stuart Davis (1894-1964) pintor que, finda a estada em Paris entre 1928 e 1929, introduziria uma nova chave no cubismo do seu país, além de Jan Matulka (1890-1972), nascido na Tchecoslováquia, mas educado em Nova Iorque, também uma voz vibrante do modernismo norte-americano. Na Vercingétorix ainda morou Leopold Survage (1879-1968), que viria da Rússia em 1908 para, dali a três anos, expor no Salão dos Independentes na sala dos cubistas.

Brecheret vivia na mesma região dos *mouleurs* e *metteurs au point*, artífices-operários que trabalhavam para os escultores e com eles sentavam-se para almoçar modestamente no pequeno restaurante Ruggero. Evitava os cafés mais sofisticados e caros como o Dôme e o Rotonde, pontos favoritos dos integrantes da Escola de Paris. Lá, só se dava ao luxo de jantar quando convidado por Blaise Cendrars, Oswald de Andrade ou Paulo Prado. Vizinho do escultor romeno Constantin Brancusi no beco pobre, estreito e longo, no qual se entrava ao transpor um portão de ferro quase em ruínas, ele definia sua linguagem, que se firmava. Como escreveu a Mário de Andrade, encontrara a arte pura e original, absorvendo o máximo de simplicidade ao jogar volumes dentro de linhas espirais, exemplificando suas descobertas ao rabiscar a lápis azul uma *Pietá*, com linhas ovaladas.[253] De fato, para Brecheret, o desenho precedia a obra tridimensional, permitindo-lhe realizar as primeiras conceituações e clarear os caminhos da peça escultórica ainda no papel.

Dedicando-se com afinco ao *métier*, o escultor adquiriu o hábito de dar longos passeios a pé pela cidade. Apesar de não ser religioso, visitava igrejas e templos, pois era neles que detectava a arte que julgava mais autêntica. Nutria especial interesse pela singeleza das formas, pelos drapeados e a pureza de atitude da Idade Média. Além de Bourdelle, Maillol e Brancusi, também fequentou os ateliês do animalista François Pompon (1855-1933), de Joseph Antoine Bernard (1866-1931) e do russo Ossip Zadkine (1890-1967). Do círculo ainda faziam parte Fernand Léger

---

252 Tarsila do Amaral, "Uma visita a Brecheret", *Diário de São Paulo*, São Paulo, 10/04/1949.

253 Carta de Victor Brecheret a Mário de Andrade, Paris, 14/05/1924. (FMA/IEB/USP)

(1891-1955), Blaise Cendrars (1887-1961) e o pintor André Hébuterne (1894-1992), cunhado de Modigliani (1884-1920).

Para escapar do calor excessivo do ateliê, Brecheret viajava para a Bretanha, hospedando-se na pequena aldeia de Roscoff, encantando-se com a vista dos rochedos, verdadeiras esculturas monumentais que emergiam das ondas. A Córsega estava igualmente entre seus roteiros de férias. Para lá seguia na companhia de amigos pintores e arquitetos, cujos retratos pincelava durante o descanso, além de entalhar as varas de pesca. Ele parecia absorver o "clima montparnassiano" que, entre outros, continuava a reverenciar o traço de Modigliani. Suas soluções curvilíneas faziam-se notar tanto em obras quanto nas ilustrações das revistas da época, desaguando afinal no art-deco.[254] A mesma influência observa-se no traçado da cabeça, no oval do rosto e no pescoço alongado do nu feminino reclinado, com leque, remetido a Mário em fins de 1923.[255] Em outra carta, aliás, Brecheret pedia para ele colocar "um pouco de fogo de encorajamento a D. Olívia" que, em visita a seu ateliê, dera a palavra de que compraria *"Misa Tombeau"* (*sic*) ou encomendaria um similar menor. Temendo que esta, influenciada por alguém, mudasse de ideia, sugeria: "Vê se você ou por meio de Tarsila, animem ela a decidir, para mim seria uma grande coisa neste momento, e assim a ela também que seria uma verdadeira obra de Arte que se faria no Brasil".[256]

O apelo, que se estendeu a outros intermediários, surtiu efeito e uma versão em granito do delgado conjunto de 2 metros de altura, 4 de comprimento e 60 centímetros de espessura, acabaria transpondo o Atlântico em direção aos trópicos. Com aspectos de baixo-relevo, acentuada estilização e superfícies lisas, quase planas, e quatro figuras de dedos alongados lamentando o Cristo morto, destinou-se ao túmulo da família de Olívia Guedes Penteado, no Cemitério da Consolação, em São Paulo. O encontro com dona Olívia seria valioso para a carreira do escultor, pois ela se tornaria importante mecenas, adquirindo várias de suas obras e auxiliando-o na sua individual de 1926.

---

254 Marta Rossetti Batista, *Os brasileiros na escola...*, *op. cit.*, p. 532.

255 *Coleção Mário de Andrade: artes plásticas*. São Paulo, Instituto de Estados Brasileiros da USP, 1984, catálogo 127, p. 46.

256 Carta de Victor Brecheret a Mário de Andrade, Paris, 14/05/1924. (FMA/IEB/USP).

Ao lado dos patrícios, Brecheret frequentava os cinemas do "Quartier" que, segundo Anita Malfatti, estava uns dois anos mais atrasado em relação ao Brasil.[257] Também bolsista, a pintora revelava ao amigo comum detalhes saborosos do cotidiano do grupo. Ao mencionar a alegria pelo novo romance de Mário, a quem desejava o posto de "primeira pena do Brasil", instigava:

> "Tens matéria e preparo. Contigo querer é poder (Aqui Brecheret entrou para se aproveitar da minha tinta para cobrir umas letras) e manda um recado "desaforiento" chamando-te de careca etc., mas ele não se enxerga, pois está ganhando de ti. Brecheret é um miserável! Comprou *jambon* hoje deu-me um tiquinho e exige que amanhã eu lhe dê a metade do meu! Vá esperando! Eu sofro com ele!".

Com sua linguagem inconfundível, o escultor intrometia-se gostosamente nos parágrafos, e brincava:

> "Querido Mário não imagina o trabalho que me dá esta gecatatú, leva todo o dia me amolando que malcriada, espero que você dê uns conselhos para o bem dela imagina que me pede sempre cigarros me come todos os biscoitos do meu café. Viva nós! Viva todos que nos querem bem. Escreva-me uma pequenina carta, muitos beijos do teu adorado Brecheret".

Ao que Malfatti retrucou. "Este Brecheret é um metido! Pensa que manda em mim como na Simone! – ha há, ha!!" E explicava: "O Martinez quis casar-se comi-

---

257 *Idem*, Paris, 10/01/1924. (FMA/IEB/USP)

290   Marcia Camargos

go por motivos econômicos, mas o Brecheret bateu o pé e não deixou. Vinguei-me nos biscoitos. Eis a razão escura *et troublé* da queixa".[258]

A exemplo dos comentários entusiasmados a Mário de Andrade em carta de maio daquele ano, Brecheret escreveu a Freitas Valle sobre a grata surpresa de haver travado conhecimento com os trabalhos de Antonio Gomide, irmão de Regina Graz: "Ele sobretudo faz afrescos murais numa grande simplicidade e estudos de formas e volumes, é veramente um grande Artista [...] nós devemos ser orgulhosos de ter uma nova geração, que se pode presentear em toda a parte do mundo".[259]

Pouco depois, a Mário de Andrade avisava continuar "à procura do novo e da melhor obra que sempre é aquela que deve vir". E indagava sobre a revolução: "Eu pensei em todos vocês e com saudades por não estar perto de vocês por uma luta tão bela".[260] Data desta época *La Madeleine aux parfums*, escultura de porte, com mais de três metros de altura, cuja foto enviou para Mário de Andrade e Freitas Valle. Superando os padrões tradicionais de sua iconografia, esta Maria Madalena esférica levando um frasco com essência, chamou a atenção como ocorrera anteriormente com outras obras suas. "A crítica não lhe poupou elogios", escreveu Sérgio Milliet. "Sua escultura monumental e sintética, de linhas puras e de volumes cheios, interessa elite e profanos e provoca comentários os mais disparatados".[261]

Em gesso dourado, resultou em um trabalho com pose dos anos 1920, a cabeça virada para o lado e o todo resolvido dentro de formas esféricas, ovais e cilíndricas que se encaixam. Espécie de coluna alongada, despreza e ultrapassa a anatomia humana nas proporções deliberadamente distorcidas da mulher de seios minúsculos e quadril agigantado. Fora da realidade também nas nádegas bem delineadas que desafiam a lógica e o senso comum em confronto com o drapeado caindo ao longo da perna direita, revelando o corpo nu e ao mesmo tempo coberto por um tecido diáfano, seria doada à Pinacoteca do Estado de São Paulo no retorno do

---

258 *Idem*, Paris, 29/01/1924. (FMA/IEB/USP)

259 Carta de Victor Brecheret a Freitas Valle, Paris, 6/06/1924. (AFV)

260 Carta de Victor Brecheret a Mário de Andrade, Paris, s/d. (FMA/IEB/USP). Pela referência à revolta tenentista comandada por Isidoro Dias Lopes irrompida a 5 de julho de 1924, presume-se que foi escrita por volta desta data.

261 Sérgio Milliet, *Revista do Brasil*, São Paulo, março de 1925, p. 231-3.

bolsista. Trata-se, como aventou Milliet, de uma estilização ovoide da pecadora arrependida que certa ocasião irrompeu na casa de Simão, o Fariseu, e ungiu os pés de Cristo com água perfumada, enxugando-os em seguida com os próprios cabelos. "Sua *porteuse de parfums*", registrou Maurice Raynal, "de uma concepção tão audaciosa, contém partes cuja excelente qualidade plástica testemunha pesquisas que um severo ideal formal anima".[262]

Tanta acolhida favorável no exterior levou Washington Luís a curvar-se às evidências. Em carta enviada de Paris a Freitas Valle, de março de 1925, ele contava sobre os acertos com o artista, a pedido do senador, para a realização do monumento à poetisa parnasiana falecida em 1920: "Ao Brecheret fiz saber que me comunicaste sobre o 15 mil francos e mais 5 mil, ao todo 20 mil francos do túmulo da Francisca Júlia. Era isso que estava ajustado. Muito obrigado pelo trabalho". Comentando que o artista acabara de expor novamente no Salão dos Independentes, com enorme sucesso, confessava: "Eu estou muito atrasado para compreender os avanços na arte, da qual ele é um dos órgãos bons, segundo a crítica; mas tenho ouvido e lido boas referências ao que ele tem feito".[263]

De fato, sem abdicar do estilo cada vez mais distante do academicismo que a Comissão Fiscal do Pensionato esperava dele, Brecheret apostava nos certames que rompiam com as amarras da arte acadêmica como o Salão dos Artistas Independentes. Neste expôs *Ritmo*, de dimensões semelhantes às da *Porteuse* e igualmente em gesso, ao lado de uma virgem em bronze. Ambos, segundo o crítico Raymond Cogniat, sublinhavam a preferência por linhas curvas envolventes, pelos arabescos dos quais é possível seguir o desenho com prazer, "como se acaricia um contorno cujo detalhe se revela pouco a pouco depois que o conjunto encantou".[264]

Muito satisfeito consigo, a Mário de Andrade, Brecheret disse do prazer que sentiu ao saber que o escritor gostara da sua "Virge" *(sic)*. Contou que trabalhava sem repouso, com imensas satisfações morais e poucas materiais.

---

262 Maurice Raynal, "Victor Brecheret – statuaire", in Catálogo da exposição de Victor Brecheret. São Paulo, dezembro de 1926, p. 3-7.

263 Carta de Washington Luís a Freitas Valle. Paris, 31/03/1925. (AFV)

264 Raymond Congniat, "Les artistes américains aux Salons du printemps", *Reuve de L' Amérique Latine*, Paris, junho de 1925, p. 549.

"Estou com um bom número de obras que eu considero definitivas, penso, e graça ao meu trabalho sem repouso estou classificado aqui em Paris em primeira linha, tenho tido visitas de muitas pessoas notáveis, bem como o critico Maurice Renal, como o Mestre Besnard[265] e outros".

Seguindo uma das correntes parisienses, que propunha esculpir a própria pedra bruta e não a partir da modelagem, Brecheret experimentou o procedimento, enviando ao salão das Tuileries um excepcional granito em talhe direto, *Fauneza adormecida*,[266] aprovado por Bourdelle em pessoa, além de uma *Amazona* em bronze.

"Ataco a escultura diretamente na pedra, sem me servir de modelo, coisa muito difícil, que só depois de muitos anos de estudo, é que o artista se pode tomar a liberdade de fazer a talha direta". Revelava estar de posse de um "mundo de obras que é um verdadeiro tesouro", para observar: "Sei que o Governo Francês tomou nota da minha grande figura que está exposta no Salon, eles pensam adquiri-la, mais não penso nisso como todas as minhas coisas acabam tudo em belas palavras e promessas". Dizia da sua apreensão em voltar "na nossa terra, que me reservará grandes desilusões depois de um enorme esforço. Não encontrei mais Titia e a minha casa, e outras coisas".[267]

Sua estada de cinco anos ia chegando ao fim, e decerto já cogitando a renovação da bolsa, participou, entre abril e junho de 1925, da 138ª mostra oficial da Societé des Artistes Français, com *L'arrivé des conquérants au Brésil*. Composta de três parelhas de bois puxando uma barca, a peça trazia características da fase precedente do período italiano e modernista, enquanto dialogava com os estudos feitos ainda em

---

265 Provavelmente refere-se ao escultor francês Joseph Besnard (1866-1931), já que o chama de "mestre", em oposição ao crítico Maurice Renal.

266 Segundo Marta Rossetti Batista, Brecheret preferia trabalhar a partir do barro, construindo sua esculturas por acréscimo até obter as formas desejadas. Só então passava modelo em gesso do qual tirava peças em bronze, mármore ou outras pedras. As experiências em talhe direto seriam abandonadas na primeira metade dos anos 1930. Marta Rossetti Batista, *Os brasileiros na escola...*, *op. cit.*, p. 537.

267 Carta de Victor Brecheret a Mário de Andrade, Paris, s/d. (FMA/IEB/USP)

São Paulo, em 1920, para o *Monumento às Bandeiras*. Mais próxima da representação tradicional do que seus últimos trabalhos, a fim de se tornar digerível em um certame de perfil conservador, ela chegou a receber menção honrosa do Salon.

Antes de terminar o ano, tornou a expor no Salão do Outono de 1925, com dois mármores que novamente chamariam a atenção. De pequeno porte, foram criadas sob os influxos da Exposição Internacional de Artes Decorativas, realizada então em Paris. Em suas visitas à mostra, Brecheret percebeu a ênfase dada às peças que pudessem enfeitar o interior dos espaços domésticos e os jardins das residências. Participou com *Ascensão*[268] e *Dançarina*, mármore polido cujo despojamento André Warnod ressaltou, alertando para a pureza obtida pela síntese da disciplina e humanidade presa no jogo de linhas e volumes, sobre a qual a luz agia "brutalmente".[269] Além da severa geometrização, estas passavam por uma acumulação ainda maior dos volumes do corpo, absorvendo as mudanças que se entenderão até 1930, com tipos arcaicos da arte grega, khmer e chinesa, componentes do *art déco* explodindo em Paris e repercutindo na sua obra.[270]

Data de três dias antes carta remetida a Mário de Andrade, na qual avisava que decidira tomar o vapor em 22 de outubro para aportar em São Paulo em 17 ou 18 de novembro, com o Flandria da Companhia Olandes. Também preparava o embarque da sua escultura[271] – supostamente *Mise au tombeau*, que ele acompanhou ao Brasil, retornando em seguida à Cidade-Luz, de onde em março remetia essas linhas ao amigo:

> Eu aqui ainda não gozei Paris, trabalho como um louco sem me repousar um só dia mais sempre contente quando seguir de trabalhar. Acabei ontem a grande figura da fonte do Antonio Prado, e penso amanhã ou depois passá-la para o

---

268 Feita entre 1923 e 1924, a peça seria adquirida por Olívia Guedes Penteado, assim como Virgem com criança, em bronze patinado e superfícies polidas.

269 André Warnod, "La danseuse de Brecheret", *Comoedia*, Paris, 18/10/1925.

270 Ver Daisy Peccinini, *Brecheret: a linguagem, op. cit.*, p. 72.

271 Carta de Victor Brecheret a Mário de Andrade, Paris, 15/10/1925. (FMA/IEB/USP)

gesso e o mesmo tempo estou me ocupando da compra do grande bloco de mármore, e penso lá pelo mês de junho poderei estar de volta com a fonte pronta.

Revelava que há poucos dias encontrara no teatro D. Olívia, surpresa ao vê-lo em Paris, pois "ela pensava que eu estivesse em São Paulo fazendo o seu trabalho", diz ele, referindo-se a *Mise au tombeau*, cuja versão em granito como já se falou, teria o destino do panteão da família Guedes Penteado. Como o original foi realizado em pedra e não em gesso, conclui-se que o "trabalho" a que aludiu seriam as adaptações para adequar o monumento à campa. Esta correspondência também ajuda a esclarecer a carta anterior no que tange as andanças de Brecheret, visto que ele poderia ter empreendido uma viagem relativamente curta ao Brasil apenas para trazer a obra mencionada. E, no final da carta a Mário, Brecheret comentava que, a propósito da sua exposição em São Paulo, achava melhor fazê-la toda de uma vez em junho, quando estaria de volta.[272]

Jazigo da família Guedes Penteado no Cemitério da Consolação de São Paulo, em foto de 1990. (Arquivo Freitas Valle)

---

272 Carta de Victor Brecheret a Mário de Andrade, Paris, 2/03/1926. (FMA/IEB/USP)

Preparando a mostra para comprovar o aproveitamento no exterior, tendo em vista uma possível prorrogação da bolsa, o escultor remetia diversas caixas que acabaram retidas na alfândega de Santos, como ocorrera com Anita Malfatti e José Monteiro França, entre outros pensionistas. Aliás, tais questões envolvendo obras artísticas não eram incomuns, tendo afetado, inclusive, o escultor Brancusi, quando quiseram cobrar 200 dólares, uma pequena fortuna em 1927. É que as autoridades aduaneiras norte-americanas relutavam em reconhecer no bronze polido *O pássaro no espaço*, recém exposto em Nova York, uma obra de arte e, portanto, isenta das taxas sobre metais. O caso assumiria proporções de escândalo, levando o amigo Marcel Duchamp a abrir um processo judicial que daria ganho de causa a Brancusi.[273]

As caixas continham 33 obras da fase francesa, incluindo de pequenas peças até uma fonte em mármore de uma mulher reclinada, destinada a um jardim externo. Entre as de menores proporções estavam *Cavalo*, que seria comprada por D. Olívia, *Pombos*, de pedra de França, e cuja porosidade permitia uma incidência suave da luz filtrada, realçando seu efeito lírico, e *Pássaro*, em bronze dourado, feito sob encomenda para Tarsila do Amaral para ornamentar a dianteira do seu automóvel. O projeto deste, aliás, foi adquirido por uma fábrica de veículos, a Voisin, para a qual Brecheret produziu uma série de aves ornamentais, estreando assim como designer industrial.[274] Também despachava para o Brasil os gessos *Banhista, Tocadora de guitarra* e *Porteuse de Parfum*, além de *Mulher reclinada*, em granito, e a mitológica *Diana* em pedra da França que terminaria por integrar o acervo do Teatro Municipal de São Paulo. Para superar o transtorno que ainda acarretava gastos extras com armazenagem, ele recorreu a Washington Luís, então presidente da República:

"Como tínhamos combinado com o Dr. Freitas Valle a respeito do transporte e pagamento dos meus trabalhos de pensionista, que ele arranjaria perante o nosso Governo, como todos os outros pensionistas gozaram quase mais que menos". E justifica: "E sendo os meus trabalhos de escultura mármore, pedra, bronze e gesso, é natural as despesas muito mais do que tiveram os outro". Contou que vendera dois

---

273 Marielle Tabart, *Brancusi: l'inventeur de la sculpture moderne.* Paris: Découvertes Gallimard/Centre Geroges-Pompidou, 1995, p. 74.

274 Depoimento de Rubens Borba de Moraes, *apud* Daisy Peccinini, *Brecheret: a linguagem...*, op. cit., p. 75.

trabalhos para o Museu de São Francisco[275] e terminava dizendo "Eu aqui contínuo a trabalhar sempre e honrando cada vez mais nossa terra que tanto precisa".[276]

Dali a cinco dias uma carta ao mesmo destinatário era remetida pela Companhia Atlantic referindo-se às 24 caixas de esculturas expedidas no início de fevereiro:

> Na sua última vinda a São Paulo, o sr. Victor Brecheret falou com o sr. Freitas Valle, Rua São Bento, 66 A.,[277] e ficou acertado que o pagamento do transporte, seguro e embalagem seria feito, conforme indicavam as normas do Pensionato do Estado de São Paulo, na chegada das obras ao porto brasileiro. O sr. Dr. Freitas Valle faria gestões nesse sentido com o presidente de Estado Carlos de Campos. [278]

A situação ainda sofreria reveses envolvendo o Banco Crédit Lyonnais, de Paris. Este dirigiu-se à Companhia de Transportes Atlantic explicando que o remetente das caixas de escultura não pretendia pagar as taxas de alfândega, aproximadamente 150% sobre o valor declarado na fatura do consulado, pois se tratavam de objetos destinados ao governo do Estado. Ressaltavam, entretanto, não bastar uma simples declaração sobre a fatura consular para que a mercadoria fosse isenta-

---

275 Não localizamos o museu, nem as obras. Mas em artigo de Tarsila do Amaral para o *Diário de São Paulo*, em 10 de abril de 1949, a pintora afirma que Madame Blair, que Brecheret conheceu em Paris, em 1926, "comprou-lhe várias estátuas que doou a diversas cidades da América do Norte". In Sandra Brecheret Pellegrini, *op. cit.*, p. 104-5. Em depoimento, ela conjeturou tratarem-se de duas peças em mármore e granito, respectivamente: uma cabeça feminina e uma espécie de Cristo redentor, obras realizadas na época mencionada.

276 Carta de Victor Brecheret a Washington Luís, Paris, 12/05/1926. (Arquivo do Estado de São Paulo – FWL)

277 Trata-se do endereço comercial de Freitas Valle, o local onde mantinha seu escritório de advocacia.

278 Carta do diretor da Atlantic Transports a Washington Luís, Paris, 17 /05/1926. (Arquivo do Estado de São Paulo – FWL)

da da taxação. Mesmo sem obter de Freitas Valle resposta satisfatória, acreditavam que tudo se resolveria quando enviassem ao governo os documentos para obter o pagamento em libras a ser efetuado. A questão acabaria caindo num círculo vicioso. De um lado, o cedente não permitia que os documentos fossem enviados a não ser mediante o pagamento da quantia estipulada, ao passo que, de outro, as autoridades do Estado não se mostravam dispostas a negociar com o governo federal a isenção do imposto.[279]

A pedido do escultor, o teor desta correspondência foi levado ao conhecimento do presidente Washington Luís, em carta na qual a empresa de transporte comunicava que os representantes do Banco Francês e do Banco Italiano para a América do Sul, sediados na capital, haviam-se colocado à disposição no sentido de resolver o problema o mais rápido possível.[280]

Com o produto da intensa atividade desenvolvida na Europa atingido em cheio pelas lacunas do Regulamento do Pensionato, que previa ajuda de custo para o transporte das obras no retorno do pensionista, mas não estipulava quanto seria despendido, nem em quantas parcelas, Brecheret preparou sua exposição. Aberta em 4 de dezembro de 1926, obteve sucesso de crítica, de público e de vendas, tornando-o merecedor da prorrogação da bolsa. Teve o catálogo patrocinado por D. Olívia, que o apresentou a Lasar Segall, pintor lituano celebrado pela decoração do pavilhão modernista instalado na antiga cocheira da residência da elegante anfitriã.

Para Sérgio Milliet, naquela mostra tornava-se patente a evolução complexa de Brecheret, a tendência acentuada em se preocupar exclusivamente com os volumes e planos, desinteressando-se cada vez mais do assunto, da concessão figurativa.

> A fase atual das pedras realça rigorosamente esse amor à forma pela forma, muito embora Brecheret o mascare com explicações algo confusas em seu catálogo. Na realidade o aproveitamento do acaso da natureza e o grafismo

---

279 Carta do Crédit Lyonnais à Companhia Atlantic Transports, Paris 26/05/1926. (Arquivo do Estado de São Paulo – FWL)

280 Carta da Atlantic Transports ao presidente Washington Luís, Paris, 1/06/1926. (Arquivo do Estado de São Paulo – FWL)

das gravações primitivas revelam tão somente a timidez do artista à cata de uma justificação para o gesto futuro. Este será, creio, o da confecção da própria pedra, o da procura de novas eurritmias, de proporções ideais de planos e volumes que não lembrem mais o corpo humano, que nasçam simplesmente da imaginação e da sensibilidade do artista.[281]

Após executar dois túmulos em São Paulo, sendo um deles o *Mise au tombeau*, retrabalhado para adaptar-se ao mausoléu dos Penteados,[282] e *Pietà*, composição vertical para o jazigo da família Salini no mesmo cemitério, Brecheret retornou a Paris em fins de 1927, a bordo do Massilia. Na "primavera fria" do ano seguinte, a Mário de Andrade dizia prosseguir trabalhando muito, apesar de "sempre contente quando se trata de cortar a pedra como um operário". Revelava ter recebido visita de Anita Malfatti, bem como o livro *Clã do jabuti*. "Muito agradecido vou começar a ler por estes dias deve ser delicioso".[283]

Esta faceta de "artista operário", aliás, já tinha impressionado positivamente os modernistas brasileiros, entre eles Alcântara Machado, que ressaltou a rudeza espontânea das obras da mostra de 1926, aparentando terem sido amassadas com o suor do rosto. "Feita de um só bloco, arrebata de um só golpe". Grandiosa e ao mesmo tempo sintética, "não se oferece à emoção. Provoca-a violentamente. Não se insinua. Arremessa-se", registrou o cronista, que a equiparou, em importância à Semana de 22 e aos concertos de Villa-Lobos. "Nela o que parecia audácia irrealizável, se realiza estupendamente. E o que parecia loucura teórica se corporifica

---

281 Sérgio Milliet. "Dezembro, 2", *Diário crítico de Sérgio Milliet – 1948/1949*. São Paulo: Martins, 1981, v. 6, p. 241.

282 Daisy Peccinini afirma, porém, que foi durante a estada em São Paulo, entre fins de 1926 e 1927 que o escultor transpôs para o granito a obra destinada ao túmulo. Ver Daisy Peccinini, *Brecheret: a linguagem...*, *op. cit.*, p. 83-4.

283 Inserido em sua fase mais nacionalista, conciliando as tradições africanas, indígenas e sertanejas com nosso repertório folclórico na busca da identidade brasileira dentro de sua poesia, Mário de Andrade lançou o livro *Clã do Jabuti* em 1927, o que nos auxilia em datar esta carta como tendo sido escrita na primavera parisiense do ano seguinte.

com um equilíbrio e com uma harmonia capaz de convencer até um porteiro de grupo escolar do interior".[284]

Nesta última etapa do pensionato, Brecheret teria a oportunidade de sintonizar um ambiente diferente. O surrealismo soltava as amarras do fazer artístico para abarcar o espontâneo, o libertário, o intuitivo. Contagiado, o escultor abandonou a rigidez da sua linguagem cuidadosamente construída para testar expressões mais livres. Inspirado em Joseph Bernard,[285] acentuou a veia decorativa. Tornou a participar dos salões, enviando os gessos *Tocadora de guitarra* e *Banhista* para os Independentes, em 1928, bem como uma figura de mulher em granito polido e uma crucifixação em pedra, para o Salão de Outono do mesmo ano. Este, porém, não entusiasmou Raymond Cogniat, contrariado com a dramaticidade da morte de Cristo: "O conjunto da sua composição é mole, estufada e a ela falta todo o sentimento indispensável a este tema".[286]

O Salão dos Independentes de 1929 receberia os mármores *Après le bain,* e *Fuga para o Egito* que, inserida na sua produção religiosa tardia, resgatava as boas graças de Cogniat. No salão das Tuileires, exporia *L'effort,* não tão bem sucedido, segundo o mesmo crítico. Mas seria em meados daquele ano que ele tomaria parte de uma interessante coletiva de verão intitulada *L' École de Paris.* Realizada na galeria La Renaissance, agrupou tendências variadas entre os mais de cem pintores como Picasso, Léger, Braque, Picabia, De Chirico, Bonnard e Vuillard e escultores como Bourdelle. Nesse período também atendeu a algumas encomendas, dentre as quais *Retrato de menina,* da filha da sua *patronesse* norte-americana Chauncey Blair, além de *Retrato da Marquesa Soriano de la Gandara* e de um Cristo. Tratado igualmente de forma "realista", este monumento fúnebre de resolução complexa,

---

284 Antônio de Alcântara Machado, "Victor Brecheret", *Jornal do Comércio*, edição de São Paulo, 4/12/1926.

285 O escultor participou, com destaque, da Exposição de Artes Decorativas de 1925, realizando baixo-relevos sobre a Dança para o "Pavilhão de um colecionador", do prestigiado decorador J.E. Ruhlmann, em cujo interior haviam também estátuas de sua autoria. Ver Marta Rossetti Batista, *Os brasileiros na escola..., op. cit,* p. 549.

286 Raymond Cogniat, Salon d'Automne, *Revue de l' Amerique Latine,* Paris, 1 /12/1928, p. 544-45. *Apud* Marta Rossetti Batista, *Os brasileiros na escola..., op. cit,* p. 545.

decorado com cestos de abacaxi e trilhos, foi instalado no cemitério de Honolulu, na sepultura da família de Benjamin Franklin Dilligham, construtor da primeira ferrovia que atravessou a ilha para escoar a fruta até o porto. Transposto do gesso para o mármore entre 1927 e 1929, representou, segundo Rubem Borba de Moraes, a mais importante encomenda do artista até então, visto que com o pagamento recebido adquiriu dois terrenos no Jardim Europa, em São Paulo.[287]

Regressando ao país em 1930, Brecheret abriu sua segunda individual, mas deixou para o Salão dos Independentes o granito *Cavalo*, também chamado de *Grupo*, adquirido pelo governo francês e posteriormente transferido para La Roche sur Yon, no sul da Bretanha. Sobre esta mostra na capital paulista, de que constavam menos peças do que na anterior, Mário de Andrade ressaltou sua inexcedível perfeição técnica nas concepções estéticas. Em *Fuga para o Egito*, *Bacante* e *Esforço*, obras fáceis de serem confundidas com objetos vendidos nas lojas chiques do ramo, o crítico impressionou-se com a admirável luminosidade a comprovar o alto estágio alcançado.

"Foi com a ida a Paris que Brecheret aprendeu a gostar mais da luz que da sombra", escreveu ele, comparando com o estágio inicial, quando ocorria justamente o inverso. "A técnica de polir o material empregado, o emprego sistemático das formas acilindradas, a disposição piramidal das massas pra melhor aproveitar a luz vinda de cima", evidenciava sua aspiração à luminosidade. Ao enaltecer a beleza suprema do rosto, "talvez a construção ideal mais perfeita" que o escultor já realizara, Mário observou ser aquilo curioso em um artista que sempre dera preferência às raças amarelas em detrimento do tipo ariano na satisfação de suas orientações: "Mas parece que não achou ainda porque vive se modificando e mostrando nessa mudança que se debate numa pesquisa insatisfatória".[288]

Antes de retornar por conta própria para mais uma estada de dois anos em Paris, Brecheret ainda participou da Exposição da Casa Modernista,[289] ao passo

---

287 Depoimento de Rubens Borba de Moraes, *apud* Daisy Peccinini, *Brecheret: a linguagem...*, *op. cit*, p. 85.

288 Mário de Andrade, Vítor Brecheret, *Diário Nacional*, São Paulo, 24/01/1930.

289 Desenhada e construída entre 1927 e 1928 por Gregori Warchavchik, no bairro paulistano do Pacaembu, entre março e abril de 1930, seria palco de exposição que concretizava o

que, na Cidade-Luz procurou novas searas, enfrentando uma polarização entre arte figurativa e abstração. Efetuando um retorno às fontes das formas puras de Brancusi, Brecheret reduziu corpos e cabeças em espécies de cilindros, com traços e decorações de desenhos incisos, circulares. Quase sempre em bronze, como na *Dançarina, Três graças e Beijo,*[290] as figuras insinuam-se ligeiramente no volume único e liso como os seixos que ele, encantado ante a beleza da superfície naturalmente polida pela força das águas, certa vez recolheu em um rio.[291] Aliás, como disse Sérgio Milliet, toda sua rota estava traçada nas estilizações, nas simplificações, nas deformações, nas sínteses. "O escultor jamais se apegou à concepção analítica, e quando parou no pormenor foi sempre para fazer da parte um todo, para valorizá-la plasticamente como uma obra em si e não a fim de marcar uma tendência naturalista. E, quando teve como objetivo o próprio todo, o pormenor só lhe interessou como solução de equilíbrio ou de grafismo sensível".[292]

Atraído também pela questão do facetamento presente na obra de Henri Laurens nos anos 1920, o escultor realizaria peças úteis no desenvolvimento da linguagem aplicada ao projeto definitivo do *Monumento às Bandeiras*. Retomado quatro anos após a volta do artista ao Brasil, em 1932, quando ele se tornou fundador da Sociedade Pró-Arte Moderna, o monumento resume, ainda de acordo

---

sonho da casa funcional moderna. Nas paredes viam-se pinturas de Lasar Segall, Antonio Gomide, Tarsila do Amaral e Anita Malfatti, além de aquarelas de Di Cavalcanti e Cícero Dias. Pelos aposentos espalhavam-se mármores de Brecheret, almofadas e colchas de Regina Graz, além de tapetes da Bauhaus, móveis e luminárias do próprio arquiteto. Nas estantes, a atualidade literária do país, de Alcântara Machado a Oswald e Mário de Andrade, passando por Cassiano Ricardo, Graça Aranha, Guilherme de Almeida, José Américo de Almeida, Manuel Bandeira, Paulo Prado, Ronald de Carvalho e tantos outros. Em poucos dias mais de 20 mil pessoas visitaram o número 119 da Rua Itápolis.

290 Este tema é desenvolvido numa série de esculturas utilizando também o granito, no qual reduz o casal a uma única pedra onde as mãos e cabeças apenas se insinuam discretamente.

291 A chamada "fase das pedras", na qual ele se apropriou de seixos graníticos, tal como foram modelados pela natureza, mas interferindo em sua superfície com incisões delicadas, durou até a morte do escultor, em 1955.

292 Sérgio Milliet. "Dezembro, 2", *Diário crítico de Sérgio Milliet – 1948/1949*. São Paulo: Martins, 1981, v. 6, p. 241.

com Marta Rossetti Batista, a experiência francesa final, guardando reminiscências dos trabalhos dos anos 1920.[293] Inaugurado em 1953 na entrada do Parque do Ibirapuera, na gestão de Armando Salles de Oliveira, instigado por Menotti Del Picchia e Cassiano Ricardo,[294] destaca-se pelas figuras de grande síntese formal, preocupação com os volumes, simplificação dos detalhes e linhas estilizadas. Resumindo o apelo narrativo e alegórico, em sua composição converge uma forte marcação horizontal e um movimento de arrasto que culmina na figura da Glória a enfeixar heroicamente o grupo escultórico. O tratamento da superfície é mais áspero, se comparado ao de obras anteriores, pois ele dá maior ênfase à matéria. Sua execução correu paralela a outras encomendas de obras públicas e de trabalhos com temas religiosos, além de fachadas e baixos-relevos.

A partir da década de 1940, atendendo tardiamente o conselho de Mário de Andrade, que em 1921 o incitara a prestar atenção aos tipos nativos, o artista se aproximou da cultura indígena, em bronze e terracota, a exemplo de *Drama marajoara* (1951) ou *Drama amazônico* (1955). Tida por muitos como o ponto alto da sua carreira, nessa fase prosseguiu trabalhando com seixos de formas circulares, nas quais interferia com suaves incisões como nas obras *Luta da onça* ou *Índia e o peixe*, ambas de 1947-48. Assim, evocando o caráter sagrado ou mágico das pedras ele retomava, em uma leitura bastante pessoal, arquétipos indígenas nos quais notam-se ecos da escultura de Henry Moore (1898-1986) e Hans Arp (1886-1966).

Primeiro prêmio de escultura na Bienal de Arte Moderna, de 1951, Brecheret, que morreria em 18 de dezembro de 1955, dialogava com a abstração em trabalhos como *Luta dos Índios Kalapalos,* do mesmo ano. Nessa época ele, que experimentara o hieratismo egípcio, a limpeza de inspiração brancusiana, o cubismo edulcorado do *art déco*, a síntese de volumes abstratizantes inundados de luz, alcançou a maturidade artística plena em bronzes cobertos por inscrições rupestres, a exemplo de *Índio e Suassuapara*. Não obstante, há quem defenda que, por conta da longa permanência no estrangeiro, e sem nenhum vínculo com a rarefeita tradição brasileira, Brecheret deva ser analisado no âmbito da escultura

---

293 Marta Rossetti Batista, *Os brasileiros na escola...*, *op. cit*, p. 557.

294 Sobre o tema ver Marta Rossetti Batista, *Bandeiras de Brecheret...*, *op. cit*.

europeia, com a qual travou um diálogo que marcaria sua trajetória de artista múltiplo. Para Annateresa Fabris, até a inspiração indígena presente na produção final de Brecheret, quando respondeu à sugestão de Mário de Andrade, poderia inscrever-se naquele interesse pelo primitivo e pela estatuária negra africana que mobilizou as vanguardas europeias no começo do século XX.[295]

Já para César Luís Pires de Mello, dentre as inflexões de Brecheret, desde as pedras ao marajoara, do monumental granito *à la* Bourdelle, dos *Bandeirantes* às *Graças I e II* inspiradas em Maillol, ele não abdicou de uma identidade poética que permite, para além de experiências passageiras, reconhecer a mesma capacidade de síntese formal, o estilo inconfundível.

> "O mérito maior de Victor Brecheret talvez tenha sido o de escolher sempre (à exceção de Arturo Martini, provavelmente) os maiores mestres da escultura moderna por interlocutores: Rodin, Medardo Rosso, Brancusi, Bourdelle e Maillol. Que ele não tenha sempre saído ileso desses confrontos, os únicos que podiam fascinar seu altíssimo perfil de escultor, em nada compromete a grandeza de seus desafios. Entre nós, foi o único capaz de sustentá-los, consciente de serem os únicos que a escultura exige".[296]

---

295 Annateresa Fabris. "O múltiplo de Brecheret". In *Piracema*, Rio de Janeiro, 1995, p. 95.

296 César Luís Pires de Mello (org.), *Brecheret: edição comemorativa*. São Paulo: Marca D'Água, 1989, p. 30-1.

Victor Brecheret no Jardim de Luxemburgo em Paris, 1922.
(Coleção Diva Mugnaini)

Cartão postal enviado a Mário de Andrade. (IEB/USP)

Entre a vanguarda e a tradição 305

Cartão-postal enviado a Mário de Andrade. (IEB/USP)

Escultura da poetisa Francisca Júlia no ateliê de Brecheret em Paris em 1923. (Fundação Victor Brecheret)

Victor Brecheret na praia de São Vicente, em São Paulo, nos anos 1940. (Fundação Victor Brecheret)

Participação nos Salões de artes franceses

Pensionista	Salon	Outono	Independentes	Tuileries	Nationale	L'Amérique Latine
Alípio Dutra	1923 1924					
Anita Malfatti		1925 1926 1927 1928	1926 1927 1928	1927	1928	1923 1924
Diógenes Campos Ayres						
Dario Villares Barbosa	1907 1913 1921					
Mário Villares Barbosa	1907 1911					
Francisco Leopoldo e Silva			1928			
Gastão Worms		1929 1930		1931 1932		
Helena Pereira da Silva	1923 1929 1930					
José Monteiro França						
José Wasth Rodrigues	1914					
Marcelino Vélez						
Osvaldo Pinheiro						
Paulo do Valle Júnior						
Paulo Vergueiro Lopes de Leão	1921					
Túlio Mugnaini	1921 1922 1923 1924 1925 1927		1928		1924 1927	1924
Victor Brecheret	1925	1921 1923 1923 1924 1925 1928	1925 1928 1929 1930	1925 1929 1930 1931		1923 1924

308 Marcia Camargos

Música

Aprendizado na Europa

Pensionista	Local	Instituição	Professores
Alonso Aníbal da Fonseca (piano)	Paris Berlim		Marguerite Long Hanschild
Artur Pereira (composição)	Nápoles	Real Conservatório de Nápoles	Alessandro Longo Daniele Napolitano
Bellah de Andrada (canto)	Paris	Aulas particulares	Imbar Latour Jeanne Passama
Bráulio Martins (piano)	Paris	Aulas particulares	Isidore Philipp Marguerite Long Noel e Jean Galon
Celina Branco (violino)	Bruxelas	Real Conservatório de Bruxelas	Bastiani Thompson
Estela Lima Epstein (piano)	Berlim	Hochschulle Aulas particulares	Artur Schnabel
Ernesto De Marco (canto)	Nápoles		
Francisco Mignone (composição)	Milão		Vincenzo Ferroni
João de Souza Lima (piano)	Paris	Conservatório de Paris	Isidore Philipp Eugene Cools Marguerite Long Camille Chevillard Maurice Emmanuel
Leônidas Autuori (violino)	Roma	Conservatório de Santa Cecília	Arrigo Selogar
Leonor de Aguiar (canto)	Viena Bruxelas	Aulas particulares	
Lúcia Branco da Silva (piano)	Paris Bruxelas	Aulas particulares	Isidore Philipp Arthur De Greef
Mário Camerini (violoncelo)	Paris	Aulas particulares	Paul Bazelaire
Pureza Marcondes (canto)	Paris	Aulas particulares	Mme. Richet Mlle. J. Goupil Duvernoy Max Léaudy
Raul Dias Larangeira (violino)	Paris	Aulas particulares	Edouard Nadaud
Romeu Pereira (composição)	Nápoles	Conservatório de S. Pietro Magiella	Alessandro Longo Daniele Napolitano

Entre a vanguarda e a tradição   309

Alonso Aníbal da Fonseca, pianista

Um programa musical de 13 de novembro de 1911 registrava que no salão do Conservatório Dramático e Musical de São Paulo, cedido gratuitamente, D. Elvira Guimarães da Fonseca e seu filho Alonso ofereciam concerto para as vítimas das enchentes do sul. Tocariam Scarlatti, Bach, Chopin, Mozart e Brahms. A mãe foi, de fato, a primeira professora de Alonso, que logo se aperfeiçoou com Luigi Chiaffarelli, responsável pela formação de uma geração inteira de pianistas brasileiros. Nascido em São Paulo em 1897, ele teve aulas com Vianna da Motta, e quando Ignacy Panderewski (1860-1941) veio a São Paulo em turnê, ao ouvi-lo tocar, recomendou sua ida à Europa para aprofundar os conhecimentos musicais. O compositor de origem polonesa traçou de próprio punho os planos de estudo do rapaz no exterior, mas a Guerra impediu que se concretizassem, restando a ele, como prêmio de consolo, um breve curso em Londres, com Max Bauer.

De volta ao Brasil, Alonso ingressou na Faculdade de Direito do Largo São Francisco e, já formado, recebeu a bolsa do Pensionato em 1919, para estudar com Marguerite Long em Paris e com Hanschild em Berlim. Na capital francesa, compartilhando com Souza Lima a mesma casa, adaptou-se tão bem à vida daquela família que mais tarde se casaria com uma das filhas de Madame Laurens.[297] Realizou na época uma série de concertos e, finda sua estada de cinco anos como bolsista, em 1924 apresentou-se no Recital Poético no Teatro Municipal de São Paulo em 30 de maio. No dia 20 e novembro, apresentou-se dentro do Festival Cívico-literário-musical em prol do Centro Beneficente Feminino, que incluía trechos teatrais encenados por Procópio Ferreira e Darcy Cazarré.

Exímio intérprete de Chopin, Bach e de Liszt, em 30 de maio e 22 de outubro de 1925 daria recitais no mesmo palco. Em 29 de janeiro de 1926 aparecia no Conservatório Dramático e Musical integrando a Sociedade Quarteto Paulista. Ao fim do ano, dia de Natal, tomou parte do júri do prêmio Luigi

---

297 João de Souza Lima, *Moto perpétuo: a visão poética da vida através da música*. São Paulo: Ibrasa, 1982, p. 94.

Chiaffarelli para violinistas e pianistas, na Tarde da criança. Em janeiro e fevereiro de 1927, bem como em novembro de 1928, apresentou-se em vários recitais. No dia 25 de maio de 1929, esteve no Dispensário Nossa Senhora de Lourdes, patrocinado pela Empresa Teatral Ítalo-Brasileira e na Cultura Artística, em recital no dia 27 de março de 1930.

Professor do Conservatório Dramático e Musical, Alonso Aníbal da Fonseca foi também diretor do Setor de Música do Serviço de Fiscalização Artística do Governo de São Paulo, onde faleceu em janeiro de 1985.

Capa do programa do Teatro Municipal de São Paulo.
(Arquivo Freitas Valle)

Entre a vanguarda e a tradição 311

Programa de apresentação no Conservatório do Teatro Municipal de São Paulo. (Arquivo Freitas Valle)

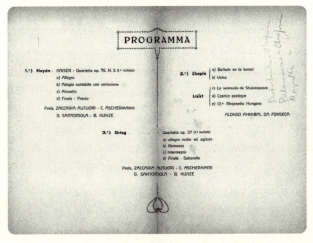

Miolo do programa. (Arquivo Freitas Valle)

312 Marcia Camargos

Artur Pereira, pianista e compositor

Nascido em São Paulo em 12 de setembro de 1894, realizou, com o irmão Romeu, o primeiro concerto no Teatro Municipal de São Paulo em 1915. Recebeu o pensionato para cursar o Real Conservatório de Nápoles de 1915 a 1923, tendo como professores Alessandro Longo e Daniele Napoleão para piano e composição, respectivamente. Trabalhou ao lado do irmão, que faleceu em 1919, mas permaneceu em Nápoles até o fim da bolsa. Cerca de quatro meses após a morte de Romeu, escrevia a Freitas Valle contando que sua mãe chegara no dia 6 de outubro trazendo a segunda série dos "belíssimos" tragipoemas, dos quais escolhera *Les ames en allées* para musicar. Mesmo abalado pelo duro golpe, Artur prosseguiu estudando com empenho para o diploma que em julho pretendia obter. E falava da intenção de compor uma Missa de Glória, em homenagem ao irmão. "Em princípios de novembro estive com mamãe em visita ao túmulo do meu querido Romeuzinho e depositamos-lhe flores também de parte do meu querido Dr.",[298] ele arremata para, na carta seguinte, remeter os atestados de estudos anteriormente pedidos por Valle.

> Por estes dias lhe enviarei três melodias para canto e piano, sobre poesia do *Lorenzo Steccheti,* e mais um prelúdio para pequena orquestra, trabalhinhos que, assim que tenho um pouco de tempo, me ponho a escrevê-los, pois estou muito atrapalhado com os exames que farei em julho, como sou muito tímido me preocupa um pouco

desculpa-se ele, para indagar: "Recebeu o Dr. as minhas composições que lhe enviei por meio d'um nosso amigo? Desejaria muito ter um seu parecer sobre elas, ficaria muito contente".[299]

---

298 Carta de Artur Pereira a Freitas Valle, Nápoles, 22/11/1919. (CFV)

299 Carta de Artur Pereira a Freitas Valle, Nápoles, 24/12/1919. (CFV)

Agradecia o aumento da pensão e avisava:

> Lhe enviei em dezembro por meio de um amigo algumas composições para orquestra, recebeu-as como também os certificados dos meus professores mandados pelo correio e três pequenas composições para canto feitas há muito tempo? Enviei-lhe também anteontem um prelúdio para orquestra e uma pequena *Canção Napolitana*, também feitos há muito tempo. Agora estou trabalhando no belo *poème* do meu querido Jefe *Les âmes en allés*, que está vindo benzinho, já estou esboçando as partes para orquestra, é uma composição moderna e creio que o meu caro Dr. a apreciará.

Já a missa em honra ao irmão estava adiantada e já terminara os três primeiros tempos da *Sonata* para violino e piano e Oito *Fugues* a quatro vozes, que mandaria tão logo achasse um copista, "coisa difícil nesta terra".[300]

Ao término da bolsa, dirigiu-se ao benfeitor.

> Visto o Dr. ter sido tão bom para nós (coisa que nunca o esqueceremos) depois dos exames de piano e de composição desejaria ir a Paris para o meu aperfeiçoamento e, contemporaneamente, escrever uma ópera que pretendo dedicá-la ao Governo do Estado em ocasião das festas do Centenário da Independência, peço se o Dr. me poderia prolongar a pensão por mais um ano.

Aplicando-se aos estudos tendo em vista a proximidade dos exames, avisava ter acabado seis cenas líricas extraídas da *Tosca*, de Carlos Gomes, *Don Carlos*, de Verdi etc. "Tive que largar por enquanto a cena lírica que está quase terminada

---

300 Carta de Artur Pereira a Freitas Valle, Nápoles, 2/03/1920. (CFV)

sobre o tragipoema do meu caro Dr. *Les âmes en allées* e a *Missa de Glória,* as quais as seguintes partes estão também instrumentadas: *Kyrie, Gloria* e *Laudamus,* que pretendo terminar depois dos exames que farei em outubro em Paris". Explica então que os adiara por motivo de saúde, pois era preciso prestar três provas principais de composição em um aposento fechado durante dezoito horas, além de cinco para o diploma de piano, ambos desaconselhados pelo médico, devido ao forte calor. "Devo confessar-lhe, porém, que conhecendo o meu temperamento tímido, tenho um pouco de preocupação".[301]

Ao retornar ao país, Artur integrou o corpo docente do Conservatório Dramático e Musical até sua morte e compôs duas óperas, músicas de câmara e sonatas para violino e piano. A despeito da formação italiana, interessou-se pelas lendas e mitos nacionais, compondo seis peças monotonais sobre temas do folclore brasileiro para piano, além de *Poema da negra,* para canto e orquestra, com versos de Mário de Andrade. Para *Lundu do escravo* e *Canção de roda,* foi buscar inspiração no livro de Julien Tiersot, *La musique chez les peuples indigènes,* que remetia às possessões francesas das Ilhas Maurício. Para harmonizá-la, sem alterar o texto literal em francês, o compositor manteve o andamento alegre como convém a uma canção de dança, além do tema simples e ligeiramente sincopado típico do estilo, enquanto dava-lhe um equilíbrio formal visível.[302] Sobre esta sua faceta inovadora, um crítico registrou: "Artur Pereira revelou temperamento sensível e uma escrita hábil, frequentemente vazada em termos de um nacionalismo bem conduzido e sem excesso de pitoresco".[303]

Amigo pessoal de Francisco Mignone, que o substituiu na cadeira número 17 da Academia Brasileira de Música, tornou-se um fiel propagador de Camargo Guarnieri, cujas obras sinfônicas dirigiu em inúmeras ocasiões. Artur Pereira morreria em São Paulo no ano de 1946.

---

301 Carta de Artur Pereira a Freitas Valle, Nápoles, 7/07/1920. (CFV)

302 Clóvis de Oliveira, "Compositores de hoje: Artur Pereira", *Música viva,* Rio de Janeiro, março de 1941, p. 1-2.

303 "Academia brasileira de Música", *Jornal do Comércio,* 15/04/1962.

Bellah de Andrada, cantora

Iniciando os estudos com a mãe, Zulmira, foi aluna de piano de Chiaffarelli, recebendo a bolsa do Pensionato pouco antes da Primeira Guerra. Nascida no mesmo ano da promulgação da lei Áurea, estudou em Paris com Imbar Latour e com Mlle. Jeanne Passama, chegando a exibir-se em público, com críticas favoráveis por ela colecionadas que se perderam após sua morte, em uma Quarta-Feira de Cinzas de 1971.

Retornou ao país antes de findar os cinco anos a que tinha direito, por causa do conflito bélico e, logo na chegada, apresentou-se no Teatro Municipal em 28 de novembro de 1914, ao lado do maestro Agostinho Cantú.

> "Bellah de Andrada, que já era uma artista quando daqui partiu graças ao seu talento excepcional e às excelentes lições recebidas de sua progenitora dona Zulmira de Andrada Machado, professora competente, aparece-nos agora com os melhores elementos técnicos adquiridos com ensinamentos aos mestres de canto de Paris, e revela maior assimilação dos estilos dos mestres clássicos e românticos que enriqueceram a literatura musical",

Registrou *A Cigarra*, para prosseguir:

> Sujeita à salutar influência de um ambiente genuinamente artístico, onde não somente se colhem os frutos das sábias lições, como também se estabelece constante intimidade com intérpretes autorizados e que já penetraram o estilo dos mestres, Bellah de Andrada tornou-se uma artista admirável capaz de empolgar pela sutileza técnica e pela justeza de interpretação o auditório mais exigente. No programa em que se exibiu no Municipal soube passar da linha nobremente clássica de Haydn e de Händel, as dissonâncias pitorescas do impressionista Debussy como

o costumam fazer os verdadeiros virtuoses, restituindo a cada autor o seu estilo e o seu caráter.

E finalizava. "Dotada de tão brilhantes qualidades, com tamanho talento a adornar-lhe a fronte juvenil, vazada para os grandes cometimentos da arte, a festa da digna descendente dos Andradas não podia deixar de ser, como o foi, um verdadeiro acontecimento".[304]

A despeito dos elogios, não logrou o restabelecimento da pensão, o que a impossibilitou de atender ao convite do diretor da Opera Comique para cantar Lakmé, de Delibes. Entretanto continuava apresentando-se em São Paulo como se vê pela carta enviada a Freitas Valle para pedir um "grande favor" relacionado a um recital de música francesa.[305]

> "Infelizmente o público ainda não está habituado a procurar os bilhetes nas casas de música, e nós outros artistas somos obrigados sempre a recorrer à amabilidade das nossas relações, sendo este o único meio de conseguirmos concorrência. Seria demais pedir-lhe que também se interessasse pelo meu recital?".

Argumenta que o apoio de Valle aos irmãos Pereira fora de tal eficácia, que estava certa de que, se ele se interessasse pelo êxito dela, seu recital teria grande concorrência.[306]

---

304 "Bellah de Andrada", *A Cigarra*, São Paulo, 11/12/1914.

305 A carta não traz data nem local. Porém, como diz que poderia ir pessoalmente falar com Valle, mas preferiu escrever, deduzimos que estava já em São Paulo na ocasião. Quanto ao apoio aos irmãos Pereira, ela decerto fala sobre alguma apresentação deles no exterior ou, na melhor das hipóteses, numa temporada no Brasil durante a vigência da bolsa, pois Romeu morreu em 1918, vítima da gripe espanhola e seu irmão permaneceu em Nápoles até 1923. Ou seja, a carta deve ser datada entre fins de 1914 e início de 1918.

306 Carta de Bellah de Andrada a Freitas Valle, s/l; s/d. (CFV).

Também no salão do Conservatório Dramático e Musical, exibiu-se de novo ao lado de Cantú, em recital de música francesa em 15 de dezembro de 1915, às 9 horas da noite, ano em que, no mês de maio, participara, na Rua Martim Francisco, 20, residência de Gelásio Pimenta, de homenagem a Francisco Braga. Na casa do diretor de *A Cigarra*, também estavam Guiomar Novais, Celina Branco e Lúcia Branco da Silva – as duas últimas, também pensionistas.[307] Ao lado das mesmas artistas, e à exceção de Guiomar Novais, esteve ali também em maio de 1918, em sarau artístico registrado pela revista, menos de dois meses após ter dado concerto no Conservatório em prol da Obra do Lar dos Soldados cegos da França conflagrada.[308]

Com Luiz Figueras ao violoncelo, Bellah se apresentou no Trianon em programa que ia de Mozart a Davidoff, passando por Schubert, Haydn e Fauré, conforme folheto sem indicação de ano do álbum de Souza Lima, que a acompanhava ao piano. Ainda voltaria à Europa por conta própria, mas não prosseguiu na carreira de concertista, optando pelo magistério. Lecionou no Conservatório Dramático e Musical e manteve um concorrido curso particular. Descendente da estirpe de Antônio Carlos, irmão do Patriarca José Bonifácio de Andrada, deu aulas de canto dos 36 aos 80 anos, vindo a falecer no dia 24 de julho de 1971 na mesma cidade onde nasceu.

---

307 "Sarau de arte", *A Cigarra*, São Paulo, 11/05/1915.

308 "Artes e artistas", *A Cigarra*, São Paulo, 30/03/1918.

Sarau literário de *A Cigarra*. (IEB/USP)

Bráulio Martins de Souza, pianista

Filho de musicistas, Bráulio dedilhava o piano que sua mãe, Zulmira, mantinha em casa para acompanhar o marido, Cássio, ao violino. Em pouco tempo o menino recebia as primeiras aulas do professor David Goulart, aperfeiçoando sua técnica com Elvira da Fonseca, mãe de Aníbal da Fonseca e uma das mais brilhantes alunas de Luigi Chiaffarelli. Estudou também com Cláudia Byron e aprendeu composição com Napoleão Vincent. Pelas mãos do tio, o então chefe de polícia Thyrso Martins, Bráulio passou a frequentar a Villa Kyrial, realizando ali diversos recitais.

De 1918 a 1922 exibiu-se com a Filarmônica de São Paulo, no interior e na capital, colhendo elogios pelas interpretações de Mozart e também se apresentou com a Sinfônica de São Paulo, em concertos de Grieg. Não demorou para que Freitas Valle, ciente do seu talento, oferecesse uma bolsa de estudos em 1925. "Fiquei deslumbrado com Paris", revelaria em entrevista de 1958. "Entretanto, uma melancolia cada vez maior foi tomando conta de mim. Embora satisfeitíssimo com a oportunidade que me fora dada, a saudade da pátria, da família e dos amigos aumentava dia a dia".[309]

No grupo de pensionistas informalmente liderado por Souza Lima, ele conheceria uma jovem pintora francesa, com quem viria a se casar. A união com Jane Vilpelle seria determinante para sua permanência na cidade em que prosseguiu os estudos de piano com Isidore Philipp e Marguerite Long, e composição com Noel e Jean Galon. De formação romântica, especialista em Chopin, Saint-Saens e Liszt, já na época era considerado um excelente intérprete da música francesa, notadamente de Fauré e Debussy. Sobre eles, foram encontrados menções tanto no *Courrier Musical et Théâtral*,[310] quanto no *Le Monde Musical*, que elogiavam sua estreia diante do público parisiense no dia 9 de maio de 1928: "Excelente execução da *Abertura de Leonor nº 3*, de Beethoven, sob a direção de M. Gustave Cloez".[311]

Bráulio não retornaria ao Brasil finda a pensão, enfrentando a Segunda Guerra em Paris, onde foi preso assim que o Brasil entrou no conflito, sendo libertado graças aos insistentes esforços da sua esposa. Só retornaria no final da década de 1950, tendo feito turnês pela América do Sul, Europa e África do Sul, país em que ganharia uma comenda de um rei tribal. Sobre suas experiências exóticas por lá, contava que certa vez tocou em uma tribo em que era única pessoa vestida. Todos completamente nus à volta dele, que envergava fraque como se estivesse em uma sala de concertos.

Trabalharia como assessor direto de Paulo Bonfim na Fundação Cásper Líbero, no setor de reações públicas da Rádio Gazeta, tomando parte nos seus saraus promovidos todo sábado sob a coordenação do maestro Belardi. Magro e esguio, e muito suscetível, sentiu-se ofendido quando um colega da Rádio o chamou de

---

309 "Vida movimentada de um pianista brasileiro", *Diário de S. Paulo*, São Paulo, 22/10/1958.

310 *Courrier Musical et Théâtral*, Paris, 1/05/1928.

311 *Le Monde Musical*, Paris, 31/05/1928.

320   Marcia Camargos

"Dom Quixote", por sua semelhança física com o fidalgo de La Mancha criado por Cervantes. Bráulio pediu demissão sumariamente e deixou o cargo.[312]

Celina Branco, violinista

Nascida em 29 de dezembro de 1895 na cidade paulista de São Bernardo do Campo, a artista desfrutou da bolsa do Pensionato de 1910 a 1914, como aluna de Bastiani e de Thompson, no Real Conservatório de Bruxelas, ganhando ali um cobiçado primeiro prêmio. Como outros colegas bolsistas, viu-se obrigada a retornar ao país devido à eclosão da Primeira Guerra Mundial, mas não sem antes protagonizar uma série de impressionantes peripécias na Europa, onde esteve em pleno teatro de guerra. Uma longa matéria publica na *Cigarra* revela que Celina, vivendo com uma família de confiança dos seus pais na fronteira da Bélgica com a Alemanha, teve a desventura de se achar em um dos primeiros pontos invadidos pelas tropas germânicas, sem conseguir fugir a tempo.

> Assistiu à passagem do exército do Kaiser e juntamente com outras jovens, teve ocasião de dar água para matar a sede aos oficias soldados mais exaustos pelo calor da marcha forçada. Como era artista, e de alto valor, os alemães faziam-na exibir-se constantemente ao violino, mostrando-se entusiasmados com a interpretação que a pequena brasileira dava às obras dos mais importantes autores clássicos e românticos que enriqueceram a literatura do instrumento que imortalizou Paganini.

A revista enfatizava que, enquanto isso, o pai dela telegrafava continuamente para a Europa, sem obter notícias do seu paradeiro. Sabendo-se apenas que, ao declarar-se a guerra, Celina deixara Bruxelas em companhia de uma família belga, o artigo dramatizava:

---

312 Depoimento de Paulo Bonfim a Marcia Camargos, São Paulo, 5/09/2008.

> É fácil de imaginar-se a inquietação, as horríveis aflições dos seus dedicados progenitores. Ao cabo de muita procura, em que também se emprenhou o nosso Ministério do Exterior, quando já se dissipavam as esperanças de poder encontrá-la, recebeu o senhor Joaquim Branco a grata e alvissareira notícia de que a sua querida filhinha pudera deixar a Bélgica e embarcara para Londres, onde o distinto paulista dr. Francisco Pereira dos Santos se incumbira de fazê-la regressar ao Brasil.

Depois de assistir de perto aos horrores da guerra, vendo cidades incendiadas, campos assolados e "toda a terrível devastação que sucede à passagem dos grandes exércitos invasores", achava-se então no "aconchego da família que a idolatra". Avisando que em breve Celina realizaria um concerto em São Paulo, conclui: "Estamos certos que o nosso público saberá levar os seus aplausos à artista brasileira, hoje duplamente notável, pela sua arte e pelas suas peripécias da guerra".[313]

Após sua triunfal volta, apresentou-se no Clube Germânia, onde interpretou *Prelúdio* e *Allegro*, de Gaetano Pugnani (1731-1798), "com seu estilo peculiar e sua sinceridade clássica, conduziu-se do princípio ao fim com a segurança e admirável nitidez que constituem os maiores atrativos da famosa escola do professor Thompson".[314] Esteve presente na homenagem a Francisco Braga, na residência de Gelásio Pimenta, onde se apresentou no serão literário e musical ao lado de Guiomar Novais, Bellah de Andrada e Lúcia Branco.[315] E, integrando grupo de que faziam parte Guiomar Novais, Olga Mariano, o professor Saverio Simoncelli e o tenor Marçal Fernandes, participou do Terceiro Sarau d' A *Cigarra*, realizado no

---

313 "Celina Branco: uma artista brasileira surpreendida pela conflagração europeia em plena fronteira", A *Cigarra*, São Paulo, 31/12/1914.

314 "Violinista Celina Branco", A *Cigarra*, São Paulo, 25/03/1915.

315 "Sarau de arte", A *Cigarra*, São Paulo, 11/05/1915.

salão do Conservatório para mais de 1500 pessoas.[316] Celina Branco viria a falecer em São Paulo no dia 9 de janeiro de 1987.

Ernesto De Marco, cantor

Na Esposizione Artística di Beneficenza, em 24 de dezembro de 1915, um *concerto-thé* era apresentado às quatro da tarde. No programa, dueto com o tenor Santino Giannasttasio, frequentador da Villa Kyrial, e Ernesto De Marco. O mesmo Santino aparecia no salão do Conservatório onde, com o prof. Francisco Mignone ao piano, interpretava obras de Schubert, Liszt, Carlos Gomes e Bizet, no dia 15 de maio de 1918, às 8 horas e três quartos.

Conhecido de Freitas Valle, conquistou bolsa do Pensionato e partiu para a Itália em 1917, permanecendo em Nápoles até 1922. Na coluna "Variedades", a revista especializada *Correio Musical Brasileiro* publicava: "Informa-nos de Roma que no Teatro Constanzi estreou o artista patrício barítono Ernesto De Marco, desempenhando o papel de Amonastro na *Aida* de Verdi. As opiniões críticas dos jornais são muito lisonjeiras para o novo barítono".[317]

Dois números depois registrava que os periódicos de Milão confirmavam as palavras do correspondente sobre De Marco, com parágrafo estampado em italiano: "É dotado de uma belíssima voz, de um timbre assaz doce, aveludado, voz pastosa e ressonante, igual e segura, de uma extensão e de uma resistência incomum".[318] No regresso, para demonstrar as aptidões, apresentou-se em *La Traviata,* ao lado de Elvira Hidalgo, Salvador Paoli e Luigi Nardi, no Teatro Municipal de São Paulo, em outubro de 1922, na temporada oficial de Walter Mocchi, empresário que, a despeito do preconceito do público contra brasileiros nas óperas, incluía artistas nacionais na sua companhia. Isso vinha confirmar as palavras de Souza Lima a Freitas Valle, em 1920, quando disse: "A última novidade que tenho a lhe contar é que recebi carta do De

---

316 "III Sarau da Cigarra", *A Cigarra*, São Paulo, 7/06/1915.

317 "Variedades: Roma", *Correio Musical Brasileiro*, São Paulo, 15-31/05/1921, p. 15.

318 *Correio Musical Brasileiro*, São Paulo, 15/07/1921, p. 14. (tradução livre do trecho em italiano).

Marco a quem escrevi. Ele me conta muito dos seus sucessos e espera ir para o Brasil contratado pelo Mochi. Bravo! Mais um nascido da Villa Kyrial!".[319]

Bem sucedido, o barítono fez carreira internacional. Nota na revista *Ariel*, de 1924, informava que De Marco apresentava-se em recital no dia 16 de outubro, para despedir-se do público paulistano, antes de partir para a Europa.[320] Pouco antes, referindo-se à Revolução Tenentista, explicava que, "prejudicado pelos acontecimentos de julho", ele não pôde realizar no dia 18 seu anunciado concerto. "Por todo o mês de agosto teremos, porém, o ensejo de mais uma vez ouvir a bela voz, tão ardente e plástica, deste barítono". No programa, *Ametista* e *Esmeralda*, de Carlos de Campos, além de *L'ivrogne* e *Rondó*, do "malogrado" Romeu Pereira, e uma cena lírica do seu irmão Artur. "Das obras estrangeiras apresentadas, salientamos *Mussorgsky*, e as canções de Santoliquido, compositor vivo italiano, quase desconhecido do nosso público".[321]

Em 31 de maio de 1925 estava no Salão Germânia. Nos anos seguintes, conforme programas arquivados no Museu do Teatro Municipal, De Marco tomou parte de sucessivas óperas e concertos. Em 30 de dezembro de 1926, por exemplo, integrou o elenco de *La Bohème*, e em 12 de fevereiro, fazia o mesmo em *Tosca*, ambos em saraus da Associação Ópera Lírica Nacional. No dia 8 de agosto de 1927, novamente ao lado de Mignone, subia ao palco do Teatro de Variedades e em 1929, a 25 de outubro, participava de Recital Poético do Grande Festival Lítero-Musical com palestra, declamações e concerto no Municipal.

---

319 Carta de Souza Lima a Freitas Valle, Pentrez, 18/07/1920. (AFV)

320 "Sinfonieta", *Ariel*, São Paulo, agosto de 1924, p. 418.

321 C. Pardovani, "Concertos", *Ariel*, São Paulo, julho de 1924, p. 363. O autor refere-se ao compositor italiano Francesco Santoliquido (1883-1971).

Programa de apresentação no Salão Germânia em 1925.
(Arquivo Freitas Valle)

Programa de apresentação no Salão Germânia em 1925.
(Arquivo Freitas Valle)

Estela Epstein, pianista

Filha de judeus de origem russa, nascida em Campinas em 25 de fevereiro de 1913, Estelinha iniciou os estudos com o tio, José Kliass, apresentando-se pela primeira vez em 12 de maio de 1922. No palco do Clube Semanal de Cultura Artística de Campinas, subia uma garota de apenas oito anos. Sempre precoce, aos dez anos enfrentou o público paulista e suscitou uma nota de Mário de Andrade em *Ariel,* admitindo na discípula do professor Kliass excepcionais qualidades pianísticas: "Pondo de parte a grande prevenção que alimentamos contra crianças prodígio, devemos reconhecer que a menina Epstein dispõe já de uma técnica espantosa, obtendo do piano efeitos que parecem impossíveis a suas pequeninas e delicadas mãos".

Fazendo ressalvas ao "fortíssimo", segundo ele um tanto deficiente, admirava-se como ela equilibrava as interpretações de tal forma que, por meio de uma inteligente graduação, atingia um vigor adulto.

> O programa composto de peças de responsabilidade (entre outras; *Fantasia em dó menor* de Bach, *Pastoral* e *Capriccio*, de Scarlatti-Tansig, *Variações* de Mozart sobre *Ah! nous dirais-je Maman*, cinco peças de Chopin etc.) foi executado com absoluta perfeição técnica e notável musicalidade, deixando a todos a sensação de que estavam ouvindo uma artista de extraordinária precocidade.[322]

Como solista, tomou parte em concertos de Mozart no Teatro Municipal de São Paulo nos dias 13 de maio e 27 de julho de 1925. Na vesperal do 41° Concerto, às "15 horas em ponto", era apresentada pelo maestro Torquato Amore como a "pequena pianista Estela Epstein" num *solo* do *Concerto n° 23* de Mozart – *allegro, andante* e *presto*. Exibindo seus talentos também no Rio de Janeiro sob a regência de Francisco Braga, mereceu a subvenção do Pensionato de 1928 a 1933, subordinado ao Conselho de Orientação Artística após 1930.

A mais jovem bolsista de toda a vigência do programa, orientada pelo tio, foi para a Alemanha aperfeiçoar-se com o austríaco Artur Schnabel (1882-1951), tido como um dos maiores pianistas clássicos do século XX. Com apenas 13 anos e, portanto, dentro do Regulamento que estipulava a idade mínima de doze, ela mudou-se com os pais para a casa da tia Rosa, em Berlim. Da Fasanenstrasse, 22, na letrinha infantil da criança que ainda era, escrevia constantemente ao "queridinho titio Jô", relatando cada passo como uma aluna muito aplicada: "Ontem estudei com

---

322 Mário de Andrade, "Crônicas (de São Paulo)", *Ariel*, São Paulo, fevereiro de 1924, p. 190-1.

Schnabel, dei boa lição, toquei uma *Sonata* de Mozart em dó maior", diz, contando que o mestre estivera contente com sua leveza e nitidez. Quanto aos Noturnos de Chopin, ela mostrava inquietação e dúvidas: "Aquelas passagens miúdas toco pianíssimo e bem claro. Assim que deve ser? Escreva-me, titio, faz favor".

Adiante, revela que teria lição de harmonia e pergunta se deveria dar início à *Fantasia* de Chopin. "Não pense que eu lhe já esqueci. O contrário, todos os dias repito o meu velho repertório e toco exatamente com o modo de titio", diz, para em seguida despedir-se, pois esperava o professor de alemão.[323] No verso do papel seu tio acrescenta alguns parágrafos em russo, dirigidos a Jóssia e Lídia, sobre cuja saúde indaga e pede para escreverem menos raramente, pois as notícias sempre lhe davam imenso prazer.

> Da carta de Estela, sabes que a minha Estela deu aula e tocou uma sonata de Mozart. Sabes, Jóssia, de todas as alunas que escutei, nenhuma tem leveza, toque e compreensão – mas musicalidade todas elas tinham e até boa técnica. Schnabel está muito satisfeito e diz sempre a ela que toque sem pular nenhuma nota e acha que ela fez muitos progressos em Harmonia, Teoria e História da Música. Estela tem um professor alemão de luxo; ele examina tudo com Estela e ajuda-a a desenvolver-se. Por exemplo, há poucos dias, examinaram a opereta *Don Giovani*, de Mozart, e nos próximos dias assistiremos ao *Fausto*. Estela fala alemão muito bem e começa já a ler. Eu e Bénia, graças a Deus estamos bem. Bem, enviamos um forte beijo e saudações e esperamos cartas de vocês.[324]

---

323 Carta de Estela Epstein a José Kliass, Berlim, 27/05/1928. (CHK)

324 Tios de Estela Epstein a Lídia e José Kliass, Berlim, 27/05/1928. (CHK). Carta gentilmente traduzida do russo pelo Professor Dr. Noé Silva, do Departamento de Línguas da USP.

Mais para o final do ano, ela prosseguia relatando as tentativas, os erros e os progressos obtidos como na ocasião em que tocou a *Sonata de Beethoven Opus 31*, diante dos alunos de Schnabel, que permanecia de pé no fundo da sala, sem dizer uma palavra. "Depois que eu acabei a segunda parte (que é lindíssima), disse *Zehr Gut*". Sobre a ida de Borowsky a Berlim, comenta que fizeram a ele uma pequena homenagem: "Eu toquei 32 variações de Beethoven, o concerto com orquestra do mesmo autor e o *Noturno* de Chopin e ele sempre queria ouvir mais". No entanto, confessa não ter gostado da maneira como ele tocou, "por imitar os outros". Tampouco apreciou Joseph Shevinno, que fora ouvir." É um grande técnico e nada mais". Exigente, elogiou a leveza "fantástica" de Rosenthal, embora ele "esbarre que é um horror". Já sobre Inocência da Rocha, outra brasileira que tentava se aperfeiçoar sem o menor sucesso, Estela foi taxativa: "Não tem técnica, nem expressão, nem musicalidade – absolutamente nada".[325]

Passado um ano de estudos contínuos, em fase de amadurecimento que refletia na sua letra firme, Estela dizia sentir-se mais à vontade nas aulas de música, por entender muito melhor o idioma alemão. E exultava com a repercussão das notícias sobre sua performance na imprensa de São Paulo, que o professor Schnabel fez questão de mostrar às outras alunas enquanto elogiava sua interpretação do *Prelúdio* e *Fuga* de Bach, preparado com esmero. "Disse a ele que ia tocar na legação Brasileira, o que muito lhe contentou". Fala que naquela noite ouviria Rachmaninoff e pede ao tio para lhe escrever, aconselhando-a sobre o que tocar, pois com o Schnabel só queria trabalhar Beethoven, Bach, Schumann, Schubert, Brahms. "Os outros não valem a pena, titio bem sabe que o temperamento alemão não dá para tocar Chopin", justamente quem ela adorava. "Mas, afinal, posso trabalhar sozinha, é o único consolo", conclui.[326] Seu empenho obteve reconhecimento ainda em Berlim, onde diversos jornais ao longo de sua estada falavam da disciplina, vigor, segurança, técnica e temperamento vibrante da jovem aluna de Schnabel. Enfim, um nome que valia a pena ser notado.[327]

---

325 Estela Epstein a José Klaiss, Berlim, 3/11/1928. (CHK)

326 Carta de Estela Epstein a José Klaiss, Berlim, 5/12/1929. (CHK)

327 Referências na imprensa de Berlim, Alemanha, entre maio de 1932 e março de 1933 citados in Celso Maria de Mello Pupo, "Estelinha Epstein", *Delegacia de Cultura da Secretaria de Estado*, Campinas, 12/03/1984.

De volta ao Brasil, realizou inúmeras apresentações, para mostrar o que aprendera no exterior. Uma delas teve lugar no Teatro Municipal, terça-feira, 25 de julho de 1933. Na ocasião, seu recital recebeu de Mário de Andrade algumas ressalvas quanto a *Andante*, extraído de uma *Sonata* de Mozart e outra de Liszt, uma parte de Chopin e a última de autores relativamente contemporâneos. "Lembrando peça por peça, é incontestável que as interpretações de que gostei são bem menos numerosas do que as de que não gostei", afirma o crítico, para ressaltar que em quase todo o programa ele se empolgara. Explica que a aparente contradição dessas palavras residia no binômio falta de vivência e talento não lapidado da artista jovem demais.

"A sua compreensão musical não está naturalmente nem muito profunda, nem muito menos completada. E isso se percebeu desde logo pela confecção do programa, de que ouso discordar". Para Mário, não haveria problema em truncar peças – salvo quando são por si belas como a *Sonata* de Mozart. Por outro lado, a inclusão da *Sonata* de Liszt, obra sublime, de excessiva grandeza e perigosa responsabilidade, teria excedido as habilidades da virtuose.

> Tive a impressão de que Estelinha Epstein compreendeu perfeitamente a peça. Mas lhe faltam certas experiências vividas e certas qualidades virtuosísticas, ainda não amadurecidas, pra que ela pudesse transmitir o que entendera. Havia fraseados admiráveis, timbrações excelentes, ambientes quase exatos; nenhum momento a desimportância da execução me fatigou ou monotizou.

Mário de Andrade então salientava: "Ela toca com autoridade. Isso é raríssimo, e só os verdadeiros virtuoses possuem esse dom de estar dominado inteiramente a mensagem estética que cada obra de arte traz consigo". A ousadia em escolher obra tão monumental redundou em falta de intensidade e de unidade, exceto em *Prelúdio* de Rachmaninoff, tocado com infinita poesia, que ela não conseguira dar a Liszt. Também as peças espanholas, sobretudo *La vida breve* de Falla, apareceu, segundo ele, com bastante ritmo, ardor expressivo e riqueza de timbres e ambientes. Referindo-se à necessidade de refinar a técnica, conclui que ela não constituiu uma desilusão, tendo estado à altura do prêmio de viagem: "Com trabalho e maturação ela ingressará no número das nossas estrelas máximas".[328]

Radicada em São Paulo, Estelinha integraria a Orquestra Filarmônica como solista, abriu escola de piano para lapidar jovens talentos e apresentou-se na Europa em uma série de turnês, tornando-se reconhecida internacionalmente, talvez melhor no exterior do que no seu próprio país. Nesse sentido, lamentou a falta de oportunidade dada aos colegas brasileiros, posto que, segundo ela, os empresários e grupos orquestrais preferiam os de fora, mais afamados e "comerciais", sob o ponto de vista de bilheteria.

Pianista versátil e sem preconceitos, tocava música popular e chegou a compor algumas canções que fugiam do estilo clássico. Para ela, um profissional tinha o direito a tudo, desde que predominasse a arte e o bom gosto: "Só existem dois gêneros e tipos: música bem feita e música mal feita", disse na mesma entrevista, na qual revelou estudar cinco horas diariamente.[329] Em 1970 foi agraciada com a Medalha Anchieta, pela Câmara Municipal de São Paulo e, quatro anos depois, lançava em disco da Chantecler *Cirandinhas* de Villa-Lobos, cuja execução foi elogiada de forma unânime pela imprensa: "Estelinha soube manter-se nesta atmosfera de penetração psicológica com elegância e nobreza, e nela moveu-se com a límpida e eficiente virtuosidade e com intensa sensibilidade que sempre nela admiramos", atestou Caldeira Filho, a respeito de sua interpretação lírica do compositor brasileiro.[330] Ela faleceu aos 66 anos de idade, em Águas de São Pedro, no dia 8 de julho de 1980, sendo sepultada no Cemitério Israelita do Butantã.

---

328 Mário de Andrade, "Estelinha Epstein", *Diário de S. Paulo*, São Paulo, 26/07/1933.

329 Augusto César de Aguiar, "O mundo nas mãos de Estelinha", São Paulo, 5/03/1967 – recorte sem ind. da publicação. (AHK)

330 Caldeira Filho, "Execução lírica de Villa-Lobos", *O Estado de S. Paulo*, São Paulo, 10/07/1974.

Estelinha Epstein como bolsista em Berlim, no ano de 1929.
(Coleção Heloísa Kliass)

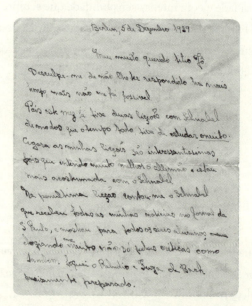

Carta enviada de Berlim, datada de 5 de dezembro de 1929.
(Coleção Heloísa Kliass)

Entre a vanguarda e a tradição 331

Carta enviada de Berlim, datada de 5 de dezembro de 1929.
(Coleção Heloísa Kliass)

Envelope da carta. (Coleção Heloísa Kliass)

Retrato de Estelinha Epstein, 1944. (Coleção Heloísa Kliass)

Estelinha Epstein, c. 1945. (Coleção Heloísa Kliass)

À direita, Estelinha em Buenos Aires, agosto 1949.
(Coleção Heloísa Kliass)

Francisco Mignone, compositor, pianista, regente e professor

Filho de imigrantes italianos, teve na formação musical dupla influência: de um lado, a cultura herdada da família e aprofundada pelos ensinamentos dos mestres Silvio Motto, Agostino Cantú e Savino de Benedictis; de outro, a música popular brasileira ouvida na juventude, incluindo as valsas, polcas, tangos e maxixes, que desde o começo do século delineavam os contornos da nova música brasileira, nacionalizada pela ginga sensual do lundu e do batuque. Garoto ainda, Mignone absorvia essa sintaxe, praticada pelos conjuntos nos cinemas mudos e nas pequenas orquestras de baile, ensaiando suas composições assinadas sob o pseudônimo de Chico Bororó.

Iniciado pelo pai, Alferio Mignone, flautista e seu primeiro professor, foi por ele colocado ainda menino diante de um piano vertical e surrado como eram os

334 Marcia Camargos

instrumentos alugados. Paulistano nascido em 3 de setembro de 1897, no aniversário de seis anos, em 1903, conforme depoimento ao *Jornal do Brasil*, em lugar do porquinho-da-índia celebrizado por Manuel Bandeira, ganhou a alegria de assistir, pela primeira vez, aos "encantos canoros" da *Bohème*. "Frequentemente ia a espetáculos noturnos, sempre pela mão afetuosa do meu progenitor, que tocava flauta, ora no velho Teatro Minerva, ora no Politeama, um barracão de madeira e zinco, localizado onde hoje fica a passagem subterrânea do Anhangabaú".[331]

Aperfeiçoou-se a partir dos dez anos com Sílvio Motto, de origem toscana, que havia estudado em Roma. Colega de Dinorah de Carvalho, Lúcia Branco da Silva e Mário de Andrade no Conservatório Dramático e Musical de São Paulo, ingressou em 12 de fevereiro no seu curso de piano e, em 3 de março de 1913, no de flauta como atesta o Livro de Matrícula número um, folha 14, e cujos respectivos diplomas receberia em 31 de março e 31 de maio de 1917. Entre os guias, atestados de frequência expedidos em janeiro de 1917 e alguns exercícios de composição, seu prontuário 2879 contém um certificado da Escola Americana, confirmando que estudou português e geografia até a quinta série, sendo aprovado em ambos. Também conta com uma peça para piano intitulada *Romance*, ao lado de um pedido de licença médica como professor-auxiliar, datado de 19 de fevereiro de 1918. Nesse período, Mignone tomou parte de diversos recitais no salão da escola, onde o vemos em outubro de 1916 na homenagem à revista *A Cigarra*, cujo concurso, realizado dois anos antes, vencera com a valsa *Manon*, ficando em segundo com o tango *Enterpe*, sendo João de Souza Lima o vencedor no gênero. Posteriormente ,Mignone seria apelidado de "Rei da Valsa" por Manuel Bandeira, devido ao grande número de composições neste gênero.

Em dezembro a mesma revista consagrava anúncio de página inteira aos premiados, cujas composições, em partituras, seriam reproduzidas em conjunto com a Casa Levy e vendidas ao público.[332] Decerto por causa do pai, a despeito da extrema familiaridade com o violão, bastante usado na fase de compositor popular, Mignone preferia outro instrumento nas serenatas madrugada afora. "Como flautista, às altas horas da noite, ia pelas ruas da capital paulista tocando chorinhos,

---

331 Francisco Mignone, "Do nacionalismo à música pela música", *Jornal do Brasil*, Rio de Janeiro, 6/04/1968, p. 4.

332 "Primeiro Concurso Musical", *A Cigarra*, São Paulo, 31/12/1914.

acompanhado pelos violões e cavaquinhos dos demais companheiros", deporia Liddy Chiafarelli, explicando: "Isso influiu para que, mais tarde, compusesse uma série de valsas, denominadas de esquina, em que a maneira popular transparecesse lindamente expressa".[333]

De fato, as valsas de esquinas de Mignone evocam, em seu ambiente musical, a poesia dos subúrbios do Rio de Janeiro e de São Paulo antigos, as ladeiras sem calçamento, iluminadas a gás, com sua fileira de casinhas abrigadas sob a copa de mangueiras, amendoeiras e sapotiseiros. "Na esquina, em geral encruzilhada de duas ruas, para, por instantes, o grupo de trovadores boêmios que vinha, rua afora, sob o luar macio, enchendo os ares calmosos de mensagens sonoras."[334]

Aluno de Savino de Benedictis em harmonia e Agostinho Cantú em composição, obteve diploma em piano e flauta em 31 de março e maio de 1917, respectivamente, e de composição, em 1919. Apresentava-se ao lado do pai nas óperas e operetas, sempre como segundo flautista após sua estreia, aos treze anos. Depois pagava os estudos tocando em filmes mudos, sobretudo nos cinemas Espéria, no Bexiga, bairro de imigrantes italianos. Assim ele conciliou uma formação híbrida, frequentando o Conservatório, e, ao mesmo tempo, criando sob a assinatura de Chico Bororó – apelido ganho devido à semelhança física com um jogador de futebol alto, forte, tipo índio, que atendia por esse nome. Conta-se que, como o músico já era conhecido como Chico Mignone, Antonio di Franco sugeriu o apelido do jogador do Palestra Itália/Palmeiras como pseudônimo para a edição da partitura de *Abaixo ó Piques*, de 1917.

Chico Bororó compôs música para piano-solo e para canto e piano em vários gêneros musicais, de valsas e tangos a cateretês,[335] maxixes[336] e canções. Destas,

---

333 Ver Vasco Mariz, *op. cit.*, p. 192.

334 Francisco Acquarone, *História da música brasileira*. São Paulo/Rio de Janeiro/Belo Horizonte: Francisco Alves/ Paulo de Azevedo, 1948, p. 59.

335 Também chamada catira, é uma dança de origem indígena que varia conforme a região do país, mas em geral consiste em duas fileiras com homens de um lado e mulheres do outro, que batem o pé ao som de palmas e violas.

336 Dança e canto popular em voga no Brasil a partir do século XIX, o maxixe resultava da fusão da habanera, pela rítmica, e da polca, pela andadura. Mário de Andrade,

boa parte foi gravada em discos 78 rpm com orquestras dirigidas por seu pai. Ali percebe-se a predominância de temáticas ligadas à cultura caipira, o êxodo do interior para a cidade e a valorização dos costumes sertanejos. O enorme contingente de emigrantes que fugiam das precárias condições de trabalho nas fazendas, representava um mercado consumidor para este repertório composto de obras como *Cabocla de Caxangá, Num vorto à pé, Mandinga doce, Muié... é café, Sertaneja e Chóra cabôco.* Esta última, com letra de João do Sul (1892-1953), foi editada pelo italiano Di Franco, o inventor do pseudônimo de Chico Bororó.

As músicas populares que Mignone escreveu nessa fase obedeciam aos padrões formais em voga nos salões e casas de espetáculo paulistas, diferenciando-se das composições cariocas para atividades recreativas.

> Compositores e libretistas dos teatros de costumes, que se inspiravam na música sertaneja, empreenderam um trabalho sério de elaboração. A toada rural e o linguajar matuto tomaram sérias proporções no meio cultural de São Paulo, algumas delas tornando-se sucessos nacionais. A obra de Tupinambá, por exemplo, chegou a influenciar alguns compositores do Rio de Janeiro, na área do samba.[337]

E, ao utilizar uma linguagem musical simples, de apelo popular, Mignone sintetizava na partitura sua vivência como seresteiro da época. Diz Saulo Alves:

> "É incontestе que, através de letras aparentemente ingênuas como *Chora Cabôco* e *Mandinga doce,* Chico Bororó elaborava um discurso musical que o envolvia com a dinâmica

---

Dicionário Musical Brasileiro. São Paulo: Itatiaia, 1989, p. 317.

337 Aluísio de Alencar Pinto, "Francisco Mignone e a música popular brasileira", *Revista da Sociedade Brasileira de Música Contemporânea,* Rio de Janeiro, 1997, p. 35.

dos habitantes de São Paulo: imigrantes italianos, ex-escravos e o ex-lavrador, que também eram o seu público"[338]

De qualquer maneira, a projeção almejada por Francisco Mignone em relação à música erudita não se rivalizava com as incursões pelas searas de Chico Bororó. Na verdade, naquele ambiente eclético por excelência, o compositor pôde captar e mesclar à sua formação acadêmica os compassos que soavam pelas ruas.

Entretanto, ao compor *Ballade Frivole,* em 1919, composta sobre texto de Jacques D'Avray, e editada pela Mangione, ele empregou uma partitura mais elaborada, adequada aos poemas que exploravam o conflito amoroso de forma complexa, densa e introspectiva. Enquanto abarcava a dimensão psicológica das relações presente nos versos de Freitas Valle, Mignone deixava patente a influência francesa de que foi alvo. Ao musicar poemas simbolistas, ele de fato sintonizava a parceria entre Mallarmé, precursor desse gênero literário, e Claude Debussy, cujo *Prélude à l'après-midi d'un faune,* que estrearia no Rio de Janeiro em 1908, durante a exposição universal ali realizada, vincariam todo o século XX. *Ballade Frivole* vinha demonstrar que o compositor acompanhava as inovações da música impressionista, o que seria corroborado no seu desejo inicial de estudar em Paris ao receber a bolsa do Pensionato.

Ou seja, Mignone conhecia a música que se fazia na capital francesa, tanto que manejava aspectos comuns a essas composições como na *Ballade Frivole,*[339] adotada pelo Instituto Nacional de música do Rio de Janeiro, Conservatório do Distrito Federal e Conservatório Dramático e Musical de São Paulo.[340] De onde concluímos que, embora em São Paulo predominassem professores de música italianos, o papel da Música francesa no Brasil não era desprezível, como atesta o compositor Darius Milhaud, em visita ao país no início do século XX.

---

338 Saulo Alves, *op. cit.,* p. 57.

339 Segundo Saulo Alves, outra característica importante de *Ballada Frivole,* herdada dos compositores franceses do final do século XIX, refere-se ao uso dos acordes com sétima e nona acrescentada com função de matizar o texto. Saulo Alves, *op. cit.,* p. 55.

340 Francisco Mignone, *Ballade Frivole,* (partitura), p. 1. (AFV)

"Graças aos compositores Alberto Nepomuceno e Henrique Oswald (ambos estudaram na Europa), que foram diretores do Conservatório do Rio de Janeiro, a biblioteca desse estabelecimento possui todas as partituras de orquestra de Debussy ou da Schola, bem como todas as obras publicadas de Satie".[341]

Decisivo para a carreira de Mignone foi a apresentação, no dia 16 de setembro de 1918, no Municipal de São Paulo, quando executou o primeiro andamento do *Concerto*, de Grieg, e também composições próprias. Recém-formado, nesse mesmo ano esteve no Municipal do Rio de Janeiro regido por seu pai, com *Suite campestre* e o poema sinfônico *Caramuru*, de 1917. Antes disso, em junho, no sarau d'*A Cigarra*, no Conservatório, acompanhou um grupo de músicos, dentre os quais Zacharias Autuori. Entretanto, seu Alferio acalentava a ideia de fazer de Mignone um compositor no figurino da trinca Puccini-Mascagni-Leoncavallo. "Para ele só estes três sabiam escrever óperas," contaria ele, em um artigo.[342]

As pretensões paternas viriam ao encontro do mecenas Freitas Valle, de quem Mignone era aluno de francês no Ginásio do Estado. Com pouco esforço ganhou a bolsa graças à vaga aberta com a morte prematura, aos 22 anos, de Romeu Pereira, vítima da gripe espanhola que em 1918, aniquilara milhões de pessoas no mundo todo. Antes de viajar, Mignone apresentou, em 12 de abril de 1920, no Teatro Municipal, em concerto lírico instrumental de despedida, a sinfonia recém-acabada de 12 minutos, *Paráfrase sobre o Hino dos Cavalheiros da Villa Kyrial*. É quando assume a missão, outorgada por Freitas Valle, seus pais e professores, de se tornar o novo Carlos Gomes. Por isso partiu para Milão quando, de fato, desejava seguir para Paris, onde se concentravam os maiores compositores do momento. Em uma das primeiras cartas ao protetor, ele relatava as providências iniciais.

---

341 *Apud* Santuza Cambraia Naves, *O violão azul: modernismo e música popular*. São Paulo: Fundação Getúlio Vargas, 1998, p. 54.

342 Francisco Mignone, "Do nacionalismo à música pela música", *Jornal do Brasil*, Rio de Janeiro, 6/04/1968, p. 4.

Depois de uma feliz travessia, cheguei finalmente à cidade almejada. Minha primeira ocupação foi apresentar-me ao cônsul brasileiro, ao qual entreguei as cartas de recomendações. Confesso que muito me senti lisonjeado pela maneira cordial e amistosa demonstrada pelo cônsul ao ler as cartas que gentilmente o Sr. e o secretário do Interior me forneceram. Em seguida, procurei o maestro Ferroni, com quem pretendo continuar a aperfeiçoar meus estudos mas, infelizmente, não o encontrei porque só voltará para esta cidade nos fins de setembro.

Mencionando que a pensão, "benevolamente" concedida pelo Estado, estava atrasada, finalizava:

> "Aproveito para mais uma vez externar-lhe os meus sentimentos de gratidão eterna por tudo quanto tem feito pela minha árdua quão difícil carreira à qual me consagrei e, de minha parte, para honrar a deferência de que fui alvo, comprometo-me a manter sempre alto e respeitado no campo da minha arte o nome grande e glorioso do nosso Brasil".[343]

Dali a cerca de um mês, junto a um atestado do Maestro Ferroni (1858-1954), professor do Real Conservatório Giuseppe Verdi, enviava outra carta com os dizeres: "Presentemente acho-me instalado numa magnífica pensão familiar, regalado de todos os confortos morais, para que possa livremente dedicar-me aos estudos que a minha difícil arte requer". Sobre o ambiente, revela que o próprio Ferroni dissera que o melhor centro de arte "mais idealista" era Paris, para onde, tão logo tivesse obtido comprovados progressos, pretendia transferir-se – intento que nunca chegou a implementar. Para preencher os requisitos justificando o pensionato, escreveria as óperas *O contratador de diamantes* e *L'innocenti*, – esta, sobre libreto

---

343 Carta de Francisco Mignone a Freitas Valle, Milão, 31/08/1920. (AFV)

340   Marcia Camargos

italiano, seria regida por Emil Cooper, no Teatro Municipal do Rio de Janeiro. Como contrapartida, estudou harmonia, contraponto e fuga com o maestro Vicenzo Ferroni, imbuído de Savard, Dubois, de César Frank e de Jules Massenet, de quem fora aluno.[344] Por tal razão, embora estivesse na Itália, aperfeiçoou os conhecimentos musicais na escola francesa, cometendo uma pequena "travessura" da qual jamais se arrependeria, conforme deporia anos mais tarde, no mesmo artigo para o *Jornal do Brasil*.

Para alguns, as tendências francófilas de Ferroni, que fez os estudos fundamentais em Paris como um dos alunos mais brilhantes de Massenet, atendiam ao desejo de Mignone de superar as banalidades a que julgava condenada toda a música do seu tempo.[345] E, para inteirar-se do que se passava na capital francesa, avisava ter escrito ao amigo João de Souza Lima, em Paris. "Ser-me-ia tão agradável ter correspondência com um pensionista do Estado para que nós pudéssemos trocar pareceres e opiniões sobre os respectivos trabalhos".[346]

Passados quinze dias, contava ter conseguido os meses vencidos da subvenção estadual. "Comecei meus estudos sob a direção do Maestro Ferroni e presentemente recebo hebdomariamente duas lições", dizia, para reiterar sua gratidão.

> "Aproveito para, mais uma vez, exprimir-lhe meus sentimentos de gratidão eterna e sincera pelo interesse que teve pelo meu desenvolvimento artístico e os mesmos sentimentos peço transmitir aos seus familiares pela benevolência e deferência de que sempre fui alvo".[347]

---

344 Francisco Mignone, "Do nacionalismo à música pela música", *Jornal do Brasil*, Rio de Janeiro, 6/04/1968, p. 4.

345 Luiz Heitor Corrêa de Azevedo, "Si alza la tela", *in* Francisco Mignone, *A parte do anjo: autocrítica de um cinquentenário*. Rio de Janeiro: Mangione, 1947, p. 6.

346 Carta de Francisco Mignone a Freitas Valle, Milão, 27/09/1920. (AFV)

347 Carta de Francisco Mignone a Freitas Valle, Milão, 14/10/1920. (AFV)

Na carta seguinte, agradecia a pensão, as notícias e cumprimentava pela nomeação do Cyro, o filho diplomata de Valle, de quem Mignone se dizia entusiasta admirador, para passar aos relatos.

> "Presentemente, por aqui há poucas novidades musicais, mas no mês passado tivemos em compensação os magníficos concertos do grande maestro Toscanini. Sinto que a minha pena seja demasiada fraca para que eu possa descrever todo o entusiasmo que suscita este homem nas suas maravilhosas interpretações. Os meus estudos tanto musicais que literários seguem com regularidade, para isso não falta-me nem saúde e nem vontade".

E emendava num *post scriptum*:

> Para o ano, dada a baixa da moeda italiana, acho que seria muito mais conveniente estabelecer um câmbio mais favorável de modo que, em lugar das 1.850 liras italianas por mês, receberia mais ou menos o equivalente a 2.500 liras. Esta quantia permitir-me-ia de dedicar-me a outros estudos e viver com mais comodidade, pois hoje em dia aqui encontrar uma boa pensão de família é coisa dificílima. Me desculpará se ouso abusar da sua influência e se me atrevo a pedir coisas que talvez não me competem. Na esperança que o amigo concretize esta minha ideia, aproveito para novamente protestar os meus sinceros sentimentos de amizade e gratidão.[348]

---

348 Carta de Francisco Mignone a Freitas Valle, Milão, 10/11/1920. (AFV)

342 Marcia Camargos

Assinando num abrasileirado Francisco Minhône, em abril de 1922 discorria acerca da sua vida e estudos: "Frequento sempre com constância as aulas do maestro Ferroni e ultimamente tenho ouvido até três lições por semana. Com a mesma tenacidade faço meus progressos em literatura e nas outras matérias necessárias para o meu completo preparo artístico". Pedia permissão para passar as férias no Brasil revendo familiares e amigos, cujas saudades cresciam na medida em que se aproximava o centenário da independência.[349]

Na próxima carta, o bolsista já se preparava para zarpar.

> "Embarcarei, como já tive ocasião de informá-lo, com o paquete *Tomas di Savoia,* que parte a 2 de julho, de modos que chegarei aí pelos meados do mês. Trarei todos os manuscritos dos meus trabalhos feitos neste tempo que estive longe de minha terra, mais o trabalho em três quadras de que há tempos lhe falei. Se for possível, na curta permanência que farei aí, por em evidência as minhas qualidades de diretor de orquestra V. S. terá ensejo de constatar os veros progressos por mim alcançados nesse instintivo e instrutivo 1 ano da complicada arte musical".[350]

Nesse meio tempo teve emitido sucessivos passaportes consulares, sendo que, em 29 de junho, recebeu a quantia de cento e doze liras para as despesas de estrada de ferro, hotel e manutenção de um menor que ele decerto aceitara acompanhar de Milão até Gênova, de onde tomariam o navio rumo ao país de origem.[351]

Sobre sua chegada, Mário de Andrade, na *Klaxon* daquele ano, dizia: "Deve gozar férias em São Paulo o compositor Francisco Mignone, que atualmente aperfeiçoa seus estudos na Europa". Informa que ele trouxera consigo o *Contratador,* que ouvira na Sociedade de Concertos Sinfônicos em audição particular. "Me é

---

349 Carta de Francisco Mignone a Freitas Valle, Milão, 3/04/1922. (AFV)

350 Carta de Francisco Mignone a Freitas Valle, Milão, 27/05/1922. (AFV)

351 Ver imagens nos documentos iconográficos. (FFM/IEB/USP)

grato afirmar, como amigo e como artista, a boa impressão que senti". Ressalvando que seria demais exigir dotes de originalidade de um artista em início de carreira, reconhece a existência de uma chama benéfica e reveladora em diversos trechos em que notava uma acentuada predileção pela sinfonia.

> Nos diálogos de amor, nos monólogos de Felisberto Caldeira, embora imperfeitamente ouvidos pela transposição ao piano, sem partitura que me guiasse, desconfio que o jovem músico se deixou um pouco levar pela espontaneidade, pela facilidade melódica que possui e que em todos os tempos foi a glória e a infelicidade da escola italiana.

Mário se entusiasmaria, no entanto, com o quadro sinfônico do segundo ato.

> "Essas danças tão caracteristicamente brasileiras, pelo ritmo enervante, pela melodia melosa e sensual são uma tela forte, viva ao mesmo tempo que equilibrada. É extraordinário como Mignone está firme ao traçar esta página trepidante, envolvente, entusiástica e brutal. É admirável",

diz ele, para completar:

> "Quem ainda tão moço e estudante ainda pinta sinfonicamente um ambiente com a firmeza com que Francisco Mignone pintou essa parte do seu *Contratador* será, sem dúvida, quando encontrar inteiramente sua personalidade, coisa que só se completa com os anos, um músico possante e feliz".[352]

---

352 Mário de Andrade, "Crônicas: música – F. Mignone", *Klaxon*, São Paulo, outubro de 1922, p. 12-13. Há uma certa discrepância entre a possível data de chegada de Mignone

344   Marcia Camargos

No ano seguinte Mignone enviou da Europa *Cenas da roça*, vencedora do concurso promovido pela Sociedade de Concertos Sinfônicos que, em 1926, conferiria aos poemas sinfônicos *Festa dionisíaca* e *No sertão* os dois primeiros prêmios. Antes disso, ainda em 1923, quando Richard Strauss esteve no Rio de Janeiro, com a Orquestra Sinfônica de Viena, e solicitou à diretoria do Municipal carioca obras de autores brasileiros, receberia do pai de Mignone a partitura daquela ópera. Escolhida entre as demais, a *Congada* seria regida no dia 19 de março pelo maestro vienense com um fôlego que repercutira na mídia do país inteiro.

Após a breve estada em São Paulo, Mignone regressou a Roma, de onde retoma a pena para escrever a Freitas Valle.

> Apenas tiver regularizado as minhas coisas, irei à procura do Maestro Ottavino Respigli. Comunicar-lhe-ei sobre o que ficar combinado. Aproveitando a troca de ideias, que durante a travessia atlântica tive com o maestro Bellezza e seguindo, em parte, os conselhos práticos e de entendido que o empresário Walter Mocche na ocasião expôs em S. Paulo, fiz as modificações musicais na minha ópera *O contratador de diamantes* e, creia, muito ganhou com isso principalmente o primeiro ato que, agora, desenvolve-se com mais coesão e o papel do protagonista principal, Felisberto Caldeira Brandt sobressai-se, ao mesmo tempo em que adquire vulto de verdadeiro precursor de ideias de independência.

Com esta reforma, confessava ficara satisfeito, mas renovava o pedido de que Valle intercedesse no sentido de garantir sua reapresentação na próxima temporada.

---

no Brasil e este artigo. Não conseguimos descobrir como Mário de Andrade pode falar, em outubro, sobre a vinda futura do artista que, de acordo com sua carta a Freitas Valle, enviada de Milão em 27 de maio de 1922, informava que tomaria o paquete *Tomas di Savoia* com partida marcada para 2 de julho. Talvez Mignone não tenha vindo na data mencionada na carta, e sim mais tarde, próximo do final do ano de 1922.

"Sei que o sr., quando quer, tudo consegue... e é baseando-me nessa sua faculdade que novamente e bem imerecidamente o importuno. Se tanto ouso é somente em nome da nossa boa amizade e ciente do interesse que sempre torna a demonstrar por mim e pela minha arte".[353]

Não se sabe até que ponto pesaram as ingerências de Valle. O fato é que o libreto em três atos de Gerolamo Bottoni foi cantado no Municipal do Rio de Janeiro em 20 de setembro de 1924, sob a direção do maestro russo Emil Cooper. De novo no Brasil para a estreia, Mignone deu uma entrevista a Mário de Andrade para *Ariel*.[354] Na conversa, revelou que, por deferência do então diretor do Municipal paulista, os cenários usados seriam os mesmos da ópera original de 1919 que o inspirara a escrever sua própria versão.[355] Logo depois, a mesma revista registrava discurso proferido por Mário de Andrade em recepção solene oferecida pelo Conservatório ao ilustre ex-aluno.

> A execução que ora tivemos do teu *Contratador de diamantes* veio dar-te toda essa invejável grandeza. Não é possível mais que o Brasil ignore o autor desse trabalho. E com efeito ninguém mais te ignora. És a conversa do dia e uma das esperanças do amanhã. [...] E como é certo, que mais que das esposas ardentes, é das mães que nos vem o momento de calma e de consciência do nosso valor, pois que não és filho

---

353 Carta de Francisco Mignone a Freitas Valle, Roma, 18/01/1923. (AFV)

354 Raul de Moraes, (pseudônimo de Mário de Andrade) "Francisco Mignone", *Ariel*, São Paulo, agosto de 1924.

355 De autoria de Afonso Arinos, a peça original em quatro atos resgatava a história de Felisberto Caldeira Brant, personagem que atuou no Tijuco, centro do Distrito Diamantino da então Capitania das Minas Gerais, nos idos de 1752. Com música do maestro Francisco Braga, cenários de Wasth Rodrigues e direção de Ernesto Della Guardia, foi encenada no Teatro Municipal de São Paulo em 12 de maio de 1919. Contava com atores amadores da alta sociedade paulistana, e causou grande *frisson*, despertando críticas bastante favoráveis. Na ocasião, Francisco Mignone, vestido a caráter para o papel do *Maestro Plácido*, dirigiu um minueto dançado por dezesseis pares, um dos pontos altos do espetáculo.

ingrato e jamais te esqueceste do Conservatório e saberás traduzir toda esta alegria no sublime "Agiste bem!", que é de todas as frases maternas a que mais conforta e enaltece.[356]

Apesar das ressalvas que, entre seus pares modernistas, Mário de Andrade fazia ao trajeto trilhado naquela fase por Mignone, o tom do discurso incomodava o próprio orador. Tanto que, em carta a Anita Malfatti, datada de 5 de outubro daquele ano, ele comentava ter sido convidado por Paulo Prado para um dos célebres almoços de domingo, no qual ia tomar descompostura devido às frases em honra ao "passadista", e dizia: "Lá vou, bem armado, Vai sair fogo",[357] avisou Mário, para quem, de fato, as obras do compositor escritas entre 1918 a 1929 não mereciam grande crédito. Isso porque a atitude refratária de Mignone ao projeto modernista era vista como desvio de conduta de alguém dotado de ampla e sólida formação musical, mas ainda muito hesitante para se debruçar sobre o rico repertório brasileiro.[358]

Feroz inimigo do italianismo na vida musical da cidade, Mário não escondia seu descontentamento sobre o rumo de Mignone. Se em 1922, ao ouvir o *Contratador*, elogiou o quadro sinfônico das danças do segundo ato, em 1924, nas homenagens prestadas a Mignone no Conservatório, em virtude do êxito alcançado no Rio de Janeiro por esta ópera de tratamento italiano, ele manifestou sua velada desaprovação, destacando que o bolsista ali se achava a mando de ordem superior. E desapareceu da festa, evitando assistir ao descerramento do retrato do autor. Na ocasião, Mignone aparecia na capa da revista carioca *Brasil Musical*, que anunciava aquela estreia no Municipal, em uma longa matéria sobre a trajetória do pensionista do Estado na Itália.[359]

---

356 "Francisco Mignone", *Ariel*, São Paulo, agosto de 1924.

357 Mário de Andrade, *Cartas a Anita Malfatti: 1893-1945*. (org. Marta Rossetti Batista). Rio de Janeiro: Forense Universitária, 1989, p. 86.

358 Arnaldo Contier, "Chico Bororó Mignone". *In Revista do Instituto de Estudos Brasileiros*, IEB/USP, n°1, p. 17.

359 *Revista Musical*, Rio de Janeiro, 15 a 30 de outubro de 1924, n. 33/34, capa.

É importante frisar que, até enveredar pela música nacionalista, Mignone ate-ve-se a textos estrangeiros. Segundo Bruno Kiefer, cerca de 25% das composições feitas entre 1917 e 1932 tinham textos em italiano, espanhol ou francês.[360]

No outro lado do mundo, Mignone viajava pela Espanha, colhendo elementos para uma nova composição, enquanto compunha canções como *Las mujeres son las moscas, El clavellito en tus lindos cabellos* e *Porque lloras, morenita?* Comunicava então a Valle ter fechado contrato com Arturo Royato, o mesmo dos últimos libretos de Ricardo Zandoni, para uma nova ópera, com argumento extraído de um romance da escritora espanhola Concha Espina.

> Devo entregar o trabalho pronto à casa Editora Songogno pelos começos do ano vindouro. Impus à casa Editora para que a primeira representação do meu novo trabalho seja efetuada no Brasil. Para isso eu dirijo-me a V. S. pedindo-lhe que, como sempre tem feito com as minhas produções, queira tomar as deliberações para a inclusão da minha ópera no programa da estação de 1927, no Rio de Janeiro e São Paulo.

Solicitava que Valle o recomendasse a Coelho Neto, como no caso do *Contratador de diamantes*. "Estou certo e confio enormemente na vossa proteção que sempre me não faltou e que, mormente nestes últimos tempos, tem-me auxiliado e amparado em modo utilíssimo",[361] e contava ter batizado a nova ópera de *O Inocente*. Composta de um ato longo, dividido em três quadros ligados entre si por dois *intermezzi* sinfônicos, subiu à cena no Teatro Municipal do Rio de Janeiro em 5 de setembro de 1928, marcando o triunfo do jovem bolsista.

Uma das únicas vozes dissonantes no coro a enaltecer a composição do recém-chegado bolsista, tachando de "palhaçada carnavalesca" a Temporada da Empresa Teatral Ítalo-Brasileira subvencionada pela prefeitura em plena crise econômica

---

360 Bruno Kiefer, *op. cit.*, p. 36.

361 Carta de Francisco Mignone a Freitas Valle, Roma, s/d – c. 1926.

devido á queda vertiginosa do preço do principal produto paulista, Mário de Andrade afirmava: "O Estado está depauperado na sua riqueza; e enquanto prefeitos, presidentes e magnatas remoem a dulcitude tosca da *Tosca*, o bicho do café está trabucando no grão". Por isso não via sentido em financiar, com dinheiro público, uma companhia composta de artistas e autores estrangeiros que não beneficiava o país, não obstante trouxesse no repertório *O Inocente*, de Francisco Mignone – um músico que, segundo Mário, via-se em situação dolorosa porque não achava libretistas brasileiros para fornecer-lhe assuntos nacionais. Assim, ele se via constrangido a compor uma peça que, se comprovava sua cultura e possibilidades musicais, não tinha absolutamente nenhum valor, perdendo-se em tentativas inúteis.

"Porque em música italiana, Francisco Mignone será mais um, numa escola brilhante, rica, numerosa, que ele não aumenta. Aqui ele será um valor imprescindível". Mário alertava que, se na época de Carlos Gomes, *O Inocente* poderia ser considerado manifestação brasileira de arte, por não contarmos então com uma base sólida, tal não se aplicava naquele final da década de 1920, quando já possuíamos música de raiz.

> E as circunstâncias históricas do momento, em que os valores nacionais que contam em música, Villa-Lobos, Lourenço Fernandez, Luciano Gallet, Camargo Guarnieri e outros, pelejam entre achados e enganos, para oferecer ao país um tradição artística nacional, não permitem mais que *O Inocente* seja contado como representação brasileira.[362]

Não obstante, o ano de 1929, que marca o retorno definitivo de Mignone ao Brasil, traria a resolução da longa dissonância entre ele e Mário de Andrade, que impulsionaria o jovem compositor para uma posição estética comprometida com nossas raízes, após anos de tributo à música dos conterrâneos de Verdi e Rossini. "Aderi aos postulados da Semana Moderna de 1922 e, amparado da cordial amiza-

---

362 Mário de Andrade, "Campanha contra as temporadas líricas", *in* Mário de Andrade, *Música, doce música*. São Paulo, Martins, 1963, p. 202-3.

de de Mário de Andrade, embrenhei-me no cipoal da música nacionalista e, também, para não ser considerado uma reverendíssima besta."[363]

"Esse alerta vinha ao encontro de um desejo que tinha desde o início da minha carreira musical e que me valeu a entrega total à música do nosso país", revelou. "Interessei-me muito por música africana, mas aquela criada no Brasil pelos escravos".[364] Foi quando compôs *Quatro fantasias brasileiras, Maracatu do Chicorei, Festa das igrejas* e *Sinfonia do trabalho*. Essa guinada de Mignone suscitaria uma série de comentários assinados por Mário de Andrade, que viria selar uma forte amizade entre ambos. Datada de fevereiro de 1931, uma delas, sobre o segundo concerto da Sociedade Sinfônica de São Paulo, "interessantíssimo", com teatro lotado e "aplausos formidáveis", analisava *Concerto fantasia*, para piano e orquestra.

> Eu, faz muito que venho sendo discretíssimo a respeito de Francisco Mignone. Embora sempre respeitoso desse compositor, pela cultura que reconheço nele e pela sinceridade com que o imagino, suas obras, quando não me desagradavam francamente, me deixavam muito frio. Confesso mesmo que, com sincero desgosto, percebia um decréscimo constante de valor nas obras de quem se prenunciara tão bem na página deliciosa da *Congada*.

E Mário de Andrade especulava: "Dentre os compositores vivos brasileiros, Francisco Mignone é talvez o de problema mais complexo pelas causas raciais e pela unilateralidade de cultura que muito o despaisam e o descaminham". Na sua visão, Mignone ainda estava atraído demais pela chamada música universal.

---

363 Francisco Mignone, "Do nacionalismo à música pela música", *Jornal do Brasil*, Rio de Janeiro, 6/04/1968, p. 4.

364 "Hoje a música erudita vive da arte experimental e creio que esta não é a sua finalidade", *O Estado de S. Paulo*, São Paulo, 12/06/1986, p. 8.

> É, pois, com tanto maior prazer que tive da *Fantasia* a
> milhor das impressões. É uma peça positivamente muito
> feliz, porventura o que de milhor se encontra na bagagem
> sinfônica de Francisco Mignone. Levado pelo malabarísti-
> co, natural no gênero Concerto, o compositor enriqueceu
> sua peça de efeitos curiosos, alguns deliciosíssimos, como
> por exemplo aquele em que, após um preparo fortemente
> rítmico do tutti, se inicia um movimento vertiginoso de
> maxixe, com abacadabrante distribuição da linha melódi-
> ca por todos os registros do piano.

Para finalizar, pontuava: "Me parece que nessa orientação conceptiva, em que a nacionalidade não se desvirtua pela preocupação do universal, é que está o lado por onde Francisco Mignone poderá nos dar obras valiosas e fecundar a sua perso-nalidade". E, referindo-se a outro fruto do Pensionato, conclui. "E não esqueço de João de Souza Lima, que esteve fulgurante de ritmos e de cores".[365]

Para o *Diário de S. Paulo*, entre 1924 e 1935, escreveu várias críticas sobre o traba-lho que Mignone passou a desenvolver. Agora Mário de Andrade deparava-se com um compositor imbuído de brasilidade, que recuperara ritmos do samba, aos quais unia influxos de De Falla e Stravinsky para compor obras como *Fantasia brasileira*, segundo ele uma das mais significativas da produção nacional. Quanto à *Terceira fan-tasia*, construída à maneira rapsódica, Mignone teria sofrido a influência benéfica do Rio de Janeiro, fazendo uma curiosa comunhão deste com São Paulo.

> "Se diria uma espécie de confraternização, muito propícia
> no momento, entre a alma paulista e a alma carioca. Ao lado
> de frases, linhas, temas de samba e feitiçaria, violentos e ar-
> dentes, umas queixas de toada caipira e mesmo leves gru-

---

365 Mário de Andrade, "Sociedade Sinfônica de São Paulo", *in* Mário de Andrade, *Música, doce música*. São Paulo, Martins, 1963, p. 239-40.

pos de terças, à maneira das nossas modas, adoçam o sol excessivo e a excessiva carnavalidade negra dos cariocas".

E conclui que ele conseguiu ali não apenas um poder sugestivo extraordinário, mas uma das páginas mais bem sucedidas da música sinfônica nacional.[366] A partir daí, as observações de Mário de Andrade atestam que Mignone acertou o passo com a música popular brasileira, apropriando-se do repertório afro-brasileiro como no bailado *Chico-Rei*, composto em 1934. Ele ressalta que, se Mignone se expôs às influências italianas, estas tornavam-se visíveis mais pela dramaticidade e pendor pelo teatro. "Se existem de fato elementos italianizantes na obra passada de Francisco Mignone, a verdade mais verdadeira é que esses elementos estão de mistura com outros facilmente reconhecíveis como espanhóis e franceses principalmente, e ainda russos", comum intenso diálogo com Ravel. Para Mário, o *Maracatu de Chico-Rei* representava uma das obras mais definitivas de Mignone.[367]

No concerto de Natal na Cultura Artística, o crítico elogiou o equilíbrio sonoro e a compreensão harmônica do piano de Mignone, ao acompanhar o também ex-bolsista, o violinista Leônidas Autuori. Aludindo a *Canção brasileira*, ele diz: "É uma peça encantadora em que, aproveitando os torneios melódicos e os baixos de violão da modinha carioca, Francisco Mignone conseguiu criar uma linha admirável e um ambiente perfeito como caráter".[368]

No ano seguinte, a tônica não mudou. A respeito de *Momus*, apresentado junto com *Malazarte*, de Camargo Guarnieri, em concerto alegre, preparatório para o carnaval, Mário de Andrade dizia que a peça de Mignone pertencia à fase de maestria do compositor.

---

366 Mário de Andrade, "Cultura artística", *Diário de S. Paulo*, São Paulo, 11/05/1934. *In* Mário de Andrade, *Música e jornalismo: Diário de S. Paulo*. (org. Paulo Castagna). São Paulo: Edusp/Hucitec, 1993, p. 181-3.

367 Mário de Andrade, "Maracatu de Chico Rei", *Diário de S. Paulo*, São Paulo, 14/11/1934, *in* Mário de Andrade, *Música e jornalismo, op. cit.*, p. 258-60.

368 Mário de Andrade, "Cultura Artística – concerto de natal", *Diário de S. Paulo*, São Paulo, 23/12/1934.

> É uma perfeição rara de fatura. A orquestra, um bocado resppighiana sem decalque, é dum equilíbrio, duma riqueza de efeitos, duma qualidade de som excelentes. Também o tratamento temático é de primeira ordem, apresentando mesmo invenções bem felizes como a conversão em ritmo de valsa dum dos temas principais. Ficou dum cômico muito fino, principalmente pelos comentários sinfônicos que acompanham a evolução temática.

Registrou, ressalvando, contudo, que a escolha dos temas lhe pareceram de uma mediocridade imensa. "Não há uma linha que consiga prender mais, que impressione duradouramente. De forma que a altíssima qualidade técnica do artista, os seus dons naturais excelentemente desenvolvidos estão, neste poema sinfônico, a serviço de muito pouca coisa".[369]

Quanto a Freitas Valle, Francisco Mignone pagou seu tributo musicando seis poemas de Jacques D'Avray: *La ballade frivole (1919)*,[370] *La signora del fuoco (1919)*[371] e *L'Étincelle,* cuja partitura fora encaminhada à Nova York e nunca mais devolvida, restando dela apenas alguns trechos.[372] Comprovando a amizade duradoura, ele musicou também *A Boneca de Cristal (1941)*,[373] e *Dorme Bonequinha (1942)*,[374] em uma fase em que já não estava mais sob a órbita do mecenas cujos trabalhos poéticos, conforme diria anos mais tarde, em entrevista de 1968, não eram bons

---

369 Mário de Andrade, "Cultura artística", *Diário de S. Paulo*, São Paulo, 14/11/1934, *in* Mário de Andrade, *Música e jornalismo, op. cit.*, p. 281.

370 Para canto e piano. Ver Vasco Mariz, *Francisco Mignone: O homem e a obra*. Rio de Janeiro: Funarte/UERJ, 1997, p. 167.

371 Para canto e piano, mas há um arranjo para tenor solista e orquestra. *Ibidem.*, p. 202.

372 Depoimento a Marcia Camargos, Rio de Janeiro, 21/07/1980.

373 Para soprano e piano. Vasco Mariz, *op. cit.*, p. 196.

374 Para soprano e piano, escrita em Illinois, Evaston, Estados Unidos. *Ibidem.*, p. 167.

de musicar.[375] A música do sexto poema, *Quem Canta...*, também em português, foi composta em 1924, para barítono e piano, mas permanece desconhecida do público.[376] Francisco Mignone dedicou a Valle *Paráfrase sobre o Hino dos Cavalheiros da Villa Kyrial (1919)*,[377] um arranjo para piano da *Congada*,[378] extraída da ópera *O Contratador de Diamantes* (1921), e uma peça para piano, *Noturno improviso*. De 1923, esse último, regido pelo próprio autor, estreou em 19 de outubro de 1924, no Teatro Municipal de São Paulo, pela Sociedade de concertos sinfônicos, em homenagem a Freitas Valle, seu vice-presidente.

Projetando-se nacionalmente, Mignone participou do Primeiro Congresso Brasileiro de Língua Nacional Cantada e no centenário de Antônio Carlos Gomes, em 1936, foi escolhido pelo Governo Federal para reger as melhores obras sinfônicas do autor de *O guarani*. Sua atuação motivou a indicação para reger um concerto de músicas sinfônicas brasileiras na Orquestra Filarmônica de Berlim. Ali, o êxito o fez merecedor de um convite do governo italiano para conduzir, em Roma, a orquestra do Augusteo.

Em relação a Mário de Andrade, Mignone revelou certa vez ter guardado sessenta cartas a serem publicadas postumamente. Elas cabaram queimadas por ele próprio, ao que tudo indica, para não prejudicar a memória do amigo, já que algumas delas faziam referência à homossexualidade do pensador e crítico.

Porém, em um longo artigo para o jornal *O Estado de S. Paulo*, Mário de Andrade realizaria, em 1939, uma espécie de balanço da carreira do compositor que, a seu ver, tinha a importância dos grandes. "Francisco Mignone é hoje uma das figuras mais importantes da música americana, não só pelo valor independente das suas obras principais, como pelo que ele revela, no ponto em que está, do

---

375 Depoimento de Francisco Mignone a Ricardo Cravo Albim e outros, Rio de Janeiro: Acervo de Música Erudita Brasileira do Museu da Imagem e do Som, 15/10/1968. *Apud* Saulo Alves, *op. cit.*, p. 27.

376 A partitura original encontra-se no Acervo Freitas Valle.

377 Para 3 flautas, 2 oboés, 2 clarinetas, 2 fagotes, 4 trompas, 3 trompetes, 3 trombones, tuba, percussão, celesta, harpa e cordas. Vasco Mariz, *op. cit.*, p. 167.

378 Para esta obra Francisco Mignone dedicou ainda outro arranjo para coro à capela em 1933. *Ibidem.*, p. 204.

354   Marcia Camargos

drama da nossa cultura. "Isso porque, segundo Mário, Mignone vira-se obrigado a lutar contra as próprias forças para atingir a grande arte:

> A sua musicalidade abundante, a facilidade quase prodigiosa, o brilho, a vivacidade intelectual, o poder de apropriação, e, mais psicologicamente, o amor do aplauso, a serenata italiana que lhe ressoava nas cordas das veias, o gosto de viver, a sensualidade, tudo eram forças tendenciosas que o podiam tornar o nosso Leocavallo, ou, na melhor das hipóteses, o Saint-Saens entre as palmeiras.

Ele avalia que a obra do compositor, a exemplo dos seus pares brasileiros como Villa-Lobos, era bastante irregular devido, basicamente, à inconstância americana e ao policiamento das suas tendências pessoais. Estudioso, dono de profunda cultura musical, Mignone, na opinião de Mário, fora levado, por seu fabuloso conhecimento técnico, a uma espécie de ceticismo musical.

"É certo que de vez em quando ainda produz algumas pecinhas pianísticas como as adoráveis *Valsas de esquina*, deste ano ou alguma canção." Elogiando sua vocalidade rara, que não exigia esforços nem fadigava os intérpretes, ele pontuava. "Assim, quando digo que o artista passa por um período de infecundidade musical e tem deixado de compor, refiro-me especialmente às grandes arquiteturas sonoras, onde a sua personalidade se expande mais livremente". É que, depois de *Terceira fantasia*, *Babolorixá*, e *Maracatú de Chico-Rei*, marcos monumentais, ele parou de compor obras sinfônicas. Havendo bem explorado o "filão negro", Mignone parou justo a tempo de não se repetir. Mas quanto ao futuro do artista, Mário de Andrade dizia-se sossegado. "Com a sua musicalidade e os seus conhecimentos técnicos, Francisco Mignone está naquele estágio de recompensa dos que não podem mais criar o ruim."[379]

---

379 Mário de Andrade, *O Estado de S. Paulo*, São Paulo, 22/10/1939, *in* Mário de Andrade, *Música, doce música, op. cit.*, p. 309-13.

Radicado no Rio de Janeiro, Mignone trabalhou na Rádio Cruzeiro do Sul, na Rádio Jornal do Brasil e na Rádio Globo. O posto de primeiro titular da Orquestra Sinfônica Nacional da Rádio MEC, criada no início dos anos 1960, figura também em seu currículo. Efetivado como professor catedrático de regência na Escola Nacional de Música da Universidade Federal do Rio de Janeiro em 1939, permaneceria nas atividades pedagógicas até 1967. Viajou por diversos países e por todo o Brasil, realizando recitais de piano, atuando em concertos de câmara e regendo orquestras, com obras suas e de terceiros, sucedendo Assis Republicano na cadeira 33 da Academia Brasileira de Música.

Portanto, apesar de sempre vislumbrar a carreira de erudito, Mignone na adolescência conciliou os estudos no Conservatório com incursões pela música popular, tocando em cinemas mudos e pequenas orquestras, e compondo sob pseudônimo. Servindo-se duplamente das manifestações culturais de São Paulo, absorvia a melodia dos chorões e seresteiros, enquanto cultivava a música erudita em família, na Villa Kyrial e no Conservatório. Ele fez concessões em troca do pensionato, mas a partir de 1929, motivado por de Mário de Andrade, abraçou o nacionalismo e, por extensão, reavivou a memória de Chico Bororó, resultante do contato anterior com as expressões musicais que assumiam características nitidamente brasileiras. Assim, apesar das influências externas, reforçadas pelos estudos na Itália, as origens de Chico Bororó falaram mais alto diante das críticas contundentes de Mário de Andrade. Foi quando deu uma guinada na trajetória estética, optando pelo caminho já trilhado por Nepomuceno, Nazareth e Villa-Lobos. Entre a volta da Europa e a ida para o Rio de Janeiro, Mignone produziu a maior parte do trabalho como Chico Bororó nas muitas partituras impressas em cerca de 27 discos 78 rpm. A quase totalidade deles prensada na filial paulista da Parlophon, fundada entre março e abril de 1929, e que teve Mignone como diretor artístico, para a qual criou a Orquestra Paulistana.[380] Da Itália, porém, manteve o domínio das for-

---

380 Na Europa, Mignone teve várias obras editadas pela Ricordi milanesa, com cujos diretores deveria ter uma boa relação. Tanto que, em São Paulo, fez contato com Giacompol, diretor da filial brasileira, e foi chamado para dirigir a Parlophon por volta de 1930, quando saíram as primeiras gravações da Orquestra Paulistana pela gravadora. Depoimento de Flavio Silva a Marcia Camargos via e-mail, 27/09/2008.

mas dramáticas e a técnica de uma orquestração vistosa e sensual, que fariam de *Maracatu do Chico Rei* e *Festas das Igrejas*, páginas antológicas. O próprio maestro dizia que deixava a música fluir de seu pensamento sem censuras ou rebuscamentos. "Agrado a mim mesmo, e é quanto basta. Aceito e emprego todos os processos de composição conhecidos. Transformo-os à minha maneira".[381]

Para Luiz Paulo Horta, Mignone retomou o caráter espontâneo e direto, transparente, sincero e despretensioso, típicos de quem vivencia o processo da criação popular. Volumosa e multiforme, a obra de Mignone seria enriquecida pela difícil experiência do nacionalismo exacerbado, ao descobrir o tema da negritude que explorou com verdadeira obsessão rítmica em *Quincas berro d'Água*. Um filão que pelo colorido excessivo, tanto podia ser fecundo quanto perigoso. Aos quadros sinfônicos *Festa nas Igrejas* sobreveio uma séria crise que resultaria, entre outros, no livro de autocrítica, *A parte do anjo*.[382] "Sentiu-se, depois disso, capaz de escrever em todos os estilos, com uma faculdade que continuou a não ter competidores".[383]

De fato, na hora de compor, utilizava um método muito pessoal. "Primeiro aponta os seus temas em pedacinhos de papel que leva quase sempre nos bolsos. Às vezes, por falta de papel escreve num embrulho, na capa de um livro ou de uma música", contou Liddy Chiafarelli, sua primeira esposa.

> "Depois esboça a primeira tentativa a lápis, tão sintética que o próprio compositor, se deixar passar alguns dias, dificilmente consegue decifrar. Esses apontamentos constam de abreviações e sinais: verdadeira taquigrafia inventada na hora pelo autor. Antes de traçar o original definitivo, Mignone refaz sua obra três ou quatro vezes. Uma vez decidido o que é que vai ser a obra, então procede com

---

381 Francisco Mignone, "Do nacionalismo à música pela música", *Jornal do Brasil*, Rio de Janeiro, 6/04/1968.

382 Francisco Mignone, *A parte do anjo: autocrítica de um cinquentenário*. Rio de Janeiro: Mangione, 1947.

383 Luiz Paulo Horta, "Um contraponto com Mário de Andrade", *Jornal do Brasil*, Rio de Janeiro, 2/02/1985.

Entre a vanguarda e a tradição   357

rapidez ao acabamento e complementação da mesma. Digna de nota é a capacidade de trabalho de Mignone, pois consegue prolongar por doze ou mais horas a sua atenção contínua". [384]

Nas décadas de 1970 e 1980, Mignone, já septuagenário, compôs *Chalaça*, datada de 1973. Vencedora do concurso para obra teatral de um ato, superou todas as expectativas, demonstrando a extraordinária vitalidade do compositor. Seguiu-se *Concerto para violão* de 1975, interpretado, dali a dois anos, por Antônio Barbosa Lima, acompanhado pela Orquestra de Louisville, em Washington, com boa acolhida entre os norte-americanos. Escreveu a ópera lírica *O sargento de milícias* um ano após compor a *Nazarethiana para grande orquestra*, com temas inspirados em Ernesto Nazaré – o pioneiro na música nacionalista. "Depois de passar quatro anos estudando a sua obra, cheguei à conclusão de que ele pode não ter sido um grande musicista, mas era um músico nato, nele prevalecendo, sobretudo, invenções temáticas de primeira grandeza e bom gosto".[385]

Interessante registrar que Mignone escreveu várias canções com base em poemas de autores consagrados, incluindo *No meio do caminho*, de Carlos Drummond de Andrade, e *A estrela, Anjo da Guarda, Berimbau, Solar do Desamado, Pousa a mão na minha testa*, em parceria com Manuel Bandeira. Com Mário de Andrade, amigo desde a adolescência quando, além do Conservatório, compartilhou os bancos do Ginásio do Estado, criou obras de cunho social a exemplo de *O café* e *Sinfonia do trabalho*, além de musicar, depois da morte do escritor, seus poemas *Rudá, Rudá* e *Cantiga do ai*. Musicou também a coleção *Poema das cinco canções*, de Mário Quintana, e o *Pequeno oratório de Santa Clara*, de Cecília Meireles. A pintura de Cândido Portinari exerceu grande fascínio sobre ele, em cujo quadro *O espantalho* inspirou-se. Mignone incursionou também pelo cinema, escrevendo músicas para os filmes *Sinhá*, dirigido por Tom Payne, *Caiçara*, de Alberto Cavalcanti, e *Sob o céu da Bahia*, de Remani.

---

384 *In* Vasco Mariz, *op. cit.*, p. 192.

385 "Entrevista", *O Globo*, Rio de Janeiro, 3/09/1977, p. 31.

Em 1981, Mignone apresentou, na IV Bienal de Música Brasileira, o bailado *O caçador de Esmeraldas*, com roteiro de Guilherme Figueiredo sobre um poema de Olavo Bilac e aos 83 anos, casou-se com Maria Josephina, com quem já formava um duo bem sucedido. Durante todo esse período, Mignone esteve atento ao panorama musical brasileiro: "Todo compositor deve acompanhar a produção contemporânea. Não podemos ignorar os anseios dos jovens, e sim, partir do princípio de que é necessário mudar tudo e fazer o que ninguém ouviu até hoje",[386] disse o mestre, que faleceria em 19 de fevereiro 1986, aos 89 anos de idade, no Rio de Janeiro.

Francisco Migone, atrás, ao centro, segue para a Itália como bolsista em 1919. (Arquivo Freitas Valle)

---

[386] Sonia Biondo, "Maestro Francisco Mignone: 80 anos de vida, 70 de música", *O Globo*, Rio de Janeiro, 3/09/1977, p. 31.

Entre a vanguarda e a tradição 359

Passaporte de Mignone emitido pelo Consulado Brasileiro em Milão em 1922. (IEB/USP)

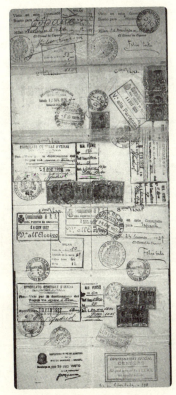

Carimbos no passaporte de Mignone. (IEB/USP)

Francisco Mignone na revista Brasil Musical em 1924. (IEB/USP)

Artigo no miolo da revista Brasil Musical. (IEB/USP)

Capa do programa de apresentaçção de Mignone no Teatro Municipal de São Paulo em 1924. (IEB/USP)

Miolo do programa. (IEB/USP)

João de Souza Lima, pianista

Nascido na velha Rua Tabatinguera, em 21 de março de 1898, neto da mistura do sangue português do avô industrial e da avó alemã, ambos imigrantes, João de Souza Lima era o sexto de uma família de sete filhos.[387] Crescido num ambiente musical, desde pequeno passava horas observado o irmão mais velho, José Augusto, estudar piano, até adormecer na cadeirinha. Com ele começou a dedilhar os acordes precoces aos quatro anos e meio, incentivado também por um vizinho de nome Luiz Ferreira. Com a perda do pai, mudaram de endereço e José Augusto, pianista e professor, teve que tomar as rédeas financeiras da família e por isso passou a lecionar em tempo integral. Mas continuou a supervisionar o irmão menor, que acabaria levando ao italiano Chiaffarelli, o melhor mestre da cidade, vindo da Itália especialmente "importado" para dar aulas às filhas dos fazendeiros paulistas abastados, e o grande difusor da música francesa, em especial de Debussy. Satisfeito com o que ouviu, aceitou o menino apesar da agenda repleta. Como se não bastasse, nada cobrava pelas aulas em casa onde Souza Lima era o único garoto em meio a várias moças. Para habituar-se a tocar com mais gente, praticava com Gilda de Carvalho e com Antonieta Rudge, participando, cada vez mais, do circuito musical da cidade.

Suas aulas de composição haviam começado com Cantú aos 12 anos e nessa época compôs valsinhas, gavotas e mazurcas, todas descartadas. Precoce, aos 16 anos já tinha uma orquestra sob sua direção e fazia os arranjos para cada instrumento. Foi quando escreveu a primeira peça que considerou realmente valiosa, "Canção Infantil", berceuse por ele gravada, aos 80 anos de idade, no seu LP de 1978.

Presença constante no Conservatório Dramático e Musical, no Clube Germânia e no Trianon, sempre com notícias positivas na imprensa, causou sensação no Palace Theatre de Atibaia, em 7 de dezembro de 1913. Também animava bailes no interior e, graças a Carlos Pagliuchi, tocou nos cinemas Pathé Palace, Marconi, Central, além do Teatro Esperia, futuro Bela Vista. Até no salão de refeições do Grande Hotel de La Plage, no Guarujá, ele se apresentou em conjuntos durante as temporadas de férias.

---

387 Sobre as origens da família, ver "Minha gente", *in* João de Souza Lima, *op. cit.*, p. 15-22.

Entre a vanguarda e a tradição 363

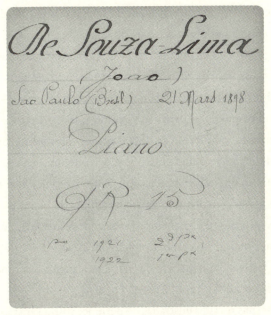

Capa do prontuário de Souza Lima no Conservatório Dramático e Musical de São Paulo. (Acervo do CDMSP)

"No decorrer do meu estudo", escreveu em seu livro de memórias, "o professor Cantú aconselhou-me, para maior conhecimento de orquestração, a estudar um instrumento de orquestra. Escolhi o violoncelo, que trabalhei sob a direção do grande artista, o professor Renato Saverio Simoncelli, de uma sensibilidade extraordinária".[388]

Procurou, contudo, manter um elo com a música popular, compondo sob o pseudônimo de Xon-Xon maxixes, valsas e tangos brasileiros – na verdade, um ritmo menos movimentado, mais próximo do samba do que do tango argentino propriamente dito. Um desses, que ele batizou de *Amor avacalhado,* alcançou grande sucesso. Tanto que, segundo consta, teria sido aproveitado, na íntegra, por Darius

---

388 *Idem,* p. 36-7.

Milhaud, o secretário da Embaixada Francesa amigo dos modernistas e autor de *Le boeuf sur le toit*, inspirado nas canções populares brasileiras. Com outro batizado *Então, té logo*, venceu o concurso da revista *A Cigarra*. Sua valsa *Charmante*, romântica e de sabor francês, ficou em segundo lugar, logo após a de Francisco Mignone, também vice-colocado no gênero tango com *Enterpe*.

Ao anunciar o resultado, o periódico avisava que já recebia pedidos para as referidas composições, a um preço de 8$000 pelos quatro exemplares por correio registrado.[389] Solidificou-se então entre ele e Migone uma amizade cuja origem remontava à infância, quando viviam na Rua Santo Antônio, de frente um para o outro. "Naquele tempo éramos estudantes ferrenhos de piano e nossos estudos eram ouvidos reciprocamente, o que ocasionava uma espécie de competição para ver quem estudava mais".[390] No ano seguinte, em 18 de junho de 1916, tomaria parte do grande festival em benefício das famílias armênias, conforme registrava *A Cigarra* daquela data.

Com seu nome nas revistas ilustradas do período, Souza Lima tornou-se requisitado para audições em saraus domésticos. Em maio de 1917, já chamado de "professor", apresentava-se na segunda parte do programa, acompanhando Zacharias Autuori, em festa ao poeta Emílio de Menezes, no salão do Conservatório. Organizada pelo *Pirralho, A Vida Moderna* e *A Cigarra*, revista publicou artigo ilustrado com foto do grupo do qual ele aparecia acompanhado de Emília Klabin, Armando Mondego e o homenageado.[391]

Levado pelo amigo Mário Amaral, conheceu os pais de Tarsila na fazenda em Mombuca, Estado de São Paulo. Ali sua futura esposa Maria, filha do irmão da pintora, era uma criança cuja cabecinha ele afagava carinhosamente.[392] Por intermédio de Waldemar Otero, entrou na Villa Kyrial, sendo aceito de imediato entre os músicos que às terças-feiras jantavam na residência de Freitas Valle. O núcleo era

---

389 "Concurso musical", *A Cigarra*, São Paulo, 20/01/1915.

390 João de Souza Lima, *op. cit.*, p. 41.

391 *A Cigarra*, São Paulo, 19/05/1917.

392 Tempos depois, em turnê pelo Brasil no ano de 1927, ele a reencontraria já moça. Casaram em seis meses, antes dele voltar à Europa, vivendo 54 anos de uma sólida união.

formado por ele e João Gomes Júnior ao piano, Carlos Pagliuchi na flauta, Osório César no violino, Carlos de Campos no contrabaixo e o senhor Palmieri, graduado funcionário bancário, na clarineta. Contava também com os cantores Ernesto De Marco e Santino Giannattasio. Autodenominado "Pessoal da Lira", entretinha ilustres visitantes e personalidades políticas nos almoços de domingo e em ocasiões especiais, como na noite de 10 de dezembro de 1915, quando Souza Lima interpretou a versão de Cantú sobre os *Cavalheiros da Kyrial*. É que Freitas Valle criara um hino da sua lavra, para o qual os amigos escreviam diferentes paráfrases. "Assim, depois de pouco tempo, apareceram trabalhos do professor Cantú, de Mignone, de João Gomes Jr., todos para piano", registrou Souza Lima, ressalvando que apenas o dele era para piano a quatro mãos.

"Muitas composições de valor surgiram naquela Vila da Arte, principalmente em obras para canto e piano, que eram escritas sobre versos, em francês, de Jacques D'Avray, pseudônimo de Freitas Valle (professor e profundo conhecedor da língua)".[393] Os célebres *Tragipoemas* do poeta foram igualmente musicados pelos frequentadores da Kyrial, cabendo a Souza Lima *Amour avide* e o rondel *La belle aux fleurs*. As canções, intrepretadas pelo tenor Santino Giannattasio em uma recepção na Villa Kyrial, teriam papel fundamental na sua ida à Europa. "Foram acompanhadas por mim e Leroux aplaudiu-as com entusiasmo, tendo admirado suas harmonizações, que achou de muito bom gosto, cada qual com a sua concepção própria, denotando a verdadeira veia de criação de seu autor". Ao término, Leroux, o homenageado da noite, disse a Valle que o jovem precisava estudar no Conservatório de Paris na sua classe de composição, daí resultando a atribuição da bolsa na França.

Após intenso debate em família, no qual prevaleceu a opinião de José Augusto, seu irmão mais velho, Souza Lima preparou-se para a partida. Antes, tomou parte de um recital num auditório do último andar do prédio do *Jornal do Comércio*, no Rio de Janeiro. Em São Paulo, no salão do Conservatório Dramático e Musical, em 14 de agosto de 1919, uma quinta-feira, apresentava seu concerto de despedida com "o gentil concurso de Mme. Lyddy Chiaffarelli, Cantú e dos professores Luiz Figueras, Zaccharias Autuori e José Augusto de Souza Lima". No programa,

---

393 *Idem*, p. 47.

mesclavam-se ex-bolsistas e frequentadores da Villa Kyrial. Souza Lima e o barítono Ernesto De Marco de um lado, Carlos Pagiuclhi e Santino Giannattasio de outro, interpretam um canto de primavera de Cantú, também amigo de Freitas Valle, além do poema *Renúncia*, de autoria do anfitrião, musicado pelo ex-bolsista Romeu Pereira. Com Giannattasio, aliás, Souza Lima participaria de audições tanto no Conservatório, quanto na Associação Atlética Americana, por anos a fio.

Embarcado em Santos para uma travessia de vinte dias no *Gelria*, conheceu as também pensionistas Pureza Marcondes e Lúcia Branco, por intermédio do pintor Alípio Dutra, que iria a Bruxelas com a família tomar posse de um posto no Escritório Comercial de São Paulo. Para comemorar o dia de Nossa Senhora Aparecida, em 12 de outubro, ao lado delas executou em concerto a *Fantasia Triunfal sobre o Hino Nacional Brasileiro*, de Louis Gottschalk.[394] Sobre sua interpretação, um correspondente descreveu-o como "talento de primeira grandeza, a par de uma facilidade técnica invejável, tem um estudo sério e completo de piano, não desconhecido os mais íntimos segredos do instrumento a que se dedicou". Salienta a nota que o jovem e "já perito artista", manifestava-se ainda como compositor.

> "Seus trabalhos são perfeitos e bem arquitetados. Nas peças de canto, intima é a união da letra com a música, realizando, perfeitamente, a tendência moderna nesse gênero de composição, isto é, completando o texto, já pelo colorido, já pelo modo de frasear, já pelos muitos recursos de que dispõe o seu belíssimo talento".[395]

Instalado num modesto hotel na Rue de Trévise, na iminência de se mudar para a Bélgica, a exemplo de Lúcia Branco, devido à impossibilidade de descobrir

---

394 Mais tarde Souza Lima faria uma versão para três pianos do mesmo Hino Nacional Brasileiro, que executou, em primeira audição, com Guiomar Novaes e Antonieta Rudge, para comemorar 100 anos de Chiaffarelli.

395 "Impressões de um concerto a bordo do Gelria", *Correio Paulistano*, São Paulo, março de 1920.

uma moradia onde pudesse tocar à vontade, foi levado por Alípio Dutra, em curta viagem a Paris, para conhecer o professor Isidore Philipp. Graças a ele, encontrou na casa de Madame Laurens, uma antiga aluna, na Rue du Delta, 12, a tranquilidade e a compreensão necessárias para desenvolver seu trabalho. No ambiente só de mulheres, ganhou quarto com lareira e lampião a querosene, já que a eletricidade era racionada em consequência da guerra recém-terminada. Com a providencial ajuda da dona da casa, alugou um piano na Casa Erard, ajeitado de tal forma que a luz incidisse sobre a partitura de modo correto.

Na assídua correspondência com Freitas Valle, assinava Yan de Botucatu, apelido ganho por ter-se hospedado faustamente no palácio episcopal daquela cidade, acompanhando o senador-mecenas em convenção política, e nunca deixava de mandar lembranças ao "pessoal da Lyra". Na carta número um, relatou a via *crucis* para arranjar pensão apropriada, até obter a ajuda do professor de piano. "Ainda assim está caríssima, tanto é que estou pagando 540 francos só para o quarto e pensão, tendo promessa de redução nesse preço quando terminar o inverno. Estou muito satisfeito porque sou tido em consideração pela família a qual não me deixa faltar nada".

Conta que também frequentava as aulas de composição de Eugène Cools, professor do Conservatório em substituição a Gedalge e que, por recomendação de Philipp, cobraria apenas 50 francos por quatro lições.

> "Estou estudando bastante e, principalmente, com muito método, para não me ser prejudicial à saúde. O inverno já está bem forte e já tive ocasião de ver a cidade coberta de neve, coisa inédita para mim, o que achei uma coisa belíssima. Até hoje assisti somente dois concertos de orquestra e uma representação de *Marouf*, dirigida pelo autor e mais uma vez admirei-me com tanta beleza". Falando das saudades das "esplêndidas reuniões" e, em especial, das quartas-feiras tão divertidas, ficava no aguardo de algum trabalho de Jacques D'Avray para musicar, pois queria "patentear" que estava aproveitando o tempo.[396]

---

396 Carta de Souza Lima a Freitas Valle, Paris, 2/03/1920. (AFV)

Dirigindo-se a Freitas Valle como "Querido Jefe y señor", em alusão à língua falada nos saraus da Ordem Cavalheiresca da Villa Kyrial, ele escreveria de Pentrez, à beira-mar, preparando-se para o inverno próximo, a fim de agradecer os esforços de Valle no sentido de o eximir do serviço militar.

> "Passei um grande susto até o dia que soube não haver perigo de ter de voltar, mas sempre tive infinita confiança e mesmo achava impossível que a sua intervenção não fizesse alguma coisa. Como já tenho lhe escrito várias vezes: é uma tranquilidade saber que aí temos o bom e dedicado amigo que não nos deixa faltar nada". Encerrava o primeiro ciclo com ótimo aproveitamento. "Os meus professores estão muito satisfeitos e isso provará uma carta que Philipp escreveu ao meu mano, ao qual pedi que lhe mostrasse e que não sei se ele o fez".

O empenho no trabalho, porém, não o deixaria alheio à agitação cultural parisiense. Com a família Laurens assistia aos concertos e espetáculos teatrais. Ao lado dos amigos brasileiros que ali aportavam, ia a museus, livrarias, aos célebres salões de arte e ateliês de pintores e escultores.

> Em Paris o movimento artístico cada vez mais me maravilha. Tivemos ultimamente concertos esplêndidos de Busoni, Risler e da orquestra sinfônica de New York, que é admirável. Busoni é um pianista fantástico! De uma técnica insuperável e de uma perfeição extraordinária. Há pessoas que acham que possui mais técnica do que Liszt. Calcule! Ouvi também nestes últimos tempos na grande ópera *La legende de St. Chistoph* de Vicent D'Indy, que é um trabalho belíssimo, o qual me convenceu mais uma vez que estes compositores franceses são terríveis.

Fala ainda da alegria pelo sucesso do "nosso Pagliuchi" com a *Collona de Perle*:

> Li algumas notícias e sou conhecedor de vários trechos da partitura as quais não desmentem o alto valor artístico de seu autor. Recebi notícias da execução da ópera de João Gomes Jr. que senti muito não ter sido levada quando estava aí. Mais contente fico quando me lembro que esses dois artistas são estimulados pela Villa Kyrial e que todo nosso movimento artístico tudo deve ao senhor. Tenho sempre muitas recordações das adoráveis reuniões da Villa Kyrial. Tem havido sempre grande movimento?[397]

Ainda da aldeia bretã onde veraneava três meses com a família Laurens, revelava-se surpreso ao saber, pelo irmão, que as duas últimas cartas remetidas haviam-se extraviado.

> Tenho escrito com toda regularidade e a todos meus amigos que não deixaram de receber. Peço-lhe, portanto, não levar isso a mal, pois não tenho motivo algum que me obrigue assim proceder, muito pelo contrário, nunca deixarei de me lembrar do quanto lhe sou devedor e nunca deixarei de reconhecer que o sr. me tem sido de uma dedicação de pai que sempre ficarei muito agradecido.

Diz, então, da grande importância em que são tidos os estudantes do Conservatório em Paris, então localizado na Rue de Madrid, 14.

"Resolvi, pois, dar os passos necessários para obter uma licença especial (por não ter mais a idade exigida, 18 anos) de poder concorrer e cursar (em caso de êxito no concurso) o Conservatório". Logo ele descobriria que, devido à perda de

---

397 Carta de Souza Lima a Freitas Valle, Pentrez, 18/07/1920. (AFV)

muitos moços durante a guerra, o limite de idade para o ingresso fora dilatado. De fato, nas *Tableaux de classes* da instituição, entre os anos de 1915 e 1918 vê-se o carimbo roxo *"congé-guerre"*, ao lado do nome de centenas de alunos, sendo que a maioria deles não retomaria os cursos.[398] Além de ser favorecido por essa contingência especial, Souza Lima conseguiu uma petição feita em requerimento, que enviou ao Ministro de Beaux-Arts e a qual juntara uma carta de recomendação de Gastão da Cunha, embaixador em Paris.

"Estou como o sr. verá procurando tirar os maiores proveitos da viagem e quero ver se levo algum diploma para o Brasil como prova do meu trabalho". E como o concurso seria realizado em meados de outubro, ele aproveitava as férias para se preparar no piano em "bom estado" no vilarejo. "Tive a aprovação de Philipp para esse passo. Devo executar três peças que são: Bach-Liszt, variações (que tive a felicidade de ouvir por Busoni), *Ballada em sol menor* de Chopin e um belíssimo e dificílimo estudo de Liapounow: *Lesghinka*".

Para surpreender os amigos e, ao mesmo tempo, proteger-se no caso de um fiasco, pedia segredo sobre suas pretensões.

> "Estou estudando com muita coragem e com muita esperança. Este ano justamente temos um novo diretor no Conservatório. Esse lugar era ocupado por Gabriel Fauré, que hoje está aposentado, tendo deixado a pasta para Henri Rabaud, autor de *Marouf*, músico de um valor formidável e um dos modernos de minha predileção".

Enviava uma lista do repertório de Philipp em oito lições para a aprovação de Valle quanto a seu trabalho:

> Philipp – Exercícios técnicos, 1º e 2º Volumes; Cramer
> Philipp – Exercícios escolhidos; Geny Philipp – Gradus
> ad Parnassum; Philipp – Exercícios preparatórios, 1º e 2º

---

398 *Tableux de classes* – annés scolaires 1915 à 1919. Paris, Archives Nationales.

Volumes; Pischna Philipp – Exercícios progressivos; Geny – Tocatta; Mendelssohn – Romances (para estudo de sonoridade e interpretação); Schumann – Tocatta; Philipp – Caprices – Études en octaves; Moscheles – Tocatta; Bendel – Estudo heroico; Montgeroult – Notas duplas; Beethoven – sonata em (re mineur) op 31; Bach – 6 corais; Schumann – Novelletten; Liadoff – Prelúdio; Beethoven – Sonata Aurora; Debussy – Feux d'artífice; Saint Sains – Concerto nº 4 (do mineur); Liszt – Rapsódia nº 10; Liszt – Jeux d'eau de la Villa d'Este; Beethoven – Sonata op 111; Schumann – Concerto em la menor; Bach-Liszt – Variações; Chopin – Ballada sol mineur; Liapounow – Lesghinka.[399]

A princípio Isidore Philipp de fato aprovou a ideia, no fim acabou por desestimulá-lo ao descobrir que não dispunha, na sua classe no Conservatório, de vaga para mais um estrangeiro. Preferia conservar Souza Lima, que progredia sob sua orientação particular, do que o perder. "Fiz-lhe ver com alguma insistência que era de todo interesse para mim, uma vez que, como pensionista do governo de São Paulo era do meu dever apresentar, mais tarde, um diploma obtido numa escola oficial como aquela". Diante do impasse, a senhora Laurens levou Souza Lima para conhecer Marguerite Long, pianista que causava sensação nos meios artísticos franceses naquele momento e foi responsável pela virada definitiva na carreira do jovem.

"Encantei-me com sua personalidade, muito mais atualizada, de uma visão muito mais *à la page*, de uma inteligência musical incrível, além de ser pessoa que estava frequentemente em contato com os grandes, os maiores músicos da época como Fauré, Debussy, Ravel, Poulenc e muitos outros".

---

399 Carta de Souza Lima a Freitas Valle, Pentrez, 3/09/1920. (AFV)

A boa impressão, segundo relatou, foi recíproca, graças aos ensinamentos do antigo mestre Chiaffarelli. E, ao contrário de Philipp, Marguerite Long dispunha de vaga, concordando com Souza Lima sobre as vantagens dele entrar para a instituição que desfrutava de enorme prestígio na Europa.[400]

A temporada na Bretanha, com horas ao piano intercaladas com passeios de bicicleta pelos campos franceses, chegava ao fim. Souza Lima enfrentava a reta final para o concurso no Conservatório. E assim como Victor Brecheret, aclamado em crônica de Menotti Del Picchia ao ser aceito no Salão do Outono em 1921, Souza Lima também "chegou, viu e venceu". E apressou-se em relatar a façanha ao protetor:

> "É com muita satisfação que lhe comunico que depois de duas provas dificílimas a que me submeti no concurso para entrar no Conservatório, fui o único dentre 282 concorrentes aprovado unanimemente. Há muito tempo alimentava a ideia de entrar para esse estabelecimento, mas a impressão que me causava o célebre concurso era bem grande e me tirava um pouco a coragem",

confessou, para arrematar. "Entusiasmado por muitas pessoas que me ouviram resolvi apresentar-me e graças a Deus, fui felicíssimo".

No primeiro exame, em 25 de outubro, apresentou *Variações* de Liszt sobre um tema de Bach, *Balada sol menor* de Chopin e *Balada*, um estudo de Liapounow.

> "Executei-a debaixo de uma certa impressão, pois o espetáculo que se passava era inédito para mim. Em todo caso, fui-me bem, tendo sido aprovado. Essa primeira prova não é tão apertada e dos 282 concorrentes ficamos reduzidos a 40, havendo também nesse mesmo dia concurso de leitura de primeira vista do qual me saí o melhor possível. Entusiasmado com isso pus-me a trabalhar nas

---

400 João de Souza Lima, *op. cit.*, p. 67-8.

peças indicadas para a segunda prova que devia se realizar três semanas depois [dia 23 de novembro], as quais eram: *Tocata em dó menor* de Bach, *Tarantela* de Liszt e o 1º tempo da *Sonata em si menor* de Chopin".

Souza Lima trabalhou duro e chegado o dia, dirigiu-se ao Conservatório revestido de coragem e calma.

Dessas três peças só executei a *Tarantella* de Liszt, que saiu maravilhosamente, não tendo sido preciso executar as outras coisas. Senti logo ao terminar que o júri mostrava-se muito satisfeito tendo eu, na execução, dominado-o completamente. A diferença que fiz ao lado dos outros concorrentes foi enorme e disso me certifiquei quando, no fim de tudo, soube que todos os membros do júri haviam votado por mim, único a quem isso aconteceu.

Às 5 horas da tarde obteve o resultado, exultando quando o secretário leu seu nome entre os 12 escolhidos dos 40 e o único votado com unanimidade pelo júri, composto por Henri Rabaud, pelo secretário Bourgeat, pelos professores de piano Philipp, Mme. Long, Victor Staub, Lazari Levi e Riera, além dos professores de harmonia Gallon Noel e Tournemire. Também faziam parte o pianista Luchi Block, o professor de órgão Gigout e George Hüe, compositor Prix de Roma. Ainda completa:

Sou atualmente aluno do Conservatório, frequentando a classe de Mme. Long [marquesa de Mariave], que é uma pianista de primeira ordem e uma artista finíssima. Estou satisfeitíssimo, pois o estudo lá é muito bem feito e tenho aulas duas vezes por semana. Meus colegas são muito bons artistas e trabalhadores. Não pude ir para a classe de Philipp por não ter ele vaga para alunos estrangeiros. Pretendo ainda frequentar as classes de harmonia, contraponto, fuga e órgão.

Fachada da Biblioteca e do Museu do Conservatório de Música de Paris. (Centro de Documentação e Arquivos do Conservatório de Música de Paris)

De saúde, ia passando bem. Sobre os concertos, ouvira Saint Saëns, "que com 86 anos mostrava que foi possuidor de uma belíssima técnica", Ganz e Lamard, "dois pianistas brilhantíssimos", Jascha Heifetz, "o violinista mais prodigioso que Paris tem ouvido ultimamente" e Jacques Thibaud, "artista finíssimo". Quanto às orquestras, deliciava-se com Debussy, Wagner, Stravinsky, Ravel e etc., mantendo, paralelamente, contato com os brasileiros da Villa Kyrial:

> Ontem, calcule o Sr. que jantei com Cyro[401] e Severiano de Rezende[402] (em casa deste), o que importa dizer que passei uma noitada adorável e que me fez lembrar muito as reuniões de sua casa. Rimos muito, lembramo-nos muito daí e... jantamos bem (coisa rara por aqui). O Cyro está bem gordo e forte e sempre fulgurantíssimo. Alegrou-nos

---

401 O filho diplomata de José de Freitas Valle.

402 Ex-padre e poeta que trabalhava no quinzenário *Mercure de France*, vetor do simbolismo mundial.

muito com a notícia que ficaria em Londres e, por conseguinte, bem mais perto de nós. Separamo-nos somente às 11 horas, tendo ele se dirigido para *chez* Olívia Penteado e eu para casa tranquilamente.

Disse que perguntara ao Cyro se havia trazido os últimos trabalhos de Jacques D'Avray, ficando desapontado com a negativa, pois esperava com ansiedade alguma coisa para musicar.[403]

Após a euforia da consumação de um sonho acalentado desde a meninice, chegou o momento de satisfazer a curiosidade.

"Entrei naquele prédio, ao que me parece um antigo convento, e agora destinado ao ensino da Arte Musical, e visitei com todo o interesse e até orgulho, todas as suas dependências. As salas de aula eram todas muito espaçosas, bem ensolaradas, com mobiliário adequado e com dois pianos Erard, sendo um de cauda".

Encaminhou-se então para a sala de Madame Long, que logo apareceria com sua assistente, Mademoiselle Leon. Ela fez um rápido "diagnóstico" da situação pianística de cada um, para então receitar o "remédio". Dividiu os quatorze alunos em três grupos e, das três aulas semanais de duas horas, uma delas era centrada em um único aluno que se apresentava à classe inteira para ouvir da mestra, residente na rue Fourcroy, 18, as correções e sugestões.

---

403 Carta de Souza Lima a Freitas Valle, Paris, 15/12/1920. (AFV)

Conservatório de Música de Paris, à Rue de Madrid, 14, em foto de 1911-1912. (Centro de Documentação e Arquivos do Conservatório de Música de Paris)

Nesse convívio diário, Souza Lima ia florescendo como artista.

> Graças à grande arte de nossa mestra, eram-nos reveladas novas obras, novos compositores e seus conselhos abriam novos horizontes na nossa maneira de interpretar, de sentir. Sua grande preocupação era de nos desenvolver o cultivo da sonoridade em todas as suas modalidades, fazendo-nos compreender que cada um deve ter, por assim dizer, a sua palheta sonora, empregando-a de acordo com a obra, com o autor, com a época, com o estilo e nunca uniformizando todas as interpretações com o mesmo tipo de som.[404]

---

[404] João de Souza Lima, *op. cit.*, p. 72-3.

Entre a vanguarda e a tradição 377

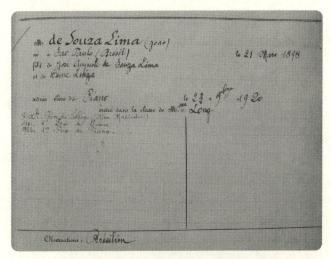

Livro de registro dos alunos no Conservatório de Música de Paris.
(Archives Nationalles, Paris, França)

No ano seguinte, em 1921, Souza Lima, aluno número 11 da classe de Mme. Long, prestaria os exames semestrais na *petite salle* da Escola, numa quinta-feira, 2 de junho, às 9:30 da manhã. Interpretou *Polonaise* em Lá bemol de Chopin, sendo aprovado com nota B. Com isso seria selecionado dentre os setenta alunos das quatorze classes para, ao lado de outros dezoito estudantes, participar do concurso anual promovido pelo Conservatório e cujas apresentações atraíam numeroso público, lotando as salas de concertos. Embora causasse sensação, obteve o segundo lugar, pois, como saberia depois, o jurado ponderou que ele tinha mais um ano de Conservatório pela frente e, portanto, oportunidade futura. Os jornais parisienses de 1º de julho, porém, foram unânimes em elogiar sua performance, lamentando que não obtivesse a classificação merecida. *Le Figaro, Comoedia, L'Ouvre, Le petit parisien, Le Matin* e a revista *Le Courrier Musical* foram alguns a mencionar a maestria do seu estilo inflamado, mas com senso de medida. "Foi verdadeiramente uma grata compensação para mim essas opiniões vindas de críticos tão balizados",[405] ele escreveu, referindo-se a Antoine Banès, Charles Tenroc, Raoul Brunel, Fernand Le Borne e Alfred Bruneau.

---

405 *Idem*, p. 78.

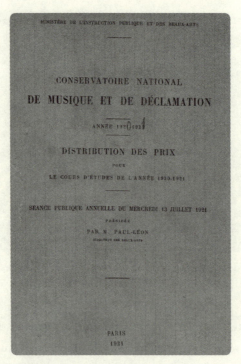

Capa do livreto do concurso no Conservatório de Paris. (Centro de Documentação e Arquivos do Conservatório de Música de Paris)

Capa do livreto do concurso no Conservatório de Paris. (Centro de Documentação e Arquivos do Conservatório de Música de Paris)

Serenados os ânimos, Souza Lima dirigiu-se de novo com a família Laurens para novas de férias, desta vez na pequena Guétary, no País Basco. Na *rentrée* do ano letivo de 1922, ingressou na classe de música de câmara de Camille Chevillard, prosseguindo com Madame Long, que costumava levar autores célebres para a sala de aula. Tomou parte de um exercício dos alunos do curso instrumental de Chevillard, em conjunto com os do curso vocal de Henri Büsser. No programa apresentado em 30 de março, que continha também um quinteto de Schumann, Souza Lima tocou a terceira e quartas partes, ou seja, o *adágio* e o *allegro* do Premier Quatuor em Dó menor de Gabriel Fauré, sendo as duas primeiras executadas pelas mademoiselles Constant e Heuclin. Em 1º de junho, postou-se diante do comitê de exames dos cursos superiores de piano na *petite salle*, para interpretar a *Sonata Opus 31*, de Beethoven, saindo-se com um "très bien".[406]

Rapidamente Souza Lima atingia outro patamar, extrapolando o papel de mero aluno. Esteve na homenagem ao embaixador Gastão da Cunha, no salão do Hotel Crillon, com a cantora Vera Janacopulos. E para culminar os êxitos, ao final daquele ano, obteve o merecido primeiro lugar no concurso do Conservatório, entre os dezoito concorrentes que executaram o *Terceiro Scherzo*, de Chopin. Ao diplomar-se, tomou parte em um concerto com todos os vencedores dos diversos instrumentos.

---

406 "Exercice d'élèves du 30 mars 1922", programa impresso do Conservatório colado no livro de *Études musicales/exames semestrels des années 1918/1922*, p. 308 e 359, respectivamente.

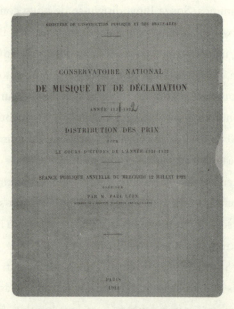

Capa do livreto do concurso no Conservatório de Paris. (Centro de Documentação e Arquivos do Conservatório de Música de Paris)

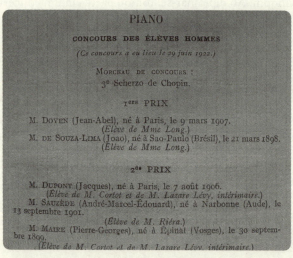

Livreto do concurso em que Souza Lima obteve o primeiro lugar.
(Centro de Documentação e Arquivos do Conservatório de Música de Paris)

Tido como uma espécie de cônsul informal do Brasil em Paris, procurado por todos conterrâneos que lá desembarcavam, levou para conhecer o universo musical da cidade o recém-chegado Villa-Lobos, cuja fama o precedia. As notícias a ele referentes iam do absurdo à irreverência:

> Umas diziam que se tratava de um músico absolutamente boêmio, capadócio e serenateiro. Outras consideravam-no excepcional, justamente por nunca ter estado na Europa, portanto desconhecendo as obras dos grandes mestres do momento como Debussy, Ravel e já escrevendo com muita ousadia harmônica e rítmica, causando espanto naquele meio ainda tímido e receoso em aceitar novos rumos, novas concepções, novas estruturas em música.[407]

O primeiro encontro deles deu-se no ateliê de Tarsila, onde eram recebidos, em memoráveis almoços, os maiores nomes do modernismo: Jean Cocteau, Satie, Picasso, Glaize, Léger, Marie Laurencin, Delaunay. Depois de um pouco de prosa, debateu-se sobre a arte de improvisar e Villa-Lobos de imediato aceitou o desafio, dando início a uma linha melódica bastante estranha. Jean Cocteau sentou-se debaixo do piano de cauda para melhor ouvir, mas finda a demonstração, entrou em debate violento com o brasileiro, alegando que uma improvisação daquelas nunca poderia ter saído assim de encomenda, a qualquer hora.[408]

A partir dali, o convívio tornou-se diário. Para introduzi-lo no universo parisiense, executou seu *Terceiro trio* com o violinista Raul Dias Larangeira e o violoncelista Mário Camerini, na residência de Henri Prunière, conceituado musicólogo e diretor da *Revue Musicale*, que às terças-feiras abria as portas para novatos. Ele conta que Paul Dukas, Albert Roussel, Samazeuilh, Florent Schmidt, Louis Aubert e Roger Ducasse, então presentes, surpreenderam-se com as "pitorescas harmonias", com as combinações exóticas aliadas a uma

---

407 *Idem*, p. 99.

408 *Idem*, p. 99.

perfeita fatura musical. A mesma obra seria mostrada no Museu Galliera, conforme programa enviado a Freitas Valle por Raul Dias Larangeira com quem, junto a Mário Camerini e Eurico Marques, Souza Lima fazia música de câmara aos domingos pela manhã.

> Nossa camaradagem foi se tornando cada vez mais intensa e Villa-Lobos, com aquela simplicidade de todo grande artista, aparecia diariamente ao meu *studio*, e, no meu piano, esboçava muitos dos seus trabalhos, entre os quais o *Rudepoema* e a *Prole do bebê, número dois*. Para estes e outros trabalhos consultava-me sobre problemas de execução pianística, pois desejava que fossem de uma perfeita realização instrumental.[409]

Com ele, Souza Lima dirigiu a parte erudita do fundo musical de um filme sobre o Brasil concebido por Vital Ramos de Castro e projetado em Paris na sala Gaveau.

> "A meu cargo foram apresentadas páginas de Carlos Gomes, Nepomuceno, Henrique Oswald e Elpídio Pereira, dirigindo Villa-Lobos todo um vasto repertório de música leve, popular, de vários autores, entres os quais Tupinambá, Canhoto, Viriato da Silva, Oliveira Barreto e muitos outros. Numeroso público admirou e se surpreendeu com a riqueza dos aspectos da terra e da vida brasileira. Foi, realmente, uma iniciativa maravilhosa e do melhor resultado quanto à divulgação de nosso país",

deporia o pianista.[410]

---

409 *Idem*, p. 100.

410 *Idem*, p. 8-9.

Naqueles tempos Villa-Lobos s se Souza Lima teve, durante os anos áureos, o foco na carreira de pianista, já era um compositor com qualidades raras entre os colegas do seu tempo. Assim, ao apresentar um anônimo Villa-Lobos à elite musical parisiense, dominava com perfeição os meandros da harmonia, contraponto, composição e fuga, desde as aulas com Cantú. Colaborou com o amigo não só na parte pianística como na estrutura harmônica. A camaradagem entre ambos se estenderia por anos a fio. Quando esteve em São Paulo, na casa de Souza Lima à Rua Itápolis, conversariam sobre alterações na orquestração do *Concerto nº 2*, ligeiramente pesada em algumas passagens com piano. O compositor concordou e fez os cortes sugeridos sem discutir, dedicando-o a Souza Lima, que o tocou no Municipal do Rio de Janeiro em primeira audição, com o próprio Villa-Lobos regendo.

Souza Lima como bolsista em Paris, c. 1920. (Arquivo Freitas Valle)

Findos os cinco anos de bolsa, Souza Lima foi a São Paulo para curta permanência. O *Correio Paulistano* registrou a chegada, pelo navio *Alba*, direto de

Bourdeaux, do notável pianista, uma das "nossas glórias artísticas que tantos e tão merecidos triunfos conquistou na Europa em suas *tournées*, elevando sobremaneira o nosso nome no estrangeiro".[411] No mesmo tom seguiam a *Gazeta do Povo, O Estado de S. Paulo, Jornal do Comércio, Diário Popular, A Platéa, Deutsche Zeitung, Folha da Noite, Fanfulla* e *Ariel*.

Cercado de reverências, deu quatro concertos no Teatro Municipal em 20 de outubro, 17 de novembro, em 2 e 21 de dezembro de 1924 – estes últimos, promovidos pela Sociedade Quarteto Paulista e pela Sociedade de Concertos Sinfônicos, sempre com enorme ressonância na imprensa.

> "O sucesso e a festa que me fizeram depois da execução foi de uma espontaneidade vibrante. Exaltaram todas as minhas qualidades e minha técnica, a interpretação, a sonoridade, enfim, glorificaram-me com tanto entusiasmo, com tanta sinceridade, com tanto coleguismo, que me encheram de alegria, comovendo-me ao mesmo tempo".[412]

Visto como um "concertista em tournée", e não como estudante que vinha demonstrar o aproveitamento, participaria de um concerto no Salão do Conservatório, pela "Tarde da Criança", em benefício do prêmio Luigi Chiaffarelli e na sede do Automóvel Clube. "Neste programa, a primeira parte foi dedicada à música de ritmo dançante e Mário de Andrade fez questão que fosse incluído um foxtrote, tendo eu, então, escolhido um de autoria de Kassel Berton, muito musical, de bom gosto, harmonizado com minha colaboração e de ritmo bem típico".[413]

Sobre o músico, o mesmo Mário falaria em termos elogiosos sobre a técnica incomparável, nitidez e harmoniosa personalidade.

---

411 "Sinfônica", *Correio Paulistano*, São Paulo, 22/12/1924.

412 *Idem*, p. 89.

413 *Idem*, p. 101.

> "Provou-o espertamente em algumas peças executadas fora de programa como a sem valor *Campanella* e o estudo de teclas pretas de Chopin em que atingiu aquela velocidade e segurança fenomenais de Friedman. Mas são acrobacias sem importância propriamente artística e Souza Lima mostrou muito bem compreender isso pela constituição do seu programa, onde tudo era artístico e não havia a mínima concessão à virtuosidade".

Comenta que os críticos em geral o achavam moderno. "Mesmo um dos traços distintivos do seu caráter pra mim é a universalidade. Já o ouvi em Bach e que estupendo ele se mostrou". Afirma que ele fora magistral em Debussy, Manuel de Falla, Villa-Lobos e Poulenc. Até a "peçazinha" de Vuillemin, um "*hors-d'ouvre* sem valor", segundo Mário, tornou-se uma joia pelas mãos do pianista.

> "Resta lembrar os *Estudos sinfônicos* de Schumann. Frieza, disseram alguns. Que frieza, que nada! O que houve foi uma reação inteligente contra o exaspero de sensibilidade, isso sim. Souza Lima interpretou Schumann aplicadamente, virilmente como a um clássico".

Ponderando que se os *Estudos* perderam um pouco da poesia, em compensação ganharam uma pureza de estilo, um significado universal e um equilíbrio clássico que jamais tiveram quando executados por dedos poéticos, finaliza Mário, classificando Souza Lima como o maior pianista do Brasil.[414]

Tanto êxito torna Souza Lima merecedor de uma prorrogação de mais dois anos. Retorna a Paris e, agora diplomado pelo prestigioso Conservatório, vê sua carreira tomar um aspecto mais sério, levando-o, inclusive, a contratar os serviços de um empresário, M. Dandelot. Surgiam convites para recitais e para concertos

---

414 Mário de Andrade, "João de Souza Lima", *Ariel*, São Paulo, outubro de 1924.

386 Marcia Camargos

de outros artistas, tanto na capital quanto no interior da França. Esteve em embaixadas, na Sala Erard, Rue du Mail, 13, na inauguração da Maison de L'Amerique Latine, nas Galas de Musique, organizadas pela Université des Annalles, sempre com excelentes críticas dos jornais cuja "clipagem", feita pela Argus de la presse, ele enviava periodicamente a Freitas Valle. Toma parte, no Théâtre Femina, à Avenida Champs-Élysées, 90, na homenagem a Washington Luís, em 13 de maio de 1925, sob os auspícios do "embaixador dos embaixadores", como era chamado Souza Dantas. Ali exibiu-se na noite abrilhantada pela violonista Carmen Castelo Branco, pelo tenor Camargo e a pianista Maria Antonia de Castro, além das cantoras Vera Janacopulos e Bidu Sayão, a quem ele apresentou seu próprio empresário.

Nem tudo era cor-de-rosa na vida do pianista em ascensão. Em fins de 1925, menciona uma apendicite cujos sintomas iniciais surgiram em março, mas de que só foi operado no dia 2 de dezembro pelo doutor Thierry de Martel. Após 10 dias no hospital, achava-se em perfeito estado, restando, como único inconveniente da história, um abalo financeiro de 3 mil francos.

> Tinha o projeto de realizar um grande concerto com acompanhamento de orquestra, porém sou obrigado a desistir por ser materialmente impossível. Isso me entristece bastante! Agora pretendo passar uns 6 meses, ao menos, na Alemanha, porém estou sempre com a dificuldade do câmbio e os 2 mil francos mensais não são suficientes. O único recurso é eu me ver obrigado a lhe pedir se é possível alguma solução, pois para mim é imprescindível uma estada na terra de Wagner e Beethoven. Se não o fizer durante o tempo que me sobra de pensão... nunca mais.

Dizendo-se devedor eterno, aguardaria com grande ansiedade uma resposta, e avisava que pretendia ir à Itália. "Seria muito aborrecido para mim se durante os sete anos de pensão não pudesse ver o que se passa fora de Paris. A minha educação artística ficaria bem incompleta. Confiando, como sempre, na sua grande bondade e no seu tino artístico, espero poder realizar esse meu ideal".[415]

Totalmente familiarizado com a vida parisiense, Souza Lima possuía um largo círculo de amizades, convivendo com grandes músicos e frequentando a casa da família Brailowsky e de Ítala Gomes Vaz de Carvalho, filha de Carlos Gomes. Em companhia de Tarsila do Amaral, apertou a mão de Santos Dumont, no exuberante banquete para 500 pessoas a ele oferecido pela embaixada brasileira em Paris. Era também convidado para as reuniões da alta sociedade, onde entrava em contato com pessoas ilustres e artistas do mundo inteiro. Não obstante, a prorrogação de sua bolsa ia chegando ao fim. Por isso reiterava a Freitas Valle o desejo de viajar pela Europa.

> "Para esses projetos tive com a maior satisfação o seu bondoso auxílio, aumentando a nossa pensão e nos proporcionando, com o câmbio atual, uma soma que nos dá toda tranquilidade para tudo que se queira empreender. Tem esta, pois, o fim de agradecer muitíssimo e eu peço a Deus que lhe de a máxima felicidade e a melhor saúde bem assim a todos de sua casa".

Desejava escrever-lhe da Alemanha, mas, quando ia embarcar, um abscesso dentário adiou sua partida. No final desistiu, pois àquela altura a temporada já terminara e assim decidiu-se por uma estada em Londres.

> Preparei-me, e quando me dispunha a partir fui surpreendido com a greve, o que me retardou ainda. Agora, com o movimento acalmado e, portanto, com minha viagem de novo preparada, tive uma agradável surpresa, essa sim veio me recompensar de todos os aborrecimentos anteriores. Encontrei um brasileiro que, entusiasmado por mim, fez questão que eu

---

415 Carta de Souza Lima a Freitas Valle, Paris, 20/12/1925. (AFV)

desse um concerto com orquestra. Aceitei o convite e estou contentíssimo, pois não terei despesa alguma. Esse concerto se realizará no dia 17 de Junho na Sala Erard, com o concurso da orquestra do Conservatório sob a direção de Philippe Gaubert, que é chefe da orquestra na Opera.

Pretendia seguir para a capital inglesa logo após esse concerto e informava que não tinha se descuidado dos bons teatros e reuniões interessantes.

> "Tivemos uma magnífica temporada com Ruggero Ruggeri que aqui deixou um mundo de admiradores. A estação musical foi esplêndida. Tivemos Godowsky, Friedmann, Rubinstein, Brailowoski, Rosenthal, Kreisler, Heifetz, Manen, Thibaud, Cortot, Casals e mais quantidades de chefes de orquestra admiráveis".

Despedia-se reiterando seu sincero agradecimento e no *post scriptum* contava que tivera o prazer de se encontrar com Leilah, filha de Valle, no museu do Louvre.[416]

Dali a quase cinco meses mostrando Paris e arredores ao irmão e primeiro professor, José Augusto, que aportara em Boulogne-Sur-Mer com esposa e filhos, Souza Lima tomou com eles um vapor inglês para o retorno definitivo à pátria, onde desenvolveu intensa atividade de concertista. Viajou em turnês pela França, Itália, Alemanha, Turquia, África, Argentina e Uruguai. Calaborando com o Quarteto de Cordas Lénere, em 1937, venceu, com seu poema sinfônico *O Rei Mameluco*, concurso promovido pelo Departamento Municipal de Cultura de São Paulo. Em outro certame organizado por Henry Reichold, entre quatrocentos compositores, recebeu menção honrosa com o *Poema das Américas*, em 1942, nos Estados Unidos, país em que também faria conferências sobre música brasileira, entre 1971 e 1972, a convite da Universidade de Michigan, cuja orquestra dirigiu. Por dez anos foi pianista do Trio de São Paulo, do

---

416 Carta de Souza Lima a Freitas Valle, Paris, 29/05/1926. (AFV)

Departamento Municipal de Cultura, tendo fundado e dirigido a Orquestra de Câmara da Sociedade de Cultura Artística de São Paulo, além de reger a Orquestra Sinfônica Brasileira e a Orquestra Sinfônica do Teatro Municipal do Rio de Janeiro.

Diretor e fundador da Instrução Artística do Brasil e da Rádio Tupi, Souza Lima teve participações na Rádio Gazeta, igualmente de São Paulo, como solista de piano e regente. Dirigiu cursos de virtuosidade nos conservatórios Carlos Gomes, da capital paulista e Santa Cecília, em Santos. Exerceu, ainda, as funções de catedrático da Academia Paulista de Música, fiscal do Serviço de Fiscalização Artística da Secretaria de Educação de São Paulo, regente titular da Orquestra Sinfônica Municipal e diretor artístico da editora Irmãos Vitale. Na Academia Brasileira de Música, ocupou a cadeira número 38, vindo a falecer em 28 de novembro de 1982.

Cartazete de apresentação de Souza Lima em Paris.
(Coleção particular)

Cartazete de apresentação de Souza Lima em Paris.
(Coleção particular)

Paraninfo da turma de 1936 do Conservatório Dramático e Musical
de São Paulo. (CDMSP)

Entre a vanguarda e a tradição 391

Souza Lima, em São Paulo, c. 1936. (Coleção particular)

Programa de concerto de Souza Lima. (Coleção particular)

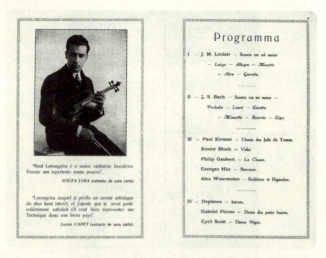

Programa de concerto de Souza Lima. (Coleção particular)

Programa de concerto de Souza Lima. (Coleção particular)

Leônidas Autuori, violinista

Irmão do também violinista Zacharias Autuori, de uma família de músicos, o menino, nascido em São Paulo em 1903, aos 9 anos embarcou para a Itália. No Conservatório San Pietro a Maiella de Nápoles derrotaria os cinquenta candidatos à única vaga disponível, ali estudando com Gaetano Fusella, um dos maiores mestres da escola italiana de violino. Seu desempenho renderia o prêmio de melhor aluno, concedido excepcionalmente a um estrangeiro por especial concessão do ministro da Instrução Pública da Itália. Diplomado em 31 de julho de 1919, em um exame brilhante, deu início a uma série de concertos pelo país. De regresso ao Brasil, mostrou-se uma excepcional revelação nas primeiras apresentações, segundo artigos de críticos como Oscar Guanabarino, Rodrigues Barbosa, Felix Otero, Rangel Pestana e Mário de Andrade.

Ao aportar no Rio de Janeiro em 7 de novembro daquele mesmo ano, de passagem para Buenos Aires, ofereceu à imprensa carioca uma audição no salão do Jornal do Comércio no dia 8. Então um robusto rapazote de 14 anos, com sinais de varíola marcando-lhe o rosto, foi acompanhado ao piano por Ernani Braga, mostrando-se vibrante "como se fosse possível, na sua idade, ter uma noção muito exata de tudo quanto faz sofrer um coração, alanceado pelas mais intensas angústias, pelas mais profundas agonias".[417] De volta da Argentina, apresentou-se no Teatro Municipal de São Paulo, em 6 de dezembro de 1919, alcançando igualmente elogios nos jornais que apenas lamentavam o número reduzido de pessoas presentes à estreia.

Na ocasião, foi convidado pelo presidente da República, Epitácio Pessoa, para um concerto no Palácio Rio Negro. Em 1921, exibiu-se no salão do Conservatório Dramático e Musical junto com Souza Lima, num concerto de clássicos na quinta-feira, 10 de março, comentado pela *Cigarra* na edição daquele mês. Logo após dividir o palco da Sociedade de Cultura Artística com a pianista Maria Carreras,[418] Autuori retornaria à Itália, seguindo para Paris a fim de se apresentar na Sala Gaveau.

Antes de receber a bolsa do Pensionato, em 1925, passou dois anos no Brasil, dando concertos por diversos pontos do país. Na época, *Ariel* teceu longos louvores ao seu recital de Beethoven. Repertório de enorme responsabilidade, consistia em tarefa ingrata a que só se atreveria um artista maduro, "encanecido no estudo consciencioso e atento da obra do gênio". Mas a batalha foi empreendida pelo jovem de apenas 20 anos:

> O ceticismo com que ouvimos os primeiros compassos da maravilhosa *Sonata em fá maior*, dita *Primavera*, converteu-se para logo em puro gozo estético. Impossível seria imaginar maior simplicidade para traduzir a frescura deliciosa do primeiro tempo. Mais profundo sentimento, sem laivos de

---

417 "Música", *O Jornal*, Rio de Janeiro, 9/11/1919.

418 "Concertos – Sociedade de Cultura Artística", *Correio Musical Brasileiro*, São Paulo, 15/06/1921, p. 9.

pieguice, para cantar e frasear o admirável *Andante*; mais leveza e graça para o perigosíssimo *Scherzo* e mais delicioso abandono para o *Final*. Tudo isto foi carinhosamente tratado pelo jovem artista, cuja sonoridade maleável e doce tem o dom de seduzir e prender o auditório.

Da segunda parte, o crítico disse ter obtido agradável impressão, mas o ponto culminante residiu na terceira, no *Concerto em ré maior*.

Leônidas Autuori excedeu a nossa expectativa nessa formidável obra que é uma das mais extraordinárias afirmações do gênio musical de Beethoven. Todos os sentimentos dolorosos que atravessam aquelas páginas, toda a resignação de que estão impregnadas aquelas frases imortais, a grandeza toda daquele poema admirável de paz e de serenidade, tudo foi sentido pelo grande virtuose e expresso com verdadeira eloquência. Sua técnica foi posta à prova nas dificílimas cadências de Fusellas e o resultado foi excepcionalmente brilhante.

Assim finalizou o articulista, não sem antes ressaltar que, apesar de pouco afeito à austeridade de tal programa, o público empolgou-se, dispensando ao violinista aplausos calorosos.[419] Em dezembro, mostrava um repertório de música italiana dos séculos XVII e XVIII no Salão do Conservatório com o maestro Marcello Buogo ao piano.

Meses depois, Mário de Andrade lamentava a falta de compreensão e indiferença do público que não lotara o último concerto do violinista no Teatro Municipal. "Apesar dos pesares", diz, "Autuori recebeu do auditório uma esplêndida ovação, confirmando mais uma vez suas brilhantes qualidades de notável artista do

---

419 Ernani Braga, "Crônicas: recital Beethoven", *Ariel*, São Paulo, outubro de 1923, p. 28-9.

violino".[420] Naquele mesmo 1924, ele formaria com Luiz Figueras e Ernani Braga um trio que mereceu o entusiástico aplauso da revista *Ariel*. "Pretendem eles realizar uma série de concertos cíclicos, com obras solistas de violino, violoncelo e piano, além de obras em conjunto".

A primeira série constaria de noitadas a Bach, Beethoven e Schumann, além de César Frank e Henrique Oswald. Conforme a receptividade da iniciativa, seguiriam com um novo ciclo para revelar ao público paulistano as obras modernas da música contemporânea da Itália, França, Alemanha, países do oriente europeu e Brasil.

> Esse êxito que a modéstia dos três artistas não lhes permite imaginar profetizamo-la nós. São Paulo já conta com um número possante de apreciadores de música de câmara e quando esta é apresentada por virtuoses tão admiráveis como o violinista Leônidas Autuori, o violoncelista Figueras e o pianista Ernani Braga, é certo que a vitória será completa.[421]

Com a bolsa obtida em 1925, viajaria por Portugal, França e Suíça, fixando-se em Roma, onde se aperfeiçoou com Arrigo Selogar no Conservatório de Santa Cecília. Sobre seu concerto de Saint-Saëns, *Il messagero*, de Roma, afirmava ser Autuori possuidor de magnífico temperamento, "de uma cavata robusta e vibrante, de uma pureza de som e virtuosismo notáveis",[422] enquanto o *Giornale D'Italia* ressaltava sua técnica evoluída e segura, acompanhada de uma "vocação estética equilibrada e sentida".[423] Esse último registraria a atuação dele como convidado da Real Academia Filarmônica Romana, em 23 de abril, às 5 horas da tarde, ao lado da soprano Maria Elena Cattani, definindo-o como um artista provado e ciente das suas responsabilidades.

---

420 Mário de Andrade, "Crônicas (de São Paulo)", *Ariel*, São Paulo, fevereiro de 1924, p. 191.

421 "Sinfonieta", *Ariel*, São Paulo, setembro de 1924, p. 444.

422 Prof. Barini, *Il messagero*, Roma, 13/08/1927.

423 R. de Renzi, *Giornale D'Italia*, Roma, 17/08/1927.

"Possui uma técnica segura, que lhe serve para transmitir ao público a expressão vigorosa do seu temperamento, uma cavata ora doce, ora potente, um som sempre bonito e cheio". E ressalta a ovação calorosa dos assinantes da Filarmônica, habitualmente severos e frios.[424] A *Tribuna* não foi menos entusiástica ao enaltecer os méritos admitidos pelo exigente público da filarmônica, para o qual executou, "com grande e brilhante competência técnica", músicas de Corelli, Beethoven, Pugnani, Kreisler e Paganini.[425] Passado um mês, *Il messagero* tornava ao assunto:

> O jovem violinista brasileiro Leônidas Autuori, que já foi tão aplaudido no Circolo della Stampa e de quem tivemos ocasião de registrar o grande sucesso alcançado em Milão, executou, na Associação Artística Internacional, com uma pureza de som admirável, com grande técnica e muito gosto, as variações de Corelli, uma delicada *berceuse* de Oswald, uma dança espanhola de Granados e a difícil Zingaresca, de Sarasate. Foi obrigado, além disso, a executar extraprograma, as transcendentais variações de Paganini sobre Preghiera del Mosé para quarta corda, que lhe valeram novas aclamações.[426]

No inverno de 1929 para 1930, por ocasião das festas do fim do ano escolar, apresentou-se na Sala Gaveau junto de Candido Botelho e aparecia na revista *Les annales du foyer brésilien*,[427] inclusive com uma referência de Villa-Lobos nos seguintes termos: "Leônidas Autuori possui todas as raras qualidades do verdadeiro virtuose, qualidades que se completam num temperamento artístico de muito bom gosto, e de uma personalidade acentuadamente pessoal". A mesma publicação explicava o papel do senador Freitas Valle,

---

424 R. de Renzi, *Giornale D'Italia*, Roma, 24/04/1928.

425 A. Gasco, *Tribuna*, Roma, 25/04/1928.

426 Prof. Barini, *Il messagero*, Roma, 12/05/1928.

427 Heitor Villa-Lobos, "Artistas paulistas", *Les annales du foyer brésilien*. Paris, 24/02/1930, p. 53.

"que se consagra com ardor à difusão das artes no Brasil e preside a comissão artística do Estado de São Paulo, que desde há alguns anos uma dezena de jovens artistas são subvencionados pelo Estado a fim de virem se aperfeiçoar na Europa".

Ao lado de Aldovrando Casabona, ele fazia parte dessa elite integrada por mais sete estudantes em igual situação.[428] A revista registrara, no número anterior, que Autuori interpretara dois trechos de De Falla, no final do ano letivo, na festa que reuniu todo o mundo literário no Foyer, sob o patrocínio de Souza Dantas.[429]

Conhecido como o poeta do arco, seria contratado para as temporadas oficias dos teatros municipais do Rio de Janeiro e de São Paulo, onde realizou uma das primeiras apresentações após a chegada, em 9 de junho de 1930.

Em 1933 fundou o Quarteto Leônidas Autuori, contratado para uma série de concertos na Sociedade de Cultura Artística. Ali, em 13 de dezembro de 1934, Leônidas Autuori participou do seu 324º sarau, dentre os 27 então promovidos.[430] No dia seguinte, Mário de Andrade publicava no *Diário de S. Paulo* crônica sobre sua atuação, acompanhado pelo piano de outro ex-bolsista, Francisco Mignone, "um encanto de equilíbrio sonoro e compreensão harmônica". Nesse reaparecimento Autuori caminhava, na visão de Mário de Andrade, para a posse completa da sua arte. "Num programa já por si inteligentissimamente bem composto, ele demonstrou ontem qualidade de pujança sonora, equilíbrio de estilo e firmeza de afinação, que são realmente conquistas novas de virtuose. Houve um progresso incontestável e Leônidas Autuori emparelha agora com os que melhor conhecem o violino em nossa terra".[431]

---

428 "Artistas paulistas", *Les annales du foyer brésilien*. Paris, 24/02/1930, p. 53.

429 *Les annales du foyer brésilien*. Paris, 7/09/1929, p. 48.

430 Relatório da Diretoria da Sociedade de Cultura Artística. São Paulo: Gordinho Brane S/A, 1935.

431 Mário de Andrade, "Cultura Artística – concerto de natal", *Diário de S. Paulo*, São Paulo, 23/12/1934.

Foi quando trabalhou para os Diários Associados, iniciando-se na Rádio Tupi do Rio de Janeiro, como violinista e regente.

Autuori, que se casaria com a escritora e poetisa Silvia Pereira de Souza, seguiu para a Europa a convite de entidades musicais de Portugal, Espanha e Itália. Mais tarde, em 1959, fixaria residência em Belo Horizonte, para trabalhar como diretor artístico da TV Itacolomi, canal 4 e nas rádios Guarani e Mineira, dos Diários Associados. Viria a falecer em 24 de janeiro de 1966 na capital mineira, onde foi sepultado.

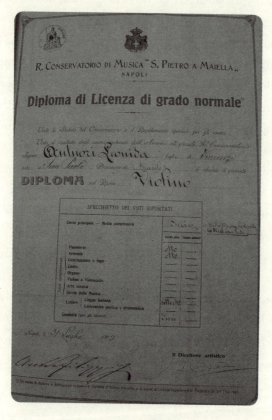

Diploma concedido pelo Conservatório de Nápoles em 1912.
(Coleção Dante Autuori)

Entre a vanguarda e a tradição 399

Cartazete de apresentação em Roma, c. 1913. (Coleção Dante Autuori)

Apresentação em Paris, c. 1913. (Coleção Dante Autuori)

Apresentação no Instituto Nacional de Música, no Rio de Janeiro em 1924. (Coleção Dante Autuori).

Capa de programa do Teatro Municipal de São Paulo. (Coleção Dante Autuori)

Leonor de Aguiar, cantora

Frequentadora da Villa Kyrial, a artista nascida na capital em 1887 foi contemplada com a bolsa antes de 1922, segundo infere-se pelo texto de punho do próprio Freitas Valle.[432] A principal prova de sua ligação com o mecenas consta de uma carta a ele remetida de Viena. Recordando então o "delicioso domingo" que lá passara, em 1921, no meio de "tanto carinho", em intelectual convívio, ela refere-se ao filho diplomata do mecenas:

> Este ano tenho a sensação de estar menos longe, quer pelas lembranças muito vivas, quer por encontrar nesta terra uma das mais preciosas flores da Villa Kyrial – o Cyro, já se sabe... Tive imenso prazer em encontrá-lo ainda mais forte e gentil, se possível, pareceu-me mais alto e mais gordo. Estivemos sem saber em Veneza na mesma ocasião, nos primeiros dias de outubro, curioso não nos termos encontrado, pois lá eu estava descansando, passeando, gozando do sol e do céu e saía diariamente pela Praça São Marcos.

No momento, todo seu prazer consistia em ficar em casa trabalhando. No tempo restante estudava alemão para cantar também nessa língua, sendo que o repertório daquele país fora o único que, devido à guerra, ela não pôde aperfeiçoar *sur place.*

> "O meio musical é tão interessante como eu esperava, o repertório clássico é muito superior ao de Paris e vim ouvir aqui óperas que há 10 anos não se cantam lá, como *Fidélio, Freichutz, Preciosa, D. Juan* e outros, sem falar em todas as óperas de Wagner, pois em Paris só levam e raramente quatro ou cinco das mais correntes".

---

432 José de Freitas Valle, "As artes em São Paulo", *in* Antonio Carlos Fonseca *et alli* (orgs.), *op. cit,* p. 7.

402   Marcia Camargos

Segundo ela, na Áustria os concertos de canto eram mais raros que os de piano e instrumentos de corda.

> "O repertório romântico deixou fundas raízes e tenho visto programas que parecem compostos no tempo de Liszt. Em ocasião oportuna pretendo dar aqui um ou dois concertos interessantes de orientação moderna (sem deixar os clássicos) e não esquecendo os bons compositores brasileiros. Dos meus projetos artísticos, só falo ao senhor, nisso como em tudo, a alma do sucesso é o segredo".

Diz que Viena continuava a mesma interessantíssima capital que conhecera em 1913, sem o inconveniente de ser a cidade mais cara da Europa de antes, mas ressalva. "Atualmente para os que lutam aqui deve ser uma vida horrível, em parte alguma vi tão desastrosas consequências da guerra, tamanha miséria, tão cruéis mutilações". Arremata perguntado sobre seu postal de Trento remetido no Natal e pede para transmitir a todos os *habitués* que por ela perguntarem, a sua cordial saudação.[433] No final do ano, em novembro, escrevia a Mário de Andrade de Berlim mencionando a Villa Kyrial,[434] depois de ter enviado um cartão-postal da Piazzeta e Isola di Giorgio, em que manifestava o quanto desejaria encontrar-se com ele em Veneza[435] – fato jamais ocorrido, pois o escritor nunca viajaria à Europa.

De novo na terra natal em 1924, Leonor de Aguiar daria uma série de recitais de canto pelo interior do Estado. Antes da revolta tenentista ela já mostrara seus dons em Piracicaba, Campinas e Ribeirão Preto, além de Jaboticabal, Bebedouro, Barretos, Olímpia e São Carlos. Nesta última, de acordo com artigo de *Ariel*, ofereceu recital com renda revertida para a aquisição de um piano de cauda para o Tênis Club. "Educada na Europa e possuidora de uma voz quente, maleabilíssima e agradável, a

---

433 Carta de Leonor de Aguiar a Freitas Valle, Viena, 6/01/1922. (AFV)

434 Carta de Leonor de Aguiar a Mário de Andrade, Berlim, 4/11/1922. (FMA)

435 Cartão-postal de Leonor de Aguiar a Mário de Andrade, Veneza, 18/11/1921. (FMA)

senhorinha Aguiar é atualmente um dos mais dignos representantes paulistas da arte do canto". A revista enfatiza que seu trabalho de disseminar por lugares que tão de raro em raro encontravam ocasião de se ilustrar e de se deliciar na "arte verdadeira" era digno de todo aplauso e da maior gratidão dos "melômanos paulistas". Informa que Aguiar voltaria à capital para descansar e dar mais um recital, antes de seguir para a Europa, onde tinha contratos firmados para o ano seguinte.[436]

Falecendo em 9 de setembro de 1977, seria sepultada no Cemitério do Santíssimo Sacramento, contíguo ao Araçá.

Correspondência enviada por Leonor de Aguiar ao amigo Mário de Andrade durante seu estágio como bolsista na Europa. (IEB/USP)

Correspondência enviada por Leonor de Aguiar ao amigo Mário de Andrade durante seu estágio como bolsista na Europa. (IEB/USP)

---

436 "Prestíssimo", *Ariel*, São Paulo, setembro de 1924, p. 449-450.

404 Marcia Camargos

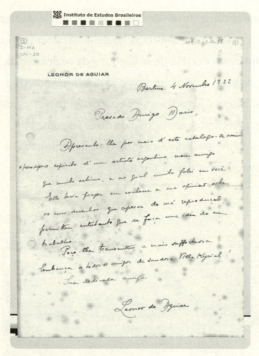

Correspondência enviada por Leonor de Aguiar ao amigo Mário de Andrade durante seu estágio como bolsista na Europa. (IEB/USP)

Correspondência enviada por Leonor de Aguiar ao amigo Mário de Andrade durante seu estágio como bolsista na Europa. (IEB/USP)

Entre a vanguarda e a tradição 405

Correspondência enviada por Leonor de Aguiar ao amigo Mário de Andrade durante seu estágio como bolsista na Europa. (IEB/USP)

Capa de recital em São Paulo

Programa do recital de Leonor de Aguiar em São Paulo. (IEB/USP)

Lúcia Branco, pianista

Medalha de ouro do Conservatório de São Paulo, onde se diplomou, Lúcia Branco, ao lado de Nair de Carvalho, era capa d'*A Cigarra* de 30 de junho de 1916. Aluna de José Wancolle, do Real Conservatório de Nápoles, "mestre competente e conscencioso daquelas artistas naquele importante estabelecimento de ensino artístico, onde as guiou com verdadeiro carinho", como registrou a revista que, em agosto, em um concerto no salão do mesmo local, comentava ser ela uma pianista de muito merecimento. "Para executar a *Nona Rapsódia* como ela a executou, com tal destreza, com tamanha bravura, com tantos efeitos técnicos, é preciso não somente possuir um formoso talento, como também um grande amor pelo estudo". Dizia que interpretação dada às difíceis páginas do "revolucionador da literatura pianística", revelava um trabalho formidável, que exigia dedicação integral.[437]

---

[437] "Sociedade de Consertos Clássicos", *A Cigarra*, São Paulo, 17/08/1916.

Entre a vanguarda e a tradição 407

Capa da revista paulista em 30 de junho de 1916.
(Arquivo Freitas Valle)

Obtendo a pensão em 1919, embarcou para Paris no navio holandês *Gelria*. Ao lado de Souza Lima e de Pureza Marcondes, apresentou-se aos demais companheiros de viagem no dia 12 de outubro, interpretando *Aube*, de Sinding, *Les roses, les roses*, de Hachey e *Idílio*, de Nicolas Medtner. Descrita por um passageiro que se tornaria correspondente ocasional como uma jovem de talento, de técnica já bem desenvolvida, executou com arte, "não descurando da interpretação que é sentida e cuidada, demonstrando sincera emotividade.[438]

Tão logo aportou, comunicava a Freitas Valle seu endereço, à Rua L'aqueduc, 15. "Em virtude dos mil embaraços e dificuldades que aqui tenho encontrado, ainda nada lhe posso dizer sobre os meus estudos, esperando, entretanto poder em breve informá-lo a esse respeito".[439] Passados três meses acusava a chegada de uma carta anunciando seu presente de Natal, pelo qual se dizia imensamente agradecida.

> O aumento da pensão foi sem dúvida uma sábia medida, tendo em vista as dificuldades da vida que aqui crescem dia a dia. Há embaraços, entretanto, que mesmo assim não serão resolvidos como por exemplo, a questão de alojamento que é hoje um problema quase insolúvel em Paris. Quanto aos meus estudos, continuo como sempre animadíssima e seguindo a opinião do Prof. Philipp, fazendo sensíveis progressos. Terei sempre grande prazer em lhe dar notícias minhas e do meu piano.[440]

Como os percalços na capital parisiense só fizeram aumentar, Lúcia Branco revelou que estava cogitando mudar-se para onde pudesse praticar durante as horas necessárias a seu aprimoramento, sem sofrer imposições nem restrições.

> "Pensei em Bruxelles, cuja proximidade de Paris, permitiame ir tomar as lições do Prof. Philipp. Isso, porém, devido à morosidade do serviço de estrada de ferro e o aumento das tarifas, era de todo impraticável. O recurso seria encontrar aqui um professor que conviesse. Esse existia, na pessoa

---

438 "Impressões de um concerto a bordo do Gelria", *Correio Paulistano*, São Paulo, março de 1920.

439 Bilhete de Lúcia Branco a Freitas Valle, Paris 30/10/1919. (AFV)

440 Bilhete de Lúcia Branco a Freitas Valle, Paris, 30/01/1920. (AFV)

do grande A. De Greef, festejadíssímo em toda a Europa e que acaba de regressar de uma *tournée* pela Inglaterra. O embaraço estava unicamente em não pretender ele lecionar, visto achar-se agora nas culminâncias de sua carreira artística. Não desanimei, porém e depois de obter que ele me recebesse, fiz-me ouvir, sendo aceita – quase duvido de tamanha ventura – pelo glorioso ex-discípulo de Liszt, que me prodigalizou mesmo algumas palavras que me encheram de coragem e estímulo".

A bolsista manifestava a satisfação em lhe dar aquela feliz nova e agradecia o programa enviado por Valle, colocando-a ao corrente do "movimento de arte de nossa terra".[441]

Em julho, Lúcia Branco prosseguia:

"Como lhe disse em carta enviada no mês passado, aqui estou em Bruxelas estudando sob direção de Arthur De Greef. Continuo sempre muito animada e esperando fazer em breve grandes progressos. Não lhe pude dar, como desejava, o meu endereço aqui, por não me achar ainda quando lhe escrevi, definitivamente instalada. Agora, porém, aconselha-me Dr. Barros Moreira que, para maior segurança receba de preferência a correspondência pela Legação do Brasil à Rua Montoyer,[442] 62. Peço-lhe aceitar, com as recomendações de mamãe, as minhas cordiais saudações".[443]

Nesse verão europeu, o número 4 da revista *Papel e Tinta* publicava em São Paulo meia página sobre a pianista. Com um instantâneo da artista tirado em Bruxelas, o artigo explicava que ela ia continuamente de lá a Paris, para ter suas aulas com Philipp. E garantia que a jovem aluna do Conservatório, "brilhantíssima de inteligência, heroica na tenacidade e já gloriosa pelo intenso amor que dedica à sua arte", bem merecia as esperanças dos paulistas.

---

441 Bilhete de Lúcia Branco a Freitas Valle, Bruxelas, 30/04/1920. (AFV)

442 "Lúcia Branco", *Papel e Tinta*, São Paulo, agosto/setembro de 1920, s/n p.

443 Bilhete de Lúcia Branco a Freitas Valle, Bruxelas, 25/07/1920. (AFV)

410   Marcia Camargos

Na carta seguinte, a pianista prometia enviar assiduamente notícias dos estudos, ressaltando ter feito até então o máximo possível para corresponder à confiança do governo de São Paulo e da "digna" Comissão Fiscal do Pensionato.

> "Enviei à minha família (para satisfazer as exigências fiscais) o requerimento pedindo minha transferência para esta, ao qual julguei útil juntar um certificado de meus estudos pelo Prof. De Greef. Uma vez selado tal requerimento, peço vênia para que ele lhe seja entregue, a fim de ser dado o respectivo andamento".[444]

Não demorou para que, em bilhete datado de 4 de dezembro, desse seus "melhores votos para um Feliz Ano Novo".[445]

A aplicada bolsista decerto não decepcionou o patrono. Em 1924 o *Jornal do Brasil* anunciava que o presidente Washington Luiz recebera da Rainha Elizabeth, da Bélgica, telegrama elogiando o concerto de Lúcia Branco da Silva em Bruxelas.[446] Seus talentos ecoaram no *Le Monde Musical*, que na mesma época registrou:

> "Temos aqui uma feliz estreia que faz jus não apenas a esta jovem pianista brasileira, mas também ao seu mestre Arthur de Greef. Após dar à *Ballade en la bémol* de Chopin uma execução bastante expressiva, Mademoiselle Branco soube conferir às charmosas pequenas peças da *Suite Bergamasque* de Debussy um encanto envolvente. Ainda que tenha conseguido afirmar sólidas qualidades de mecanismo nas outras peças de Chopin e de Liszt, foi sobretudo na Sonata deste último que ela revelou uma natureza de primeira ordem,

---

444 Carta de Lúcia Branco a Freitas Valle, Bruxelas, 3/11/1920. (AFV)

445 Bilhete de Lúcia Branco a Freitas Valle, Bruxelas, 4/12/1920. (AFV)

446 *Jornal do Brasil*, Rio de Janeiro, 1/03/1924.

Entre a vanguarda e a tradição 411

> pois soube manter o interesse durante todas as fases desta
> obra de desenvolvimento pouco comum.[447]

Findos os estudos na Europa por cinco anos, fixou-se em São Paulo, dando início à carreira de concertista. Em junho de 1924, *Ariel* anunciava uma série de apresentações para setembro, no Teatro Municipal, a partir do dia 1º. "É vasta e geral a curiosidade paulista de ouvir a grande intérprete que vem acompanhada de entusiásticos elogios da imprensa belga e francesa".[448] Passado um mês, a revista repercutia o evento. "O grande público, que com ansiedade crescente esperava por esta noite, aplaudiu a recitalista com entusiasmo indescritível. O programa é de grande responsabilidade e que, por si só, demonstrava a seriedade e a importância dos estudos feitos na Bélgica". Assinada por C. Padovani, a crítica trazia um retrato desenhado por Lapza.[449]

Mário de Andrade, que a ela já se referira em 1921 como uma esperança de renovação da música brasileira, ao lado de nomes como Villa-Lobos, Mignone, Pagliucchi e Guiomar Novais,[450] dali a 30 dias definia Lúcia Branco como um dos admiráveis exemplos de inteligência dominadora, dotada de uma severidade que nem os mais cultos eram capazes de apreciar. "Si não fosse isso a teríamos por aí a tocar rapsódias, com espantosa facilidade técnica, com milagres de malabarismos... e consequente triunfo público". Lúcia Branco, porém, prescindira desse trunfo, criando uma compreensão artística única que lhe assentava muito bem. "Suas interpretações são acuradíssimas, duma perfeição e exatidão extraordinárias, a que não prejudica o mínimo desequilíbrio e a que não desarranja a mínima exaltação exagerada". Para Mário, sua arte serena fora construída de forma equilibrada.

---

447 Le Monde Musical, Paris, França, 5/03/1924 (tradução livre do francês feita pela autora).

448 "Sinfonieta", *Ariel*, São Paulo, junho de 1924, p. 337-8.

449 C. Padovani, "Concertos: Lúcia Branco", *Ariel*, São Paulo, julho de 1924, p. 364-6.

450 Mário de Andrade, "Música Brasileira", *Correio Musical Brasileiro*, São Paulo, 15/07/1921, p. 5-6.

"A maneira sóbria com que nos deu *Variações* de Beethoven, a energia e exatidão com que ritmou a *Sonata* de Liszt, a sutileza com que salientou as nuanças da desinteressante *Suíte* de Debussy, a claridade épica e sonora com que plasmou a *Polaca* de Chopin são outras tantas provas disso". Intérprete por excelência, desaparecia "humildemente" ante as intenções e a grandeza dos autores que, segundo Mário, decerto gostariam de ouvir assim as suas obras – incluindo o próprio Chopin, que tanto reclamava das suas músicas, épicas e não acrobáticas, sentidas e não sentimentais.

> "Como as ancilas[451] fiéis cuja atenção para com os mestres era constante e incansável, sente-se o zelo e o carinho com que ela estuda, apreende e revela a alma dos seus autores em toda a pureza e perfeição. Por isso, sob a aparente frieza das suas interpretações, sente-se aquele ardor excelente que aquece e não queima, que embala e não sacode, que canta e não atordoa. Eis como eu compreendi Lúcia Branco e pude admirá-la",

finaliza ele, saudando-a como uma daquelas raríssimas artistas da nobre estirpe de Antonieta Rudge

> que não se deixam dominar pelos sentidos e que à exasperação sensual e ao desregramento sentimental opõem aquela bela regra latina que fez a grandeza dos sinfonistas italianos passados e de toda a arte francesa em geral. Bela regra latina, que não só domina o exagero dos afetos e das paixões, mas organiza-as em criações espirituais elevadas, cheias de íntimo e humano ardor.[452]

---

451 Escravas, servas.

452 Mário de Andrade, "Crônicas do Bemol", *Ariel*, São Paulo, agosto de 1924, p. 410.

Radicando-se mais tarde no Rio de Janeiro, a ex-bolsista tornou-se reputada professora de piano e teve entre seus alunos o compositor e pianista Jacques Klein (1930–1982), antes deste ir para Viena aperfeiçoar-se com Bruno Seidlhofer. Foi ela, ainda, quem aconselhou Tom Jobim a aprofundar-se na composição, após ouvir a *Valsa Sentimental*, considerada por ele como sua primeira obra. Composta quando tinha 18 anos, esta valsa ganharia letra de Chico Buarque e o título *Imagina*. Percebe-se nela uma influência de Chopin, cujas peças Tom estudava ao piano sob a orientação de Lúcia Branco. Ela abandonou o ensino de piano em 1963, mas mereceu do poeta Carlos Drummond de Andrade pelo menos duas crônicas no *Jornal do Brasil*, uma delas datada de 14 de julho de 1973. Ao morrer, em 15 de outubro de 1970, ganharia uma placa na Sala Cecília Meireles do Rio de Janeiro, em cujo teatro municipal Nelson Freire realizaria um recital em sua homenagem, quando foi também criado o Movimento Cultural Lúcia Branco.

Artigo com fotografias de Lúcia Branco em Bruxelas no ano de 1920.
(Coleção particular)

Lúcia Branco em Bruxelas. (Coleção particular)

Capa de programa de apresentação de Lúcia Branco em São Paulo.
(IEB/USP)

Mário Camerini, violoncelista

Também formado pelo Conservatório Dramático e Musical de São Paulo, seu prontuário datado de 1921 contém notas musicais, guia de matrícula, certificado de frequência no curso de concertista e de piano, no qual foi aprovado com distinção e louvor no final de março de 1923. Em janeiro de 1924 apresentou requisição de matrícula no Conservatório, nos seguintes termos: "Mário Camerini, com 18 anos, natural de São Paulo, filho de Achilles Camerini, residente à Rua Albuquerque Lins, 55, aluno do curso de piano deste estabelecimento, junta a certidão de frequência no ano letivo de 1923 e requer matrícula em continuação no referido curso".[453]

Ainda em 1924, sob o pseudônimo de Ars et Labor, Camerini, que nasceu em 1906, vencia o concurso promovido por *Ariel*, com apoio da Casa Di Franco. Diante das dez composições apresentadas, o júri composto por João Gomes de Araújo, Furio Franceschini, Manfredini, Agostinho Cantú e Antônio de Sá Pereira elegeu-o com seu *Canto primaveril*, de Maerini, para dividir o prêmio de 500$000 com Guido Santorsola. As peças ganhadoras, de acordo com o regulamento, seriam editadas e publicadas como suplemento do periódico.[454] Três meses depois, a mesma revista anunciava que ele esteve no Rio de Janeiro para receber, em sessão solene no Instituto Nacional de Música, onde estudou no curso especial do mestre Alfredo Gomes, a medalha de ouro conquistada no concurso de 1923. Após a sessão solene, o "jovem laureado" executou com a "maestria e fogosidade" de sempre, o 1º tempo do *Concerto em ré menor* de Haydn.[455]

Detentor da bolsa do Pensionato, Mário Camerini partiria rumo a Paris em 1925, para estudar violoncelo e não piano, em que já se havia formado. Assim é que iremos encontrá-lo na roda de colegas que se formou à volta de Souza Lima, bem como nas recepções, com a presença sempre constante do embaixador Souza Dantas. Do seu endereço à Rue du Delta, n. 12, em 1926 ele se dizia "satisfeitíssimo" em dar a Freitas Valle as melhores notícias quanto aos seus estudos: "Estou sempre entusiasmadíssi-

---

453 Requerimento de Mário Camerini ao Conservatório Dramático e Musical de São Paulo, São Paulo, 25/01/1924. (ACDM)

454 "Concurso musical Ariel", *Ariel*, São Paulo, maio de 1924, p. 295.

455 "Prestíssimo: medalha de ouro", *Ariel*, São Paulo, setembro de 1924, p. 447-8.

mo com esse meu professor, e muito contente por saber que ele também está bem satisfeito com o meu estudo, que procuro aperfeiçoar sempre o mais possível". Como os demais pensionistas, assina o "sempre muito grato".[456] Paul Bazelaire, professor do Conservatório Nacional de Paris, garantia a competência do aluno:

> "Estou muito feliz de atestar que meu aluno Mário Camerini, excelente violoncelista, muito bom músico e que tem diante de si um belo futuro de virtuose, trabalha de uma maneira regular, atenta, inteligente, faz os maiores esforços, e que é, para mim, um vivo prazer esse de conduzir sua educação musical".[457]

"Este jovem violoncelista sul-americano", dizia *Le Monde Musical*,

> "aluno de M. Paul Bazelaire já toca seu instrumento com autoridade e uma bela sonoridade. De resto, seu programa é aquele de um músico que se apoia no repertório corrente: Sonate de Porpora, Concerto de Léo, *Pièces en concert* de Couperin, *Suite* de A. Vermolen, *Printemps* de Debussy, *Habanera* de Ravel, *Fileuse* de Fauré-Ronchino et *Rythmes délaissés* de Jacques Dalcroze. Vibrante sucesso".[458]

Retornando ao país, desenvolveu a carreira de concertista sobre a qual, infelizmente, poucas referências foram encontradas, salvo uma menção no *Correio da Manhã* de 1940: São tão raros, entre nós, os recitais de violoncelo, que quando surge um, ficamos imaginando que é um instrumento de outro mundo.... brincou o crítico João Itiberê da Cunha, também compositor. "E se o artista é um Mário

---

456 Carta de Mário Camerini a Freitas Valle, Paris, 25/05/1926. (AFV)

457 Atestado de Paul Bazelaire a Freitas Valle, Paris, 20/05/1926. (AFV)

458 *Le Monde Musical*, Paris, 30/04/1927.

Camerini, rendemos graças aos céus e ao ilustre professor da escola Nacional de Música, que o incluiu na série dos seus concertos oficiais". [459] No programa, com acompanhamento do maestro Martinez Grau ao piano, constavam Bach, Schumann, Couperin, Joaquin Nin e *Elegia* de Villa-Lobos.

Capa do prontuário de Mário Camerini no Conservatório Dramático e Musical de São Paulo. (CDMSP)

Documento do prontuário de Mário Camerini no Conservatório Dramático e Musical de São Paulo. (CDMSP)

---

459 João Iteberêda Cunha, "Correio musical", *Correio da Manhã*, Rio de Janeiro, 30/06/1940.

Prova de Mário Camerini como aluno no Conservatório Dramático e Musical de São Paulo. (CDMSP)

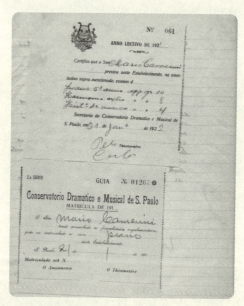

Documento do prontuário de Mário Camerini no Conservatório Dramático e Musical de São Paulo. (CDMSP)

Entre a vanguarda e a tradição 419

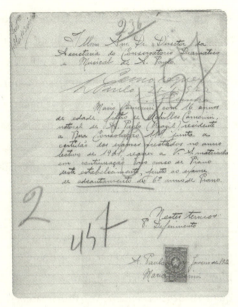

Requerimento de Mário Camerini junto ao Conservatório
Dramático e Musical de São Paulo. (CDMSP)

Pureza Marcondes, soprano

Primeiro prêmio no Instituto Nacional de Música no Rio de Janeiro, onde estudara, Pureza apresentou-se em concerto no Conservatório Dramático e Musical de São Paulo, em março de 1918, conforme noticiava *A Cigarra*.[460] Em 1º de abril, ao lado de Dinorá de Carvalho e de Maria de Freitas ao piano, cantou em homenagem às bodas de prata de João Gomes de Araújo e sua esposa Maria das Dores, no Santuário do Coração de Jesus.

Foi da Capital Federal que no ano seguinte a soprano agradecia o grande interesse do "bom amigo" Freitas Valle por ela na questão do Pensionato. "Estou certa de tirar o máximo proveito dos meus estudos na Europa, correspondendo assim à distinção que me foi conferida pela ilustrada comissão do Pensionato Artístico".[461] A carta seguinte já era remetida de Paris, dez dias após sua chegada. "A Família

---

460 "Artes e artistas", *A Cigarra*, São Paulo, 13/03/1918.
461 Bilhete de Pureza Marcondes a Freitas Valle Rio de Janeiro, 1/08/1919. (AFV)

Branco e eu tomamos cômodos em uma casa de família; o Souza Lima virá ficar conosco logo que vague um quarto". Mal se acomodara e já se ressentia da carestia e dificuldades na capital francesa. "Ouvi dizer que o governo pretendia elevar a nossa pensão a mil francos. Será uma medida justíssima, pois mesmo com essa quantia o pensionista terá que levar vida bem modesta na terra dos *pour boire*".

Como providência inicial, informou-se a respeito da professora de declamação lírica senhora Héglou e descobriu que, apesar de esplêndida, tinha o defeito de fatigar as vozes. Fez-se então ouvir por Mme. Richet, especialista em canto e declamação, de quem obtivera as melhores informações.

> "Vou tomá-la para professora, encarregando-se ela de preparar-me para o teatro e, como achou-me uma discípula muita aproveitável, fez um preço cômodo, tomando eu quatro lições por semana. Vou tomar também uma professora de solfejo e, assim, espero estar dentro de dois anos preparada para fazer teatro".[462]

Como os demais pensionistas, ela exultava diante da notícia do aumento da pensão, pelo qual ficava "sumamente grata ao bom Amigo por mais esse obséquio". Conta que aquela semana deveria ser ouvida por um compositor e pela esposa do maestro René Baton, diretor dos grandes concertos *Pas de loup*, uma "distinta cantora", para mandar a Freitas Valle a opinião de ambos sobre sua atuação. Infelizmente, porém, um forte resfriado a impossibilitara de cantar. Não obstante, todos os que a ouviam, incluindo M. Narçon, cantor da Opera, eram unânimes em emitir elogios à sua voz. "Tenho estudado bastante e feito progressos. Pena é que o tempo aqui seja tão ingrato para os cantores. Em dezembro apanhei um grande resfriamento, sendo obrigada a perder quinze dias de estudo e agora estou de novo muitíssima atacada". Acrescenta que até aquele dia não haviam conseguido a pensão de dezembro, esperando, porém, recebê-la juntamente com a do mês de janeiro.[463]

---

462 Carta de Pureza Marcondes a Freitas Valle, Paris 7/10/1919. (AFV)

463 Carta de Pureza Marcondes a Freitas Valle, Paris, 28/01/1920. (AFV)

Entre a vanguarda e a tradição 421

Fortemente gripada, a soprano só pôde retomar os estudos em fins de março, quando resolveu também mudar de professora, pois apesar das qualidades, Madame Richet já era uma senhora de 60 anos e, por conseguinte um pouco afastada do movimento musical moderno, como explicou a Freitas Valle.

> Estou agora estudando com Mlle. Goupil que tem 20 anos menos, é concertista, intérprete dos autores modernos, principalmente de Ravel. Ela foi discípula do grande Duvernoy, professor do Conservatório, atualmente aposentado. Já tive ocasião de conversar com ele; disse-me que de todas as suas discípulas Mlle. Goupil era a que melhor havia compreendido o seu método de ensino, todo baseado na respiração. Quando estiver com a voz bem trabalhada, vou estudar o canto teatral com Mariée de l'Ile, nome acatadíssimo no Paris artístico.

Avisa que muito breve daria uma audição ao mestre Duvernoy, sobre a qual escreveria contando a respeito e que, com menos frio, esperava gozar de boa saúde e assim poder trabalhar bastante. "Sei muito bem a responsabilidade que tenho e espero que meus esforços sejam coroados de êxito".[464]

Completamente recuperada no verão europeu, encontrava-se bem disposta de voz.

> "Tenho estudado muito e quanto mais estudo, mais convencida fico de quanto é difícil a arte do canto. A minha professora deu há alguns dias uma audição de alunas, tendo eu tomado parte. Achavam-se presentes, o grande mestre Duvernoy e outros diversos artistas. Não posso dizer que me tenha saído perfeitamente; estava muitíssimo emocionada, coisa, aliás, bem natural, visto saber que ia

---

464 Carta de Pureza Marcondes a Freitas Valle, Paris 18/04/1920. (AFV)

> ser julgada por artistas que pouca indulgência teriam para comigo. Por felicidade, os meus modestos dotes foram muito apreciados por todos, sendo que Duvernoy, quando acabei de cantar, chamou-me e disse: *Mon enfant, vous avez um avenir très beau devant vous, continuez à travailler*".

Não obstante, conta que ali era considerada como soprano, tendo sido um grande erro, segundo sua professora, terem-na feito estudar como *mezzo*. "Devido à mudança de registro de voz e, por conseguinte, de repertório, não me sinto ainda bastante segura do que faço. Se lhe mandar dizer que estou estudando o *Fausto*, talvez não acredite, pois é a verdade". Avisa ter recebido o programa do recital de Vera Janacopulos, cujo concerto só veria mais tarde.[465] Datado de 1923, encontramos na correspondência de Freitas Valle o certificado de sua professora. Em papel timbrado da Rue des Vignes, 34, atestava que mademoiselle Pureza Marcondes trabalhara muito seriamente naquele ano, com perseverança e sucesso. "Seus progressos são bastante efetivos e não lhe falta agora nada além de segurança e de facilidade de exteriorizar o que ela aprendeu".[466]

> Entro agora em férias, dei hoje a última lição, sendo que ao despedir-me Mlle. Goupil disse-me contar certo que eu fosse uma de suas glórias. Ela interessa-se realmente por mim, a prova é que faz-me pagar a metade de seus preços, o que é uma grande coisa, visto a vida aqui encarecer dia a dia.

E fala do pesar de não ter ido a Bruxelas ao concerto de Leonor de Aguiar.[467]

---

465 Carta de Pureza Marcondes a Freitas Valle, Paris 12/07/1920. (AFV)

466 Carta de J. Goupil a Freitas Valle, Paris, 10/07/1923. (AFV) – (traduzido livremente do francês)

467 Carta de Pureza Marcondes a Freitas Valle, Paris 20/07/1920. (AFV)

Na carta seguinte, Pureza reitera que sua voz está mudada, obrigando-a a por de lado todo o antigo repertório.

> "Depois das férias de agosto trabalhei diversos clássicos, inclusive a grande ária de *D. Julio César,* de Händel. Agora estou estudando o *Priére* de Tanhäuser. Há quinze dias recebi a dolorosa notícia da morte do meu pai. Peço-lhe o favor de acusar o recebimento do atestado. Em fins de dezembro próximo mandarei outro, do punho de Duvernoy".[468]

No final do ano, em pleno inverno, que chegou rigoroso, ela continuava estudando e, conforme relatava a Valle, tirando muito bom resultado na "dificílima" arte do canto. "Não lhe posso mandar o atestado de Duvernoy conforme prometi, porque o mestre foi passar um mês no sul da França. A minha audição ficou, pois, adiada para janeiro. Em fins de outubro mandei-lhe um atestado da minha professora, espero que tenha recebido". Agradece o programa do concerto da Vera Janacopulos e o saúda "mui afetuosamente", como amiga e admiradora.[469] Antes do término da sua bolsa, remeteria recortes de jornais franceses com notícias sobre sua atuação:

> Sábado passado teve lugar a abertura do Cassino de Beláir, pela companhia artística sob a direção de M. Algrin, que estreava com *A Tosca,* o grande drama lírico de Puccini, com a participação de dois grandes artistas na representação, a senhorita Marcondes e o senhor Toni-Nelli. A senhorita Marcondes, que possui uma bela voz de soprano dramática, obteve um grande sucesso no papel da *Tosca,* que ela interpretou com arte. Seu sucesso foi grande e meritório.[470]

---

468 Carta de Pureza Marcondes a Freitas Valle, Paris, 1/11/1920. (AFV)

469 Bilhete de Pureza Marcondes a Freitas Valle, Paris, 19/12/1920. (AFV)

470 Recorte traduzido livremente de *Chronique Theatrale,* Paris, outubro de 1923. (AFV)

Em relação a esta mesma apresentação, em setembro de 1923, Max Léaudy, condutor dos ensaios daquela ópera, certificava que Pureza Marcondes, a quem chamava carinhosamente de "Nina", cantou e desempenhou o papel de Floria Tosca, na parte da Cavalleria Rusticana, com uma voz de soprano dramática extremamente bela e um senso artístico marcante. Léaudy tencionava apresentá-la a um grande artista de ópera de Paris para aconselhá-la sobre canto teatral e preconizava para ela um futuro de artista brilhante, com uma bela carreira nesse campo.[471] Da sua carreira no regresso ao país, poucos registros ficaram.

Raul Dias Larangeira, violinista

Conta Souza Lima que, certa manhã, conversando com a bolsista Pureza Marcondes, no Boulevard des Italiens, em Paris, reparou numa pessoa olhando-os com certa insistência. Ele disse à cantora: "Aquele moço está com todo jeito de ser brasileiro, moreno, vestido com roupinha cintada, sapatos com ponta de agulha". Dito e feito: dali a pouco o rapaz chegou-se a eles e perguntou: "O senhor não é o Souza Lima?" Estabelecendo um diálogo, soube de que se tratava do violinista Raul Larangeira, recém-chegado do Brasil como pensionista. Filho de Manoel Luiz Larangeira e Vitalina Dias Larangeira, nascido em Avaré no dia 26 de novembro de 1899, trazia carta de recomendação do seu irmão José Augusto, com quem tinha realizado vários concertos em São Paulo. "Fizemos logo muita camaradagem e, ao seu desejo, iniciei-o logo na vida parisiense. Instalei-o na mesma casa da família onde eu morava há quatro anos e, daí por diante, fizemos uma vida como de irmãos".[472]

Souza Lima apresentou-o ao que diziam ser o melhor professor de violino do país, Edouard Nadaud, com quem Larangeira estudaria por longo tempo. Em carta a Freitas Valle, aliás, dizia trabalhar com afinco, sob a direção do "excelente" mestre, que cada vez apreciava mais.

---

471 Carta-certificado de Max Léaudy a Pureza Marcondes, Paris, 20/09/1923. (AFV)
472 João de Souza Lima, *op. cit.*, p. 93.

> "Hoje vou tocar com o Souza Lima e um violoncelista mexicano o trio do Villa-Lobos, no Museu Galliera, onde se realizam os concertos da América Latina. Envio-lhe um programa do concerto. No próximo mês vamos ter concertos magníficos: Kubelik, Jaska Heifetz. Ouvi um dia destes o Huberman, é um violinista formidável".[473]

A carta seguinte era enviada de Bidart, para onde viajou em companhia de Souza Lima, que relata em seu livro como ele era um jovem divertido e brincalhão. "Terminou-se a estação em Paris, que foi magnífica, aproveitei-a bastante, estudando regularmente", escreveu a Freitas Valle. "Como faz muito calor agora em Paris, e todo mundo sabe, inclusive o meu professor, vim passar dois meses aqui em Bidart, que é um lugar muito lindo e tranquilo. Pretendo aproveitar as férias, pois tenho um programa bem forte de estudos". Avisa ter enviado uma nota do seu professor sobre ele, que pedia remeter ao seu pai, na cidade paulista de Bauru. Datada de 30 de junho de 1924, a avaliação de Nadaud falava dos progressos consistentes e do seu trabalho constante, ressalvando, porém, que precisava aperfeiçoar a técnica, um tanto negligenciada até então. Revela ter encontrado o Cyro na embaixada, com quem tivera o prazer de "palestrar um pouco".[474] Com o pintor Túlio Mugnaini, Larangeira também passaria uma temporada em Biarritz, em 1927, como mostram fotos tiradas na praia daquele balneário. Retornando ao Brasil, apresenta-se em recitais no Municipal de São Paulo, em 22 de outubro de 1928 e 1º de junho de 1930, segundo programas arquivados no Museu do Teatro.

Falecido em São Simão, São Paulo, no dia 24 de julho de 1985, está enterrado no Cemitério São Paulo, sob o registro 550075/3-F, quadra 38, terreno 82-A.

---

473 Carta de Raul Dias Larangeira a Freitas Valle, Paris, 4/04/1924. (AFV)

474 Carta de Raul Dias Larangeira a Freitas Valle, Bidart, 4/07/1924. (AFV)

Capa de programa do Teatro Municipal de São Paulo. (IEB/USP)

Romeu Pereira, pianista e compositor

Agraciado com uma bolsa em Nápoles junto com o irmão, este paulista nascido em 3 de setembro de 1895 estudou no Conservatório de S. Pietro Magiella. Recém-instalado, em setembro de 1915 acusava em carta a Freitas Valle, assinada em conjunto, o recebimento de um cheque de 700 liras. Em plena guerra, reclamavam da morosidade do serviço postal, que requeria até 37 dias para entregar a correspondência de um continente ao outro. Bolsistas aplicados escreviam a cada 15 dias, relatando sobre o trabalho:

"Ontem começamos a estudar o *Cavoue*, forma de composição muito difícil, e que muito trabalho nos dá. Daí entraremos na *fuga* que nos dará campo de compormos coisas sérias e de importância". Romeu pede, então, uma cópia dos poemas *Signora del Fuoco* e *Signora del Sangue*, de autoria de Freitas Valle, para fazer algumas modificações sob orientação de seu professor. "Como a música é boa, e eu creio que é uma das melhores composições que escrevi, desde já lhe sou muito agradecido". Referem-se ao bolsista Paulo Vergueiro Lopes de Leão, que seguira para o Brasil no dia primeiro daquele mês, devido à doença da mãe: "Coitado do Paulo, tem sofrido tanto, e certamente nosso querido Jefe não deixará de o amparar, visto ter sido sempre tão bondoso e imensamente gentil para com todos nós". Agradecem a "gentil lembrança" de haverem sido incluídos no concerto oferecido ao Dr. Rodrigues Alves, na Villa Kyrial: "Muito sentidos ficamos, sendo que nosso querido Jefe organiza sempre os programas, lembrando-se de nossas composições, que tão pouco valem".

Em seguida falam de um professor em Nápoles prestes a se desfazer da coleção de onze partituras das óperas de Wagner, que ele cederia por duzentos francos.

> "Seria para nós de grande utilidade, é uma boa ocasião para adquirimos estes livros, que comprando em um negócio pagaríamos 40 francos cada partitura. Se o Sr. não achar nenhuma dificuldade enviando esta quantia, lhe seríamos muito agradecidos, pois é uma belíssima ocasião".

E terminam estendendo os cumprimentos a todos os Cavalheiros da Kyrial e à filha de Valle, Leilah.[475]

Dali a quase dois anos, em outra carta ao "Querido Jefe", alegram-se com as notícias recebidas após cinco meses, contendo "imerecidos elogios" pelas suas "modestas" composições. "Atualmente estou instrumentando a *Paráfrase sobre o Hino da Villa Kyrial*, e espero enviá-la breve", afirma Romeu. "A minha ópera está quase completa, faltam poucas coisas, e depois a instrumentação, coisa que farei aos poucos".

Como entre dezembro e fevereiro prestariam exame para obtenção de diploma, estudavam naquele momento a Sonata para violino e piano *Cena lírica*, fora

---

475 Carta de Romeu e Artur Pereira a Freitas Valle, Nápoles, 8/12/1915. (AFV)

428   Marcia Camargos

composição moderna, sobre a escala exacordal. "Entre estas há o exame por escrito de *Fuga* instrumental e vocal, coisa muito difícil, porém eu me sinto bem forte nesta matéria", relata Romeu, que revela ter lido no dia anterior a folha do *Jornal do Comércio*, com um artigo sobre os tragipoemas de Jacques D'Avray, que acharam sublime, "pois um modo tão belo, raras vezes temos lido em críticas artísticas e literárias". Dão os parabéns, "com a alma cheia de gratidão" e avisam terem enviado uma pequena composição, intitulada *Canta il marinaro*, conforme Valle pedira, e que ofereceram a seu filho José como uma lembrança. "Desejaria saber alguma coisa sobre a impressão causada por esta *pequena serenata*. Torno a dizer, foi feita logo que recebi sua carta, e não há alguma dificuldade. Peço também ao José que me perdoe pela pequena oferta".

Prometendo telegrafar tão logo fosse anunciado o resultado dos exames, finalizavam com referências às composições do maestro Nepomuceno e Leroux, que em Roma obtivera sucesso com sua ópera *Les cadeaux de Noel*. Por último, desculpam-se por "alguma amolação" sobre as pensões, "porém a culpa era da necessidade, do contrário não o teríamos incomodado".[476]

Quase dois meses depois, seguia outra carta agradecendo o *Tragipoema*, musicado pelo maestro Nepomuceno, cuja composição, segundo ele de fatura moderna, recordava os jovens compositores contemporâneos da França. "Há nele modestíssimo modo de pensar, creio que se o dito *Tragipoema* fosse feito para orquestra obteria efeitos bons e de grande surpresa para o auditório".

Dali a alguns parágrafos, revela que há quinze dias o pintor De Corsi pedira-lhe que redigisse uma carta em português sobre um terno que ele e De Marco, também bolsista, tinham ficado de mandar para Freitas Valle. "Espero que tudo foi esclarecido, pois o amigo De Corsi andava muito preocupado". Quanto à instrumentação da *Paráfrase sobre o Hino dos Cavalheiros da Villa Kyrial*, comunica estar quase terminada. "Empreguei algum tempo, porque como já lhe escrevi, estou-me preparando para os exames que serão próximos. Enviarei logo a instrumentação da *Paráfrase*, e uma sonata para piano e violino em quatro tempos, prova dos meus últimos estudos de alta composição". E, referindo-se à guerra que prejudicava o cotidiano, tornava a reclamar: "Certamente nesta época, são felizes as cartas que

---

476   Carta de Romeu e Arthur Pereira a Freitas Valle, Nápoles, 3/07/1917. (AFV)

chegam à sua destinação. Como de fato as pensões chegam aqui de dois em dois meses e sempre juntas".[477]

Morto precocemente em Nápoles em 29 de julho de 1919, aos 23 anos de idade, vítima da gripe espanhola, Romeu, que usufruiu menos de dois anos da bolsa, teria sua vaga depois preenchida por Francisco Mignone. O artista, em quem Valle depositava grandes esperanças, foi alvo de homenagem do mecenas, em discurso em sua honra, proferido na 87ª sessão ordinária da Câmara, em 23 de dezembro daquele ano.

---

477 Carta de Romeu e Artur Pereira a Freitas Valle, Nápoles, 8/09/1917. (AFV)

Entre a vanguarda e a tradição

Aqui, um ligeiro preâmbulo para reiterar as diferenças entre a qualidade e o número de informações a respeito dos bolsistas de artes plásticas e de música. Sobre os primeiros foi possível estabelecer as respectivas biografias e, em certa medida, reunir dados significativos das trajetórias enquanto bolsistas. Já para o segundo grupo, a despeito das pesquisas exaustivas, pelos motivos explicados na introdução, a análise mais completa restringiu-se aos três nomes conhecidos da área, ou seja, Francisco Mignone, João de Souza Lima e Estela Espstein. Em relação aos demais, tivemos que nos ater à correspondência com Freitas Valle, além dos artigos de revistas e jornais do período, visto que livros e obras de referência praticamente os ignoram. Foram costurados fatos para a análise sobre o impacto dos estudos no exterior em suas carreiras, mesmo quando não se descobriram sequer as datas de nascimento e morte de alguns. A despeito dos esforços, incluindo uma verdadeira peregrinação por cartórios de registro e pelos 24 cemitérios da cidade, não conseguimos os dados básicos de alguns, como os da soprano Pureza Marcondes, do barítono Ernesto De Marco, do violoncelista Mário Camerini e do pianista Bráulio Martins.

De um modo ou de outro, é inegável que o Pensionato teve papel importante ao permitir o aprofundamento dos estudos e, ao mesmo tempo, possibilitar o contato dos 33 bolsistas brasileiros com outros meios artísticos e novas mentalidades. Mesmo em um ambiente conservador, o pensionista podia frequentar museus e inteirar-se a respeito das propostas estéticas que se sucediam na Europa e, sobretudo, em Paris. Embora não se tenha notícia de contatos de nenhum deles com a Bauhaus, – a escola fundada por Walter Gropius em 1920, em Weimar, na Alemanha —, que até ser forçada pelo governo nazista a fechar em 1933, desenvolveu um trabalho de colaboração entre artistas, arquitetos e artesãos que repercutiria em todo o design moderno, com desdobramentos importantes no processo criativo de artistas plásticos das mais diversas técnicas ao redor do mundo.

Ainda que estipulasse cópias de quadros célebres em estilo acadêmico, o Regulamento do Pensionato era, como já foi mostrado, muito mais flexível do que o da Escola de Belas Artes do Rio de Janeiro. Assim, cumprindo as exigências do Pensionato no que tangia às cópias estipuladas, o estudante gozava de certa liberdade para seguir o próprio caminho, sem sofrer penalidades nem interferências desmesuradas da Comissão Fiscal. Além de escolher os salões nos quais expor, ao bolsista cabia selecionar o trabalho a ser doado à Pinacoteca, ao término do quinto ano de estágio. O mesmo aplica-se aos músicos, cujos estudos pareciam ainda menos sujeitos a controles a partir do Brasil. A despeito de procurar nomes consagrados e os conservatórios de Nápoles, Bruxelas ou de Paris, o estudante não precisava manter um mesmo professor e não raro mudava de mestre ou até de cidade, a fim de alcançar seus propósitos. A pianista Lúcia Branco saiu de Paris para Bruxelas, ao passo que Estelinha Epstein escolheu Berlim, na Alemanha, por indicação do seu tio e supervisor artístico, José Kliass, sem enfrentar nenhum problema com a Comissão Fiscal. Do mesmo modo, os demais intérpretes ficavam à vontade para escolher uma orientação. Porém, como a política do Pensionato espelhava a visão e o gosto estético e musical conservador e convencional, ele também contribuiu para brecar o impulso de ousadia ao alcance dos artistas da segunda leva, ou seja, do pós-guerra. Desencorajando experimentos tidos como excessivos em termos de artes plásticas e dissonantes, na música, estreitou a amplitude do horizonte que os pensionistas poderiam vislumbrar. E compactuou com o recuo em direção à retomada figurativa efetuada pelos pintores e escultores, além de constranger compositores e instrumentistas a pautarem-se pelo tradicional e consagrado, alienando-se do contexto que já vinha, desde pelo menos a década anterior, subvertendo a ordem da escala musical.

A despeito disso, parece que apenas os compositores foram enquadrados mais rigidamente nos esquemas pré-estabelecidos pelos mentores do Pensionato, desejosos de aparelhar São Paulo com um núcleo operístico dentro da melhor tradição italiana. Os irmãos Romeu e Artur Pereira fixaram-se em Nápoles. Já Francisco Mignone, que viajou na vaga aberta com a morte de Romeu, ao receber a bolsa de estudos, não só tocava piano, mas também flauta, violoncelo e violão. Ele teve que abdicar destes instrumentos de compositor popular, quando usava o pseudônimo de Chico Bororó, para tornar-se o novo Carlos Gomes do Brasil. A par disso, Mignone viu-se compelido a se fixar em Milão, quando gostaria de ter seguido para Paris como a maioria dos bolsistas, pois lá concentravam-se os grandes nomes do momento. Na Itália, escreveu duas óperas, *O contratador de diamantes* e *O inocente*, para atender às demandas da Comissão Fiscal do Pensionato enquanto, praticamente às escondidas, estudava harmonia, contraponto e fuga com o maestro Vincenzo Ferroni, um músico de formação francesa e não italiana. Como ele próprio deporia em entrevista ao *Jornal do Brasil,* em 1968, aquilo constituiu uma leve transgressão de que jamais se arrependera. Assim mesmo, torna-se claro que Mignone viu-se compelido a obliterar sua faceta de compositor ligado às raízes populares nacionais para fazer jus à bolsa do Pensionato e às aspirações de Freitas Valle, de quem se julgava um eterno credor pela "benevolência e deferência" de que era alvo.

Tal desvio de rota, porém, suscitou críticas no meio musical. À frente do pelotão modernista, Mário de Andrade condenou a escolha de Mignone, mal-visto no grupo afeito às experiências de raízes brasileiras de Villa-Lobos. Não por acaso, em carta de outubro de 1924, enviada a Anita Malfatti, também bolsista em Paris, ao relatar que compareceria a um dos faustosos almoços de domingo oferecidos por Paulo Prado, "maravilha de comida luso-brasileira", o futuro autor de *Macunaíma* dizia: "Lá vou, bem armado. Vai sair fogo".[1] Isso porque previa uma descompostura dos colegas por causa da saudação feita a Mignone, um "compositor passadista", na recepção solene oferecida ao músico recém-chegado da Itália, na sede do Conservatório Musical.

Nesse sentido, Liddy Chiaffarelli testemunha que durante anos Mignone afastou-se da música brasileira – mais por uma contingência de estudos do que por desinteresse:

---

1 Mário de Andrade, *Cartas a Anita Malfatti* (org. Marta Rossetti Batista), Rio de Janeiro: Forense Universitária, 1989, p. 86.

"Quando uma nova corrente se iniciou no Brasil, com ideal nacionalista, ideal que acabou por triunfar e vencer em toda linha, Francisco Mignone, naturalmente impulsionado para essa corrente, começou a produzir obras que o colocaram, de pronto, entre as figuras máximas e mais representativas da música brasileira".[2]

Ou seja, se ele esteve imbuído de "italianismo" ao longo da vigência da sua bolsa para cumprir os desejos do pai, de Freitas Valle e de boa parte da comunidade musical de São Paulo, tampouco se tornou o sucessor de Carlos Gomes. Ao contrário, de volta à pátria, Mignone acabaria despindo-se das influências da ópera europeia para se aproximar das tendências abrasileiradas defendidas pelos modernistas. Não obstante, em Milão ele adquiriu uma sólida base, essencial para sua carreira de compositor de êxito.

Como pianista e, portanto, livre da camisa-de-força imposta aos compositores, Souza Lima desfrutou de proveitosa estada que impulsionou sua carreira, dando-lhe certa projeção internacional. Para tanto, em muito contribuiu o ingresso no prestigioso Conservatório de Paris, bem como os prêmios recebidos, responsáveis por abrir portas no meio musical e na alta sociedade parisiense. Pôde, ainda, travar conhecimento não só com os nomes consagrados, mas com o que havia de mais moderno na sua área, já que a cidade não era a Meca apenas dos pintores e escultores, mas também dos que faziam música de todos os gêneros. Formando, junto com Tarsila e outros modernistas, uma espécie de embaixada extra-oficial, conheceu a vanguarda que ia de Jean Cocteau, Satie, Diaghlev a Picasso, Gleizes e Léger. Esteve, ainda, bem próximo de Villa-Lobos, mas ao contrário deste, não desenvolveu a ligação com as criações populares da sua juventude, quando compôs valsas, maxixes e tangos sob o pseudônimo de Xon-Xon.

Pouco conhecida em São Paulo, mas gozando de enorme reputação no Rio de Janeiro, onde atuou como professora de piano, Lúcia Branco exerceria importante

---

2 Liddy Chiaffarelli, "Biografia", in Francisco Mignone, *A parte do anjo: autocrítica de um cinquentenário*. São Paulo: E. S. Mangiore, 1947, p. 72.

influência em toda uma geração de músicos brilhantes, incluindo Jacques Klein, Tom Jobim e Nelson Freire.

Dentre os acadêmicos que traçaram rotas de pensionistas exemplares, está Túlio Mugnaini. Radicado na Cidade-Luz, trabalhou com afinco para cumprir os deveres de pensionista, conforme comprova a farta documentação por ele colecionada e a correspondência remetida ao benfeitor Freitas Valle. Presente nos salões de arte tradicionais, mereceu prorrogação de dois anos na bolsa, esticada até 1928. Embora ciente das ideias que agitavam as vanguardas artísticas de Paris, como afirmou em diversos depoimentos, permaneceu imune às tentativas de mudança no seu modo de pintar. A ousadia passageira, representada por *Dame à la rose,* foi por ele repelida de forma tão radical que ele acabaria destruindo a tela emblemática dessa fase transitória para retomar os ensinamentos da "escola clássica" da qual, segundo afirmou, não havia como fugir. Em seus quadros imperava a sobriedade, vista como medida de bom gosto e elegância, em oposição às experimentações transgressoras dos modernos: "Nada de posições clamorosas, de tintas carnavalescas; tudo muito simples e natural".[3]

Assim, se Mugnaini escapou da armadilha do "afrancesamento" temido por Lobato, ao reagir às tonalidades lavadas e às cores diluídas que o fascinaram num primeiro momento do aprendizado em Paris, tampouco se contagiou ou estabeleceu diálogos com as novas tendências estéticas do meio artístico europeu. Na volta, ao mostrar as últimas obras na Galeria Blanchon, na Rua Direita, reafirmava seu ponto de vista que nunca abandonou nem questionou: "A grande arte não pode existir sem a condição estrita do respeito da forma e construção, dos volumes, que são a base, a armação principal da pintura".[4] Esse conceito Mugnaini levaria consigo ao assumir o cargo de diretor da Pinacoteca do Estado de São Paulo por duas décadas, a partir de 1944. Foi nessa posição que, em 1956, em um longo artigo sobre as artes plásticas em São Paulo, reafirmou que o florescimento da nossa arte teve início em 1816, com a Missão Artística Francesa.

---

3 Silveira Bueno, "O passado e o presente – interpretando o pensamento de Túlio Mugnaini", *Folha da Manhã*, São Paulo, 09/02/1928.

4 "Os que fazem modernismo e os que dele se distanciam, na pintura", *Correio Paulistano*, São Paulo, 21/07/1928.

436   Marcia Camargos

"É sob a influência da Academia que vimos surgir, mais tarde, as figuras preeminentes da nossa pintura, representadas por Vítor Meireles, Pedro Américo, Almeida Júnior, Zeferino da Costa, Rodolfo Amoedo e Castagnedo", escreveu, garantindo haver sido, essa, a fase de esplendor da pintura nacional, que teve como patrono a "magnânima figura de D. Pedro II".[5]

Por sua vez, endossando o sentimento verde-amarelo que se popularizou durante a I Guerra Mundial, Monteiro Lobato opunha-se ao viés francófilo do Pensionato, que, a seu ver distorcia a perspectiva do jovem bolsista em contato exclusivo com a civilização europeia. Na opinião dele, Wasth Rodrigues representava uma rara exceção à regra. Reconhecido como uma das únicas vocações que não se afrancesaram, Rodrigues teve o apoio incondicional do escritor. Nunca é demais lembrar que os comentários de Lobato repercutiam na opinião pública – para o bem ou para o mal. Foi este o caso da exposição de 1916 de Rodrigues, salva do naufrágio graças a um artigo favorável em *O Estado de S.Paulo*.[6] Como vimos, na correspondência a Godofredo Rangel, ele mencionaria como Oswald de Andrade combatera, no *Correio Paulistano*, suas ideias "antilitoralistas", gerando uma polêmica que alavancou a visitação e a vendagem dos quadros.[7] Contrário à quase obsessão lobatiana com o Brasil profundo, Oswald colocava a questão básica de que a arte, *latu sensu*, pertencia a um âmbito supra-abrangente e livre de funções utilitárias. Uma pintura ruim, artisticamente falando, não melhoraria se servisse a determinada causa. Inserindo Wasth entre os bons artistas, independentemente do tema,[8] Oswald punha a nu a ideia, falsa, de que os estudos no exterior comprometeriam uma espécie de "alma brasileira". Quando se falava em nacionalismo, é preciso reiterar, pensava-se mais na temática dos quadros e menos na técnica empregada. O artista deveria valer-se das paisagens locais, libertando-se das cores pastéis e dos tons esmeralda para captar os variados verdes da luxuriante vegetação

---

5 Túlio Mugnaini "No começo do século: as artes plásticas em São Paulo", *A Gazeta*, São Paulo, 29/05/1956.

6 Monteiro Lobato, "A propósito de Wasth Rodrigues", *O Estado de S.Paulo*, São Paulo, 9/01/1916.

7 José Bento Monteiro Lobato, *A barca de Gleyre*, op. cit., v. I, p. 121.

8 Oswald de Andrade, "José Wasth", *Correio Paulistano*, São Paulo, 12/01/1916.

tropical, sem esquecer a intensidade da luz, mais luminosa e estridente do que nas latitudes de clima temperado. E como muitos não conseguiam adaptar imediatamente sua paleta às cores da terra nativa, converteram-se em alvo da crítica nacionalista, quando resolviam mostrar os trabalhos executados fora. De quebra, este raciocínio trazia à tona a dificuldade de se definir uma arte que, em sua configuração final, fosse capaz de emitir sinais inequívocos de uma identidade local intransferível.[9] Nenhuma palavra sobre a questão do gestual desenvolvido pelos antigos acadêmicos como Almeida Júnior. Mesmo tendo vivido e estudado fora do país, ele soube colocar em seus quadros toda uma dinâmica já descrita como "técnicas do corpo" que, para além das feições e paisagens retratadas, ou da luz e notação cromática, lhes conferem uma naturalidade tropical. "É nosso, sobretudo, o jeito do homem se apoiar no instrumento, sentar-se, segurar o cigarro entre os dedos, manifestar no corpo largado a impressão de força cansada, a que Cândido Portinari parece não ter sido insensível", explica Gilda de Mello e Souza, referindo-se ao *Derrubador*, tela pintada por Almeida Júnior em Paris em 1871.[10]

Victor Brecheret constitui um caso especial. Descoberto pelos modernistas em 1920, em uma visita à exposição das maquetes para o concurso do monumento da Independência,[11] no Palácio das Indústrias ainda inacabado, o escultor destoava dos artistas locais, causando forte impacto na roda dos intelectuais futuristas. Emprestando obras para serem expostas no saguão do Teatro Municipal de São Paulo durante a Semana de Arte Moderna, ele embarcou confiante para Paris, onde logo começou a enviar trabalhos para os salões "extraoficiais" que divergiam dos severos cânones do circuito da "grande" arte. Ao final dos cinco anos na França, mas tendo em vista uma possível renovação da sua bolsa por mais dois, ele participou, entre abril e junho de 1925, da 138ª versão da tradicional Societé des Artistes Français, cujos expositores, apelidados de *pompiers*, dedicavam-se a um academismo exauri-

---

9 Tadeu Chiarelli, *in* Luís Gonzaga Duque Estrada, *A arte brasileira*. Campinas: Mercado de Letras, 1995, p. 12.

10 Gilda de Mello e Souza, *op. cit.*, p. 224-5.

11 O concurso foi vencido pelo siciliano Ettore Ximenes, autor do monumento que se encontra hoje diante do Museu Paulista, no Ipiranga, e que Mário de Andrade e os modernistas comparavam a um enfeite de bolo de noiva.

438   Marcia Camargos

do. Aliado ao sucesso da individual montada em São Paulo em dezembro de 1926, para comprovar o aproveitamento, o expediente garantiu a Brecheret o adicional de bolsa do governo paulista. Sua interlocução com os movimentos de vanguarda, dos quais foi efetuando uma apropriação crítica, deveu-se ao fato dele ser um artista feito e de competência artesanal já lapidada ao receber a bolsa. Estava praticamente pronto sob o ponto de vista técnico e expressivo graças ao aprendizado na Itália anterior ao Pensionato que, na prática, funcionou para dilatar sua permanência no exterior, sem consequência importante no produto final da sua arte. Posto de outra forma, para Brecheret, a bolsa do governo não interferiu diretamente no seu fazer artístico nem no resultado do seu trabalho, que apenas amadureceu na temporada extra no estrangeiro, em contato direto com os grandes mestres contemporâneos dos movimentos europeus de vanguarda. Combinando academicismo e modernidade, ele também foi fundamental na consolidação dos mitos fundadores de uma identidade paulista. Victor Brecheret constituiu um ponto chave neste processo de constituição do imaginário de São Paulo, ao forjar o bandeirante que desbrava os sertões, imagem do povo simples, incansável e trabalhador.

Para a pintora Anita Malfatti, que obteve a subvenção aos 34 anos de idade, graças às gestões do amigo em comum com Freitas Valle Mário de Andrade, após uma longa espera de quase uma década, o Pensionato teve um impacto complexo de ser definido. Quando deixou o país, no calor do modernismo, tendência que se firmava como postulado, ela já havia abdicado do estilo expressionista característico dos anos iniciais. O ímpeto inovador incorporado nos seus estudos na Alemanha e nos Estados Unidos[12] tinha esmorecido e suas preocupações não eram mais as mesmas da artista arrebatadora que chocou os círculos conservadores com as obras da mostra de 1917. Assim, ela foi absorvendo e integrando à sua maneira diversas características da Escola de Paris. Segundo Marta Rossetti Batista, essa apropriação deu-se

---

12 A formação de Malfatti deu-se na Alemanha, para onde viajou em 1910, absorvendo os influxos da arte expressionista das vanguardas desse país. Retornaria a São Paulo em 1914, embarcando em seguida para passar dois anos em Nova York.

> "desde a estrutura realística da composição – mesmo que resolvesse muitas vezes a perspectiva por superposição de planos e utilizasse deformações leves nas figuras – até a preocupação com a *belle facture*, o refinamento colorido, rico e cheio de nuances e o cuidado com a pincelada".[13]

Tornamos nossas as palavras de Sergio Miceli, segundo quem, enquanto a maioria dos brasileiros dessa época avançou em termos de elaboração e aprofundamento de um léxico pessoal em contato com a vanguarda, que teria impulsionado quase todos em direção a uma das fases mais decisivas e inovadores de suas carreiras, o mesmo não ocorreu com Anita. A influência marcante de alguns nomes de peso da Escola de Paris como Matisse, Marquet, Derain ou Vlaminck sobre o trabalho dela nos anos de Pensionato teriam-se traduzido por um retrocesso no plano expressivo e por uma retração temática, muito ligada aos seus problemas de ordem existencial.[14]

Mário de Andrade, porém, diante da sua exposição esteticamente desigual, que inaugurou em 10 de fevereiro de 1929 para comprovar o aproveitamento como bolsista, disse que sua ida à Europa pelo Pensionato fora um bem vasto.

> A amplitude de agora significa a aquisição do direito de experiência. O que sacrificou de intensidade dramática, beneficiou muito a ela em valores plásticos. [...] Anita Malfatti adquiriu o direito de experiência que dantes não possuía. Está experimentando com uma probidade e uma liberdade incomparáveis. Nenhum cabotinismo, nenhuma intenção de agradar, nenhuma intenção falsa.[15]

---

13 Marta Rossetti Batista, *Anita Malfatti no tempo e no espaço, op. cit.*, p. 111.

14 Sobre o assunto ver Sergio Miceli, *Nacional estrangeiro, op. cit.*, p. 120.

15 Mário de Andrade, "Anita Malfatti", *Diário Nacional*, São Paulo, 5/03/1929.

A imaturidade dos jovens bolsistas constituía outro tema relevante, reiteradamente levantado por Monteiro Lobato. Alguns afirmam que o estudante empregava o tempo entre a escola, o ateliê do mestre e o próprio estúdio. Assim, salvo no caso de nomes experientes, ele permanecia alheio à atmosfera à sua volta. Se Anita Malfatti e Victor Brecheret tinham contato com a vanguarda internacional e conviviam com os modernistas conterrâneos em Paris como Rego Monteiro, Tarsila do Amaral, Di Cavalcanti, Oswald de Andrade, Sérgio Milliet, Villa-Lobos e Antonio Gomide, a maioria não tomava parte nos debates a agitar os meios artísticos do Velho Mundo. Apesar da oportunidade de viagem, as exigências do regulamento forçavam o estudante de pintura ou escultura a apresentar testemunhos de aproveitamento por critérios do ensino convencional, tolhendo possíveis espíritos rebeldes.[16] Contudo, uma leitura cuidadosa da correspondência, artigos de jornal e depoimentos de ex-bolsistas demonstra que tal hipótese não se sustenta. Mesmo entre os mais comportados das primeiras levas como José Wasth Rodrigues, Osvaldo Pinheiro ou Monteiro França, havia a preocupação em reservar umas horas para aulas de história de arte ou de anatomia, frequentar museus, exposições, bibliotecas, bons teatros e concertos. "As excursões artísticas também eram possíveis, as viagens sendo facilitadas por ótimos serviços de transportes e por abatimentos nos preços das passagens", relataria Túlio Mugnaini em artigo sobre Alípio Dutra.[17] No entanto, é inegável que seguiam os mandamentos da arte acadêmica e, na maioria, não ousavam expor fora do circuito dos salões oficiais. Helena Pereira da Silva Ohashi, por exemplo, confessou que tinha aversão pelos modernos excessivos, enquanto admirava os mestres, bons desenhistas, com colorido rico e espontâneo.[18] Eles foram responsáveis por trazer ao Brasil os ecos do impressionismo, assimilado com uma técnica quase acadêmica, com maior ênfase à luz do que ao desenho. Voltaram com telas de composição mais livre, colorido nas sombras e um tratamento em que a pincelada aparece, dando ao quadro movimento e textura rica.

---

16 Aracy Amaral, *Artes plásticas na Semana de 22, op. cit.*, p. 93.

17 Túlio Mugnaini, "Alípio Dutra", *A Gazeta*, São Paulo, 29/01/1964, p. 17.

18 Helena Pereira da Silva Ohashi, *Minha vida: Brasil-Paris-Japão*. São Paulo: Ed. da Autora, 1969.

Nos anos 1920, porém, nota-se uma efervescência mais difícil de ser ignorada. Sob uma nova dinâmica temporal, as transformações provocadas pelos desdobramentos do pós-guerra aceleram-se. O mundo dinamiza-se, as distâncias encurtaram e a troca de informações agiliza-se, com reflexo também na vida artística. Em São Paulo, a questão da modernidade, que já vinha sendo discutida por diversos intelectuais e críticos, com Monteiro Lobato à frente, ganha contornos modernistas após a Semana de 22. Assim, ao aportarem em Paris, muitos deles já com carreiras consolidadas, os bolsistas do último quartel de vigência do Pensionato usufruíram com mais naturalidade o ambiente francês que se libertava das amarras do academicismo e da música convencional. Não nos esqueçamos de que Igor Stravinsky, ao colocar a percussão em primeiro plano na *Sagração da Primavera*, em 1913, dera o tom do século XX, pautado pelo ritmo da máquina, pela velocidade do automóvel e pelo barulho da metrópole.

É certo que não lançaram manifestos nem criaram movimentos. Para os franceses, nossos artistas não eram vistos como um corpo coeso, mas recebiam constantemente citações na imprensa especializada na área de música ou em artes plásticas. Como ressaltou Marta Rossetti, se os latino-americanos como um todo não tinham força para se destacar entre as demais colônias na Escola de Paris, como poderia fazê-lo, sozinho, o grupo de brasileiros? Tentativas, ainda que tímidas, foram ensaiadas. Túlio Mugnaini contou, em entrevista, que chegou a cogitar organizar uma "demonstração de arte brasileira" em Paris, sem sucesso. A colônia, supunha, parecia se envergonhar da procedência e não acorreu ao convite. "Pensava talvez que eu fosse imitar as loucuras do Rego Monteiro, que faz rir a todos com o seu futurismo", justificou.[19]

Mas sem fundar correntes, os brasileiros no pós-guerra contavam até com seus próprios semanários, como a *Gazette du Brésil*, que apareceu em dezembro de 1923, além do *Brazil-Journal*, de fins de 1925, para noticiar os principais acontecimentos no Brasil e informar sobre as personalidades em Paris, dentre políticos e artistas. Grande parte destes estava ali com bolsas governamentais, fossem elas Prêmio de Viagem da Escola Nacional de Belas Artes e da Exposição Geral de Belas

---

19 "As artes plásticas em São Paulo no começo do século", *A Gazeta*, São Paulo, 29/05/1956.

Artes do Rio de Janeiro, fosse do Pensionato de São Paulo. Os pernambucanos Gilberto Freire e Anísio Galvão, além do poeta José Severiano de Rezende, amigo de Freitas Valle que permaneceu à frente do quinzenário *Mercure de France*,[20] vetor do simbolismo mundial, encarregavam-se de difundir as proezas dos artistas brasileiros no exterior. Havia, igualmente, a *Revue de L'Amerique Latin*, em que o crítico Raymond Cogniat fazia o balanço da atuação dos artistas latino-americanos nos salões de arte parisiense, além do *Paris Sud-Amerique* e dos jornais locais como o *L'Intransigeant*, *Paris Times*, *Temps* e *Comoedia*, entre outros, com espaços dedicados à análise das obras expostas nos diversos salões de arte.

A maior repercussão, contudo, dava-se na terra natal. Em São Paulo, os feitos dos jovens d'além-mar, os "bandeirantes" em missão cultural no Velho Continente para capturar não esmeraldas, mas uma sólida bagagem artística que, na volta, legitimasse o país como um lócus civilizado, eram alardeados pela imprensa com mais ufanismo do que senso crítico. O exemplo da crônica sobre Brecheret no *Correio Paulistano*, assinada por Menotti Del Picchia e endossada por Monteiro Lobato na *Revista do Brasil* e por Oswald e Mário de Andrade na *Gazeta* e outros jornais, é emblemática. "Brecheret, o negado de ontem, contra cuja arte só faltou que se atirassem pedras, fez como César nas Gálias: chegou, viu e venceu"[21] exultou Menotti, para quem a simples aceitação do escultor no Salão do Outono tinha o sabor de vitória em um campo de batalha inimigo. Ironicamente, a obra chamava-se justamente *Les conquérants*, em alusão aos bandeirantes. Inúmeros escritores e jornalistas que iam à Europa em viagem curta ou longa temporada, como Paulo Prado, faziam também o trabalho de divulgação. Sérgio Milliet colaborou com "Carta de Paris", na revista *Ariel*, enquanto Yan de Almeida Prado assinava "Carta da Itália". Ao lado de notas esparsas enviadas por colaboradores ocasionais, a exemplo da

---

20 O *Mercure de France*, que já vinha mantendo seções sobre literatura estrangeira, foi um dos primeiros veículos a divulgar autores brasileiros no exterior. Já em 1901 dera início a "Lettres Brésiliennes", a cargo de Figueiredo Pimentel, cujos artigos procuravam traçar um panorama da literatura nacional abrangendo autores desde José de Alencar até Alphonsus de Guimarães.

21 Helios, (Menotti Del Picchia), "Crônica social: a vitória de um patrício", *Correio Paulistano*, São Paulo, 10/11/1921, p. 4.

coluna de variedades do *Correio Musical Brasileiro* e também da *Revista do Brasil,* estas informavam aos leitores sobre as peripécias dos "nossos" lá fora.

Sempre mencionando as participações nos salões de arte ou em concertos e saraus musicais que os validassem como emissários da alta cultura aos olhos das elites brasileiras, os artigos estendiam-se a todos os pensionistas. Quando Souza Lima recebeu o Grande Prêmio no Conservatório de Paris, em junho de 1922, o eco no Brasil, principalmente em São Paulo, foi indescritível: "Os jornais não se cansaram de enaltecer minha façanha com longos artigos, fazendo até um histórico de minha permanência em Paris".[22] Realmente, no seu álbum particular de recortes, o maestro colecionou mais de 120 matérias cobrindo, quase passo a passo, os sete anos de sua permanência no exterior. Da audição que, junto com Pureza Marcondes e Lúcia Branco, deu a bordo do Gelria, navio no qual embarcara em direção à Europa, em março de 1919, até sua consagração definitiva, com uma apresentação no Teatro Municipal, para marcar o retorno triunfal, toda a imprensa paulista acompanhava a trajetória do "notável virtuose". Foi assim com sua entrada no Conservatório, depois de concorrido exame de admissão, com as visitas ao Conservatório Dramático e Musical, onde iniciaria os estudos e nos diversos saraus de piano no Teatro Municipal, durante as breves estadas no país "para demonstrar os progressos que conseguiu com sua permanência em Paris".[23]

A *Gazeta do Povo, O Estado de S. Paulo, Correio Paulistano, Jornal do Comércio, Diário Popular, Folha da Noite, A Plateia, O Combate, Diário Nacional* e órgãos das comunidades italianas e alemãs como *Fanfulla* e *Deutsche Zeitung,* além das revistas *Ariel, A Cigarra* e *Para Todos,* do Rio de Janeiro, bem como o também carioca *O Jornal,* davam notícias das conquistas d'além-mar, exagerando os êxitos e insuflando o orgulho pátrio. Nossos jovens lá fora representavam um elo de ligação com o Primeiro Mundo, emprestando-nos um verniz cosmopolita que minimizava nosso atávico complexo de inferioridade "caipira". Em bilhete à pintora Anita Malfatti, com os cumprimentos pelo que foi publicado sobre ela em jornais de todo o Brasil, o embaixador Souza Dantas anexava um artigo datado de maio de

---

22 João de Souza Lima, *op. cit.,* p. 86.

23 "João de Souza Lima", *O Estado de S.Paulo,* São Paulo, 03/10/1922.

1926. Recortado da *Última Hora*, dizia que a ilustre pensionista acabava de obter um sucesso inigualável no Salão dos Independentes, onde seus dois quadros alcançaram os mais lisonjeiros aplausos da crítica. "As telas expostas foram cerca de quatro mil. *Comoedia*, o acatado jornal artístico apenas estampou a reprodução de três dessas obras e, em primeiro lugar, figura uma das telas da senhora Malfatti". E revela que o periódico tecia-lhe os maiores louvores, assim como *Paris Soir* e *Revue Moderne*, entre outros.[24]

Em relação a Túlio Mugnaini, *O Estado de S. Paulo* afirmava que a prova mais evidente do seu valor artístico estava no fato dele ter participado dos Salons com referências positivas da imprensa francesa que cobria os certames.[25] A precoce Estelinha Epstein comentou, em carta ao tio José Kliass, sobre o contentamento do professor Schnabel, que exibiu aos demais alunos as notícias com críticas favoráveis publicadas nos jornais de São Paulo a respeito da dileta aluna.[26] Esta, que foi a mais nova das bolsistas, nos remete à questão de gênero dentro do Pensionato, cujas práticas aparentemente discriminatórias nos instigaram a aprofundar a análise sobre o assunto. Se dentre os dezesseis estudantes de música, a proporção de mulheres era pouco inferior ao dos homens (seis para dez), notamos somente duas delas, Helena Pereira da Silva e Anita Malfatti, entre os 17 bolsistas de artes plásticas. Sem mencionar que a primeira deveu sua ida, em grande parte, ao fato de ser filha de um pintor reconhecido da roda de relações de Freitas Valle. Também digna de nota é a constatação de que Malfatti, interessada na bolsa havia anos, obteve o pensionato não pelos notórios méritos, mas apenas depois das ingerências de Mário de Andrade, frequentador assíduo da Villa Kyrial. E ambas aprenderam os rudimentos do ofício com os próprios pais – Oscar Pereira da Silva, no caso de Helena, e Bety Malfatti, no de Anita.

De fato, por não serem previstas como alunas desde a fundação da Imperial Academia de Belas Artes do Rio de Janeiro – a principal instituição responsável pela formação de artistas, as mulheres viram cerceadas as chances de carreira na

---

24 "Uma pintura brasileira em Paris – distinção de que foi alvo a senhora Malfatti", *Última Hora*, Rio de Janeiro, 04/05/1926.

25 "Artes e Artistas", *O Estado de S. Paulo*, São Paulo, 15/09/1923.

26 Carta de Estela Epstein a José Kliass, Berlim, 5/12/1929. (CHK)

maior parte do século XIX, com reflexos até princípios do XX. Vale lembrar que a própria Academia da França só permitiu a entrada delas em 1784, assim mesmo limitando seu número a apenas quatro mulheres.

> "A exclusão desse universo restringia significativamente a atuação das artistas mulheres às faturas artísticas menores, tradicionalmente desvalorizadas. Eram então percebidas como amadoras, o que as diferenciava dos artistas homens, julgados em sua maioria profissionais",

escreveu Ana Paula Simioni.[27]

Ao contrário das virtuoses, das pianistas e poetisas aceitas e incentivadas, poucas pintoras e escultoras sobressaíam dentre os colegas do sexo masculino. Quais as explicações para isso? Uma das hipóteses tem raízes no imaginário que fazia da mulher o protótipo do ser com capacidade intelectual naturalmente inferior. A condição feminina estava intrinsecamente ligada ao âmbito doméstico, e seus papéis condicionados aos de filha, mãe, esposa e dona de casa. Nas classes privilegiadas, excluídas das instituições formais de ensino, recebiam como educação um verniz para valorizá-las nas negociações matrimoniais, mas que de nada valia em termos de inserção efetiva no mercado de trabalho. Nessa situação institucionalmente determinada, com poucos afazeres e quase nenhuma responsabilidade, as mulheres das elites urbanas dispunham de longas horas para preencherem com passatempos e distrações. Dentre as atividades diletantes sobressaíam-se a de fazer bonecos em papel e aquarelar paisagens *d'aprés cartons*, além de pintar cetins para leques, bordar e "martirizar pincéis".

Em meio à população mais pobre, a luta diária pela sobrevivência não deixava espaço para ela adquirir conhecimento e muito menos aperfeiçoar seus eventuais dons natos. Mesmo com a República, quando o ensino superior abriu suas portas às moças e estas tiveram acesso à Academia a partir de 1893, persistiu por longos anos a estética baudelairiana, em que a mulher cabia apenas como inspiração e

---

27 Ana Paula Cavalcanti Simioni, *op. cit.*

musa do artista, e não como sujeito com atributos próprios. Reafirmando a polaridade de gêneros, a ótica positivista efetuava uma releitura da alegoria católica, transformando a mulher na virgem-mãe de toda a humanidade, espécie de anjo da guarda do lar. Ignorando o feminismo emancipador, espelho para a luta das sufragistas inglesas, as revistas ilustradas corroboravam o pensamento corrente. Ao endossar a mística feminina em que não cabiam ambições públicas, a imprensa pregava a existência estritamente doméstica da mulher e seu investimento na casa, na família e na educação moral da prole.

> A mulher é a alma da família. Encarnando o amor, ela constitui o primeiro elemento do par fundamental, é a dona de casa, segundo a expressão vulgar, ou antes a deusa do lar, quando esse lar é um paraíso. Limitada às suas funções domésticas, governa sempre, não pela força, mas pelo amor. É ela que no laboratório da família prepara a Pátria e a Humanidade, formando homens: o espaço que aconselha e os filhos que educa.[28]

Canto e piano eram tidos como apropriados a moças recatadas porque praticados na esfera do espaço familiar, sob a vigilância atenta da parentela. A pintura, porém, demanda longas horas ao ar livre para fixar paisagens e, mesmo em ateliês particulares, colocava a jovem em contato com rapazes desconhecidos de todos os meios sociais, em uma atmosfera de indesejável promiscuidade. Extremamente rígida no que tange a família mantida sob regime patriarcal, a moral burguesa era permissiva nos ambientes masculinos dos cafés, dos teatros, dos *boudoirs*. O preconceito maior, porém, advinha das aulas de modelo vivo, etapa essencial na formação dos pintores históricos e indispensável aos acadêmicos que desejassem se apropriar adequadamente das técnicas do ofício desde a *Vênus* de Praxísteles na Grécia antiga.

---

28 Carvalho Reis (Oscar D'Alva), "A questão feminina", *Kosmos*, Rio de Janeiro, nº 3, março de 1904, p. 49.

Exigidas no item primeiro do Regulamento do Pensionato[29] como comprovante de aproveitamento da bolsa, essas sessões para observação da anatomia expunham as moças a constrangimentos tidos como impróprios a moças de boa reputação. Recordemos que a própria Helena Pereira da Silva Ohashi relatou o mal-estar na Académie Julian da Passage des Panoramas, que frequentava como bolsista: "Quando vi o modelo nu, muito me intimidei. Eu ficava acanhada no meio das alunas, desenvoltas que riam e falavam entre elas".[30] O dilema tornava-se tanto mais incômodo na medida em que a representação do corpo humano constituía um degrau imprescindível na carreira de qualquer artista, separando o iniciante do estudante avançado, uma espécie de rito de passagem a que nenhum pintor podia se esquivar. E ainda que a ideia fosse unicamente a do aprendizado, muitas vezes uma pulsão erótica vinha solapar a rigidez do ideal acadêmico, contagiando o ambiente de desejo, a despeito da vontade dos alunos e dos professores.

> "Estes tipos de pintura, escultura, e desenho, aliados a temas mitológicos, literários e alegóricos, demonstram o interesse de uma sociedade por um gênero narrativo vinculado a um conteúdo moral e edificante, porém em muitas dessas obras não se percebe mais a mensagem, pois nelas ressalta principalmente a vontade de exaltar o corpo humano e seus atrativos",

argumenta Ivo Mesquita.[31]

Por outro lado, os estudos tinham tal profundidade que municiavam o artista com informações tão vastas quanto as de um médico. Curioso lembrarmos o

---

29 "O pensionista de pintura ou de escultura deverá enviar, a começar do segundo ano do pensionato e dentro do respectivo prazo, em períodos sucessivos: a) três academias pintadas e seis desenhos de modelo vivo".

30 Helena Pereira da Silva Ohashi, *op. cit.*, p. 10.

31 Ivo Mesquita, in *O desejo na Academia: 1847-1916*. Catálogo de exposição. Pinacoteca do Estado de São Paulo, São Paulo, 1991, p. 17.

caso de Aldovandro Casabona, procurado em casa por cirurgiões amigos para se aconselharem sobre pacientes em tratamento devido a seus inacreditáveis conhecimentos de anatomia.

Já a escultura, que demanda certa força física para entalhar a pedra bruta, como no exemplo de Victor Brecheret ou, na melhor das hipóteses, torna as mãos ásperas na lida com gesso, argila e materiais similares usados para moldar, não caía bem para o sexo visto como frágil e delicado. Diante desse quadro, compreende-se porque poucas pintoras e ainda menos escultoras tenham vencido os obstáculos para se projetar em um universo eminentemente masculino. Nos Salões Nacionais de Belas Artes do Rio de Janeiro, a participação feminina não ultrapassou os 4,8%, de 1890 até 1900, quando atingiu seu maior patamar, de 40%. Também a título de comparação, podemos dar o exemplo do livro de Ruth Sprung sobre os paisagistas de São Paulo de 1890 a 1920.[32] Ali, entre os 65 profissionais listados, há 58 homens para apenas sete mulheres, que representam algo em torno de 10% do total. Neste mesmo período, a Escola do maestro Chiaffarelli[33] enumera entre seus alunos dezesseis moças para somente dois rapazes – João de Souza Lima e Alonso Aníbal da Fonseca, ambos pensionistas do governo estadual.

Para superar esse estereótipo, algumas mulheres engendravam estratégias e supriam a deficiência do ensino formal em aulas particulares, capacitando-se como artistas para expor seus trabalhos ao longo do século XIX. Além dessa formação de caráter privado, com o passar do tempo novas oportunidades de estudos foram se abrindo. Sediada em Paris, a Académie Julian atraía uma clientela internacional, inclusive feminina. Citando os casos de Abgail de Andrade, Berthe Worms, Nicolina Vaz e Georgina de Albuquerque, entre outras, Simioni completa:

> "Munidas de sólida formação artística e contando com apoio de seus familiares (pais, maridos ou amantes), essas artistas manejaram um conjunto de dispositivos favoráveis

---

32 Ver Ruth Sprung Tarasantchi, *op. cit.*

33 Ver Edson Leite, *A estética moderna do início do século XX: Antonieta, Guiomar e Magdalena, tradição e ruptura na produção cultural de São Paulo*. Pesquisa de pós-doutorado, Escola de Comunicações e Artes, USP, São Paulo, 2002.

que, somados à qualidade alcançada por muitas de suas obras, lhes permitiram lograr carreiras de êxito".[34]

Por fim, chegamos ao papel do Pensionato no implemento do acervo da Pinacoteca do Estado. Como o Regulamento instituía a obrigatoriedade da doação, ao término do quinto ano de estudo, de duas cópias de quadros célebres e uma tela original para a instituição, o museu se converteria no maior depositário de obras dos pensionistas e por este motivo conta com diversas cópias de quadros célebres na sua reserva técnica. Simultaneamente, as primeiras obras tidas como modernas entraram para o acervo da Pinacoteca graças ao Pensionato.

Para termos a dimensão da importância dos bolsistas na Pinacoteca, basta analisarmos seus catálogos que, a partir de 1912, saíram com certa regularidade até 1965 e, posteriormente, retomados em 1988. No balanço inicial, registrava 76 pinturas, sendo que em 1914 crescia para 86 obras, além de 705 reproduções francesas, esculturas, medalhas e coleção de gessos, decerto incorporados após a Exposição de Arte Francesa de 1913. Já no Catálogo de 1938, a coleção pulou para 125 pinturas, dez esculturas, doze medalhas, 35 gessos e reproduções de arte francesa. Em 1912, constavam no seu acervo sete quadros de bolsistas – três de Dario, dois de Mário Barbosa e outros dois de José Monteiro França. Entre 1913 e 1930, os pensionistas foram responsáveis por depositar no acervo dezoito pinturas originais, sete cópias e quatro esculturas, sendo dois mármores e dois gessos. Isso, sem mencionar as doações posteriores e aquisições por preços simbólicos. Ou seja, quase um quarto das obras da Pinacoteca, à época, era fruto do Regulamento do Pensionato, que fez escola. Ofício de 1949, do encarregado da Fiscalização Artística passava a Túlio Mugnaini, então diretor do Museu, um estudo de cabeça de gesso do escultor Júlio Guerra, "em cumprimento ao que determinam as instruções e obrigações dos pensionistas de arte do segundo semestre do terceiro ano de estudo: execução de um trabalho original para a Pinacoteca do Estado".[35] Tais

---

34 Ana Paula Cavalcanti Simioni, *op. cit.*, p. 15-18

35 *Ofício nº 1094 de Oswaldo Lacerda Gomes Cardim a Túlio Mugnaini*, São Paulo, 16/09/1949.

práticas demonstram o papel fundamental do Pensionato, tanto na formação do acervo de um dos principasi museus da capital paulista, quanto na consolidação do gosto estético de um longo período, com desdobramentos que se prolongaram até o seculo XX.

Sob a perspectiva internacional, o programa também teve o mértio de projetar o país, tido então como um lugar longínquo, desconhecido e por isso culturalmente pouco valorizado na Europa. A maioria dos bolsistas expôs nos principais salões de artes, com críticas favorávies e notas na imprensa, ventilando o nome do Brasil no meio artístico do Velho Mundo. Victor Brecheret triunfou em Paris, sendo que o granito Cavalo, também chamado de Grupo, enviado ao Salão dos Independetes após seu regresso, em 1930, foi adquirido pelo governo francês.

Em termos musicais, pensionistas como Francisco Mignone e Souza Lima, que já saíram com uma sólida formação, provaram lá fora que, surpreendentemente, o Brasil tinha, sim, uma tradição erudita, forjada, pelo menos em São Paulo, na escola Chiaffarelli e no Conservatório Dramático e Muscial. A consagração e o reconhecimento obtidos nos centros de excelência nas suas áreas, tornaram os pianistas e compositores ainda mais auto-confiantes e seguros para empreederem, no retorno, fusões musicais, unindo, num processo de deglutição antropofágica prevista por Oswald de Andrade, a harmonia clássica aos ritmos nacionais. Regressando, assim, em outro patamar de profissionalização, eles puderam colaborar no aperfeiçoamento do campo artístico, na media em que passaram a requerer melhor infra-estrutura, instrumentos de qualidade e ambientes apropriados de ensaio e apresentação. Com agentes para cuidar dos compromissos e dos contratos, implantaram uma visão empresarial da atividade, antes muito associada à boemia, no passado recente em que o músico, sem remuneração adequada, rasbicava uma composição no guardanapo para vender a uma casa de partituras e pagar a conta do bar.

Obras doadas à Pinacoteca conforme o Regulamento

Pensionista	Obras	Entrada	Outras obras no Museu
Alípio Dutra	Touceiras de bambu Ponte (Bourges)	27/12/1947	Hospital Saint-Jean Igreja Moret-sur-Loing
Anita Malfatti	Les Glaneuses, cópia Femmes d'Alger, cópia Tropical	11/03/1929	Praia do Gonzaguinha
Diógenes Campos Ayres	Matin d'Automne Nenúfares	4/06/1914	Arrozal Estudos acadêmicos (4 desenhos a carvão)
Dario Villares Barbosa	Interior bretão Espanhola Estudo de nu	21/11/1911	271 óleos
Mário Villares Barbosa	Mendigo, cópia Estudo de nu Espanhola	21/11/1911	13 óleos
Francisco Leopoldo e Silva	Sapho, mármore Menina e moça, mármore	23/07/1920 23/08/1920	_____
Gastão Worms	Nu sentado	15/03/1934	
Helena Pereira da Silva Ohashi	Preparando conservas, cópia Mulher dormindo, cópia	26/06/1914	Sem título (flores)
José Monteiro França	Ressonando O beijo da fonte	21/11/1911	Estudo – cabeça Taboão da Serra Sem título (menino)
José Wasth Rodrigues	Vieille Cour	5/02/1916	Paisagem de Minas
Marcelino Vélez	Primeiro amor, gesso	8/12/1913	
Osvaldo Pinheiro	Saint Germain L'Auxerois	14/09/1937	Boulevard de Paris Lavadeiras Rue de la Paix
Paulo do Valle Júnior	Estudo de Cabeça Busto de Padre	6/05/1914	Retrato de Noêmia Valle
Paulo Vergueiro Lopes de Leão	Retrato de J. B. Morrone, cópia Alvorada de ataque Esperando as estrelas	20/06/1920 20/06/1920 4/09/1923	Inverno em Munique Federico de Montefeltro, cópia Margem do Escalda Paisagem Dia de sol e Rochedo
Túlio Mugnaini	La Bohémiènne, cópia La rue du Midi A moça do chapéu verde Outono	11/06/1926 11/06/1926 11/07/1926 20/06/1928	Paisagem – Ciboure S. Jean de Luz
Victor Brecheret	La Porteuse de parfum, gesso dourado	12/01/1927	Deusa da primavera, mármore Via crucis, terracota Torso, Tocadora de guitarra, Fauno, Barca, La Porteuse de parfum e Cabeça, bronzes

Biliografia

ACQUARONE, Francisco, *História da música brasileira*. São Paulo/Rio de Janeiro/Belo Horizonte: Francisco Alves/Ed. Paulo de Azevedo, 1948.

AGEORGES, Sylvain, *Sur les traces de expositions universelles: 1855–1937*. Paris: Parigramme, 2006.

ALMEIDA, Paulo Mendes de, *De Anita ao museu*. São Paulo: Conselho Estadual de Cultura, 1976.

ALMEIDA, Renato de, *História da música brasileira*. Rio de Janeiro: F. Briguiet & Comp. Editora, 1942.

ALVES, Saulo, *A formação musical híbrida de Francisco Mignone: a música popular de Chico Bororó, o ambiente musical italianizado de São Paulo e a influência francesa de Freitas Valle*. Dissertação de mestrado, Faculdade de Música, Universidade Federal de Goiás, Goiânia, 2002.

AMARAL, Aracy, *Artes plásticas na Semana de 22*. São Paulo: Perspectiva, 1976.

_____, *Tarsila, sua obra e seu tempo*. São Paulo: Perspectiva/USP, 1975, 2 v.

_____, *Blaise Cendrars no Brasil e os modernistas*. São Paulo: Martins, 1970.

_____, (org.). *Tarsila cronista*. São Paulo: Edusp, 2001.

ALVES, Caleb Faria, *Benedito Calixto e a construção do imaginário republicano*. Bauru/ São Paulo: Edusc, 2003.

ALVIM, Zuleika; PEIRÃO, Solange, *Mappin 70 anos*. São Paulo: Ex Libris, 1985.

ANDRADE, Mário de, *Compêndio de história da música*. São Paulo: Oficinas Gráficas Derosa, 1936.

_____, *Música, doce música*. São Paulo: Martins, 1963.

_____, *Aspectos da literatura brasileira (obras completas)*. São Paulo: Martins, 1972.

_____, *Aspectos da música brasileira*. São Paulo: Martins, 1975.

_____, *Táxi e crônicas no Diário Nacional* (org. Telê Porto Ancona). São Paulo: Duas Cidades/Secretaria da Cultura, Ciência e Tecnologia, 1976.

_____, *Cartas a Anita Malfatti:1921-1939* (org. Marta Rossetti Batista). Rio de Janeiro: Forense Universitária, 1989.

_____, *Dicionário Musical Brasileiro*. São Paulo: Itatiaia, 1989.

_____, *Música e jornalismo: Diário de S. Paulo* (org. Paulo Castagna). São Paulo: Edusp/Hucitec, 1993.

ANDRADE, Oswald, *Um homem sem profissão – sob as ordens de mamãe: memórias e confissões*. São Paulo: José Olímpio, 1954.

ARAUJO, Marcelo Mattos, *Os modernistas na Pinacoteca: o museu entre a vanguarda e a tradição*. Tese de Doutorado, Faculdade de Arquitetura e Urbanismo, USP, São Paulo, 2002.

AZEVEDO, Carmen Lúcia *et alli*, *Monteiro Lobato: furacão na Botocúndia*. São Paulo: Ed. Senac, 1997.

AZEVEDO, Luís Heitor Correa de, *Música e músicos do Brasil: histórica, crítica, comentários*. Rio de Janeiro: Livraria Editora da Casa do Estudante, 1950.

BAECHLER, Dominique-Edouard, *Pintura acadêmica: obras primas de uma coleção paulista: 1860-1920*. São Paulo: Imprensa Oficial do Estado, 1982.

BACZKO, Bronislaw, "Imaginação social", *in Enciclopédia Einaudi*. Lisboa: Imprensa Nacional/Casa da Moeda, 1985.

BANDEIRA, Manuel, *Crônicas da província do Brasil*. Rio de Janeiro: Civilização Brasileira, 1937.

BARRETO, Lima, *Bagatelas*. São Paulo: Brasiliense, 1956.

BATISTA, Marta Rossetti *et alli, Brasil: 1º tempo modernista – 1917/29*. São Paulo: Instituto de Estudos Brasileiros, 1972.

_____, *Bandeiras de Brecheret: história de um monumento (1920-1953)*. São Paulo: DPH, 1985.

_____, *Anita Malfatti no tempo e no espaço*. São Paulo: IBM Brasil, 1986.

_____, *Os artistas brasileiros na Escola de Paris – anos 20*. Tese de doutorado, Escola de Comunicações e Artes, USP, São Paulo, 1987.

BELLUZZO, Ana Maria de Moraes, *Artesanato, arte e indústria*. Tese de doutorado, Faculdade de Arquitetura e Urbanismo, USP, São Paulo, 1988.

BELOCH, Israel; e ABREU, Alzira Alves de, *Dicionário histórico-biográfico brasileiro – 1930/1983*. Rio de Janeiro: Forense Universitária/FGV-CPDoc/Finep, 1984.

BENJAMIN, Walter, *Paris, capitale du XIXe siècle. Le livre des passages*. Paris: Les Éditions du Cerf, 1989.

BLOM, Philip, *Ter e manter: uma história íntima de colecionadores e coleções*. Trad. Barilo Vargas, Rio de Janeiro/São Paulo: Record, 2003.

BOUGAULT, Valérie, *Paris Montparnasse: à l'heure de l'art moderne: 1910-1940*. Paris: Terrail, 1997.

BOURDIEU, Pierre, *A economia das trocas simbólicas*. Trad. Sergio Miceli e Silvia de Almeida Prado, São Paulo: Perspectiva, 1974.

_____, *O poder simbólico*. Trad. Fernando Tomaz, Rio de Janeiro: Bertrand Brasil, 1989.

BRAGA, Theodoro, *Artistas pintores no Brasil*. São Paulo: São Paulo Editora, 1942.

BROCA, Brito, *A vida literária no Brasil: 1900*. Rio de Janeiro: José Olímpio, 1975.

_____, *Papéis de Alceste* (coord. Alexandre Eulálio). Campinas: Unicamp, 1991.

BRUNEL, Pierre e; WOLFF, Stéphane, *A Ópera*. Trad. Barbara Eliodora; Vera Mourão; Julio Castagnon Guimarães, Rio de Janeiro: Salamandra, 1988.

CALIMAN, Auro Augusto, *Legislativo paulista: parlamentares – 1835/1998*. São Paulo: Imprensa Oficial, 1998.

CAMARGO, Armando de Arruda; LÔBO, Hélio de Sá; AZEVEDO, João da Cruz Vicente de, (orgs.), *A paisagem brasileira: 1650-1976*. São Paulo: Sociarte: Paço das Artes, 1980.

CAMARGOS, Marcia, *Villa Kyrial: crônica da Belle Époque paulistana*. São Paulo: Senac, 2001.

_____, *A Semana de 22: entre vaias e aplausos*. São Paulo: Boitempo, 2002.

_____, *Musa Impassível: a poetisa Francisca Júlia no cinzel de Victor Brecheret*. São Paulo: Imprensa Oficial, 2007.

CAMPOFIORITO, Quirino, *História da pintura brasileira no século XIX*. Rio de Janeiro: Pinakotheke, 1983.

CAMPOS, Candido Malta, *Os rumos da cidade: urbanismo e modernização em São Paulo*. São Paulo: Senac, 2002.

CARVALHO, José Murillo de, *A formação das almas: o imaginário da República no Brasil*. São Paulo: Companhia das Letras, 1990.

CASALECCHI, José Ênio, *O Partido Republicano Paulista: 1889/1926*. São Paulo: Brasiliense, 1987.

CAVALCANTI, Carlos; AYALA, Walmir, (orgs.), *Dicionário brasileiro de artistas plásticos*. Brasília: MEC/INL, 1973-1980, 4 v.

CHARTIER, Roger, *A história cultural: entre práticas e representações*. Trad. Maria Manuela Galhardo, Lisboa: Difel; Rio de Janeiro: Bertrand Brasil, 1990.

CHIARELLI, Tadeu, *Um jeca nos vernissages*. São Paulo: Edusp, 1995.

CINTRÃO, Rejane Lassandro, *As salas de exposição em São Paulo no início do século: da Pinacoteca à Casa Modernista (1905/1930)*. Dissertação de mestrado, Escola de Comunicações e Artes, USP, São Paulo, 2001.

CLIVERS, Ian, *Dicionário Oxford de arte*. São Paulo: Martins Fontes, 1996.

COLI, Jorge, *Como estudar a arte brasileira do século XIX?* São Paulo: Senac. 2005.

CORRÊA, Manoel Pio, *Pio Corrêa: o mundo em que vivi*. Rio de Janeiro: Expressão e Cultura, 1994.

CRESPELLE, Jean-Paul, *La vie quotidienne à Montparnasse à la grande époque: 1905-1930*. Paris: Hachette, 1976.

DEMPSEY, Amy, *Estilos, escolas e movimentos: guia enciclopédico da arte moderna*. Trad. Carlos Eugênio Marcondes de Moura, São Paulo: Cosac & Naify, 2003.

Dezenovevinte: uma virada no século. São Paulo: Secretaria do Estado da Cultura/ Pema, 1986.

DIB, Márcia Camasmie, *Produzindo o ecletismo: estudo de um caso na Avenida Paulista (1925/1985)*. Trabalho de graduação interdisciplinar, São Paulo: Faculdade de Arquitetura e Urbanismo, USP, São Paulo, 1987.

DURAND, José Carlos, *Arte, privilégio e distinção*. São Paulo: Perspectiva/Edusp, 1989.

Enciclopédia da música brasileira erudita, folclórica, popular. São Paulo: Art Ed, 1977.

ELLMERICH, Luís, *Guia da música e da dança*. São Paulo: Boa Leitura Editora, s/d.

ESTRADA, Luís Gonzaga Duque, *A arte brasileira*. Campinas: Mercado de Letras, 1995.

FERNANDES, Florestan, *Folclore e mudança social na cidade de São Paulo*. Petrópolis: Vozes, 1979.

FERRAZ, Geraldo, *Depois de Tudo*. Rio de Janeiro: Paz e Terra/São Paulo: Secretaria Municipal de Cultura, 1983.

FONSECA, Antonio Carlos *et alli* (orgs.), *São Paulo e seus homens no Centenário*. São Paulo: Piratininga, 1922.

FRANCASTEL, Pierre, *Pintura e sociedade*. Trad. Elcio Fernandes, São Paulo:

458 Marcia Camargos

Martins Fontes, 1990.

GAILLARD, Marc, *Paris: les années folles*. Paris: Presses du Village, 2004.

GALLOTTA, Brás Ciro, *O Parafuso: humor e crítica na imprensa paulistana: 1915-1921*. Dissertação de Mestrado, História, PUC, São Paulo, 1997.

GIAROLA, Adriana, *João de Souza Lima: a performer's guide to the songs for voice and piano*. Tese de doutorado, Artes musicais, Universidade de Washington, Estados Unidos, 1990.

GAMA, Ruy, *A Tecnologia e o trabalho na história*. São Paulo: Edusp, 1987.

GRIFFITHS, Paul, *Enciclopédia da música do século XX*. Trad. Marcos Santarrita; Alda Porto, São Paulo: Martins Fontes, 1955.

GRIFFITHS, Richard, *Révolution à rebours: le renoveau catholique dans la littérature en France de 1879 à 1914*. Trad. de Marthe Lory. Paris: Desclée de Brouwer, 1971.

HIGONNET, Patrice, *Paris, capitale du monde: des Lumières au surréalisme*. Paris: Tallandier, 2005.

HOBSBAWN, Eric. J., *A era dos Impérios 1875-1914*. Trad. Seini Maria Campos e Yolanda Steidel de Toledo, Rio de Janeiro: Paz e Terra, 1988.

HOLANDA, Sérgio Buarque de, *Raízes do Brasil*. Rio de Janeiro: José Olímpio, 1992.

IKEDA, Alberto, *Música na cidade em tempo de transformação: São Paulo – 1900/1930*. Dissertação de Mestrado, Escola de Comunicações e Artes, USP, São Paulo, 1988.

Imprensa Oficial do Estado: 90 anos de produção gráfica, 1891-1981. Ivone Tálamo (coord.), São Paulo: Imprensa Oficial do Estado, 1983.

KIEFER, Bruno, *Francisco Mignone: vida e obra*. Porto: Movimento, 1983.

_____, *História da música brasileira: dos primórdios ao início do século XX*. Porto Alegre: Editora Movimento, 1976.

KOIFMAN, Fábio, *Quixote nas trevas: o embaixador Souza Dantas e os refugiados do nazismo*. Rio de Janeiro: Record, 2002.

LE GOFF, Jacques, *Por amor às cidades: conversações com Jean Lebrun*. São Paulo: Ed. Unesp, 1998.

LEITE, Edson, *A estética moderna do início do século XX: Antonieta, Guiomar e Magdalena, tradição e ruptura na produção cultural de São Paulo*. Pesquisa de pós-doutorado, Escola de Comunicações e Artes/USP, São Paulo, 2002.

LEITE, José Roberto Teixeira, *Dicionário crítico da pintura no Brasil*. Rio de Janeiro: Artlivre, 1988.

LÉVI-STRAUSS, Claude, *O pensamento selvagem*. Trad. Tânia Pellegrini, Campinas: Papirus, 1989.

LOBATO, José Bento Monteiro, *Ideias de Jeca Tatu*. São Paulo: Brasiliense, 1946.

_____, *A barca de Gleyre*. São Paulo: Brasiliense, 1948, 2 v.

LOVE, Joseph, *A locomotiva: São Paulo na federação brasileira, 1889/1937*. Trad. Vera Alice Cardoso da Silva, Rio de Janeiro: Paz e Terra, 1982.

LYRA, Heitor, *Minha vida diplomática*. Brasília: Ed. UnB, 1972, vol. II.

MARIZ, Vasco, *Francisco Mignone: o homem e a obra*. Rio de Janeiro: Funarte/ Uerj, 1997.

MELLO, César Luís Pires de (org.), *Brecheret: edição comemorativa*. São Paulo: Marca D'Água, 1989.

MESQUITA, Ivo, *O desejo na Academia: 1847-1916*. Catálogo de exposição. Pinacoteca do Estado de São Paulo, São Paulo, 1991.

MICELI, Sergio, *Intelectuais e classe dirigente no Brasil: 1930/1945*. São Paulo: Difel, 1979.

_____, *Poder, sexo e letras na República Velha*. São Paulo: Perspectiva, 1977.

_____, *Intelectuais à brasileira*. São Paulo: Companhia das Letras, 2001.

_____, *Nacional estrangeiro: história social e cultural do modernismo artístico em São Paulo*. São Paulo: Companhia das Letras, 2003.

MIGNONE, Francisco, *A parte do anjo: autocrítica de um cinquentenário*. São Pau-

460 Marcia Camargos

lo: Ed. S. Mangione, 1947.

MILLIET, Sérgio, *Diário crítico de Sérgio Milliet: 1948–1949*. São Paulo: Martins, 1981.

MODERNELL, Renato, *Belas Artes, 75 anos*. São Paulo: Faculdade de Belas Artes de São Paulo, 2001.

MONNERET, Jean, Salon *des Indépendents – catalogue raisonné*. Paris: Éditions Eric Koehler, 1999.

MORAES, José Geraldo Vinci de, *Sonoridades paulistanas: final do século XIX ao início do século XX*. Rio de Janeiro: Funarte, 1995.

NASCIMENTO, Ana Paula. *Espaços e a representação de uma nova cidade: São Paulo (1895-1929)*. Tese de Doutorado, Faculdade de Arquitetura e Urbanismo, USP, São Paulo, 2009, 2 v.

NAVES, Santuza Cambraia, *O violão azul: modernismo e música popular*. São Paulo: Fundação Getúlio Vargas, 1998.

NORA, Pierre (org.), *Les lieux de mémoire*. Paris: Gallimard, 1984.

OHASHI, Helena Pereira da Silva, *Minha vida: Brasil-Paris-Japão*. São Paulo: Ed. da Autora, 1969.

ORTIZ, Renato, *Cultura brasileira & identidade nacional*. São Paulo: Brasiliense, 1994.

PANOFSKY, Erwin, *Significado nas artes visuais*. Trad. Maria Clara F. Kneese e J. Ginsburg, São Paulo: Perspectiva/Secretaria de Cultura, Ciência e Tecnologia de São Paulo, 1979, p. 54.

PECCININI, Daisy, *Catálogo crítico da obra de Victor Brecheret*. Dissertação de mestrado, Faculdade de Filosofia, Letras e Ciências Humanas, USP, São Paulo, 1969.

_____, *Brecheret: a linguagem das formas*. São Paulo: Instituto Victor Brecheret, 2004.

PELLEGRINI, Sandra Brecheret, *Brecheret: 60 anos de notícia*. São Paulo: S. B. Pellegrini, s/d.

_____, *Victor Brecheret – 1894/1955*. Rio de Janeiro: Revan, 2001.

PERROT, Michelle (org.), *História da vida privada: da Revolução Francesa à Primeira Guerra*. Trad. D. Bottmann e B. Joffily, São Paulo: Companhia das Letras, 1994.

Pinacoteca do Estado: catálogo geral de obras. São Paulo: Secretaria do Estado da Cultura/Minc/Imesp/Dema/Pinacoteca do Estado, 1988.

PEVSNER, Nikolaus, *Academias de Arte*. Trad. Vera Maria Pereira, São Paulo: Companhia das Letras, 2005.

Pinacoteca do Estado de São Paulo: acervo permanente e novas doações. São Paulo: Pinacoteca do Estado, 1999.

_____, *Catálogo geral de obras*. São Paulo: Imprensa Oficial do Estado, 1988.

A Pinacoteca do Estado. São Paulo: Banco Safra, 1994.

PONTUAL, Roberto, *Dicionário das artes plásticas no Brasil*. Rio de Janeiro: Civilização Brasileira, 1969.

REIS JÚNIOR, José Maria dos, *História da pintura no Brasil*. São Paulo: Leia, 1944.

Relatório da Diretoria da Sociedade de Cultura Artística. São Paulo: Gordinho Brane S/A, 1935.

RIBEIRO, Maria Izabel Meirelles Reis Branco, *O museu doméstico. São Paulo: 1890-1920*. Dissertação de mestrado, Escola de Comunicações e Artes, USP, São Paulo 1992.

ROSSI, Mírian Silva, *Organização do campo artístico paulistano 1890-1920*. Dissertação de mestrado, Departamento de História, USP, São Paulo, 2001.

SANTOS, Afonso Carlos Marques dos, "A Academia Imperial de Belas Artes e o projeto civilizatório do Império", *180 anos de EBA. Anais do seminário EBA 180*. Rio de Janeiro: Ed. Ufrj, 1996.

SCHWARCZ, Lilia Moritz, *As barbas do Imperador: D. Pedro II, um monarca nos trópicos*. São Paulo: Companhia das Letras, 1998.

SEVCENKO, Nicolau (org.), *História da vida privada no Brasil – República: da Belle Époque à era do rádio*. São Paulo: Companhia das Letras, 1998.

SEVCENKO, Nicolau, *Literatura como missão: tensões sociais e criação cultural na I República*. São Paulo: Brasiliense, 1983.

_____, *Orfeu extático na metrópole: São Paulo, sociedade e cultura nos frementes anos 20*. São Paulo: Companhia das Letras, 1992.

SEVERIANO, Jairo; HOMEM DE MELLO, Zuza, *A canção no tempo: 85 anos de músicas brasileiras – 1901-1956*. São Paulo: Ed. 34, 1997, v. I.

SEVERO, Ricardo, *Liceu de Artes e Ofícios São Paulo*. São Paulo: Liceu de Artes e Ofícios, 1934.

SILVA, Flávio (org.), *Camargo Guarnieri: o tempo e a música*. Rio de Janeiro/São Paulo: Funarte/Imprensa Oficial do Estado, 2001.

SIMIONI, Ana Paula Cavalcanti, *Profissão artista: pintoras e escultoras brasileiras entre 1884 e 1922*. Tese de doutorado, Faculdade de Filosofia, Letras e Ciências Humanas, USP, São Paulo, 2004.

SOUZA, Antonio Candido de Mello e, *Literatura e sociedade*. São Paulo: Nacional, 1965.

SOUZA, Gilda de Mello e, *Exercício de leitura*. São Paulo: Duas Cidades, 1980.

SOUZA LIMA, João de, *Moto perpétuo: a visão poética da vida através da música*. São Paulo: Ibrasa, 1982.

TABART, Marielle, *Brancusi: l'inventeur de la sculpture moderne*. Paris: Découvertes Gallimard/Centre Geroges-Pompidou, 1995.

TARASANTCHI, Ruth Sprung, *Os Worms: Bertha e Gastão. Pinturas e desenhos*. São Paulo: Pinacoteca do Estado, 1996.

_____, *Pintores Paisagistas: São Paulo 1890 a 1920*. São Paulo: Edusp/Imprensa Oficial do Estado, 2002.

VALLE, José de Freitas. *O problema do ensino público e sua solução no Estado de São Paulo*. Sao Paulo: T. Casa Garraux, 1921.

_____, *O ensino público no governo de Washington Luís*. São Paulo: T. Casa Garraux, 1924.

VASCO, Mariz, *Francisco Mignone: o homem e a obra*. Rio de Janeiro: Funarte/Ed. Uerj, 1997.

VELLOSO, Augusto Carlos Ferreira, *Os artistas Dutra: oito gerações*. São Paulo: Imprensa Oficial/Sociarte, 2000.

VOLPE, Maria Alice, "Compositores românticos brasileiros: estudos na Europa", *in Revista brasileira de música*, UFRJ, Rio de Janeiro, p. 21:51-76, 1995.

WILLIAMS, Raymond, *Cultura*. Trad. Lólio Lourenço de Oliveira, Rio de Janeiro: Paz e Terra, 1992.

ZAVAGLIA, Adriana, *Vida e obra de Freitas Valle e Jacques D'Avray: o mecenas e o poeta sem história*. Dissertação de Mestrado, Faculdade de Letras, Unesp, São José do Rio Preto, 1994.

ZANINI, Walter (org.), *História geral da arte no Brasil*. São Paulo: Instituto Walter Moreira Salles, 1983.

Periódicos

A Cigarra, São Paulo, 1914 a 1930.

Ariel: Revista de Cultura Musical, São Paulo, 1923 a 1924.

Correio Musical Brasileiro, São Paulo, 1921.

Les Annales du Foyer brésilien, Paris, 1929 a 1930.

Papel e Tinta, São Paulo, 1920/1921.

Revista Musical, Rio de Janeiro, 1924.

Esta obra foi impressa em Santa Catarina no outono de 2011 pela
Nova Letra Gráfica & Editora. No texto foi utilizada a fonte Arno Pro,
em corpo 11 e entrelinha de 16 pontos.